Stefan Kiener, Nicolas Maier-Scheubeck, Robert Obermaier, Manfred Weiß
Produktionsmanagement

D1721357

Stefan Kiener, Nicolas Maier-Scheubeck,
Robert Obermaier, Manfred Weiß

Produktions-
management

11., verbesserte und erweiterte Auflage

DE GRUYTER
OLDENBOURG

ISBN 978-3-11-044342-4
e-ISBN (PDF) 978-3-11-046771-0
e-ISBN (EPUB) 978-3-11-048040-5

Library of Congress Cataloging-in-Publication Data
A CIP catalog record for this book has been applied for at the Library of Congress.

Bibliografische Information der Deutschen Nationalbibliothek
Die Deutsche Nationalbibliothek verzeichnet diese Publikation in der Deutschen
Nationalbibliografie; detaillierte bibliografische Daten sind im Internet über
http://dnb.dnb.de abrufbar.

© 2018 Walter de Gruyter GmbH, Berlin/Boston
Einbandabbildung: Sinemaslow/iStock/Getty Images Plus
Satz: PTP-Berlin, Protago-TEX-Production GmbH, Berlin
Druck und Bindung: CPI books GmbH, Leck
♾ Gedruckt auf säurefreiem Papier
Printed in Germany

www.degruyter.com

Vorwort zur 11. Auflage

Das vorliegende Lehrbuch erfährt nun bereits seit über 25 Jahren eine äußerst positive Resonanz im Markt. Die nunmehr vorliegende 11. Auflage wurde zum Anlass genommen, den gesamten Text kritisch durchzusehen, zu ergänzen und weiter zu verbessern. Eine wesentliche Neuerung und Erweiterung stellen die hinzugefügten Aufgaben und Lösungen dar, die am Ende des Buches in jeweils eigenen Kapiteln angefügt wurden.

Der bewährte Aufbau des Buches wurde hingegen beibehalten. *Kapitel* 1 ordnet das Thema Produktionsmanagement in die Betriebswirtschaftslehre ein. *Kapitel* 2 behandelt die Bereitstellung und den effizienten Einsatz der Produktionsfaktoren. *Kapitel* 3 vermittelt die Grundlagen der Produktions- und Kostentheorie. *Kapitel* 4 stellt Entscheidungskalküle der Produktionsplanung und -steuerung im Rahmen so genannter Produktionsplanungs- und steuerungssysteme (PPS) vor. Den Schwerpunkt bilden dabei die Produktionsprogrammplanung, die Materialbedarfsplanung (einschließlich der Losgrößenplanung), Ansätze zur Durchlaufterminierung und Kapazitätsabstimmung sowie zur Reihenfolgeplanung. Auch Weiterentwicklungen traditioneller PPS-Systeme sowie Ansätze einer digital vernetzten Produktion, die derzeit unter dem Stichwort „Industrie 4.0" diskutiert werden, fanden Eingang in die Neuauflage.

Die vorliegende Neuauflage hat erneut Prof. Dr. Robert Obermaier unter Mitwirkung von Dr. Nicolas Maier-Scheubeck und Stefan Schweikl besorgt. Das Lehrbuch soll auch in Zukunft weiter verbessert werden; entsprechende Anregungen sind willkommen. Verbliebene Fehler gehen ausschließlich zu Lasten der Verfasser.

Passau, im Juli 2017   Die Verfasser

https://doi.org/10.1515/9783110467710-001

Inhalt

Abbildungsverzeichnis

Tabellenverzeichnis

1 Produktionsmanagement als betriebswirtschaftliche Gestaltungsaufgabe

Gegenstand des vorliegenden Lehrbuches sind betriebswirtschaftliche Entscheidungsprobleme des Produktionsmanagements, insbesondere der Produktionsplanung und -steuerung, sowie die Darstellung theoretisch geeigneter und praktisch erprobter Lösungskonzepte. Vor diesem Hintergrund ist es Aufgabe der folgenden Ausführungen, das Handlungsfeld des Produktionsmanagements aus dem Wissenschaftsverständnis der Betriebswirtschaftslehre heraus zu entwickeln und grundlegende Begriffe zu erläutern.

1.1 Gegenstand der Betriebswirtschaftslehre

Menschen streben nach *Bedürfnisbefriedigung*. Während die menschlichen Bedürfnisse als unbegrenzt angesehen werden können, stehen die zur Bedürfnisbefriedigung geeigneten Mittel (Güter oder Dienstleistungen) regelmäßig nicht unbeschränkt zur Verfügung, d. h., sie sind knapp. Das Spannungsverhältnis zwischen unbegrenztem Bedarf und beschränkten Deckungsmöglichkeiten zwingt die Menschen zu wirtschaftlichem Handeln. Wirtschaftlich handeln bedeutet, die verfügbaren Mittel zielgerichtet so einzusetzen, dass ein möglichst hohes Maß an Bedürfnisbefriedigung erreicht wird. Zur Bedürfnisbefriedigung fehlende Güter müssen beschafft werden. Die einfachste Form ist der Tauschhandel, um überschüssig verfügbare Güter gegen solche einzutauschen, die zur Befriedigung eigener Bedürfnisse benötigt werden. Damit dies gelingt, müssen folgende Voraussetzungen erfüllt sein:
- Es muss ein Tauschpartner gefunden werden, der das gewünschte Gut besitzt.
- Der Tauschpartner muss bereit sein, das begehrte Gut gegen die zum Tausch angebotenen Güter einzutauschen.
- In Verhandlungen muss Einigkeit über die anzuwendende Austauschrelation erzielt werden.
- Die zu tauschenden Güter müssen entsprechend der festgelegten Austauschrelation teilbar sein.

Ein als Tauschwirtschaft organisiertes Wirtschaftssystem impliziert somit relativ hohe Such- bzw. Verhandlungskosten (so genannte *Transaktionskosten*) und ermöglicht nur vergleichsweise wenige erfolgreich abgeschlossene Handelsgeschäfte.

Demgegenüber kann durch die Festlegung einer von den Marktteilnehmern anerkannten Tauscheinheit erreicht werden, dass ein größeres Handelsvolumen bei geringeren Transaktionskosten zustande kommt. Bei Verwendung von *Geld* als von allen Marktteilnehmern anerkanntem Wertmaßstab im Sinne eines gesetzlichen Zahlungsmittels verlieren die beiden erstgenannten Tauschvoraussetzungen sowie das

https://doi.org/10.1515/9783110467710-002

letztgenannte Argument ihre Bedeutung. Selbst die Festlegung der anzuwendenden Austauschrelation wird vereinfacht, da durch den Rückgriff auf Geld zumindest die Dimension des Wertmaßstabes vorgegeben ist. Eine so organisierte Marktwirtschaft gilt als effizientes Wirtschaftssystem, das durch geringe Transaktionskosten und ein großes Handelsvolumen gekennzeichnet ist.

Geld als von allen Marktteilnehmern anerkannter Wertmaßstab symbolisiert in diesem Zusammenhang einen noch nicht konkretisierten Anspruch auf zur individuellen Bedürfnisbefriedigung geeignete Güter. Entsprechend ist es möglich, nicht unmittelbar den Erwerb von zur Bedürfnisbefriedigung geeigneten Gütern, sondern vielmehr die Ansammlung von Geldvermögen als universell anerkanntes Tauschmittel anzustreben. Hierdurch wird eine Trennung zwischen Einkommenserwerb und -verwendung möglich. Etwas vereinfachend, aber durchaus zutreffend, lässt sich dieses Erwerbsstreben auch mit der Zielsetzung „to make money" umschreiben. Individuen können demnach versuchen, ihr Einkommen (Veränderung des Geldvermögens) im Hinblick auf die später angestrebte Einkommensverwendung (Steigerung der Bedürfnisbefriedigung, Maximierung des Konsumnutzens) zu mehren.

Die Existenz von Geld als universellem Tauschmittel erlaubt zudem arbeitsteiliges Wirtschaften. Menschen spezialisieren sich auf bestimmte wirtschaftliche Tätigkeiten, die ihnen besonders liegen, und tauschen die dabei erzielten Resultate auf Märkten gegen Geld. Doch nicht alle wirtschaftlichen Transaktionen werden über Märkte abgewickelt. So ist zu beobachten, dass sich Individuen auf vertraglicher Basis in rechtlich-organisatorischen Einheiten, so genannten Unternehmen, zusammenfinden. Arbeitsteiliges Wirtschaften erfordert die Koordination einer Vielzahl individueller Aktivitäten. Hierbei entstehen Kosten für die Suche nach Marktüberblick, für Preisverhandlungen, den eigentlichen Vertragsabschluss und für die nachfolgende Koordination und Kontrolle. Die Höhe dieser *Transaktionskosten* entscheidet zusammen mit den eigentlichen Produktionskosten, ob sich der Markt oder das Unternehmen (oder eine Zwischenform) besser als Koordinationsform für die arbeitsteilige Leistungserstellung eignet. Die Existenz von Unternehmen wird folglich darauf zurückgeführt, dass durch die arbeitsteilige Leistungserstellung in einem Unternehmen bestimmte Transaktionen kostengünstiger durchgeführt werden können, als wenn diese jeweils einzeln und immer wieder aufs Neue auf Märkten beschafft werden müssten.[1]

Die Höhe der Transaktionskosten hängt neben der Koordinationsform (Markt oder Unternehmen) auch von der Häufigkeit der vorzunehmenden Transaktionen, der Spezifität und von der Unsicherheit hinsichtlich Qualität, Menge und Termin der zu transferierenden Leistung ab. Zu beachten sind überdies die Wirkung technologischer Ent-

---

[1] Die Fundamente der Transaktionskostentheorie wurden schon 1937 in einem Aufsatz von *Ronald H. Coase* gelegt, der eben jene Frage nach den Entstehungsgründen für Unternehmen aufwarf und dafür 1991 den Wirtschaftsnobelpreis verliehen bekam.

wicklungen (zu denken wäre im Kontext von „Industrie 4.0" v. a. an Digitalisierung und Internet) auf die Transaktionskosten und die dadurch angestoßenen oder noch zu erwartenden Veränderungen der Koordinationsformen (z. B. „Clickworker", „Fabless Manufacturing").

Vor diesem Hintergrund beschäftigt sich die *Betriebswirtschaftslehre* mit der Frage, in welcher Form institutionalisierte Handlungsabläufe zur Verringerung der Unsicherheiten von Individuen bezüglich Einkommenserwerb beitragen können. Einkommenserwerb als *Unternehmensziel* dient in diesem Zusammenhang der Trennung (Separation) wirtschaftlichen Handelns im Unternehmen von den regelmäßig divergierenden und im Zeitablauf veränderlichen individuellen Bedürfnissen der am Unternehmensergebnis interessierten und zu beteiligenden Individuen (*Stakeholder*); hierzu zählen u. a. die Eigentümer (Shareholder), Fremdkapitalgeber, Arbeitnehmer, Kunden, Lieferanten und der Staat. Gegenstand der Betriebswirtschaftslehre ist folglich die rechtlich-organisatorische Einheit *Unternehmung* als Institution zum Abbau von Unsicherheiten beim Einkommenserwerb. Der *Betrieb* stellt hierbei den güter- und produktionswirtschaftlichen Teil der Unternehmung dar, der von einem *Management*, das selbstbestimmt plant und entscheidet, geführt wird (Autonomieprinzip). Üblicherweise wird die Aufgabe des Managements daher mit Planung (und Entscheidung), Steuerung sowie Kontrolle beschrieben.

1.2 Produktion und Wertschöpfung

Ausgehend von der Güterebene lässt sich der *Leistungsbereich* von Unternehmen in drei Funktionsbereiche einteilen: Beschaffung, Produktion und Absatz (Abbildung 1.1).

Im Mittelpunkt des Unternehmens steht der Funktionsbereich der *Produktion*. Dort werden die Produktionsfaktoren so miteinander kombiniert, dass Güter und Dienstleistungen als Endprodukte entstehen. Diese Produkte werden auf Absatzmärkten verkauft. Dies ist Aufgabe des betrieblichen Funktionsbereichs *Absatz* bzw.

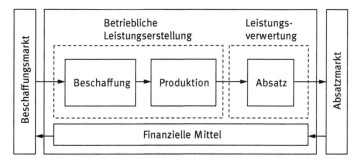

Abb. 1.1: Leistungs- und Finanzbereich eines Unternehmens

Marketing. Bevor jedoch mit der Produktion begonnen werden kann, sind Produktionsfaktoren zu beschaffen und bereitzustellen. Dies ist Aufgabe des Funktionsbereichs *Beschaffung* (Einkauf). Die betrieblichen Funktionsbereiche Beschaffung und Produktion bilden zusammen den Bereich der betrieblichen Leistungserstellung; der Absatz stellt die Leistungsverwertung dar. Neben dem Leistungsbereich, der die güterwirtschaftliche Sphäre des Unternehmens abbildet, stellt der Finanzbereich die finanzwirtschaftliche Sphäre mit den Zu- und Abflüssen finanzieller Mittel dar. Das betriebliche Rechnungswesen verbindet die Güter- mit der Zahlungsebene im Rahmen einer Wertrechnung. Hierin werden die mengenmäßigen Geld- und Güterbewegungen eines Unternehmens erfasst, abgebildet und bewertet.

Eng verbunden mit der Leistungserstellung sind die Problemstellungen der *Logistik*, da es vor, während und nach der betrieblichen Leistungserstellung erforderlich ist, räumliche, zeitliche und mengenmäßige Überbrückungsleistungen zu erbringen, um Verfügbarkeitsprobleme zu lösen. Typische logistische Aufgaben umfassen die Beschaffung und Vorhaltung von Werkstoffen, deren Transport an ein Arbeitssystem, die Beförderung von Werkstücken zwischen zwei Fertigungsstufen, die Lagerung von Fertigerzeugnissen sowie die Auslieferung an die Kunden. Zur Logistik zählen somit alle Transport-, Umschlags- und Lagertätigkeiten in den betrieblichen Funktionsbereichen Beschaffung, Produktion und Absatz. Aufgrund dieser Querschnittsfunktion sind die Aufgaben von Produktion und Logistik innerhalb der betrieblichen Leistungserstellung untrennbar miteinander verbunden.

1.2.1 Produktion als Transformationsprozess

Gegenstand der Produktion sind die Kombination und Transformation von Produktionsfaktoren (*Input*), so dass ein bestimmter Zweck (*Output*), das so genannte *Sachziel* (z. B. die Herstellung von Automobilen), unter Beachtung des Formalziels (z. B. Gewinnmaximierung) bestmöglich erreicht wird (Abbildung 1.2). Die Ergebnisse des Transformationsprozesses sind die für den Absatzmarkt bzw. für nachfolgende Transformationsprozesse bestimmten Güter oder Dienstleistungen, die nach ihrem Verwendungszweck als (End- oder Zwischen-)Produkte bezeichnet werden.

Allgemein können ein- und mehrstufige Produktionsprozesse unterschieden werden. Mehrstufige Produktionsprozesse sind durch die Verkettung von parallel oder sukzessiv ablaufenden einstufigen Produktionsprozessen gekennzeichnet. Sowohl die technische Komplexität von Produkten als auch die Anforderungen an deren wirtschaftliche Erzeugung begünstigen eine Spezialisierung von Produktionsprozessen. Daraus folgt, dass sich nur ganz wenige Produkte in einem einstufigen Produktionsprozess herstellen lassen. In der Praxis überwiegen daher mehrstufige Produktionsprozesse.

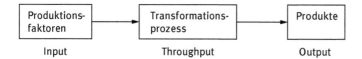

Abb. 1.2: Modell eines einstufigen Produktionsprozesses

1.2.2 Produktionsfaktoren

Produktionsfaktoren sind Güter oder Dienstleistungen, die in den Transformationsprozess eingehen und zur Herstellung anderer Sachgüter oder Dienstleistungen dienen. Aus der denkbaren Vielzahl von Gütern und Dienstleistungen lassen sich Produktionsfaktoren nach gemeinsamen Merkmalen in ein allgemeines System einordnen. Entsprechend einer auf *Erich Gutenberg* (1897–1984) zurückgehenden Systematik können Produktionsfaktoren gemäß Abbildung 1.3 in die Elementarfaktoren Arbeit, Werkstoffe und Betriebsmittel sowie die dispositiven Faktoren Leitung (Betriebs- und Geschäftsführung), Planung und Organisation unterschieden werden.

Der *dispositive Faktor* umfasst jenen Teil der menschlichen Tätigkeit, der in Form planender, steuernder und kontrollierender Aktivitäten die Kombination der Elementarfaktoren mittelbar bewirkt. Die *Leitungsinstanz* legt die zu verfolgenden Ziele, die einzusetzenden Mittel und die Kombination der Produktionsfaktoren fest und setzt diese Entscheidungen auch durch (Führung); sie bildet den originären dispositiven Faktor. Bezogen auf den Bereich der betrieblichen Leistungserstellung handelt es sich um das Produktionsmanagement. Zur Entscheidungsunterstützung bilden die Bereiche *Planung* (und Kontrolle) sowie *Organisation* so genannte derivative dispositive Faktoren. Während die Planung der Vorbereitung von Entscheidungen dient, vergleicht die Kontrolle das realisierte mit dem angestrebten (geplanten) Ergebnis und analysiert etwaige Abweichungen. Um Entscheidungen umsetzen zu können, ist eine Organisation erforderlich, d. h. die Verteilung von Aufgaben und die Übertragung von Befugnissen auf Mitarbeiter.

Die *Elementarfaktoren* lassen sich zunächst in zwei Gruppen einteilen. Repetieroder *Verbrauchsfaktoren* (Werkstoffe) werden bei ihrem Einsatz im Transformationsprozess entweder sofort verbraucht, indem sie substantieller Bestandteil der Produkte werden (Rohstoffe, Hilfsstoffe, Bauteile, Baugruppen) oder durch ihren Verbrauch den Produktionsvorgang erst ermöglichen (Betriebsstoffe). Als Bestands- oder *Potenzialfaktoren* werden diejenigen Elementarfaktoren bezeichnet, die Leistungspotenziale besitzen und diese beim Transformationsprozess über mehrere Perioden hinweg zur Verfügung stellen. Potenzialcharakter haben sowohl *Betriebsmittel*, zu denen alle Einrichtungen und Anlagen zählen, die die technischen Voraussetzungen zur betrieblichen Leistungserstellung bilden, als auch die *menschliche Arbeitsleistung* in Form von ausführenden, unmittelbar mit der Leistungserstellung in Zusammenhang stehenden Tätigkeiten. Potenzialfaktoren sind die maßgeblich das Leistungsvermögen, d. h. die Kapazität eines Betriebs, determinierenden Faktoren.

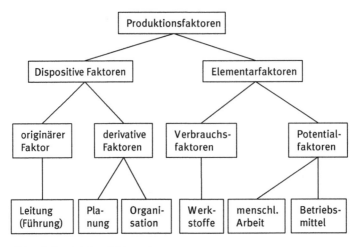

Abb. 1.3: Produktionsfaktorsystem

1.2.3 Aufgaben des Produktionsmanagements

Ein Produktionsprozess stellt eine eindeutige Kombination von Produktionsfaktoren zur Erstellung bestimmter Leistungen dar. Allerdings können viele Leistungen mittels alternativer Prozesse (Verfahrenswahl) bewirkt werden, wodurch sich ein Dispositionsspielraum eröffnet. Die Freiheitsgrade sind dabei vielfach von der im Produktionsprozess eingesetzten Produktions- und Informationstechnologie sowie von der ablauforganisatorischen Gestaltung abhängig. Sichtbar werden Produktionsprozesse als Folge von Arbeitsvorgängen. Die Festlegung der Art und Weise, wie die Produktionsfaktoren in Produkte transformiert werden sollen, das Erarbeiten von Handlungsvorschlägen im Produktionsbereich, ist Gegenstand des *Produktionsmanagements*. Als dispositivem Faktor obliegen dem Produktionsmanagement im Leistungserstellungsbereich eines Unternehmens die Willensbildung, Willensdurchsetzung und -sicherung.

Das Produktionsmanagement steuert die betriebliche Leistungserstellung vergleichbar einem *Regelkreissystem* (Abbildung 1.4). Das Tätigkeitsfeld umfasst die systematische Analyse von Handlungsalternativen im Bereich der Produktion, die zielorientierte Auswahl bestmöglicher Alternativen im Sinne von Planentscheidungen (Planung) sowie deren Umsetzung in das reale Produktionsgeschehen (Steuerung); angesichts der vielfältigen auf die Produktion einwirkenden Störgrößen kommt der zeitnahen Überwachung der Aufgabenerfüllung (Kontrolle) besondere Bedeutung zu.

Im Produktionssystem laufen die *materiellen Prozesse* der Kombination bzw. Transformation der Produktionsfaktoren ab. Das übergeordnete Führungssystem Produktionsmanagement – der Regler – umfasst die *informationsverarbeitenden Prozesse* zur zielkonformen Gestaltung und Steuerung des Produktionssystems. Durch den Informations- (Produktionsziele, Planvorgaben) und den Produktionsfaktor-Input

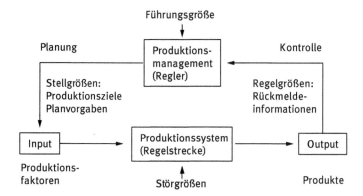

Abb. 1.4: Produktionsmanagement als Regelkreissystem

werden die Transformationsprozesse im Produktionssystem (in der Regelstrecke) ausgelöst. Output des Produktionssystems sind die Produkte und die damit korrespondierenden Rückmeldeinformationen, die als Istwerte mit den Soll-Werten (Produktionszielen, Planvorgaben) verglichen werden (Kontrolle). Abweichungen lösen einen erneuten Durchlauf des Regelkreises aus.

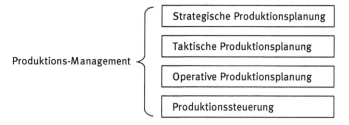

Abb. 1.5: Planungsebenen des Produktionsmanagements

Angesichts der Komplexität dieses Aufgabenbereichs bildet das Regelkreissystem die Aufgaben des Produktionsmanagements nur sehr vereinfacht ab. Tatsächlich obliegen dem Produktionsmanagement Planungs- und Steuerungsaufgaben von unterschiedlicher Tragweite für das Unternehmen. Sie lassen sich in hierarchisch abgestufte Teilbereiche zerlegen und entsprechenden Managementebenen zuordnen. Die einzelnen Planungsebenen unterscheiden sich dabei im Hinblick auf den sachlichen und zeitlichen Aggregationsgrad des jeweiligen Entscheidungsfelds (vgl. Abbildung 1.5).

Die Aufgabe der *strategischen Produktionsplanung* besteht in der Ziel- und Strategiefindung für das System der betrieblichen Leistungserstellung. Der Fokus liegt dabei auf der Schaffung bzw. Erhaltung einer wettbewerbsfähigen Produktion. Die Aufgabe der *taktischen Produktionsplanung* besteht in der Konkretisierung der Strategien, wobei vor allem Entscheidungen über die Produkte (Output), die zu beschaffenden Produktionsfaktoren (Input), den Auf- oder Abbau von Kapazitäten sowie über die Organisation der Produktion zu fällen sind. Die Aufgaben der *operativen Produktionsplanung* umfassen – basierend auf den Vorgaben der strategischen und taktischen Planung – die Bestimmung des Produktionsprogramms einer Periode und die daraus abgeleitete Planung des Materialbedarfs und der Produktionsdurchführung. Die *Produktionssteuerung* ist auf die konkrete Durchführung der Produktion bezogen und basiert auf der operativen Produktionsplanung.

Schwerpunkt dieses Lehrbuchs ist vor allem das operative Produktionsmanagement, welches sich mit der operativen Produktionsplanung und der Produktionssteuerung befasst. Charakteristisch für diesen Komplex der *Produktionsplanung und -steuerung* (PPS) ist, dass sie von vorgegebenen Rahmenbedingungen, wie zum Beispiel verfügbaren Kapazitäten und existierenden Produktionssystemen, ausgeht.

1.2.4 Wertschöpfung und Fertigungstiefe

Produktion ist ein Wertschöpfungsprozess. Um *Wertschöpfung* zu bewirken, werden aus (einfachen oder komplexen) Gütern sowie Dienstleistungen (Input) in ihrem Wert gesteigerte Leistungen (Output) erzeugt. Ein Betrieb schöpft buchstäblich dann Wert, wenn er Produktionsfaktoren zu einem bestimmten Preis erwirbt, mit deren Hilfe neue Güter herstellt und diese dann zu einem höheren Preis verkauft.

Wertschöpfung lässt sich demnach additiv bestimmen als Summe aller Aufwendungen, die nicht Vorleistungscharakter haben. Subtraktiv betrachtet ist Wertschöpfung die in Geldeinheiten (GE) gemessene Differenz zwischen dem Wert der vom Betrieb abgegebenen Güter und Dienstleistungen, der Lagerproduktion sowie aktivierter Eigenleistungen (so genannter Bruttoproduktionswert) und dem Wert der von anderen Unternehmen bezogenen Güter und Dienstleistungen, d. h. dem Wert der Vorleistungen (Abbildung 1.6).

Kennzeichnend für die Globalisierung der Wirtschaft ist eine zunehmende internationale Arbeitsteilung und damit eine auf verschiedene Unternehmen und Länder verteilte Wertschöpfung. Um ein Produkt für den Endverbraucher herzustellen, vollziehen sich arbeitsteilige Wertschöpfungsprozesse. Aber nicht alle Teilprozesse der Wertschöpfung werden an einem Ort, im selben Betrieb oder Unternehmen ausgeführt.

Der Teil der Wertschöpfung eines Produkts, der von einem Unternehmen erbracht wird, bestimmt dessen *Fertigungstiefe*; d. h. das Ausmaß der eigenen Produktionsleistung (Wertschöpfung) im Verhältnis zur insgesamt erforderlichen Gesamtleistung (Bruttoproduktionswert) für ein Endprodukt. Die Bestimmung der optimalen Fertigungstiefe ist eine schwierige Aufgabe, die in den Bereich des strategischen Produktionsmanagements fällt. Hierzu sind Entscheidungen darüber zu treffen, wie viele und welche Produktionsstufen im eigenen Unternehmen anzusiedeln sind.

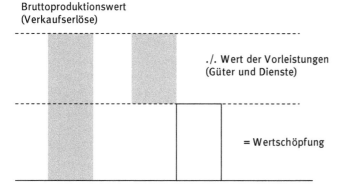

Bruttoproduktionswert
(Verkaufserlöse)

./. Wert der Vorleistungen
(Güter und Dienste)

= Wertschöpfung

Abb. 1.6: Wertschöpfung

Die Entscheidungen über Eigenfertigung und Fremdbezug (*Make-or-Buy*) von Gütern und Dienstleistungen stehen in engem Zusammenhang mit dieser Frage, da der Umfang an Komponenten, die ein Unternehmen selbst erstellt oder von außen bezieht, die Fertigungstiefe bestimmt. Das eine Extrem besteht darin, dass ein Unternehmen die gesamte erforderliche Wertschöpfung vom Rohmaterial bis zum Endprodukt selbst durchführt. Im anderen Extrem bezieht ein Unternehmen Fertigerzeugnisse, um diese ohne eigenen Produktionsprozess sofort wieder abzusetzen. Im Normalfall erzeugt ein Unternehmen nur einen bestimmten Anteil an der gesamten Wertschöpfung, die fehlenden Anteile werden von externen Lieferanten bezogen.

Stellt ein Unternehmen bisher von Lieferanten bezogene Güter selbst her, so nimmt es eine *Rückwärtsintegration* vor und erhöht somit seine Fertigungstiefe. Erweitert ein Unternehmen seine Tätigkeit in den Bereich bisheriger Abnehmer, so wird dies als *Vorwärtsintegration* (auch vertikale Integration) bezeichnet.

1.2.5 Produktion in Wert- und Lieferketten

Die *Wertkette* (*Value Chain*) ist eine auf *Michael E. Porter* (1999b) zurückgehende Modellvorstellung, nach der die Aktivitäten und die Funktionsweise eines Unternehmens als eine Abfolge wertschöpfender Aktivitäten (Eingangslogistik, Produktion, Distributionslogistik, Service) dargestellt werden können.

Regelmäßig ist die Wertkette eines Unternehmens in (unternehmens) übergreifende, mehrstufige *Lieferketten* (Supply Chains) eingebunden. Vorgelagert (upstream) finden sich die Lieferanten, nachgelagert (downstream) die Abnehmer (Weiterverarbeiter, Handel oder Endkunden) eines Unternehmens. Die der Produktion des Unternehmens vorgelagerten Stufen der Beschaffung und Belieferung sind Gegenstand der Beschaffungslogistik (inbound logistics), während die Vertriebslogistik (outbound logistics) die der Produktion nachgelagerten Stufen über den Handel bis zum Endverbraucher umfasst.

Diese den Blick bewusst über die Unternehmensgrenzen lenkende Sichtweise von den Lieferanten der Lieferanten bis zu den Abnehmern der Abnehmer ist Gegenstand des *Supply Chain Managements* (Abbildung 1.7).[2] Gestaltungsobjekt ist dabei neben dem Güter- und Informationsfluss auch das Netzwerk selbst, das sich aus Knoten (Lieferanten, Produzenten, Händlern, Abnehmern) und Kanten (Güter- und Informationsflüssen) bestehend modellieren lässt.

Die in einer Lieferkette typischerweise von der Kundenseite an den Handel oder direkt an den Hersteller gerichteten Nachfrageimpulse werden sukzessive an Hersteller und Lieferanten weitergegeben und lösen Güterströme aus, die entweder aus Fertigungsaufträgen (Make-to-Order) oder Lagerbeständen (Make-to-Stock) stammen.

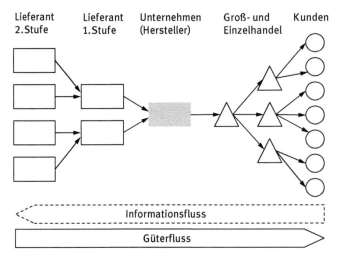

Abb. 1.7: Mehrstufige Lieferkette (Supply Chain)

Zu den klassischen Problemstellungen des Supply Chain Managements gehört der so genannte Bullwhip-Effekt. Dieses v. a. in mehrstufigen Lieferketten empirisch zu beobachtende Phänomen zeigt sich darin, dass selbst bei geringer Nachfragevariabilität auf der Kundenseite Bestellmengen und Lagerbestände auf den vorgelagerten Stufen große Schwankungen aufweisen (Abbildung 1.8). Insbesondere aufgrund von Störungen und Verzerrungen bei der Übermittlung des Bedarfs führen bereits kleine

---

2 (Mehrprodukt-)Unternehmen sind regelmäßig an mehreren Supply Chains beteiligt, die weniger einer Kette als vielmehr einem Netzwerk von Lieferanten und Abnehmern ähneln. Zum Konzept der Lieferkette vgl. bereits früh *Seyffert* (1951) und *Schäfer* (1980).

Änderungen der Endkundennachfrage stromaufwärts in der Lieferkette zu immer größeren Ausschlägen in den Bestellmengen.

So beobachtete der Konsumgüterhersteller *Procter & Gamble* ein zunächst unerklärliches Phänomen für die bekannten „Pamperswindeln": Während die Nachfrage der Konsumenten gemessen an den Verkaufszahlen der Einzelhändler erwartungsgemäß relativ konstant war, bestellten die Großhändler sehr stark schwankende Mengen. Dies erschwerte die Nachfrageprognose, die Produktions- und Kapazitätsplanung und führte vermehrt zum Aufbau von Beständen. Schließlich schwankten die eigenen Bestellungen bei den Rohstofflieferanten vergleichsweise noch stärker und ließen zudem keinen Zusammenhang zur Endkundennachfrage mehr erkennen.

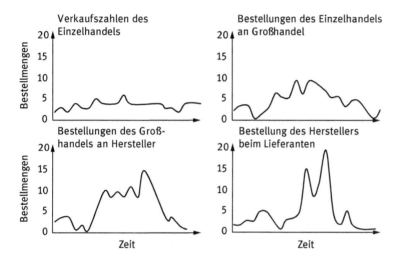

Abb. 1.8: Bullwhip-Effekt in mehrstufigen Lieferketten
Abbildung in Anlehnung an Lee et al. (1997a)

Erstmals beschrieben wurde das Phänomen des Bullwhip-Effekts durch *Jay W. Forrester* (1958), der in einem Simulationsmodell den Zusammenhang zwischen Bestellungen und Lagerbeständen untersuchte. Als Ursachen wurden vor allem schlechte Nachfrageprognosen durch lediglich lokale Verarbeitung von Nachfrageinformationen, Bündelung von Bestellungen (Losbildung), preispolitische Maßnahmen zur Verkaufsförderung sowie Mengenrationierung bei Lieferengpässen und damit zusammenhängende „Phantombestellungen" ausgemacht. Als wirksame Vermeidungsstrategien gelten besserer Informationsaustausch, Verkürzung von Lieferketten durch Elimination einzelner Stufen sowie die Verkürzung von Durchlaufzeiten zur Erhöhung der Flexibilität.[3]

---

3 Vgl. *Lee et al.* (1997 a, b).

1.3 Zielgrößen des Produktionsmanagements

1.3.1 Betriebswirtschaftliche Ziele

Ziele sind Aussagen über in Zukunft angestrebte Zustände, die als Ergebnis von Entscheidungen erreicht werden sollen. Deren eindeutige Formulierung erfordert Angaben zu *Inhalt* (Größe, die durch eine Entscheidung beeinflusst werden soll), *Ausmaß* (Maximierung, Minimierung, Fixierung, Begrenzung) und *zeitlichem Bezug* (Periode, in der ein Ziel erreicht werden soll).

Werden gleichzeitig mehrere Ziele verfolgt, ist auf die *Zielbeziehungen* zu achten. Besteht keine Zielbeziehung, wird von *Zielneutralität* oder -indifferenz gesprochen. Beeinflusst die Verfolgung eines Zieles die Verfolgung eines anderen Zieles negativ, so wird dies als *Zielkonkurrenz* bezeichnet. Die Lösung derartiger Zielkonflikte kann in einer Zielunterdrückung, Zielgewichtung oder Optimierung bestehen, bei der eine (Haupt-)Zielfunktion unter Einhaltung von Nebenbedingungen entweder maximiert oder minimiert wird. Bei *Zielkomplementarität* fördern sich Ziele gegenseitig. Dies kann beispielsweise in einer Zielhierarchie veranschaulicht werden, bei der übergeordnete Ziele durch solche auf untergeordneter Hierarchiestufe präzisiert werden und zwischen über- und untergeordneten Zielen eine Mittel-Zweck-Beziehung besteht. Während untergeordnete Ziele in einem komplementären Verhältnis zum übergeordneten Ziel stehen, können Ziele einer Hierarchieebene aber durchaus konkurrieren.

Als wichtige Zielkategorien werden Sach- und Formalziele unterschieden. Das *Sachziel* der Unternehmung bezieht sich grundsätzlich auf das Produktionsprogramm, d. h. auf Art, Menge, Qualität und Zeitpunkt der am Markt abzusetzenden Produkte. Das Sachziel gibt somit vor, was in welcher Menge, in welcher Qualität und zu welchem Termin produziert werden soll. Neben absoluten Zielgrößen (Produktionsmenge, Lagerbestand, Durchlaufzeit, Ausschuss) finden hierbei auch relative Zielgrößen Verwendung (Produktivität, Ausschussquote).

Formalziele beschreiben, welcher Erfolgsmaßstab zur Beurteilung des wirtschaftlichen Handelns herangezogen werden soll. Formalziele manifestieren sich regelmäßig in monetären Größen. So findet das Erwerbsstreben (erwerbswirtschaftliches Prinzip) häufig seinen konkreten Ausdruck in absoluten Zielgrößen wie Gewinn (Differenz aus Erträgen und Aufwendungen), Betriebserfolg (Differenz aus Erlösen und Kosten) oder Cashflow (Differenz aus Ein- und Auszahlungen) oder hiervon abgeleiteten relativen Zielgrößen wie Wirtschaftlichkeit oder Rentabilität. Neben diesen Periodenerfolgsgrößen findet in Theorie und Praxis zunehmend auch das mehrperiodige Ziel der Steigerung des Unternehmenswerts (Shareholder Value) Verbreitung. Der Wert eines

Unternehmens entspricht dabei der Summe der mit einem Kapitalkostensatz diskontierten in Zukunft erwarteten Zahlungsüberschüsse (Cashflows).[4]

Im Kern lässt sich folglich der Gegenstandsbereich der Betriebswirtschaftslehre damit umschreiben, wirtschaftliches Handeln in Unternehmen so zu organisieren, dass der Unternehmenswert möglichst groß wird.

1.3.2 Ökonomisches Prinzip

Rationales wirtschaftliches Handeln unterliegt dem *ökonomischen Prinzip* (Wirtschaftlichkeitsprinzip), das – als allgemeines Rationalprinzip zunächst ohne Festlegung auf konkrete Ziele – in zweifacher Weise interpretiert werden kann:
- bei gegebenem Mitteleinsatz den größtmöglichen Zielbeitrag zu realisieren (*Maximumprinzip*),
- einen vorgegebenen Zielbeitrag mit dem geringstmöglichen Mitteleinsatz zu realisieren (*Minimumprinzip*).

Die beiden Ausprägungen des ökonomischen Prinzips sind dabei strikt voneinander zu trennen; die Forderung, mit dem geringstmöglichen Mitteleinsatz den größtmöglichen Zielbeitrag zu realisieren, ist logisch nicht haltbar.[5]

Das ökonomische Prinzip ermöglicht eine Trennung in effiziente und ineffiziente Handlungsalternativen; es ist bei entsprechender Operationalisierung auf alle betriebswirtschaftlichen Entscheidungsprobleme anwendbar und dient insbesondere auch als Grundlage der Produktions- und Kostentheorie. Nach dem Minimumprinzip ist eine Handlungsalternative dann effizient, wenn es keine andere Alternative gibt, die einen identischen Zielbeitrag mit geringerem Mitteleinsatz ermöglicht; nach dem Maximumprinzip ist eine Handlungsalternative effizient, wenn es keine andere Alternative gibt, die bei identischem Mitteleinsatz einen größeren Zielbeitrag verspricht (*Effizienzprinzip*). Mit Hilfe des ökonomischen Prinzips kann die optimale Alternative aber nur dann ermittelt werden, wenn genau eine Entscheidungsalternative in vorgenanntem Sinne effizient ist.

---

4 Die Zielsetzungen der Gewinnmaximierung und der Unternehmenswertsteigerung sind über das Konstrukt des *Residualgewinns* (Gewinn abzüglich kalkulatorischer Kapitalkosten) miteinander verknüpft. Siehe dazu auch Abschnitt 1.3.7.
5 Man stelle sich hierzu vor, einen möglichst hohen Turm (Output) mit einer möglichst geringen Anzahl an Ziegelsteinen (Input) zu bauen.

1.3.3 Produktionswirtschaftliche Ziele

Wirtschaftliches Handeln im Bereich der Produktion so zu organisieren, dass der Unternehmenswert möglichst groß wird, ist keine triviale Aufgabe. Der Grund liegt darin, dass die Mehrzahl produktionswirtschaftlicher Aktivitäten nicht direkt monetär wirksam sind. Das operative Produktionsmanagement trägt nur in eingeschränktem Maße zur Unternehmenswertsteigerung bei. Durch die Festlegungen vorgelagerter Planungsstufen sind u. a. die erzielbaren Erlöse weitgehend vorgegeben; bei gegebenen Kapazitäten sind auch die Kosten nicht in ihrer gesamten Höhe beeinflussbar. Die Kosten, die auch dann noch anfallen (sollen), wenn der Output gegen null tendiert, die Betriebsbereitschaft aber aufrechterhalten wird, werden als fixe Kosten bezeichnet und können vom operativen Produktionsmanagement kaum beeinflusst werden. Daher kann das operative Produktionsmanagement vor allem versuchen, den Teil der Kosten zu beeinflussen, der sich mit der Ausbringungsmenge ändert (variable Kosten).

Bei gegebenen Preisen der Endprodukte ($i = 1...I$) stellt damit der (Stück-) Deckungsbeitrag als Differenz aus Preis p_i und variablen Stückkosten k_i^{var} eine wichtige monetäre Periodenzielgröße des Produktionsmanagements dar. Bezogen auf die abgesetzten Mengen x_i der Produkte dient der (Gesamt-)Deckungsbeitrag dazu, die fixen Kosten zu decken und – soweit möglich – mit dem überschießenden Betrag einen Gewinn zu erzielen. Die Zielfunktion zur Maximierung des Deckungsbeitrages (D) lautet:

$$D = \sum_{i=1}^{I} (p_i - k_i^{var}) \cdot x_i \rightarrow \text{max!} \tag{1.1}$$

Nicht selten treten in der Praxis des operativen Produktionsmanagements aber erhebliche Probleme bei der Ermittlung variabler Kostenarten auf, vor allem was die Ermittlung von Opportunitätskosten im Bereich der Rüst-, Lager-, Transport-, Qualitäts- sowie Terminüberschreitungskosten angeht. Daher greift man ersatzweise u. a. auf folgende nichtmonetäre Größen zurück: *termingerechte Bereitstellung* (hohe Liefertreue, z. B. durch geringe Durchlaufzeiten) der *gewünschten Mengen* (z. B. durch geringe Ausschuss- oder Nacharbeitsquote) in der *vorgegebenen Qualität* (z. B. durch hohe Prozesssicherheit) mit möglichst *geringen Kosten* (z. B. durch hohe Kapazitätsauslastung).

1.3.4 Produktivität

Unter Rückgriff auf das ökonomische Prinzip geht es im Rahmen der Produktion darum, so zu handeln, dass der angestrebte Output mit einem Minimum an Input erreicht wird (Minimumprinzip) bzw. dass der Output bei gegebenem Input möglichst groß ausfällt (Maximumprinzip). Generell handelt es sich um die Messung der *Per-*

formance des Transformationsprozesses zur Beurteilung des Erfolgs des operativen Produktionsmanagements.

Unter Rückgriff auf rein mengenmäßige Größen können daher grundsätzlich folgende drei Kennzahlen zur Performance-Messung verwendet werden (Abbildung 1.9). Auf der Inputseite kann die *Auslastung* die Frage nach möglichen Leerkosten beantworten („Wie viel wird gearbeitet?"). Mögliche Messgrößen können sein: Ist- im Vergleich zu Plan-Arbeitsstunden, Ist- im Vergleich zu Plan-Maschinenstunden oder Ist- im Vergleich zu Plan-Rohstoffverbräuchen.

Der eigentliche Produktionsprozess kann mit Hilfe der Kennzahl *Produktivität* nach seiner Ergiebigkeit beurteilt werden („Wird richtig gearbeitet?"). Die Ermittlung einer *Gesamtproduktivität*, d. h. des Verhältnisses des gesamten Outputs zum gesamten Input, steht vor der Schwierigkeit, Produktionsfaktoren und Produkte unterschiedlicher Arten, Mengen und Qualitäten zusammenfassen zu müssen. Daher werden regelmäßig *Teilproduktivitäten* (Faktorproduktivitäten) gebildet, bei denen die gesamte Ausbringungsmenge durch die Einsatzmenge eines einzelnen Produktionsfaktors geteilt wird. Zur sinnvollen Beurteilung der Produktivität ist darauf zu achten, dass es sich bei der betrachteten Einsatz-Ausbringungs-Relation um ein kausales Ursache-Wirkungs-Verhältnis handelt. Zudem lassen erst Zeit- und Betriebsvergleiche bedeutsame Erkenntnisse erwarten.

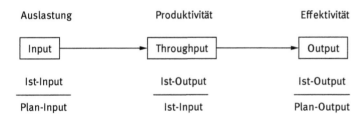

Abb. 1.9: Input-Output-Performance-Kennzahlen
Abbildung in Anlehnung an Caplice, Sheffi (1994)

Mögliche Teilproduktivitäten können sein: Menge an tatsächlich hergestellten Enderzeugnissen im Vergleich zur Zahl der eingesetzten Arbeitskräfte bzw. Arbeitsstunden (*Arbeitsproduktivität* bzw. *Arbeitsstundenproduktivität*), Menge an tatsächlich hergestellten Enderzeugnissen im Vergleich zur eingesetzten Zahl der Maschinen bzw. Maschinenstunden (*Maschinenproduktivität* bzw. Maschinenstundenproduktivität), Menge an tatsächlich hergestellten Enderzeugnissen im Vergleich zur eingesetzten Menge eines Rohstoffs (*Rohstoffproduktivität*).[6] Zu beachten ist, dass die isolierte

---

6 Möglich ist auch, die Produktivitätsbeziehung über den *Produktionskoeffizienten* zu messen; das ist der reziproke Wert der Faktorproduktivität und gibt diejenigen Einheiten eines Inputfaktors an, die notwendig sind, um im Rahmen der Produktion eine Outputeinheit zu erzeugen.

Betrachtung von Teilproduktivitäten keinen Schluss auf die Gesamtproduktivität zulässt, wenn das Einsatzverhältnis der Produktionsfaktoren geändert werden kann.

Die Beurteilung der *Effektivität* des Outputs gibt Aufschluss über die Frage, ob die Leistungsziele erreicht werden („Wird das Richtige gearbeitet?"). Mögliche Kennzahlen können sich auf Menge, Termin und Qualität der produzierten Enderzeugnisse beziehen.

Viele Praxisvorhaben zur Produktivitätssteigerung leiden z. B. darunter, dass ausschließlich Produktivitätskennzahlen betrachtet werden. Es kommt nämlich nicht nur darauf an, etwas richtig zu tun (Effizienz im Sinne von „doing things right"), entscheidend ist vielmehr, das Richtige zu tun (Effektivität im Sinne von „doing the right things"). Für das Produktionsmanagement lässt sich dieser wichtige Unterschied zwischen Effizienz und Effektivität vereinfacht wie folgt darstellen: Während vermieden werden sollte, die richtigen Dinge schlecht zu machen, kommt es vielmehr darauf an, die richtigen Dinge gut zu machen. Unnütz ist es, die falschen Dinge gut zu machen. Die Option, falsche Dinge schlecht zu machen, bedarf wohl keiner weiteren Erläuterung.

Beispielsweise ist es effizient, vorhandene Maschinen maximal auszulasten und minimale Bearbeitungszeiten anzustreben. Wenn hierdurch jedoch die Fehleranfälligkeit der Produkte steigt oder unverkäufliche Ware auf Lager produziert wird, kann dies nicht effektiv sein (Produktivitätsparadoxon).

1.3.5 Wirtschaftlichkeit

Wirtschaftlichkeit ist das dem ökonomischen Prinzip entlehnte Verhältnis eines Ergebnisses (Output) in Wertgrößen (Erlöse, Erträge, Einzahlungen) zum Mitteleinsatz (Input) in Wertgrößen (Kosten, Aufwendungen, Auszahlungen). Wirtschaftlichkeit ist somit eine „wertmäßige Produktivitätskennzahl". Unter Verwendung von Wertgrößen aus der Kostenrechnung kann Wirtschaftlichkeit wie folgt definiert werden:

$$\text{Wirtschaftlichkeit} = \frac{\text{Erlös}}{\text{Kosten}}. \tag{1.2}$$

Im Rahmen der Kostenrechnung ist zur Beurteilung der Wirtschaftlichkeit von Leistungsbereichen bei vorgegebenem Output auch das Verhältnis von Soll-Kosten zu Ist-kosten von Bedeutung (Kostenwirtschaftlichkeit):

$$\text{(Kosten-)Wirtschaftlichkeit} = \frac{\text{Ist-Kosten}}{\text{Soll-Kosten}}. \tag{1.3}$$

Für den Bereich der Produktion liegt es nahe, diejenigen Soll-Kosten für einen gegebenen Output zu wählen, die unter normalen Produktionsbedingungen anfallen. Die Ermittlung dieses Vorgabe-Wertes ist die zentrale Aufgabe einer Plankostenrechnung.

1.3.6 Rentabilität

Während Gewinn als Differenz von Erträgen und Aufwendungen einer bestimmten Periode in Form eines absoluten Erfolgsmaßes definiert ist, stellt die *Rentabilität* ein relatives Erfolgsmaß dar, das den Quotienten aus Periodengewinn und einer wertmäßigen Bestands- oder Bewegungsgröße bildet. Bezogen auf die Bestandsgröße Gesamtkapital ist Rentabilität, die Verzinsung (Rendite) des eingesetzten Kapitals in einer bestimmten Periode, definiert als:

$$\text{Rentabilität} = \frac{\text{Gewinn}}{\text{Kapital}}. \tag{1.4}$$

Durch Erweiterung dieser Kennzahl mit der Bewegungsgröße Umsatz erhält man den so genannten Return-on-Investment (ROI), dessen erster Quotient die *Umsatzrentabilität* und dessen zweiter Quotient die *Kapitalumschlagshäufigkeit* ausdrückt:

$$\text{ROI} = \frac{\text{Gewinn}}{\text{Umsatz}} \cdot \frac{\text{Umsatz}}{\text{Kapital}} = \frac{\text{Gewinn}}{\text{Kapital}}. \tag{1.5}$$

Durch weitere Zerlegung der formalen Bestandteile des ROI lässt sich das *ROI-Kennzahlensystem* entwickeln (Abbildung 1.10).[7] Damit können z. B. folgende Fragen analysiert werden: Wie wirken sich Handlungen im Leistungsbereich oder in anderen betrieblichen Bereichen auf die Rentabilität aus? Ebenso kann umgekehrt gefragt werden, welches Ausmaß einzelne Kennzahlen des ROI-Kennzahlensystems aufweisen müssten, um eine bestimmte Rentabilität zu gewährleisten. Analog zur Produktivität lassen erst Zeit- und Betriebsvergleiche des ROI eines Geschäftsbereichs oder eines Unternehmens zusätzliche Erkenntnisse hinsichtlich der generellen Ausschöpfung von verfügbaren Rentabilitätspotenzialen erwarten.

1.3.7 Wertorientierte Steuerung

Der ROI dokumentiert die Verzinsung des eingesetzten Kapitals in einer Periode. Dieses Kapital hätte aber statt in das betreffende Unternehmen auch in eine alternative, risikoäquivalente Unternehmung oder Kapitalmarktanlage investiert werden können. Die hieraus zu erwartende entgangene Rendite stellt die Opportunitätskosten und mithin den Vergleichsmaßstab (Werthürde) zur Beurteilung des ROI dar: Ist der ROI höher (geringer) als diese Werthürde, so wurde in der betreffenden Periode Wert geschaffen (vernichtet). Diese Opportunitätsüberlegungen zur Formulierung einer Werthürde sind Kern *wertorientierter Steuerungssysteme* (Value Based Management).

---

7 Das ROI-Kennzahlensystem wurde erstmals in den 1920er Jahren von dem US-Chemieunternehmen *DuPont* eingesetzt (daher auch *DuPont*-Schema). Vgl. *Davis* (1950).

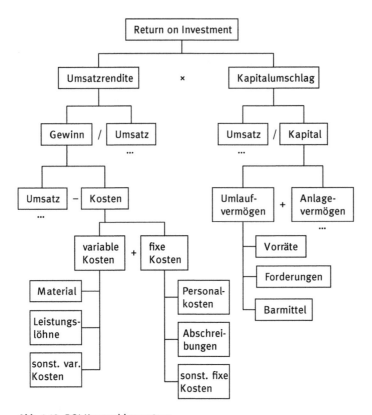

Abb. 1.10: ROI-Kennzahlensystem

Zur Ermittlung der Werthürde, des so genannten Kapitalkostensatzes, wird regelmäßig das WACC-Konzept verwendet (Weighted Average Cost of Capital). Das ist ein mit den entsprechenden Kapitalanteilen gewichteter Eigen- und Fremdkapitalkostensatz:

$$k_{WACC} = \frac{EK}{EK + FK} \cdot k_E + \frac{FK}{EK + FK} \cdot k_F \cdot (1 - s). \tag{1.6}$$

Hierbei sind:

$$EK = \text{Wert des Eigenkapitals,}$$
$$FK = \text{Wert des Fremdkapitals,}$$
$$k_E = \text{Eigenkapitalkostensatz,}$$
$$k_F = \text{Fremdkapitalkostensatz,}$$
$$s = \text{Steuersatz.}$$

Multipliziert man die Differenz aus Rentabilität (ROI) und Kapitalkostensatz mit dem eingesetzten Kapital, so resultiert ein absoluter Erfolgsmaßstab, der so genannte *Residualgewinn* (Übergewinn).

In der Praxis ist dieses Konzept unter der Bezeichnung *Economic Value Added* (EVA) bekannt, wobei noch bestimmte Anpassungen bei den Erfolgsgrößen vorzunehmen sind. Der EVA geht von dem in der Buchhaltung ermittelten operativen Gewinn einer Periode vor Abzug von Eigen- und Fremdkapitalzinsen sowie nach Steuern aus, dem *Net Operating Profit After Tax* (NOPAT). Man erhält diese Gewinngröße, indem von dem operativen Ergebnis vor Zinsen und Steuern (EBIT)[8] die zahlungswirksamen Steuern abgezogen werden. Der EVA ergibt sich, indem hiervon die Zinsen auf das zu Periodenbeginn gebundene Kapital KB_{t-1} abgezogen werden, wobei als Zinssatz der gewichtete Kapitalkostensatz (k_{WACC}) verwendet wird:

$$EVA_t = NOPAT_t - KB_{t-1} \cdot k_{WACC}. \tag{1.7}$$

Wertorientierte Steuerungssysteme zielen auf eine *Steigerung des Unternehmenswerts*. Der *Unternehmenswert* stellt die Summe der mit den gewichteten Kapitalkosten diskontierten künftigen Zahlungsüberschüsse (Free Cashflow; FCF) des Unternehmens dar. Das Residualgewinnkonzept erlaubt schließlich die Verbindung einperiodiger Erfolgsgrößen mit der mehrperiodigen Erfolgsmessung. Auf Basis des *Theorems von Lücke* (1955) stimmt der Barwert der erwarteten Residualgewinne mit dem Kapitalwert der FCFs überein:

$$\sum_{t=1}^{T} \frac{EVA_t}{(1 + k_{WACC})^t} + KB_0 = \sum_{t=1}^{T} \frac{FCF_t}{(1 + k_{WACC})^t}. \tag{1.8}$$

1.3.8 Balanced Scorecard und Strategy Maps

Um den Bereich der betrieblichen Leistungserstellung an finanziellen Zielgrößen auszurichten, sind die entsprechenden Werttreiber, die z. B. den Return-on-Investment beeinflussen, mit den Aktivitäten auf der operativen Ebene des Produktionsmanagements zu verknüpfen. Im Unterschied zum rein formalen ROI-Kennzahlensystem geht es darum, zu Ursache-Wirkungs-Beziehungen zu kommen, um erklären zu können, wie operative Maßnahmen auf die finanzielle Zielsetzung wirken. Das Problem an der rein formalen Ausrichtung des ROI-Schemas liegt darin, dass es zwar angibt, um wie viel Prozent der ROI steigt, wenn die Lagerbestände um 25 % gesenkt werden, aber keinerlei Unterstützung liefert bei der Frage, wie diese Bestandssenkung zu erreichen ist.

Als Rahmenkonzept zur Umsetzung entsprechender Strategien durch kausale Verknüpfung finanzieller und nichtfinanzieller Zielgrößen kann die *Balanced Scorecard* nützlich sein.[9] Dabei werden regelmäßig vier Perspektiven unterschieden,

---

8 EBIT steht für *Earnings before Interest and Taxes*. Es handelt sich um ein Betriebsergebnis der handelsrechtlichen Gewinn-und-Verlust-Rechnung, das um nicht operative Komponenten bereinigt ist.
9 Vgl. *Kaplan, Norton* (1992) und (2004).

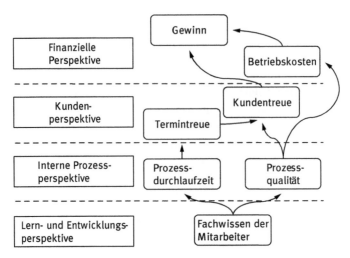

Abb. 1.11: Balanced Scorecard und „Strategy Map"
Abbildung in Anlehnung an Kaplan/Norton (2004)

die dabei helfen sollen, ein Geschäftsmodell (Business Model) in hypothetischen Ursache-Wirkungs-Zusammenhängen abzubilden (*Strategy Maps*), die in der Folge einer empirischen Überprüfung und gegebenenfalls Revision unterzogen werden können.

Beispielhaft sei folgender Wirkungszusammenhang erläutert (Abbildung 1.11). Ausgehend von der Lern- und Entwicklungsperspektive setzt ein Unternehmen auf das besondere Fachwissen seiner Mitarbeiter. Dieses soll vordringlich dazu dienen, hinsichtlich der internen Prozessperspektive die Prozessqualität zu verbessern und die Durchlaufzeiten zu senken. In der Kundenperspektive sollen geringere Durchlaufzeiten zu besserer (Liefer-)Termintreue und zusammen mit verbesserter Qualität zu höherer Kundentreue führen. Auf der finanziellen Ebene soll höhere Kundentreue zu gesteigerten Erlösen, höhere Prozessqualität überdies zu geringeren Betriebskosten führen und somit ein höherer Gewinn erreicht werden. Um die Ursache-Wirkungs-Beziehungen in den einzelnen Perspektiven abzubilden und messbar zu machen, sind jeweils Kennzahlen zu etablieren, die eine Steuerung der entsprechenden Bereiche und eine Überprüfung der Wirkungszusammenhänge ermöglichen.

2 Bereitstellung und Einsatz von Produktionsfaktoren

Produktion wird als zielorientierter Kombinations- und Transformationsprozess von Produktionsfaktoren verstanden. Gegenstand dieses Kapitels sind die Bereitstellung und Sicherstellung des effektiven Einsatzes von Produktionsfaktoren zum Zwecke der betrieblichen Leistungserstellung.

2.1 Dispositive Faktoren

2.1.1 Planung

2.1.1.1 Begriff der Planung und des Planungsprozesses

Unter *Planung* versteht man die geistige Vorwegnahme zukünftigen Handelns durch Erarbeitung verschiedener Handlungsalternativen und die Auswahl hinsichtlich der zur Zielerreichung besten Alternative (Entscheidung). Planung dient also der Vorbereitung von Entscheidungen. Der *Planungsprozess* lässt sich in folgende Schritte unterteilen:

- *Zielbildung*: Setzen von Zielen unter Beachtung übergeordneter Unternehmensziele,
- *Problemfeststellung und -analyse*: Erkennen von Entscheidungsproblemen durch Ermittlung der (Problem-)Lücke zwischen der Zielvorstellung und der erwarteten Lage ohne das Ergreifen zielführender Maßnahmen (Unterlassungsalternative), gegebenenfalls Zerlegung in Teilprobleme,
- *Alternativensuche*: Generierung alternativer, sich gegenseitig ausschließender Handlungsmöglichkeiten (Alternativpläne), die dem Management zum Zeitpunkt der Entscheidung zur Auswahl stehen. Vollständige und sich gegenseitig ausschließende Alternativenformulierung,
- *Prognose*: Vorhersage zukünftiger Ergebnisse der jeweiligen Alternativen unter Beachtung verschiedener möglicher Umweltzustände (Wahrscheinlichkeitsaussagen),
- *Alternativenbewertung*: Bewertung der erwarteten Ergebnisse je Alternative im Hinblick auf ihren Zielbeitrag (Zuordnung einer Zielwirkung),
- *Alternativenauswahl* (Entscheidung): Auswahl der besten Alternative, d. h. derjenigen Alternative mit dem höchsten Zielbeitrag.

Das Ergebnis dieses Planungsprozesses ist ein *Plan*. Da sich Pläne zum einen nicht von selbst realisieren, ist es erforderlich, diese durchzusetzen (Führung). *Führung* umfasst in diesem Zusammenhang alle Maßnahmen, Mitarbeiter zu zielorientiertem Handeln zu veranlassen. Zum anderen werden Pläne in der Regel nicht reibungslos realisiert,

https://doi.org/10.1515/9783110467710-003

sondern es treten Störungen, Fehler und Abweichungen verschiedenster Art auf, welchen durch steuernde Eingriffe begegnet werden muss. Die Planrealisation bedarf also einer *Steuerung* als Führungsinstrument. Nach erfolgter Realisation ist das erzielte Ergebnis im Rahmen einer *Kontrolle* mit dem angestrebten Ergebnis zu vergleichen. Dies geschieht im Rahmen eines Soll-Ist-Vergleichs. Die sich anschließende *Abweichungsanalyse* verfolgt den Zweck, herauszufinden, auf welche Ursachen (Störgrößen) die ermittelten Abweichungen zurückzuführen sind. Dies kann Ausgangspunkt für eine erneute Problemfeststellung und -analyse oder eine Überprüfung des gesamten Planungs- und Steuerungsprozesses sein.

2.1.1.2 Modellbegriff und Planungskonzepte

Rationales Handeln und damit vernünftiges Gestalten im Hinblick auf das Unternehmensziel basiert auf planvollem Vorgehen. Die Managementfunktion *Planung*, verstanden als die der Realisation zeitlich vorgelagerte gedankliche Durchdringung eines realen Sachverhaltes, benötigt als Bezugsrahmen *Modelle*, die aus der unstrukturierten Vielfalt der Gegebenheiten die interessierenden Teilaspekte ausgliedern und so die komplexen realen Zusammenhänge auf ein vereinfachtes Gebilde reduzieren und abbilden. Ein wesentlicher Nutzen der Modellierung schlecht strukturierter realer Probleme kann neben deren methodisch gestützter Lösung darin gesehen werden, zunächst einmal eine Struktur in das zu lösende Problem zu bringen und so ein besseres Problemverständnis zu ermöglichen.

Erfolgt die Abbildung eines realen Systems oder Problems derart, dass jedem Element bzw. jeder Beziehung zwischen Elementen des realen Systems ein Element bzw. eine Beziehung im Modell gegenübersteht und umgekehrt, so spricht man von einem *isomorphen (strukturgleichen) Modell*. Die für Zwecke der Planung regelmäßig erforderliche Abstraktion durch Vernachlässigung von weniger wichtigen realen Elementen oder Beziehungen führt zu einem *homomorphen (strukturähnlichen) Modell*. Grundsätzlich bestimmt die gewünschte Genauigkeit der gesuchten Problemlösung das mögliche Ausmaß der Abstraktion, da diese die Komplexität des Modells und seiner planerischen Auswertbarkeit determiniert.

Das Management formuliert Modelle vor allem zur Unterstützung bei praktischen Entscheidungsproblemen; mit diesen so genannten *Entscheidungsmodellen* ist die Erwartung verbunden, ein reales Problem im Modell so abzubilden, dass eine Problemlösung unter zusätzlicher Berücksichtigung von Zielrelationen in den vorgegebenen Modellgrenzen logisch abgeleitet und anschließend wieder erfolgreich auf die Realität übertragen werden kann. Zu dieser Kategorie gehören auch *Optimierungsmodelle*, die aus einer Menge von Alternativen und einer zu maximierenden oder minimierenden Zielfunktion bestehen, mit deren Hilfe eine oder mehrere optimale Lösungen identifiziert werden können. Die Menge der zulässigen Lösungen kann explizit vorgegeben sein, wie z. B. im Grundmodell der Entscheidungstheorie, oder implizit in Form eines Systems von Nebenbedingungen (Restriktionen) definiert sein. Einfachere Modelle sind *Beschreibungsmodelle*, die lediglich zur Darstellung der Elemente und deren Beziehungen in realen Systemen dienen. Etwas anspruchsvoller sind *Erklärungsmodelle*, die Ursache-Wirkungs-Zusammenhänge zwischen unabhängigen Variablen (Parametern) und davon abhängigen Variablen untersuchen. Ein Beispiel hierfür stellen Produktionsfunktionen dar, die die Abhängigkeit des Outputs vom Input zu erklären versuchen. *Prognosemodelle* dienen der Vorhersage zukünftiger Daten oder der Abschätzung von Auswirkungen möglicher Handlungsalternativen.

Modelle lassen sich weiter nach der Art der Abstraktion unterscheiden. Bei einem *deterministischen Modell* wird davon ausgegangen, dass alle dem Modell zugrunde liegenden Informationen mit Sicherheit bekannt sind. Demgegenüber handelt es sich um ein *stochastisches Modell*, wenn die Ausprägungen der relevanten Daten unsicher sind und sich lediglich durch die Angabe von Bandbreiten bzw. Wahrscheinlichkeitsverteilungen abbilden lassen.

Nahezu alle durch ein Modell abgebildeten realen Systeme unterliegen Veränderungen ihrer Daten im Zeitablauf. Wird von der zeitlichen Entwicklung eines Systems abstrahiert, so erhält man ein *statisches Modell*. Wird der Zeitaspekt in die Modellierung einbezogen, so liegt ein *dynamisches Modell* vor.

Im Rahmen der Modellbildung gilt es zunächst, zwischen Handlungs- und Planungszeitraum zu differenzieren. Der *Handlungszeitraum* des Managements (*Totalperiode* des Unternehmens) beginnt im Planungszeitpunkt und endet theoretisch mit der Beendigung der Unternehmenstätigkeit, also mit der Liquidation oder der Insolvenz; dies ist der maximale Zeitraum, in dem sich Entscheidungen auf das Unternehmensziel Einkommenserwerb auswirken können. Allerdings ist der Zeitpunkt der Beendigung des Unternehmens – abgesehen von zeitlich befristeten Unternehmenskooperationen (Joint Ventures) – regelmäßig nicht bestimmbar, da Unternehmen in aller Regel auf unbestimmte Dauer angelegt sind. Folglich ist der im Rahmen von betriebswirtschaftlichen Modellen zu berücksichtigende *Planungszeitraum* kürzer als der theoretische Handlungszeitraum. Die konkrete Länge des Planungszeitraums ist dabei abhängig von der Qualität der verfügbaren Informationen und den Informationsverarbeitungskapazitäten.

Ein vollständiges Entscheidungsfeld bzw. *Totalmodell* liegt vor, wenn alle in der Totalperiode eines Unternehmens möglichen Entscheidungen und die zwischen ihnen bestehenden Zusammenhänge berücksichtigt werden. Bewertungsprobleme im Hinblick auf das Unternehmensziel Einkommenserwerb treten in Totalmodellen nicht auf, weil einerseits Planungs- und Handlungshorizont zusammenfallen und andererseits alle Abhängigkeiten zwischen einzelnen Entscheidungssituationen durch die gesamthafte Planung (*Simultanplanung*) des vollständigen Entscheidungsfeldes richtig berücksichtigt werden. Die beste Alternative ist dann diejenige, bei der der Kassenbestand am Ende des Handlungszeitraums am größten ist. Die Formulierung eines Totalmodells scheitert jedoch regelmäßig bereits an der Unkenntnis des Zeitpunkts der Beendigung des Unternehmens; darüber hinaus erfordert die Komplexität des vollständigen Entscheidungsfeldes eine Zerlegung (*Dekomposition*) in mehrere aufeinander abgestimmte Partialmodelle.

Partialmodelle unterscheiden sich vom Totalmodell durch einen gegenüber dem Handlungszeitraum verkürzten Planungszeitraum (zeitliche Dekomposition) und ein regelmäßig sachlich beschränktes Entscheidungsfeld (sachliche Dekomposition). Die Zerlegung des Totalmodells hat dabei so zu erfolgen, dass die isolierte Lösung der Partialmodelle möglichst zum Gesamtoptimum führt. Dieses Ziel ist immer dann erreichbar, wenn das Entscheidungsfeld bzw. das Ergebnis keines Partialmodells durch Festlegungen in einem anderen Partialmodell beeinflusst wird. Sind die Partialmodelle im vorgenannten Sinne voneinander unabhängig, resultieren mehrere gleichgeordnete Entscheidungsfelder (horizontale Dekomposition). Bestehen zwischen den Partialmodellen lediglich einseitige Abhängigkeitsbeziehungen (*Dependenzen*) und sind diese zyklenfrei, kann das Totalmodell in mehrere hierarchisch angeordnete Partialmodelle aufgeteilt werden (vertikale Dekomposition); eine Mischform stellt die horizontal-vertikale Dekomposition dar. Sofern wechselseitige Abhängigkeiten (*Interdependenzen*) zwischen einzelnen Partialmodellen nicht durch die genannten Dekompositionsverfahren vermieden werden können, benötigt man zusätzlich einen Koordinationsmechanismus, um die Ergebnisse der verschiedenen Partialmodelle auf das Unternehmensziel Einkommenserwerb hin zu integrieren. Eine Abfolge von Partialplanungsmodellen wird als *Sukzessivplanung* bezeichnet. Ein wichtiges Sukzessivplanungskonzept ist die hierarchische Produktionsplanung und -steuerung.

Die aufgezeigte Diskrepanz zwischen Planungs- und Handlungshorizont macht folgendes deutlich: Wenn man erkannt hat, dass der Handlungszeitraum länger als der Planungszeitraum ist, kann man im Rahmen eines Modells nicht so tun, als ob das Unternehmen am Planungshorizont beendet wird; vielmehr muss gewährleistet werden, dass am Ende des Planungszeitraums ausreichend Mittel für das heute noch nicht planbare Wirtschaften zwischen Planungs- und Handlungshorizont verfügbar sind. Eine sachliche Dekomposition des Totalmodells bedingt darüber hinaus die Festlegung von mit dem Unternehmensziel zu vereinbarenden Urteilsdimensionen für die jeweiligen Partialmodelle (z. B. Beschaffungs-, Produktions-, Absatz-, Finanzziele). In diesem Sinne befassen sich die nachfolgenden Kapitel mit Partialmodellen des industriellen Produktionsmanagements.

2.1.1.3 Planungshierarchie und -dimensionen
Planung ist in der Regel hierarchisch strukturiert. Die *Planungshierarchie* drückt aus, dass einzelne Pläne des Unternehmens zueinander in einem Über- oder Unterordnungsverhältnis stehen können. Ein Plan gilt einem anderen als übergeordnet, wenn er den Planungsrahmen absteckt, in welchem der untergeordnete Plan formuliert werden muss. Dabei hat sich durchgesetzt, strategische (oberste), taktische (mittlere) und operative (unterste) Planung zu unterscheiden. Je nach Bezugsobjekt ergeben sich

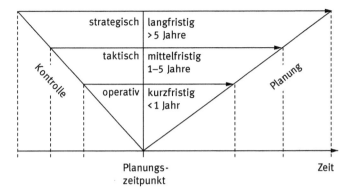

Abb. 2.1: Zeitliche Planungsebenen

weitere Planungsebenen. Bezogen auf die zeitliche Reichweite von Planungen (Planungshorizont) werden lang-, mittel- und kurzfristige Planungen unterschieden (Abbildung 2.1).

Aufgrund des sich ausweitenden Planungshorizonts werden bei übergeordneten Planungen die Planungsobjekte regelmäßig stärker aggregiert, d. h. weniger detailliert abgebildet (z. B. Jahres- statt Monatswerte), um so die Komplexität der Planung in beherrschbaren Grenzen zu halten.

Die Aufgabe der *strategischen Produktionsplanung* besteht in der Ziel- und Strategiefestlegung für die betriebliche Leistungserstellung. Der Fokus liegt auf dem Schaffen und Erhalten einer wettbewerbsfähigen Produktion. Die Aufgabe der *taktischen Produktionsplanung* beinhaltet die Konkretisierung der Strategien, wobei vor allem Entscheidungen über die Produkte, die zu beschaffenden Produktionsfaktoren, den Auf- oder Abbau von Kapazitäten sowie über die Organisation der Produktion zu fällen sind. Die Aufgaben der *operativen Produktionsplanung* bauen auf den Vorgaben der strategischen und taktischen Planung auf und bestehen in der Bestimmung des Produktionsprogramms, der Planung des Materialbedarfs und der Produktionsdurchführung. Weitere *Bezugsobjekte* für eine Unterscheidung von Planarten können sein die Bedeutung der Planung für das Unternehmen oder der Aggregationsgrad der Planung.

Vor allem die taktische und operative Planung werden meist als *rollierende (überlappende) Planung* durchgeführt.[10] Dies bedeutet, dass Pläne während des Planungs-

---

10 Zwischen den häufig synonym verwendeten Begriffen der rollierenden bzw. überlappenden Planung kann noch differenziert werden. Während es das Kennzeichen jeder überlappenden Planung und damit auch der rollierenden Planung ist, dass jede Periode mehrmals vorläufig und einmal endgültig geplant wird, unterscheiden sich die bei rollierender Planung für eine Periode sukzessiv erzeugten Pläne zusätzlich nach Art und Detaillierungsgrad. Je geringer der Abstand einer Periode vom Pla-

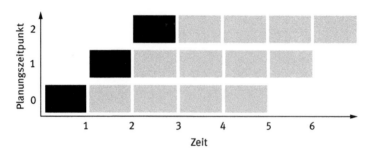

Abb. 2.2: Rollierende Planung

zeitraums, d. h. vor Erreichen des Planungshorizontes, aufgrund veränderter Daten modifiziert werden.

Im Rahmen der rollierenden Planung wird zwar bis zum Planungshorizont geplant, der Plan ist aber nur für die erste Teilperiode verbindlich. Vor Beginn der nächsten Teilperiode wird die Plandurchführung im Rahmen der Steuerung und Kontrolle überprüft und der Plan dementsprechend und auf der Basis aktueller Prognosen überarbeitet. Dabei wird der Planungshorizont jeweils um eine Teilperiode in die Zukunft verschoben (Abbildung 2.2). Ist hingegen die Planung so organisiert, dass der Planungshorizont mit dem Zeitpunkt der jeweils nachgelagerten Planung übereinstimmt, so liegt der Fall einer Anschlussplanung vor.

2.1.1.4 Betriebliche Planungssysteme

Die *betriebliche Gesamtplanung* (Planungssystem) setzt sich aus einer Reihe funktionaler Teilpläne zusammen, zwischen denen interdependente Beziehungen bestehen, die eine gegenseitige Abstimmung (Koordination) erfordern. In Abbildung 2.3 ist ein derartiges System strategischer, taktischer und operativer betrieblicher Teilpläne dargestellt.

Die Aufgabe der Planung der Funktionsbereiche besteht darin, die jährlichen Absatz-, Produktions- und Beschaffungsmengen sowie die hieraus zu erwartenden Erlöse und Kosten für die Dauer der Planungsperiode festzulegen. Besteht ein Unternehmen aus mehreren Geschäftsbereichen, so ist diese Planung für jeden Geschäftsbereich gesondert durchzuführen. Anschließend erfolgt eine Konsolidierung dieser Pläne.

Es erscheint zweckmäßig, an erster Stelle den *Absatzplan* zu nennen. Mit ihm beginnt in der Regel der Planungslauf. Im Absatzplan sind, gegliedert nach Produktarten und Regionen, die Mengen festgehalten, die das Unternehmen auf Basis externer

---

nungszeitpunkt ist, einen desto stärker operativen Charakter erhält jeder Plan und desto detaillierter wird er ausgearbeitet.

Marktanalysen und interner Betriebsbedingungen im Planungshorizont absetzen will. Außerdem wird der Einsatz des absatzpolitischen Instrumentariums geplant. Bewertet man die geplanten Absatzmengen mit den zugehörigen Netto-Verkaufspreisen, so erhält man die *Erlösplanung*.

Die *Produktionsplanung* knüpft an die Absatzplanung an. Sind langfristig keine Lagerbestandsveränderungen vorgesehen, unterscheidet sich die geplante Produktionsmenge von der Absatzmenge nur um Ausschussmengen.

In der *Beschaffungsplanung* werden die aus den Aktivitäten aller Unternehmensbereiche resultierenden Beschaffungsmengen geplant. Bewertet man diese mit Faktorpreisen, so erhält man die *Kostenplanung* für Produktionsfaktoren.

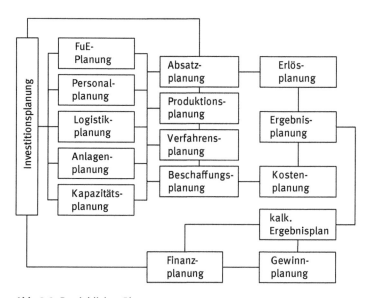

Abb. 2.3: Betriebliches Planungssystem

In der *Forschungs- und Entwicklungsplanung* werden Projekte für Produkt- und Technologieinnovationen, in der *Verfahrensplanung* dagegen Verfahrensänderungen geplant. In der *Kapazitäts- und Anlagenplanung* werden Kapazitätsanpassungen und Änderungen in der Betriebsmittelausstattung geplant. Die Wirtschaftlichkeit der den genannten Planungen zugrundeliegenden Vorhaben wird regelmäßig vorab über Investitionsplanungen geprüft. In der *Logistikplanung* werden Änderungen von Transport-, Umschlag- und Lagerprozessen geplant. In der *Personalplanung* werden Personalbedarf, Personalbeschaffung, d. h. Veränderungen der Personalkapazitäten, geplant.

Saldiert man die aus der Erlös- und Kostenplanung stammenden Daten, erhält man eine kalkulatorische *Ergebnisplanung*. Sie ist die monetäre Zielgröße des Planungssystems und mit den Formalzielen des Unternehmens in Einklang zu bringen.

Damit hängt die *Finanzplanung* des Unternehmens zusammen, die die Sicherung einer ausreichenden Liquidität im Planungszeitraum sowie die nötigen finanziellen Mittel zur Realisierung der Investitionsplanung gewährleisten muss. Für Rechnungslegungszwecke wird aus der Ergebnis- und der Finanzplanung eine *Gewinnplanung* abgeleitet, die eine Steuer- und Ausschüttungsplanung enthält.

2.1.1.5 Enterprise-Resource-Planning-(ERP-)Systeme

Zur Unterstützung von Planung, Steuerung und Durchführung der in einem Unternehmen ablaufenden Geschäftsprozesse werden in der betrieblichen Praxis EDV-gestützte Informations- und Planungssysteme eingesetzt.

Diese so genannten *Enterprice-Resource-Planning*-(ERP-)Systeme beinhalten neben rechnungswesenorientierten Modulen für Finanzbuchhaltung, Controlling oder Asset Management auch komplexe Module zur operativen Produktionsplanung und -steuerung (PPS). Während PPS-Systeme früher als isolierte Anwendungssysteme für den Produktionsbereich konzipiert wurden, zeigte sich rasch die Notwendigkeit einer Integration aller betrieblichen Planungssysteme, insbesondere einer Verschränkung von Material- und Werteflüssen. Leistungsfähige ERP-Systeme unterstützen daher alle betrieblichen Teilfunktionen. Von besonderer Bedeutung ist das von der SAP AG entwickelte ERP-System R/3, dessen Module zusammen mit der Client-Server-

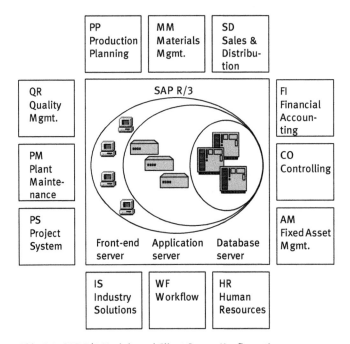

Abb. 2.4: SAP R/3 Module und Client-Server-Konfiguration

Konfiguration in Abbildung 2.4 dargestellt sind, und das eine weite Verbreitung in der Praxis gefunden hat. Eine neuere Entwicklung stellt das System SAP S/4 dar.

2.1.2 Entscheidung und Führung

Ein Plan als Ergebnis eines mit einer Entscheidung abgeschlossenen Planungsprozesses (Willensbildung) bedarf der Realisation. Da sich Pläne nicht von selbst realisieren, ist es erforderlich, die getroffene Entscheidung durchzusetzen (Willensdurchsetzung). *Führung* umfasst in diesem Zusammenhang alle Maßnahmen, Mitarbeiter zu zielorientiertem Handeln zu veranlassen. Dies geschieht durch Übermittlung von Anordnungen an die ausführenden Stellen. Die Führungsaufgabe wird in Unternehmen vom Management wahrgenommen. Oberste Managementebene eines Unternehmens ist regelmäßig die Geschäftsführung bzw. der Vorstand. Je nach Aufbauorganisation kommt es aber auch zur Delegation von Führungsaufgaben an untergeordnete Stellen (Bereichs- oder Funktionsmanager, bis hin zu teilautonomen Arbeitsgruppen).

Führung kann auf unterschiedliche Art und Weise erfolgen. Diese Unterschiede schlagen sich im *Führungsstil*, d. h. im Führungsverhalten von Vorgesetzten gegenüber Mitarbeitern, nieder. Grundsätzlich können zwei konträre Typen von Führungsstilen unterschieden werden: autoritärer und kooperativer Führungsstil. Kennzeichnend für den autoritären Führungsstil ist, dass Vorgesetzte anordnen, ohne die Betroffenen zu fragen. Im Gegensatz dazu findet beim kooperativen Führungsstil eine Mitwirkung der Geführten an der Willensbildung und in Form von Entscheidungsdelegation statt.

Führungsmodelle sind Soll-Konzeptionen, die allgemeine Verhaltensregeln von Vorgesetzten gegenüber ihren Mitarbeitern beschreiben (Managementprinzipien). Für die Praxis wurde eine Reihe derartiger Führungsmodelle unter dem Begriff des „Management by" entworfen. Für den Bereich des Produktionsmanagements sind vor allem die Konzepte *„Management by Objectives"* und *„Management by Delegation"* von Bedeutung. Führung durch Ziele (*„Management by Objectives"*) strebt im Rahmen eines kooperativen Führungsstiles eine gemeinsame Zielfestlegung von Vorgesetztem und Mitarbeiter auf allen Führungsebenen an. Aber auch im Kontext eines autoritären Führungsstils sind Zielvorgaben möglich. In der Praxis dominiert jedoch die kooperative Form. Die präzise Formulierung von Zielen entlastet Führungskräfte weitgehend von der Notwendigkeit reglementierender Einflussnahme. Die Mitarbeiter erhalten Freiräume hinsichtlich Weg und Mittelwahl zur Zielerreichung. Gemeinsame Zielvereinbarungen stärken die Identifikation und die Bereitschaft, an der Zielerreichung mitzuwirken. Die auf konkreten Zielvereinbarungen basierenden Ergebniskontrollen ermöglichen eine objektivierte Leistungsbeurteilung. Führung durch Aufgabenübertragung (*„Management by Delegation"*) bedeutet, dass jedem Mitarbeiter ein klar beschriebener und deutlich abgegrenzter Aufgabenbereich zugeordnet wird. Instrumente dieser Zuordnung sind Stellenbeschreibungen und

Führungsanweisungen. Während Stellenbeschreibungen den Kompetenz- und Verantwortungsbereich des Vorgesetzten festlegen, regeln Führungsanweisungen u. a. den Informationsaustausch, die Kommunikationsform und die Kontrollformen. Idee dieses Führungsmodells ist, dass die Motivation von Mitarbeitern durch Delegation von Verantwortung und die Übertragung selbstständiger Verantwortungsbereiche gefördert werden kann. Kritisch ist anzumerken, dass die Führungsmodelle einen Allgemeingültigkeitsanspruch erheben, der ihnen nicht zukommt. Dies hängt mit der grundsätzlichen Verschiedenheit betrieblicher Situationen zusammen.

2.1.3 Organisation

Das operative Produktionsmanagement geht von gegebenen organisatorischen Rahmenbedingungen aus, innerhalb derer die operativen Planentscheide zu treffen sind. Das heißt, das Produktionssystem ist Datum und Vorgabe für die operative Produktionsplanung. Die Produktionssystemplanung ist, wie beschrieben, Gegenstand der strategischen und taktischen Produktionsplanung.

2.1.3.1 Organisatorische Aufgabenbereiche

Ausgangspunkt der organisatorischen Tätigkeit sind die aus den Unternehmenszielen abgeleiteten und zu erfüllenden *Aufgaben*, die durch folgende Kriterien bestimmt sind:

Verrichtung : *Was* ist zu tun?

Objekt : *Woran* werden die Verrichtungen ausgeführt?

Zeit : *Wann* werden die Verrichtungen ausgeführt?

Raum : *Wo* werden die Verrichtungen ausgeführt?

In Abhängigkeit von diesen Kriterien werden die Bereiche Aufbau- und Ablauforganisation differenziert.

Die *Aufbauorganisation* resultiert aus der Festlegung der Aufgaben nach den Kriterien *Verrichtung* und *Objekt*. Sie beschäftigt sich mit Fragen der Bildung und des Zusammenwirkens der einzelnen arbeitsteiligen Einheiten des Unternehmens. Gegenstand der Aufbauorganisation ist die hierarchische Strukturierung eines Unternehmens durch Zuordnung von Aufgaben (Verrichtungen) und Entscheidungsbefugnissen (Kompetenzen) auf organisatorische Einheiten (Stellen, Objekte).

Die *Ablauforganisation* sorgt durch die Berücksichtigung räumlicher und zeitlicher Aspekte für eine zusätzliche Detaillierung der im Rahmen der Aufbauorganisation festgelegten Struktur. Der Gegenstand der Ablauforganisation umfasst die Gestaltung und Regelung der innerhalb der Aufbauorganisation ablaufenden Informations- und Arbeitsprozesse (Prozessorganisation).

Während somit die Aufbauorganisation die Struktur des Unternehmens bzw. des Betriebs festlegt, bestimmt die Ablauforganisation das prozessuale Geschehen innerhalb dieses Ordnungsrahmens. Aufbau- und Ablauforganisation beschreiben nur verschiedene Gesichtspunkte der Unternehmensorganisation. Bei der nachfolgenden Behandlung der Organisationstypen der Fertigung wird auf diese Unterscheidung zugunsten einer anwendungsbezogenen Sichtweise verzichtet.

2.1.3.2 Aufbauorganisation

Im Rahmen der Planung der Aufbauorganisation sind vor allem folgende Aufgaben zu lösen: Welchen Aufgaben werden welche organisatorischen Einheiten (Stellen, Instanzen und Abteilungen) zugeordnet bzw. wer ist für welche Entscheidungen verantwortlich? Das Ergebnis einer solchen Planung legt die hierarchische Strukturierung des Unternehmens bzw. des Betriebs fest. Die zweite Problemstellung befasst sich mit den Regelungen bezüglich der Abstimmung von Entscheidungen, d. h. mit der Koordination zwischen den Organisationseinheiten.

2.1.3.2.1 Bildung von Organisationseinheiten

Die Bildung von Organisationseinheiten, d. h. die Bildung von Stellen und Abteilungen, bzw. die Umsetzung der vorgegebenen Unternehmensziele in Aufgaben für Personen und Personengruppen, ist der erste Planungsschritt innerhalb der aufbauorganisatorischen Gestaltung.

Die Bildung von Organisationseinheiten vollzieht sich in zwei Schritten (Abbildung 2.5): Im ersten, der *Aufgabenanalyse*, wird die aus den Unternehmenszielen abgeleitete Gesamtaufgabe, das Sachziel, in eine Vielzahl von Teilaufgaben zerlegt. Diese Teilaufgaben fasst man im zweiten Schritt, in der *Aufgabensynthese*, in

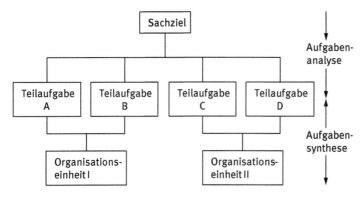

Abb. 2.5: Aufgabenanalyse und -synthese

geeigneter Weise zusammen und ordnet ihnen *Aufgabenträger* (Arbeitnehmer und Betriebsmittel) zu; Resultat dieser Zuordnungen sind die Organisationseinheiten. Wird nur ein Arbeitnehmer zugeordnet, entsteht die kleinste Organisationseinheit, die *Stelle*. Umfasst die Zuordnung eine Gruppe von Arbeitnehmern, so wird diese Organisationseinheit *Abteilung* genannt. Organisationseinheiten, die mehrere Abteilungen beinhalten, werden je nach Größenordnung als Hauptabteilungen oder (Geschäfts-)Bereiche bezeichnet.

Die Zusammenfassung (Zentralisation) nach einem Kriterium bedeutet gleichzeitig eine *Dezentralisation* nach allen anderen Merkmalen. Werden Organisationseinheiten z. B. durch eine Zentralisation nach Verrichtungen gebildet (z. B. Einkauf, Produktion), so ist damit automatisch eine Dezentralisation nach Objekten (z. B. Produkten) verbunden. Ebenso folgt aus der Zentralisation nach Objekten eine Dezentralisation nach Verrichtungen (z. B. Bildung einer Organisationseinheit, die zwar nur für ein bestimmtes Produkt zuständig ist, aber alle das Produkt betreffenden Funktionen zu erfüllen hat).

2.1.3.2.2 Leitungsbeziehungen

Nach der Bildung der organisatorischen Einheiten sind deren Beziehungen im Sinne einer hierarchischen Über- und Unterordnung festzulegen. Dies geschieht, um für eine Koordination der durch die Organisationseinheiten getroffenen Entscheidungen und damit für eine Ausrichtung am Unternehmensziel zu sorgen. Das Ergebnis dieser Regelungen sind die *Leitungsbeziehungen* zwischen einzelnen Organisationseinheiten, also die Beziehungen, in denen sich die Weisungsbefugnisse einiger Organisationseinheiten gegenüber anderen widerspiegeln.

Die hierarchische Verknüpfung der einzelnen Organisationseinheiten hinsichtlich der Weisungsbefugnisse wird als *Leitungssystem* bezeichnet. Grundtypen von Leitungssystemen sind das Einlinien- und das Mehrliniensystem. Sonderformen sind das Stab-Linien-System und gruppenorientierte Leitungssysteme.

Stellen, denen neben den zugewiesenen Teilaufgaben noch *Leitungsbefugnisse* gegenüber anderen Stellen zugeordnet sind, bezeichnet man als *Instanz*. Abteilungen bestehen, soweit es sich nicht um *teilautonome Arbeitsgruppen* handelt, regelmäßig aus der Instanz (z. B. Abteilungsleiter, Gruppenleiter) und den nachgeordneten Stellen (z. B. Gruppenleiter, Sachbearbeiter).

Im Zusammenhang mit den Leitungsbeziehungen ist die Leitungsspanne festzulegen. Die *Leitungsspanne* drückt die Zahl der Mitarbeiter aus, die einer Instanz zugeordnet sind. Es soll hierbei die Mitarbeiteranzahl gewählt werden, die ein Vorgesetzter noch ausreichend beaufsichtigen und betreuen kann. Die Ober- und Untergrenzen ergeben sich zum einen aus den eingeschränkten quantitativen und qualitativen Kapazitäten von Führungskräften und zum anderen aus den Kosten einer steigenden Anzahl von Führungskräften. Das Ausmaß der Leitungsspanne, die für jede Abteilung unterschiedlich sein kann, hängt von einer Vielzahl von Einflussgrößen ab. Beispiele

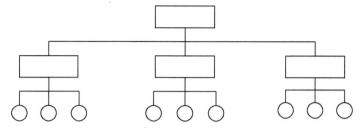

Abb. 2.6: Einliniensystem

hierfür wären die Art der zu erfüllenden Aufgaben, die Gleichartigkeit dieser Aufgaben, die Unterstützung durch Stabsstellen und die Verfügbarkeit technischer Hilfsmittel für die Instanz.

Das *Einliniensystem* ist dadurch charakterisiert, dass jede Organisationseinheit ihre Weisungen nur von einer einzigen übergeordneten Stelle erhält (Abbildung 2.6).

Diese Struktur hat den Vorteil der eindeutigen Regelung der Unterstellungsverhältnisse und der klaren Abgrenzung der Kompetenz- und Verantwortungsbereiche. Eine Kontrolle durch die jeweils vorgelagerte Ebene ist eindeutig möglich. Insgesamt herrscht eine hohe Transparenz bezüglich der Aufgabenverteilung. Dem stehen jedoch als Nachteile sehr lange und umständliche Informations- und Kommunikationswege sowie eine starke Beanspruchung der jeweiligen Vorgesetzten gegenüber. Die Koordinationsaufgaben der einzelnen Instanz sind umfangreich.

Im Gegensatz zum Einliniensystem erhält beim *Mehrliniensystem* jede Organisationseinheit Weisungen von mehreren übergeordneten Einheiten (Abbildung 2.7).

Die Vorteile dieses Systems liegen in der Möglichkeit der Spezialisierung durch Aufteilen der einzelnen Funktionen auf mehrere Vorgesetzte (Funktionsmeister im Bereich der Produktion) und in den kurzen Weisungs- und Informationswegen. Als Nachteile werden das Problem der klaren Abgrenzung von Zuständigkeiten und Weisungsbefugnissen und die daraus resultierende Gefahr von Kompetenzkonflikten zwischen den Vorgesetzten gesehen. Eine Zurechnung von Erfolgen und Misserfolgen zu einzelnen Vorgesetzten ist nur schwer möglich.

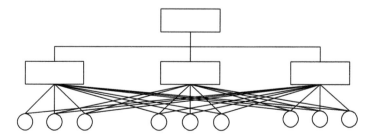

Abb. 2.7: Mehrliniensystem

Das *Stab-Linien-System* resultiert aus dem Bestreben, die Eindeutigkeit der Unterstellungsverhältnisse beizubehalten, ohne auf die Vorteile der Spezialisierung einzelner Aufgabenträger zu verzichten. Deshalb wird hier in der Regel das Einliniensystem um Stabsstellen ergänzt. Stabsstellen sind an Instanzen „angehängt" und werden mit Spezialisten besetzt, die Teilaufgaben der Instanz übernehmen. Es handelt sich dabei vorwiegend um unterstützende und beratende Tätigkeiten, wie zum Beispiel die Sammlung und Auswahl von Informationen zum Zwecke der Entscheidungsvorbereitung. Die Stabsstellen haben in der Regel gegenüber den Instanzen auf untergeordneten hierarchischen Ebenen kein Weisungsrecht. Dagegen kann ein solches Weisungsrecht gegenüber nachgeordneten Stäben bestehen, so dass neben der eigentlichen Leitungshierarchie eine *Parallelhierarchie* aufgebaut wird (Abbildung 2.8).

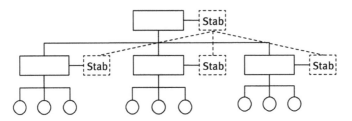

Abb. 2.8: Stab-Linien-System mit Stabshierarchie

Um wirkungsvoll arbeiten zu können, müssen Stabsstellen das Recht haben, von anderen Organisationseinheiten Informationen anzufordern. Ist dieses Recht nicht gegeben, besteht die Gefahr, dass der Stab aufgrund unzureichender Informationen eine Entscheidung nur mangelhaft vorbereitet und die Instanz auf dieser Basis eine „falsche" Entscheidung trifft. Ein in der Praxis häufig auftretendes Problem ist die Ignoranz von Vorschlägen der Stäbe durch die Instanz, was dann zu Motivationsproblemen der Stabsmitglieder mit entsprechend nachteiligen Wirkungen für das Unternehmen führen kann.

Gruppenorientierte Leitungssysteme können in der Regel nicht auf das gesamte Unternehmen bzw. den gesamten Betrieb übertragen werden. Ihre Anwendung ist regelmäßig auf einzelne Teilaufgaben bzw. -bereiche beschränkt. In gruppenorientierten Leitungssystemen sind Stellen zu Organisationseinheiten zusammengefasst, in denen keine Instanz existiert. Eine Ausprägung dieser Leitungsidee im Produktionsbereich sind die so genannten *teilautonomen Arbeitsgruppen*. Diesen werden bestimmte Aufgabenbereiche zur Kompletterfüllung übertragen. Das heißt, neben den ausführenden Tätigkeiten werden auch Steuerungs- und Kontrolltätigkeiten von der Gruppe wahrgenommen. Die Aufgabenverteilung erfolgt innerhalb der Gruppe eigenverantwortlich. Die Autonomiegrade der teilautonomen Arbeitsgruppen können je nach Anwendung differieren.

2.1.3.2.3 Aufbauorganisatorische Grundmodelle

Aus der Kombination der Lösungen der beiden aufbauorganisatorischen Probleme, der Bildung von Organisationseinheiten und der Regelung ihrer Beziehungen untereinander, lassen sich eine Vielzahl von Organisationsstrukturen bilden. Exemplarisch werden die funktionale Organisationsstruktur, die objektorientierte bzw. divisionale Organisationsstruktur und die Matrixorganisation als aufbauorganisatorische Grundmodelle vorgestellt. Diese Strukturen können sowohl auf das ganze Unternehmen als auch auf einzelne Produktionsbetriebe bzw. -bereiche übertragen werden.

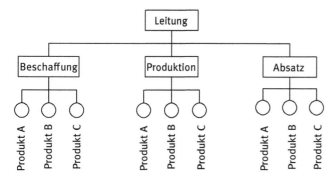

Abb. 2.9: Beispiel einer funktionalen Organisationsstruktur

Die *funktionale Organisationsstruktur* entsteht bezogen auf das Gesamtunternehmen durch die Anwendung des *Verrichtungsprinzips* auf der zweithöchsten hierarchischen Ebene des Unternehmens. Das bedeutet, dass eine Zentralisation nach Verrichtungen erfolgt, beispielsweise nach Forschung und Entwicklung, Einkauf, Fertigung, Absatz, Verwaltung. Überträgt man die funktionale Organisationsstruktur auf den Produktionsbereich, so könnte die Aufbauorganisation das in der Abbildung 2.9 dargestellte Aussehen haben.

Bei der funktionalen Organisationsstruktur steht der Gedanke der Spezialisierung im Vordergrund, d. h., durch die Bildung einer solchen Struktur sollen *Spezialisierungsvorteile* erreicht werden. Daneben entstehen noch *Größenvorteile*, etwa dadurch, dass die Materialbeschaffung von nur einer Stelle durchgeführt wird, wodurch höhere Bestellmengen und damit umfangreichere Mengenrabatte möglich sind. Als Nachteil ist bei der funktionalen Organisation in erster Linie der hohe Koordinationsbedarf zu nennen, der durch die zahlreichen Interdependenzen zwischen den Bereichen verursacht wird. Die einzelnen funktional ausgerichteten Organisationseinheiten verlieren häufig das eigentliche Unternehmensziel aus den Augen und versuchen nur die Funktionsbereichsinteressen zu vertreten. Der *Wertschöpfungsprozess* eines Produkts wird nicht ganzheitlich betrachtet.

Während die funktionale Struktur in erster Linie für Unternehmen mit homogener Produktionsstruktur geeignet ist, bietet sich die objektorientierte bzw. auf Unternehmensebene *divisionale Organisationsstruktur* für Unternehmen an, die stark diversifiziert sind, also die ein heterogenes Produktprogramm auf verschiedenen Märkten anbieten. Als Nebenbedingung kommt häufig noch die Größe bzw. das Wachstum des Unternehmens hinzu.

Bei der objektorientierten Struktur erfolgt die Gliederung nach dem *Objektprinzip*, wobei als Objekte Produkte, Kundengruppen oder geographische Regionen in Frage kommen können. Übertragen auf den Produktionsbereich kann dieser nach den einzelnen herzustellenden Produkten bzw. Produktgruppen gegliedert werden, wobei dann, wie in Abbildung 2.10 dargestellt, für jedes Produkt beispielsweise eine eigenständige Produktionsplanung, Produktionssteuerung und Qualitätskontrolle existieren. Die Idee der Objektorientierung liegt auch dem Ansatz der „Fabrik in der Fabrik" zugrunde. Produktspezialisten ersetzen dabei Funktionsspezialisten.

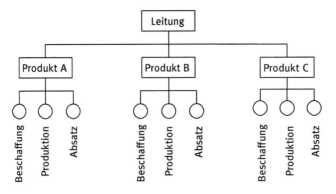

Abb. 2.10: Beispiel einer objektorientierten Organisationsstruktur

Eine solche Struktur führt natürlich zum Verlust der bei einer funktionalen Gliederung gegebenen Spezialisierungs- und Größenvorteile. Nachteilig sind auch der in der Regel steigende Bedarf an Führungskräften sowie die auftretende Gefahr von Doppelarbeiten. Die Vorteile liegen in der Aufspaltung des schwerfälligen Organisationssystems in flexiblere Teilsysteme (die Divisionen), wodurch eine schnellere Anpassung an veränderte Marktbedingungen ermöglicht werden soll, sowie in der Tatsache, dass Erfolg und Misserfolg den einzelnen Divisionen unmittelbar zuordenbar sind. Dieser Vorteil tritt vor allem dann auf, wenn dem Divisionsleiter die Verantwortung für den Gewinn seiner Division übertragen wird. In diesem Fall werden die Divisionen als *Profit Center* bezeichnet. Profit Center sind quasi „Unternehmen im Unternehmen", da sie für ihre erwirtschafteten Erlöse und Teile des Aufwands, d. h. für ihren Erfolg, verantwortlich sind.

Als Maßgröße für die Ermittlung des Divisionserfolgs findet in der Regel der ROI (Return-on-Investment) Verwendung. Der ROI ist unabhängig von der Größe der Divisionen und ermöglicht so deren Vergleichbarkeit.

Während die funktionale und divisionale Organisationsstruktur am Einlinien-system orientiert sind, baut die *Matrixorganisation* auf dem *Mehrliniensystem* auf. Typisches Merkmal dieser Organisationsstruktur ist die Überlagerung von einer funktionalen und einer objektorientierten Gliederung (Abbildung 2.11).

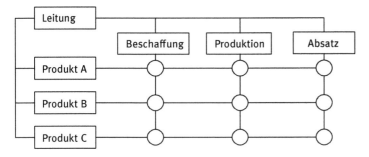

Abb. 2.11: Beispiel einer Matrixorganisation

Durch die Mehrfachunterstellung der einzelnen Organisationseinheiten können sich Konflikte bezüglich der Leitungsbefugnis ergeben. Derartige Konflikte haben dann positive Wirkungen, wenn die Überlappung der Kompetenzen bewirkt, dass die betroffenen Entscheidungsträger durch Verhandlungen, Vergleiche und ähnliche Kommunikationsprozesse neue Ideen generieren, wodurch der Konflikt letztendlich produktiv ist und die Matrixorganisation als Innovationsinstrument interpretiert werden kann. Diese „produktiven Konflikte" stellen allerdings hohe Anforderungen vor allem an die Kompromissbereitschaft der beteiligten Entscheidungsträger. Andernfalls besteht die Gefahr der Handlungsunfähigkeit der Organisation. Aber auch bei der nötigen „Reife" der Entscheidungsträger sind die Konflikte nicht unproblematisch; die ausgelösten Kommunikationsprozesse nehmen viel Zeit in Anspruch und können somit zu einer Verzögerung von Entscheidungen führen.

2.1.3.3 Ablauforganisation

Die *Ablauforganisation* beschäftigt sich mit der organisatorischen Gestaltung der gesamten Arbeitsprozesse in einem Unternehmen (Geschäftsprozessorganisation).[11] Parallel zur Aufbauorganisation lässt sich auch die Ablauforganisation in zwei Schritte differenzieren, und zwar in die Arbeitsanalyse und in die Arbeitssynthese.

---

11 Die hier auch zu behandelnden ablauforganisatorischen Fragestellungen, wie zum Beispiel die Reihenfolgeplanung, werden in diesem Lehrbuch als integrale Bestandteile der operativen Produktionsplanung und -steuerung aufgefasst und auch dort (Kap. 4.7) behandelt.

Tab. 2.1: Methoden der Arbeitsanalyse

Analyseaspekte	*Analysemethoden*
Darstellung der zeitlichen Folge	Zeitaufnahmen, Balkendiagramme, Netzpläne
Darstellung der logischen Folge	Flussdiagramme, Netzpläne, Ereignisgesteuerte Prozessketten
Darstellung der räumlichen Abfolge	Materialflussanalysen
Analyse menschlicher Aspekte	Bewegungsanalysen, Belastungsanalysen, Arbeitsbewertung
Analyse technischer Aspekte	Betriebsmittelstudien, Materialflussstudien, Werkstoffprüfungen

2.1.3.3.1 Arbeitsanalyse und -synthese

Bei der *Arbeitsanalyse* werden, aufbauend auf die durch die Aufgabenanalyse im Rahmen der Aufbauorganisation isolierten Teilaufgaben, die Arbeitsprozesse identifiziert und in ihre einzelnen Teilvorgänge gegliedert. Hierbei finden als Gliederungskriterien zusätzlich zu Verrichtung und Objekt auch Zeit und Raum Verwendung. Tab. 2.1 stellt einige ausgewählte Methoden der Arbeitsanalyse dar.

Im Rahmen der *Arbeitssynthese* werden die vorher ermittelten Teilvorgänge personal, temporal und lokal zu Komplexen von Teilvorgängen zusammengefasst, die als *Arbeitsgänge* oder *Prozesse* bezeichnet werden und durch eine Abfolge von Ereignissen und Funktionen charakterisiert sind.

Gegenstand der Arbeitssynthese sind die Arbeitsverteilung (*Ordnung des Arbeitsinhalts*), die Arbeitsvereinigung (*Ordnung der Arbeitszeit*) sowie die Raumgestaltung (*Ordnung des Arbeitsraums*). Bei der *Arbeitsverteilung* (personale Arbeitssynthese) werden die elementaren Teilarbeiten zu Arbeitsgängen zusammengeführt (Synthese). Ein Arbeitsgang umfasst alle elementaren Verrichtungen, die von einer Person an einem Arbeitsobjekt in einem räumlichen und zeitlichen Rahmen vollzogen werden sollen. Im Rahmen der *Arbeitsvereinigung* (temporale Arbeitssynthese) werden die verschiedenen Arbeitsgänge zeitlich aufeinander abgestimmt (Ablaufplanung). Nach der Bestimmung der Reihenfolge der Arbeitsgänge muss deren Zeitdauer festgelegt werden, um sie in einem letzten Schritt aufeinander abzustimmen (Synchronisation), so dass z. B. Durchlaufzeiten minimiert werden. Bei der *Raumgestaltung* (lokale Arbeitssynthese) werden die Arbeitsverrichtungen räumlich zugeordnet. Dies kann z. B. unter der Zielsetzung der Arbeitswegeminimierung erfolgen (Layout-Planung).

2.1.3.3.2 Abbildung von Arbeitsabläufen

Als *Geschäftsprozess* wird eine zusammengehörende Abfolge von Arbeitsgängen zum Zweck der betrieblichen Leistungserstellung bezeichnet, deren Anfang und Ende durch die Anforderung bzw. Abnahme einer Leistung durch einen (internen oder externen) Kunden determiniert sind.

Abbildung 2.12 vermittelt einen Eindruck hinsichtlich des Zusammenhangs zwischen Aufbau- und Ablauforganisation am *Beispiel* des *Auftragsabwicklungsprozes-*

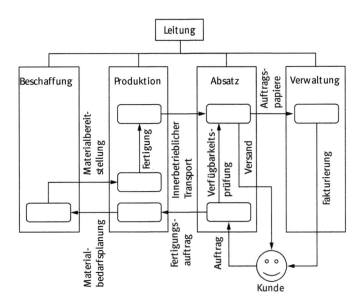

Abb. 2.12: Zusammenhang von Aufbau- und Ablauforganisation
Abbildung in Anlehnung an Krüger (1994), S. 119

Nr.	Teilprozesse	Stellen/Abteilungen					
1	Auftragsannahme			◯		10	30
2	Verfügbarkeitsprüfung			◯		2	10
3	Erteilung Fertigungsauftrag		◯			3	10
4	Materialbedarfsplanung		◯			5	10
5	Materialbereitstellung	◯				4	10
6	Fertigung		◯			40	50
7	Innerbetrieblicher Transport	◯				1	10
8	Kommissionierung			◯		3	20
9	Versand			◯		6	24
10	Erstellung Auftragspapiere			◯		2	6
11	Fakturierung				◯	1	36

Abb. 2.13: Organisationstechnischer Arbeitsablaufplan

ses. Der vom Kunden an den Vertrieb erteilte Auftrag wird in Form eines Fertigungsauftrags an die Produktion weitergeleitet, die ihrerseits Beschaffungsaufträge für benötigte Werkstoffe auslöst. Vorhandene Teile werden dem Lager entnommen. Die Fertigungsschritte werden durchgeführt. Das Enderzeugnis wird an den Kunden versandt, während die Auftragspapiere zur Fakturierung an die Verwaltung weitergeleitet werden, die dem Kunden die Rechnung zusendet.

Etwas strukturierter kann die Darstellung des Auftragsabwicklungsprozesses in einem *Arbeitsablaufplan* erfolgen, bei dem die Teilprozesse in den Zeilen und die ausführenden Stellen oder Abteilungen in den Spalten geführt werden. Durch Verbindung der einzelnen Teilaktivitäten resultiert eine organisationstechnische Darstellung eines Arbeitsablaufplans (Abbildung 2.13).

Zur *Modellierung von Geschäftsprozessen* findet in der Praxis auch das Verfahren der *Ereignisgesteuerten Prozesskette* (EPK) Verwendung. Eine EPK besteht im wesentlichen aus zwei Elementen: Ereignissen und Aktivitäten (Funktionen). Die Ereignisse stellen den Zustand des Prozesses dar; sie lösen Aktivitäten aus. Am Beispiel des Teilprozesses einer Auftragsannahme sei dies skizziert (Abbildung 2.14).

Eine EPK beginnt (z. B. „Kunde ruft an") und endet (z. B. entweder „Kundenauftrag angenommen" oder „Kundenauftrag abgelehnt") mit einem Ereignis. Auf ein Ereignis folgt – außer am Prozessende – immer eine Aktivität (z. B. „Kundenauftrag definieren"). Mögliche Verzweigungen im Prozessablauf als Folge von Aktivitäten sind durch AND ($\wedge$)-, OR ($\vee$)- bzw. XOR (*X*)-Verknüpfungsoperatoren zu modellieren. Die Modellierung und Verbesserung von Geschäftsprozessen als Aufgabe der Ablauforganisation hat unter dem Stichwort *Business Process Reengineering* in Theorie und Praxis große Bedeutung gewonnen.[12] Dabei ist zu beachten, dass die Aufbauorganisation und die darin erfolgte Verteilung der Aufgaben und Kompetenzen maßgeblich über die mögliche Art des Ablaufs und die Dauer von Prozessen mitentscheidet. Um Prozesse effizient zu gestalten, reicht es daher meist nicht, nur im Rahmen der Prozessorganisation Anpassungen vorzunehmen. Vielmehr ist auch die Aufbauorganisation einzubeziehen, da Schnittstellenprobleme und damit verbundener Koordinationsbedarf an funktionalen Abteilungs- oder Bereichsgrenzen die Effizienz von Prozessen negativ beeinträchtigen können.

Dieser Gedanke wurde unter dem Stichwort des „prozessorientierten Unternehmens" zu einem Organisationsparadigma.[13] Durch den damit verbundenen Perspektivenwechsel von der Struktur hin zum Prozess wird die Aufbauorganisation in den Hintergrund gerückt und der Fokus auf die Ablauforganisation gelegt. Folglich sind Unternehmen nach durchgängigen, funktionsübergreifenden Prozessen, die vom Kunden bis zum Lieferanten reichen, zu organisieren.

---

12 Vgl. *Hammer, Champy* (1993).
13 Früh hat darauf bereits *Nordsieck* (1934) hingewiesen.

Abb. 2.14: EPK einer Kundenauftragsbearbeitung
Abbildung aus Scheer, Thomas (2005)

2.2 Betriebsmittel

2.2.1 Betriebsmittelarten

Zum Produktionsfaktor *Betriebsmittel* gehören aufgrund seiner Einordnung als Potenzialfaktor – mit Ausnahme der menschlichen Arbeit – diejenigen Elementarfaktoren, die Leistungspotenziale besitzen und diese beim Transformationsprozess über mehrere Perioden hinweg zur Verfügung stellen. Dazu zählen alle Güter, Einrichtungen und Anlagen, die die technischen Voraussetzungen zur betrieblichen Leistungserstellung bilden. Neben materiellen Gütern (Grundstücken, Gebäuden, Maschinen, Transportmitteln, Werkzeugen und Vorrichtungen, Mess- und Prüfeinrichtungen, Lagereinrichtungen sowie der Betriebs- und Geschäftsausstattung) gehören auch immaterielle Güter (Patente, Marken- und Urheberrechte, Konzessionen oder Lizenzen) zu den Betriebsmitteln. Auch Wissen (Produkt-, Arbeits- und Prozessunterlagen, Forschung und Entwicklung), das in Dokumenten, Datenbanken oder Gedächtnissen abgespeichert sein kann, stellt einen betrieblichen Potenzialfaktor dar, der für die Entwicklung eines Unternehmens von besonderer Bedeutung ist. Der Aufbau von Wissenspotenzial wird vor allem durch Lernprozesse sowie Informationsgewinnung, -verarbeitung und -weitergabe in den verschiedenen betrieblichen Teilbereichen beeinflusst (Wissensmanagement).

2.2.2 Kapazität und Flexibilität von Betriebsmitteln

Die Ergiebigkeit von Betriebsmitteln hängt im wesentlichen von deren Kapazität und Flexibilität ab. Als *quantitative Kapazität* wird das mengenmäßige Leistungsvermögen eines Betriebsmittels in einem Zeitabschnitt bezeichnet. Maßstab für die Erfassung der quantitativen Kapazität ist in erster Linie das Leistungsergebnis. Eine Messung erfolgt demnach in technischen oder ökonomischen Leistungseinheiten in einem Zeitabschnitt mit festliegenden Eigenschaften. Technische Leistungseinheit kann z. B. die Ausbringungsmenge in Stück je Zeiteinheit sein. Ökonomische Leistungseinheit können z. B. Maschinenlaufzeiten oder verbrauchte Betriebsstoffmengen je Periode sein. Die quantitative Kapazität wird durch drei *Einflussgrößen* determiniert:
- maximale *Produktionsintensität* (I_{max}): größtmögliche Produktionsgeschwindigkeit einer Kapazitätseinheit, die ihren Ausdruck in der maximalen Abgabe von technischen Leistungseinheiten (TLE) je Zeiteinheit findet; Einheit: [TLE/ZE],
- maximalen *Produktionsquerschnitt* (Q_{max}): größtmögliches nutzbares Fassungsvermögen einer Kapazitätseinheit; Einheit: [ME/TLE],
- maximale *Einsatzzeit* (T_{max}): Anzahl der maximal möglichen Zeiteinheiten je Periode der betreffenden Kapazitätseinheit; Einheit: [ZE/ZE].

Eine Multiplikation dieser drei Größen führt zur *Maximalkapazität* eines Betriebsmittels (Abbildung 2.15). Als Maß dieses Leistungsvermögens ergibt sich die je Zeitabschnitt maximal mögliche Ausbringungsmenge eines Betriebsmittels mit der Einheit: [ME/ZE].[14] Die für die Funktionsfähigkeit oder die wirtschaftliche Nutzung von Betriebsmitteln notwendige Mindestleistung beschreibt die *minimale Kapazität*.

Am Beispiel einer Fräsmaschine sei die Interpretation der die Maximalkapazität determinierenden Größen veranschaulicht. Die Produktionsintensität (I_{max}) kommt durch die Anzahl der Umdrehungen der Frässpindel (z. B. in Tausend) pro Minute zum Ausdruck [TLE/ZE]. Fertigungstechnisch determiniert ist der maximale Produktionsquerschnitt (Q_{max}). So resultiert z. B. eine bestimmte Ausbringungsmenge je tausend Fräsumdrehungen [ME/TLE]. Die Einsatzzeit der Maschine (T_{max}) entspricht der maximal möglichen Maschinenlaufzeit in der Betrachtungsperiode [ZE/ZE].

---

14 Bei alternativen Einsatzmöglichkeiten eines Betriebsmittels ergeben sich spezifische quantitative Kapazitäten.

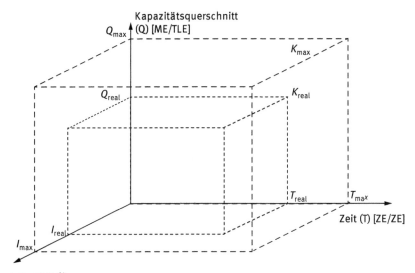

Abb. 2.15: Kapazitätsdimensionen

Die technisch mögliche Maximalkapazität beschreibt regelmäßig ein Leistungsvermögen, das z. B. aufgrund von Rüstzeiten, vorbeugender Instandhaltung oder beschränkten Arbeitszeiten des Bedienpersonals gar nicht abgerufen werden kann. Aufgrund solcher – zumeist zeitlichen – Einschränkungen liegt die praktisch *erreichbare Kapazität* regelmäßig unterhalb der Maximalkapazität. Die erreichbare Kapazität ist durch die Variablen Einsatzzeit, Intensität und gegebenenfalls auch Querschnitt der Höhe nach in bestimmten Grenzen beeinflussbar (zeitliche, intensitäts- oder querschnittsmäßige Kapazitätsanpassung). Rein wirtschaftlich determiniert ist der damit zusammenhängende Begriff der *optimalen Kapazität*. Sie stellt die Leistungsmenge je Zeitabschnitt dar, bei der die Stückkosten minimal sind.

Von dem durch die erreichbare Kapazität zum Ausdruck gebrachten maximal möglichen Kapazitätsangebot ist die tatsächliche Inanspruchnahme oder Belegung einer Kapazitätseinheit, d. h. die *realisierte Kapazität* (Kapazitätsnachfrage), zu unterscheiden. Die realisierte Kapazität liegt z. B. wegen Maschinenausfällen, produktindividuellen Bearbeitungszeiten, Ausschuss, Nacharbeit oder Krankheitsfällen von Mitarbeitern zumeist unterhalb der erreichbaren Kapazität. Der mögliche *Kapazitätsnutzungsgrad* (Beschäftigungsgrad) entspricht dem Quotienten aus realisierter und maximaler Kapazität.

Unter dem Begriff der *qualitativen Kapazität* wird die Fähigkeit eines Betriebsmittels zum Erbringen einer bestimmten Leistungsgüte (z. B. Präzision) verstanden. Als Maßstab dienen einerseits die Anzahl sowie die qualitativen Eigenschaften möglicher Leistungsarten (Produkte, Verrichtungen) und andererseits die Anforderungen an die übrigen im Fertigungsprozess eingesetzten Produktionsfaktoren (Werkstoffe, Arbeit). Die qualitative Kapazität einer Drehbank lässt sich z. B. durch die Anzahl der damit herstellbaren Produkte (Schrauben, Wellen etc.), deren Qualität (Ausschuss, Fertigungstoleranzen), die Art der verwendeten Werkstoffe (Eisen, Messing, Kupfer etc.) und ihre Eigenschaften (Abmessungen, Härtegrad etc.) sowie die notwendige Qualifikation des Bedienpersonals (Fach- oder Hilfsarbeiter) beschreiben.

Die *Flexibilität* (Elastizität) eines Betriebsmittels beschreibt die Anpassungs- und Umstellungsfähigkeit von Betriebsmitteln an wechselnde Produktionsbedingungen[15] oder Störungen. Auch die Flexibilitätsdimensionen können sowohl in quantitative als auch qualitative unterschieden werden. Der *qualitative Aspekt der Flexibilität* ergibt sich aus der Möglichkeit, Betriebsmittel mit alternativen Erzeugnis- oder Fertigungsarten zu belegen. *Quantitative Flexibilität* ist die Fähigkeit eines Betriebsmittels, auf mengenmäßige Veränderungen des Produktionsvolumens reagieren zu können. Sie wird an dem Spielraum sichtbar, mit dem eine intensitätsmäßige, zeitliche oder auch querschnittsmäßige Anpassung vorgenommen werden kann. Die produktive Wirkung (Ergiebigkeit) des Einsatzes von Betriebsmitteln ist umso größer, je mehr nicht nur die quantitative, sondern auch ihre qualitative Kapazität sowie ihre Flexibilität ausgenutzt werden.

2.2.3 Beschaffung von Betriebsmitteln: Investition

Dem produktiven Einsatz von Betriebsmitteln müssen Entscheidungen über deren Beschaffung bzw. Herstellung (bei selbsterstellten Anlagen) vorausgehen. Da Betriebsmittel wichtige Einflussgrößen der betrieblichen Kapazität darstellen, stimmt die *Planung des Betriebsmittelbedarfs* weitgehend mit der langfristigen Kapazitätsplanung überein. Durch sie werden die quantitativen und qualitativen Kapazitäten betrieblicher Produktionssysteme festgelegt. Nehmen die Produktions- und Absatzmengen betrieblicher Teilbereiche langfristig ab und können für sie keine alternativen Einsatzmöglichkeiten realisiert werden, so ist ein entsprechender Abbau von Betriebsmittelkapazitäten vorzunehmen. Hierbei sind zugleich Entscheidungen über die zugehörigen Personalkapazitäten zu treffen.

Die Beschaffung von Betriebsmitteln bedeutet eine Bindung finanzieller Mittel in Sachanlagen. Dies wird hier als *Investition* bezeichnet. Investitionen sind dadurch gekennzeichnet, dass in Erwartung künftiger Mehreinnahmen zunächst Ausgaben erfolgen. Mit Investitionen sind somit längerfristige Folgewirkungen verbunden. Dies

---

15 Dazu zählen z. B. (a) quantitative Kapazitätsänderungen, (b) qualitative Erzeugnis- oder Fertigungsänderungen, d. h. die Vielseitigkeit z. B. hinsichtlich Anzahl und Eigenschaften möglicher Leistungsarten (Spezialisierungsgrad), und (c) Substitutionsmöglichkeiten der einzusetzenden Produktionsfaktoren.

sind zum einen Wirkungen auf Kapazität, Fertigungsprogramm und Flexibilität und zum anderen finanzielle Auswirkungen, die die Erreichung unternehmerischer Ziele bis weit in die Zukunft beeinflussen.

Zur Bestimmung der finanziellen Vorteilhaftigkeit von Investitionen kommt als dynamisches Investitionsrechenverfahren regelmäßig die *Kapitalwertmethode* zum Einsatz. Der Kapitalwert (Net Present Value) einer Investition ist die Differenz zwischen dem Barwert der Einzahlungen und dem Barwert der Auszahlungen dieser Investition bei einem bestimmten Kalkulationszinssatz. Der Kalkulationszinssatz entspricht der durch das Investitionsprojekt zu erzielenden Renditeforderung (Werthürde).[16] Gleichbedeutend ist die Definition des Kapitalwerts als Barwert der Zahlungsüberschüsse. Man erhält ihn, indem man alle in Zukunft im Zusammenhang mit der Investition zu erwartenden Ein- und Auszahlungen auf den Gegenwartszeitpunkt abzinst und addiert. Der Kapitalwert errechnet sich nach folgender Vorschrift:

$$\text{NPV} = -A_0 + \sum_{t=1}^{T} \frac{E_t - A_t}{(1 + k)^t} \tag{2.1}$$

NPV = Kapitalwert (Net Present Value),
A_0 = Anschaffungsauszahlung in Periode 0,
E_t = Einzahlung in Periode t,
A_t = Auszahlung in Periode t,
k = Kalkulationszinssatz (dezimal),
T = geplante Lebensdauer in Jahren.

Der Kapitalwert kann folgende Werte annehmen:

- Kapitalwert = 0, d. h., der Kapitaleinsatz rentiert sich in Höhe des Kalkulationszinssatzes. Das Investitionsprojekt ist gerade noch vorteilhaft.
- Kapitalwert < 0, d. h., der Kapitaleinsatz rentiert niedriger als der Kalkulationszinssatz. Das Investitionsprojekt ist nicht vorteilhaft. Es vernichtet Wert in Höhe des negativen Kapitalwerts.
- Kapitalwert > 0, d. h., der Kapitaleinsatz rentiert sich mehr als der Kalkulationszinssatz. Das Investitionsprojekt ist vorteilhaft. Es schafft zusätzlichen Wert in Höhe des Kapitalwerts.

Die Summe der Kapitalwerte der von einem Unternehmen durchgeführten Projekte entspricht grundsätzlich dem Zielbeitrag zur Unternehmenswertsteigerung.

---

16 Zur Ermittlung des Kapitalkostensatzes wird regelmäßig das WACC-Konzept verwendet. Vgl. Abschnitt 1.3.7.

2.2.4 Erhaltung der Ergiebigkeit von Betriebsmitteln: Instandhaltung

Grundvoraussetzung für optimale Ergiebigkeit ist ein hoher technischer *Leistungsstand* der Betriebsmittel. Der Leistungsstand eines Betriebsmittels hängt von dessen Modernität, Abnutzungsgrad und Betriebsfähigkeit ab. Die zentrale Bedeutung des Potenzialfaktors Betriebsmittel im Rahmen industrieller Produktion macht es daher erforderlich, der Planung und Kontrolle der Betriebsmittelerhaltung eine wichtige Stellung einzuräumen.

Betriebsmittel unterliegen im Zeitablauf Verschleißerscheinungen, wobei zwischen Zeit- und Gebrauchsverschleiß zu unterscheiden ist. Der *Gebrauchsverschleiß* wird während der Produktionszeit eines Betriebsmittels wirksam und hängt darüber hinaus von den Verfahrensbedingungen ab. Der *Zeitverschleiß* hängt lediglich von der Kalenderzeit ab und äußert sich in Korrosion oder Materialermüdung. Betriebsmittel ohne Werkverrichtungen (z. B. Gebäude, Einrichtungsgegenstände etc.) sind ausschließlich einem Zeitverschleiß ausgesetzt, auf Betriebsmittel mit Werkverrichtungen wirken dagegen simultan die Einflüsse des Zeit- und Gebrauchsverschleißes ein.

Dabei lassen sich folgende Wirkungen von *Verschleißerscheinungen* unterscheiden: (1) Ausfall des Betriebsmittels, (2) verminderte Produktionsintensität, (3) erhöhter Ausschuss oder (4) erhöhte Betriebskosten. Um diesen Verschleißerscheinungen entgegenzuwirken, stehen die in Abbildung 2.16 zusammengefassten *Instandhaltungsmaßnahmen* zur Verfügung.

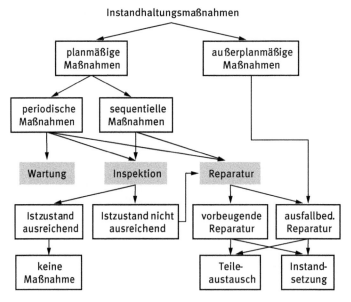

Abb. 2.16: Instandhaltungsmaßnahmen

Von *außerplanmäßigen Instandhaltungsmaßnahmen* spricht man, wenn ein Austausch von Teilen oder Funktionselementen grundsätzlich erst vorgenommen wird, nachdem das Betriebsmittel ausfällt. Diese Art der Instandhaltung wird auch als „Feuerwehrstrategie" bezeichnet, weil sie erst im Notfall greift. Vorteil sind keine Kosten für vorbeugende Maßnahmen. Nachteile sind ungeplante Betriebsmittelstillstände und deren Konsequenzen.

Als *planmäßige Instandhaltungsmaßnahmen* werden alle Aktivitäten bezeichnet, die im Voraus dem Verschleiß von Betriebsmitteln entgegenwirken sollen.

Als *sequentielle Maßnahmen* werden Aktivitäten bezeichnet, bei denen nach jeder Instandhaltungsmaßnahme neu bestimmt wird, wann die nächste Maßnahme stattfinden soll.

Als *(rein) periodische Maßnahmen* werden Aktivitäten bezeichnet, die in konstanten Zeitabständen wiederholt werden. Eine rein periodische Instandhaltung liegt vor, wenn die konstanten Zeitabstände unabhängig davon sind, ob zwischen zwei Maßnahmen ein zufälliger Ausfall zum Austausch von Teilen geführt hat oder nicht.

Um zu vermeiden, dass auch dann Maßnahmen durchgeführt werden, wenn vor relativ kurzer Zeit ein zufallsbedingter Ausfall einen Teileersatz ausgelöst hat, können die periodischen Maßnahmen dahingehend abgeändert werden, dass nach einem Zufallsausfall der konstante Zeitabstand von vorne beginnt. Dieses Vorgehen wird als *periodische Strategie mit konstantem Wartungsabstand* bezeichnet (Abbildung 2.17).

Unter dem Oberbegriff der *Wartung* von Betriebsmitteln werden alle Maßnahmen zusammengefasst, die dazu dienen, den Soll-Zustand der Leistungsfähigkeit zu bewahren. Hierzu gehören das Reinigen, Pflegen, Ölen und Schmieren, das Ergänzen von Hilfsstoffen oder das Nachstellen gelockerter Schrauben. Für die Wartung werden Wartungspläne aufgestellt, in denen Art und Umfang, der Ablauf und die zeitlichen Abstände der Wartungsmaßnahmen festgelegt werden.

rein periodische Instandhaltungsstrategie

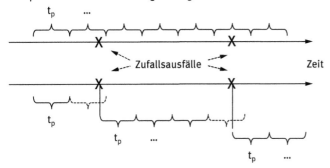

periodische Instandhaltungsstrategie mit konstantem Wartungsabstand

Abb. 2.17: Periodische Instandhaltungsstrategien

Als *Inspektion* werden vorbeugende Maßnahmen bezeichnet, bei denen durch Messung die Istzustände von Betriebsmitteln festgestellt und mit festgelegten Sollzuständen verglichen werden. Ist der Istzustand ausreichend, werden keine weiteren Maßnahmen ergriffen. Liegt der Istzustand jedoch unter dem vorgeschriebenen Soll, so löst die Inspektion eine entsprechende Reparaturmaßnahme aus.

Die weitaus wichtigsten *planmäßigen Instandhaltungsmaßnahmen* sind *vorbeugende Reparaturen*. Mit ihrer Hilfe sollen Betriebsmittel so rechtzeitig instand gesetzt werden, dass sich Stillstände weitgehend vermeiden lassen. Im Vergleich zu *ausfallbedingten Reparaturen* führen vorbeugende Reparaturen zu höheren Ersatzteilkosten und den zusätzlichen Kosten vorbeugender Maßnahmen. Dafür können Stillstände und deren Folgewirkungen weitgehend vermieden werden.

Als neuere Entwicklungen gelten Konzepte der *vorausschauenden Instandhaltung* (Predictive Maintenance). Hierbei werden Nutzungsdaten von Betriebsmitteln durch eine Vielzahl von Sensoren laufend und in Echtzeit erfasst sowie analysiert, um das Risiko von Maschinenausfällen besser einschätzen und entsprechende vorbeugende Instandhaltungsmaßnahmen ergreifen zu können. Im Zentrum der Datenanalyse stehen Methoden des *maschinellen Lernens*, mit denen Anomalien im Systemverhalten durch auffällige Datenmuster erkannt und so etwaige Störungen vorhergesagt werden können. Hinzu kann die Verknüpfung mit weiteren Datenquellen treten, mit denen u. a. auch exogene Einflüsse (z. B. Wetterdaten) in die Analyse einbezogen werden.

2.2.5 Fertigungsorganisation und -prozesse

Ein entscheidender Einflussfaktor für die operative Produktionsplanung ist die *organisatorische Struktur des Fertigungssystems*, dessen Festlegung Bestandteil der Produktionssystemplanung auf der strategischen und taktischen Ebene ist. Von dieser Struktur ist es abhängig, auf welche Art und Weise die operative Produktionsplanung überhaupt durchgeführt werden kann. So treten bei einer Werkstattfertigung andere Planungsprobleme in den Vordergrund als bei einer Fließfertigung.

Die Organisationstypen der Fertigung sind das Ergebnis der aufbau- und ablauforganisatorischen Planung im Produktionsbereich. *Organisationstypen der Fertigung* können nach den Prinzipien der *Verrichtungs-* und *Objektzentralisation* systematisiert werden (Abbildung 2.18).

Bei einer Zentralisation der Arbeitssysteme nach der Verrichtung werden Betriebsmittel, die gleichartige Funktionen oder Arbeitsgänge durchführen können, räumlich zusammengefasst. Die *Werkstattfertigung* entspricht dem Verrichtungsprinzip.[17] Da Material für jeden Auftrag entsprechend der in seinem Arbeitsplan

---

[17] Die ebenfalls unter dieses Prinzip zu subsumierende Baustellen- oder Wanderfertigung, bei der das Objekt standortgebunden ist, wird, da hier industrielle Produktionsprozesse im Vordergrund stehen sollen, nicht näher behandelt.

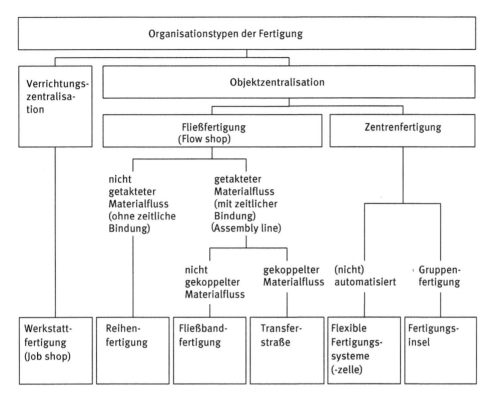

Abb. 2.18: Organisationstypen der Fertigung

definierten technischen Reihenfolge zu den einzelnen Werkstätten transportiert werden muss, ist der Materialfluss nicht gerichtet, sondern vernetzt.

Bei Anwendung der Objektzentralisation orientiert sich die Anordnung der Arbeitssysteme an den Arbeitsplänen der zu bearbeitenden Erzeugnisse. Der Materialfluss ist entsprechend dem Arbeitsfortschritt gerichtet (einheitlicher Materialfluss). Je nach der Art des Materialflusses können Reihen- und Fließfertigung und Transferstraßen unterschieden werden. Diese nach dem Objektprinzip gebildeten drei Organisationstypen werden unter dem Oberbegriff der *Fließfertigung* zusammengefasst.

Bei der *Zentrenfertigung* werden unterschiedliche Arbeitssysteme räumlich unter Anwendung des Objektprinzips zusammengefasst. Im Unterschied zur Fließfertigung, d. h. Fertigung bei gerichtetem Materialfluss, können in einem Fertigungszentrum beliebige Materialflüsse vorkommen. Fertigungszentren werden nach ihrem Automatisierungsgrad unterschieden. In *flexiblen Fertigungssystemen* (FFS) erfolgen die Produktion sowie der Materialfluss weitgehend automatisiert. Sie bestehen aus mehreren Fertigungsautomaten, die durch ein automatisches Transportsystem verknüpft sind. Dagegen herrscht in *flexiblen Fertigungszellen* nur ein geringer Automatisierungsgrad vor. Hierbei erfolgt meist eine Zusammenfassung von Werkstückgruppen zu Teilefamilien, die mit gleichen Maschinen bearbeitet werden können. Eine Mischform stellen *Fertigungsinseln* dar, bei denen unter weitgehendem Verzicht auf Automatisierung verschiedene Betriebsmittel zu Funktionsgruppen räumlich zusammengefasst werden und das Organisationsprinzip der Gruppenfertigung (teilautonome Arbeitsgruppen) zur Anwendung kommt. Welche Organisationsform gewählt wird, hängt von den vielfältigen spezifischen Gegebenheiten des jeweiligen Betriebs, insbesondere des Produktionsprogramms, ab. Die wesentlichen Einflussgrößen sind vor allem die Anzahl der verschiedenen Produkte und Bauteile (*Variantenvielfalt*) und die herzustellenden Mengen pro Produkt, d. h. das jeweilige Produktionsvolumen.

2.2.5.1 Fließfertigung

Der Organisationstyp der *Fließfertigung* ist das Ergebnis einer räumlichen Zentralisation nach dem Kriterium Objekt. In dieser fertigungsorganisatorischen Form werden die zur Herstellung eines Produkts notwendigen Betriebsmittel räumlich zusammengefasst, und zwar so, dass eine Anordnung entsprechend der Abfolge der Produktionsschritte entsteht (Abbildung 2.19).

Je nach dem Grad der zeitlichen Koordination und der Art des Materialflusses kann die Fließfertigung in *Reihenfertigung*, *Fließbandfertigung* und *Transferstraßen* unterschieden werden.

Bei der *Fließbandfertigung* sind die Produktionsschritte zeitlich genau aufeinander abgestimmt (getaktet), d. h., es liegt eine zeitliche Bindung zwischen den Arbeitsgängen vor, was den Einsatz eines Fließbandes ermöglicht (zeitlich gebundener, gerichteter Materialfluss). Materiell erfolgt ein ungekoppelter (asynchroner) Materialfluss mit selbstständigen Fördereinrichtungen, bei dem die Werkstücke auch unabhängig voneinander bewegt werden können.

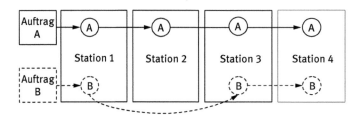

Abb. 2.19: Fließfertigung

Bei der *Reihenfertigung* dagegen fehlt die genaue unmittelbare zeitliche Abstimmung (zeitlich ungebundener, gerichteter Materialfluss). Eingesetzt wird die Fließfertigung besonders bei der Massen- und Großserienproduktion.

Eine hochautomatisierte Form der Fließfertigung sind die *Transferstraßen* (Fertigungslinien), in denen die Steuerung und Überwachung der Produktion rechnergestützt erfolgen. Der Materialfluss ist bei dieser Fertigungsform nicht nur zeitlich, sondern auch materiell gekoppelt, d. h., es kommt ein automatisiertes Fördersystem zum Einsatz, bei dem die Werkstücke fest mit dem Transportsystem verbunden sind. Kennzeichen flexibler Transferstraßen ist die Umrüstbarkeit derartiger Fließsysteme. Das heißt, dass flexible Transferstraßen für andere Aufgaben genutzt werden können, die aber in der Regel ähnlicher Art, besonders bezüglich der Bearbeitungsreihenfolge, sind.

Eine Sonderform der Fließfertigung stellt die *Fließgüterproduktion* dar. Hierbei werden in einem kontinuierlichen Produktionsprozess, im Gegensatz zu den bisher betrachteten Stückgütern, Fließgüter (in Form von Schüttgut, Flüssigkeiten, Gasen, Gemischen oder endlosen faden-, stangen-, röhren- oder bandförmigen Gütern) hergestellt. Während Stückgüter als „geformte" Güter in nichtteilbaren Gesamtheiten auftreten, deren Menge durch Zählen bestimmbar ist, sind Fließgüter beliebig unterteil- und dosierbar; ihre Mengen sind durch Messen bestimmbar. Fließgüter werden zumeist in hochautomatisierten Produktionsanlagen hergestellt, in denen in der Regel ein kontinuierlicher Fertigungsprozess möglich ist (z. B. Erdölraffinerie, chemische Industrie, Rohstahlproduktion).

2.2.5.2 Werkstattfertigung

Das entgegengesetzte Extrem stellt die *Werkstattfertigung* dar. Bei ihr erfolgt eine räumliche Zentralisation nach den durchzuführenden Verrichtungen. Es entstehen hierdurch Werkstätten, die häufig nach den in ihnen ausgeführten Verrichtungen benannt sind: z. B. Dreherei, Lackiererei, Stanzerei.

In einer solchen Form der Fertigungsorganisation steuern alle Produkte die einzelnen Werkstätten entsprechend ihrer technologisch bedingten Bearbeitungsreihenfolge an, manchmal einige Werkstätten mehrfach und einige überhaupt nicht (Abbildung 2.20).

Da der Fertigungsablauf nicht starr vorgegeben ist, besteht eine hohe Flexibilität bezüglich der Kapazitätsausnutzung von Maschinen und kompletten Werkstätten, was auch den bevorzugten Einsatz der Werkstattfertigung bei Einzel- und Kleinserienproduktion begründet. Bedingt durch die verschiedenen Bearbeitungsreihenfolgen bzw. -möglichkeiten treten bei der Werkstattfertigung viele Koordinations- und Planungsprobleme auf, so dass eine besonders leistungsfähige Produktionsplanung und -steuerung erforderlich sind. Ein weiterer Nachteil der Werkstattfertigung liegt darin, dass sie aufgrund des ungerichteten Materialflusses tendenziell lange Transportwege und somit hohe Übergangszeiten und Transportkosten bedingt.

Aus diesem Grund ist auch die transportkostenminimale räumliche Anordnung der einzelnen Werkstätten von großer Bedeutung. Zur Unterstützung bei der Erreichung dieses Ziels dient die *innerbetriebliche Standortplanung (Layout-Planung)*, die als ein Teilgebiet der taktischen Produktionsplanung im Anschluss an die Organisationstypen der Fertigung kurz vorgestellt wird.

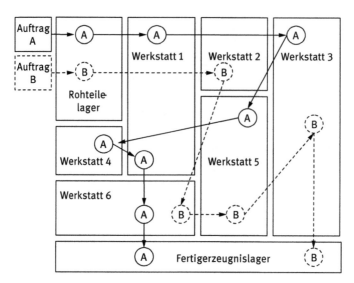

Abb. 2.20: Werkstattfertigung

2.2.5.3 Zentrenfertigung

Einen weiteren Organisationstyp stellt die *Zentrenfertigung* dar, bei der versucht wird, die Flexibilitätsvorteile der Werkstattfertigung mit den Produktivitätsvorteilen der Fließfertigung zu verbinden. Die Idee der Zentrenfertigung beruht darauf, ähnliche Produkte zu Produktfamilien und die zu deren Produktion notwendigen Betriebsmittel in Maschinengruppen zusammenzufassen. Diese Gruppierung von Aufgaben zu Zentren begünstigt insbesondere die Einführung teilautonomer Arbeitsgruppen.

Technisch wird das Konzept der Zentrenfertigung mit Hilfe flexibler Fertigungszellen und flexibler Fertigungssysteme realisiert. Unter einem *flexiblen Fertigungssystem (FFS)* ist eine hochautomatisierte, rechnergestützte Fertigungstechnik zu verstehen. Ein flexibles Fertigungssystem besteht aus mehreren numerisch gesteuerten Bearbeitungsmaschinen, die durch Werkstücktransport- und Speichersysteme miteinander verbunden sind, wobei die Steuerung des Informations- und des Materialflusses und eventuell auch des Werkzeugwechsels automatisch erfolgt.

Die Bearbeitungsmaschinen lassen sich im Hinblick auf den realisierten Grad der EDV-Unterstützung unterscheiden. Die einfachste Form von numerisch gesteuerten Bearbeitungsmaschinen, im Gegensatz zu mechanisch-automatisch gesteuerten Maschinen, sind die *NC-Maschinen* (Numerical Control). Bei ihnen erfolgt die Vorgabe zur Bearbeitung des Materials durch materielle Datenträger; ein gestartetes Steuerungsprogramm wird ohne die Möglichkeit der Änderung abgearbeitet. Dieser Nachteil der festen Verdrahtung der Steuerung ist bei den *CNC-Maschinen* (Computerized Numerical Control) aufgehoben. Sie verfügen über einen Rechner, an dem direkt an der Maschine Einfluss auf das Steuerprogramm genommen werden kann. *DNC-Systeme* (Direct Numerical Control) sind Systeme zur Steuerung mehrerer Bearbeitungsmaschinen über einen Zentralrechner, wobei aktuelle Bestrebungen hin zu einer vernetzten Fertigung („Industrie 4.0") in Richtung einer dezentralen Vernetzung aller an der Fertigung beteiligten Akteure gehen.[18]

Fertigungszellen weisen im wesentlichen dieselben Merkmale wie flexible Fertigungssysteme auf. Der Unterschied besteht darin, dass die Bearbeitungsmaschinen nicht durch automatische Transportsysteme miteinander verbunden sind. Fertigungszellen bestehen somit aus mehreren Bearbeitungsmaschinen, die numerisch gesteuert, aber unverkettet sind. Der Begriff Fertigungszelle wird auch teilweise für eine einzelne, mehrere Verrichtungen ausführende Bearbeitungsmaschine verwendet. Derartige Maschinen werden auch als *Bearbeitungszentren* bezeichnet.

In einer *Fertigungsinsel* werden aus gegebenem Ausgangsmaterial Zwischen- oder Endprodukte möglichst vollständig gefertigt. Die dazu notwendigen Betriebsmittel werden räumlich und organisatorisch zusammengefasst. Das Tätigkeitsfeld der in einer Fertigungsinsel eingesetzten Arbeitsgruppe umfasst die weitgehende Selbststeuerung der Arbeits- und Kooperationsprozesse verbunden mit Steuerungs-, Entscheidungs- und Kontrollfunktionen innerhalb vorgegebener Rahmenbedingungen. Im Vergleich zum Materialfluss der Werkstattfertigung wird dieser im Fall der Gruppenfertigung deutlich entzerrt.

Fertigungssegmente verfolgen dieselbe Idee wie Fertigungsinseln, jedoch mit höherem Aggregationsgrad. Fertigungssegmente beschränken sich nicht nur auf die Herstellung eines Produkts, sondern auf den gesamten Wertschöpfungsprozess, womit auch die Materialbeschaffung und die Produktdistribution integriert sein können. Gebildet werden die Fertigungssegmente anhand des bei einzelnen Produkt-Markt-Kombinationen angestrebten *Wettbewerbsvorteils*. Wird bei einem Produkt die Wettbewerbsstrategie der Kostenführerschaft verfolgt, so ist die gesamte Fertigungsorganisation für das betreffende Produkt auf diese Strategie hin auszurichten. Es können so genannte strategisch ausgerichtete „Fabriken in der Fabrik" konzipiert werden.

Bei der Zentrenfertigung zeigt sich, dass nicht mehr streng zwischen Organisationstyp und Fertigungstechnik unterschieden werden kann. Man könnte somit auch flexible Fertigungskonzepte als Mittel zur Automatisierung der Werkstattfertigung, zur Flexibilisierung der Fließfertigung und zur Rechnerunterstützung von Fertigungsinseln bezeichnen.

2.2.5.4 Fertigungsorganisation und Erzeugnisstruktur

Im Hinblick auf die Erzeugnisstruktur wird zwischen Einzel-, Serien- und Massenproduktion unterschieden. Serien- und Massenproduktion können weiter danach differenziert werden, ob eine Produktion auf Bestellung (*Make-to-Order* bzw. *kun-*

---

18 Vgl. dazu insbesondere Abschnitt 4.9.

hoch

Variabilität der Produktionsprozesse

Auftragsorientierte	**Auftragsorientierte**
Serienfertigung	**Einzelfertigung**
– teilw. standardisierte Produkte	– nicht-standardisierte Produkte
– variantenreiche Produkte	– individuelle Produkte
– Fertigung nach Kundenauftrag	– Fertigung nach Kundenauftrag
– in Serienfertigung	– in Einzelfertigung
– mittleres Volumen	– geringes Volumen
Marktorientierte	**Marktorientierte**
Massenfertigung	**Serienfertigung**
– standardisierte Produkte	– teilw. standardisierte Produkte
– (nahezu) homogene Produkte	– Hauptprodukte mit Varianten
– für anonyme Abnehmer (Markt)	– für anonyme Abnehmer
– Massenfertigung	– in Serienfertigung
– sehr hohes Volumen	– hohes Volumen

niedrig

niedrig   Komplexität der Produktionsprozesse   hoch

Abb. 2.21: Produktstrukturen und -prozesse
Abbildung in Anlehnung an Reichwald, Dietel (1991), S. 405

denauftragsbezogene Produktion) oder ohne Kundenbezug (anonyme Abnehmer), für den Markt erwartungsbezogen auf Lager (*Make-to-Stock* bzw. *kundenanonyme Produktion*), erfolgt.

Abbildung 2.21 fasst diese unterschiedlichen Erzeugnisstrukturen vor dem Hintergrund der entsprechenden Eigenschaften des Produktionsprozesses zusammen. Eine Mischform zwischen kundenauftragsbezogener und -anonymer Produktion liegt beispielsweise dann vor, wenn bei mehrteiligen Stückgütern Bauteile bzw. -gruppen erwartungsbezogen vorproduziert werden, die Endmontage selbst jedoch auftragsbezogen erfolgt; ein derartiges Vorgehen verkürzt die Lieferzeit eines Kundenauftrages und kann damit die Absatzchancen des eigenen Produkts erhöhen.

Je nach Erzeugnisstruktur eignen sich die verschiedenen Fertigungskonzepte in unterschiedlichem Maße. Sind wenige Erzeugnisse herzustellen und die Stückzahlen demgegenüber langfristig groß (*Massenfertigung*), so ist eine hohe Produktivität dadurch zu erreichen, dass starre Transferstraßen oder Sondermaschinen zum Einsatz kommen. In der *Einzelfertigung* ist häufig das andere Extrem vorzufinden, nämlich eine große Erzeugnisvielfalt, die jeweils mit geringen Stückzahlen verbunden ist. In diesem Fall sind universelle Einzelmaschinen, die nach dem Werkstattprinzip organisiert sind, aufgrund ihrer hohen Flexibilität besser geeignet. Für dazwischenliegende Formen gewinnen flexible Fertigungssysteme an Bedeutung. Schließlich ist festzuhalten, dass die Produktion innerhalb eines Betriebs nicht ausschließlich nach einem

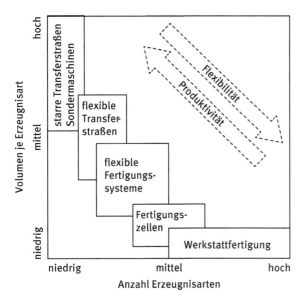

Abb. 2.22: Eignung unterschiedlicher Fertigungskonzepte
Abbildung in Anlehnung an Zäpfel (2000a), S. 162

Organisationstyp gestaltet sein muss. So ist beispielsweise bei der Automobilfertigung häufig anzutreffen, dass die Teileherstellung als Werkstattfertigung, die Rohbauerstellung als Transferstraße und die Endmontage als Fließbandfertigung bzw. nach dem Gruppenprinzip in Fertigungsinseln organisiert sind.

In Abbildung 2.22 ist die Eignung verschiedener Fertigungskonzepte in Abhängigkeit von der Anzahl der Erzeugnisarten und den entsprechenden Volumina skizziert. Die in Abhängigkeit von der Produktstruktur gewählten Organisationstypen der Fertigung stellen unterschiedliche Anforderungen an die Produktionsplanung und -steuerung. Entsprechend können PPS-Konzepte auch nach dem Typ der Produktion, für die sie konzipiert sind, differenziert werden.

2.2.6 Planung der Fertigungsorganisation

Im Anschluss an die Bildung von Organisationseinheiten stellt sich die Frage nach deren sinnvoller räumlicher Anordnung (Layout-Planung). Besonders bei der Werkstattfertigung ist dies von Bedeutung, da bei diesem Organisationstyp zwangsläufig eine hohe Zahl von Transporten zwischen den Werkstätten erforderlich ist. Bei Fließfertigung tritt dieses Problem nur in sehr abgeschwächter Form auf, da die Stationen entsprechend der Bearbeitungsreihenfolge angeordnet werden. Es entsteht hierbei aber ein anderes Planungsproblem, nämlich die Festlegung der Arbeitsstationen und deren Leistungsabstimmung. Hierbei geht es darum, einen möglichst reibungslosen Materialfluss zu gewährleisten.

2.2.6.1 Layout-Planung bei Werkstattfertigung

Aufgabe der *innerbetrieblichen Standortplanung* (*Layout-Planung*) ist es, Standorte für die Organisationseinheiten auf einer gegebenen Fläche so zu bestimmen, dass diese bezüglich eines bestimmten Ziels – dies sind in der Regel die im Planungszeitraum erwarteten Transportkosten – optimal angeordnet sind.

Häufig erfolgt eine mathematische Formulierung des Problems als lineares Programm mit binären Entscheidungsvariablen (0–1-Variablen). Aufgrund der Binärvariablen existieren allerdings bislang keine allgemein anwendbaren *Algorithmen* zur Ermittlung einer exakten Lösung. Bei Problemstellungen mit wenigen Orten bzw. Einheiten ist eine Lösung mittels *Vollenumeration* möglich. Zu beachten ist, dass es bei n Einheiten, die auf n Orte zuzuteilen sind, $n!$ mögliche Zuordnungen sind. Somit erscheint allenfalls bis $n = 5$ ($5! = 120$) die Lösung mit Hilfe der Vollenumeration ein gangbarer Weg. In der Regel ist man daher gezwungen, auf *Heuristiken* zurückzugreifen. Dies sind Näherungsverfahren, die im Vergleich zu exakten Verfahren mit Hilfe einer lediglich plausibel begründeten, nicht auf mathematischen Theoremen beruhenden Lösungsidee gezielt zur Verringerung des Lösungsaufwands beitragen sollen. Entsprechend stimmen heuristisch ermittelte Lösungen nicht notwendigerweise mit der mathematisch exakten Lösung (Optimum) überein.

Im Rahmen der nachfolgenden *Heuristik zur Layoutplanung* wird vorausgesetzt, dass die potenziellen Orte, denen die Werkstätten zugeordnet werden können, bekannt sind und alle Werkstätten an allen Orten errichtet werden können. Zielsetzung ist die Minimierung der Transportkosten.

1. In einem ersten Schritt addiert man für jeden Ort die Entfernung von und zu allen Orten. Bei der Ermittlung der Entfernungen ist zu berücksichtigen, ob die Transporte bodengebunden sind oder nicht. Während für bodengebundene Transporte rechtwinklige Distanzen (so genannte Manhattan-Distanzen) zu bestimmen sind, können für bodenungebundene Transporte (euklidische) Luftlinienentfernungen angewendet werden (Abbildung 2.23).

2. Ebenso wird in einem zweiten Schritt für jede Werkstatt die Summe der Transportkosten von und zu allen anderen Werkstätten berechnet. Ausgehend von einem Transportkostensatz (TKS)[19] ergeben sich die Transportkosten (TK)[20] je Wegeinheit als Produkt aus Transportkostensatz und Wegstrecke:

$$TK = TKS \times Wegstrecke. \tag{2.2}$$

---

19 Einheit: [GE/(ME × km)].
20 Einheit: [GE/km].

Man erhält so für jeden Ort eine Entfernungsgröße und für jedes Objekt, hier eine Werkstatt, eine Kostengröße.

3. Um die Gesamttransportkosten möglichst niedrig zu halten, lautet die heuristische Handlungsempfehlung für den dritten Schritt, dass die Werkstatt mit den höchsten Transportkosten dem Ort mit der geringsten Gesamtentfernung zugeordnet wird. Mit den restlichen Orten und Werkstätten verfährt man in gleicher Weise, bis alle Werkstätten zugeordnet sind.

Ein *Beispiel* verdeutliche die Vorgehensweise. Gegeben seien folgende Distanzmatrix (links) für jeweils drei Gebäude (G1, G2, G3) sowie die Transportkostenmatrix (rechts) der drei zuzuordnenden Werkstätten (W1, W2, W3):

Tab. 2.2: Distanz- und Transportkostenmatrix

[km]	G1	G2	G3	[GE/km]	W1	W2	W3
G1	0	1	2	W1	0	1	3
G2	1	0	3	W2	0	0	2
G3	3	3	0	W3	2	0	0

Die Summe der Distanzen von und zu allen Gebäuden beträgt für $G1 = 7$, $G2 = 8$ und $G3 = 11$ [km]. Die Summe der Transportkosten je Wegeeinheit von und zu allen Werkstätten beträgt für $W1 = 6$, $W2 = 3$ und $W3 = 7$ [GE/km].

Ordnet man der vorgeschlagenen Heuristik folgend nun die Werkstatt mit den höchsten Transportkosten dem Ort mit der geringsten Gesamtentfernung zu usw.,

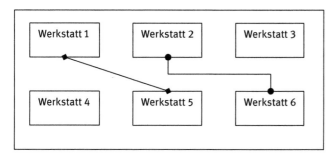

Luftlinienentfernung: $d(i, j) = \sqrt{(x_i - x_j)^2 + (y_i - y_j)^2}$

rechtwinklige Entfernung: $d(i, j) = |x_i - x_j| + |y_i - y_j|$

Mit den Koordinaten (x_i, x_j) bzw. (x_i, x_j) der Werkstätten i bzw. j der zu verplanenden Fläche.

Abb. 2.23: Entfernungsberechnung

Tab. 2.3: Ausgangszuordnung und Transportkosten

	W1	W2	W3	[GE]	W1	W2	W3
G1	0	0	1	W1		3	3
G2	1	0	0	W2			6
G3	0	1	0	W3	2		

ergibt sich folgende Zuordnung (links) mit den entsprechenden Transportkosten (rechts). Die Gesamttransportkosten betragen im Beispiel 14 [GE].

Diese Art heuristischer Verfahren wird auch als *Eröffnungsverfahren* (Konstruktionsverfahren) bezeichnet, da (lediglich) eine mehr oder weniger gute Ausgangszuordnung ermittelt wird, deren Optimalität nicht bekannt ist. Mit einer weiteren Gruppe heuristischer Verfahren, den *Iterationsverfahren* (Verbesserungsverfahren), kann versucht werden, eine beliebige Ausgangslösung (z. B. die in einem Eröffnungsverfahren gefundene) schrittweise zu verbessern. Das im folgenden skizzierte Verfahren sieht vor, die Ausgangslösung durch Vertauschung von Werkstätten hinsichtlich ihres Zielbeitrages zu verbessern:[21]

Hierzu ist zunächst (1. Zyklus) probehalber die zweite mit der ersten Werkstatt zu vertauschen. Anschließend sind die Transportkosten zu berechnen und zu speichern. Nachdem die Vertauschung rückgängig gemacht wurde, ist probehalber die dritte mit der ersten Werkstatt zu vertauschen. Wieder sind die Transportkosten zu berechnen und zu speichern. Die Vertauschungen werden so lange durchgeführt, bis die erste Werkstatt mit allen anderen probehalber vertauscht wurde. Schließlich ist die kostenminimale Vertauschung festzuschreiben. Ergibt sich gegenüber der Ausgangslösung (Eröffnungsheuristik) keine Verbesserung, bricht das Verfahren ab. Bei Fortsetzung des Iterationsverfahrens (2. Zyklus) werden wieder probehalber die Werkstätten nun mit der zweiten Werkstatt vertauscht, die entsprechenden Transportkosten berechnet und gespeichert. Wieder ist die kostenminimale Vertauschung festzuschreiben. Ergibt sich keine Verbesserung gegenüber der Ausgangszuordnung, bricht das Verfahren ab. Andernfalls kann die probeweise Vertauschung mit der dritten Werkstatt fortgesetzt werden (3. Zyklus) usw.

In unserem Beispiel ergeben sich im 1. Zyklus folgende zwei Vertauschungsmöglichkeiten:

Die Gesamttransportkosten der ersten Vertauschung betragen 18 [GE], die der zweiten Vertauschung 13 [GE]. Gegenüber der Ausgangslösung erreicht die zweite Vertauschung somit eine Verbesserung des Zielfunktionswerts.

Ausgehend von der Zuordnung der zweiten Vertauschung ergeben sich in einem 2. Zyklus folgende probeweise Vertauschungen:

---

21 Ein weiteres Verbesserungsverfahren ist z. B. CRAFT (Computerized Relative Allocation of Facilities Technique). Vgl. *Buffa et al.* (1964).

Tab. 2.4: Verbesserungsverfahren 1. Vertauschung (Zyklus 1)

	W1	**W2**	W3	[GE]	W1	W2	W3
G1	0	0	1	W1		3	9
G2	0	1	0	W2			2
G3	1	0	0	W3	4		

Tab. 2.5: Verbesserungsverfahren 2. Vertauschung (Zyklus 1)

	W1	W2	**W3**	[GE]	W1	W2	W3
G1	1	0	0	W1		2	3
G2	0	0	1	W2			6
G3	0	1	0	W3	2		

Tab. 2.6: 1. Vertauschung (Zyklus 2)

	W1	**W2**	W3	[GE]	W1	W2	W3
G1		1		W1		3	9
G2			1	W2			2
G3	1			W3	6		

Tab. 2.7: 2. Vertauschung (Zyklus 2)

	W1	**W2**	**W3**	[GE]	W1	W2	W3
G1	1			W1		1	6
G2		1		W2			6
G3			1	W3	6		

Die Gesamttransportkosten der ersten Vertauschung betragen 20 [GE], die der zweiten Vertauschung 19 [GE]. Gegenüber der letzten Ausgangslösung ergibt sich keine Verbesserung des Zielfunktionswerts. Das Verfahren wird abgebrochen. Es verbleibt bei der in der zweiten Vertauschung in Zyklus 1 gefundenen Zuordnung mit einem Zielfunktionswert von 13 [GE].

2.2.6.2 Leistungsabstimmung bei nicht getakteter Fließfertigung

In der Fließfertigung werden prinzipiell bestimmte Teilverrichtungen (Arbeitselemente) zu Arbeitsstationen zusammengefasst, die entsprechend dem Produktionsfortschritt anzuordnen sind, so dass ein fließender Arbeitsprozess entsteht. Die Fließproduktion kann dabei so gestaltet werden, dass zwischen den Arbeitsstationen keine unmittelbare zeitliche Bindung besteht. Dies hat zur Folge, dass zu den tatsächlichen Bearbeitungszeiten je Station noch zufällige Wartezeiten zwischen den Stationen kommen. Damit ein reibungsloser Produktionsablauf gesichert ist, müssen Zwischenlager (Puffer) eingerichtet werden. Die Bestimmung der Puffergröße ist ein Optimierungsproblem (*Leistungsabstimmung bei nicht getaktetem Materialfluss*). Je kleiner der Puffer zwischen zwei Stationen ist, umso größer ist die Wahrscheinlichkeit, dass die nachfolgende Station auf Material warten muss. Zur Lösung derartiger Optimierungsprobleme finden so genannte *Warteschlangenmodelle* Anwendung. Ein einfaches Grundmodell der Warteschlangentheorie besteht aus einem Bearbeitungssystem, das über ein oder mehrere parallel arbeitende gleichartige Maschinen bzw. Arbeitsplätze verfügt, und aus einem Warteraum. Die Aufträge treffen einzeln und zu zufälligen Zeitpunkten vor dem Bearbeitungssystem ein. Ein neu ankommender Auftrag wird bearbeitet, sofern mindestens eine der Bearbeitungsmaschinen bzw. einer der Arbeitsplätze frei ist, andernfalls muss er sich in die Warteschlange einreihen. Eine Darstellung unterschiedlicher Modelle der Warteschlangentheorie würde den Rahmen der vorliegenden Einführung sprengen. Es wird daher auf die weiterführende Literatur verwiesen.[22]

2.2.6.3 Leistungsabstimmung bei getakteter Fließfertigung

Im Fall der zeitlich gebundenen (getakteten) Fließfertigung besteht die Aufgabe des Produktionsmanagements in der Festlegung der Anzahl der Arbeitsstationen, der Zuordnung von Arbeitselementen auf Arbeitsstationen und der Zeit, die jeder Arbeitsstation zur Verfügung steht, um eine Erzeugniseinheit herzustellen (Taktzeit). Dieses Planungsproblem wird als Leistungsabstimmung bei getaktetem Materialfluss bezeichnet.

Etwas enger ist die *Problemstellung der klassischen Leistungsabstimmung* formuliert. Danach sind *Arbeitselemente* a_i (mit einer Elementzeit e_i) so zu m *Arbeitsstationen* zusammenzufassen, dass sie hinsichtlich der *Taktzeit* τ möglichst gut aufeinander abgestimmt sind; d. h., für eine gegebene Taktzeit ist die minimale Anzahl der Arbeitssysteme für die Arbeitsaufgaben gesucht (Hauptvariante), oder für eine gegebene Anzahl von Arbeitssystemen ist die kleinste mögliche Taktzeit für die Arbeitsaufgaben gesucht. Über die Absatzmengen und die gewünschte Soll-Mengenleistung (Planleistung) ist bereits entschieden. Die Planleistung ist dem Produktionsprogramm zu entnehmen.

Unter Beachtung der im Planungszeitraum zur Verfügung stehenden Arbeitszeit und Planleistung lässt sich die Soll-Taktzeit einer Station wie folgt ableiten:

$$\text{Soll-Taktzeit} = \frac{\text{Planzeit}}{\text{Planleistung}}. \tag{2.3}$$

---

22 Vgl. *Hillier, Lieberman* (1967), S. 285 ff., *Taylor* (2007), S. 573 ff.

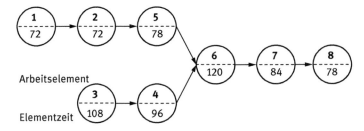

Abb. 2.24: Arbeitselemente eines Fließsystems

Die Soll-Taktzeit ist eine zeitliche Obergrenze für die Zusammenstellung von Arbeitselementen zu Arbeitsstationen. Eine untere Grenze der Taktzeit ist die maximale Elementzeit.

Mehrere Arbeitselemente können einer Arbeitsstation zugeordnet werden, soweit die Summe der Elementzeiten die vorgegebene Soll-Taktzeit nicht überschreitet. Diese Zuordnung kann sukzessive mit Hilfe von Prioritätsregeln erfolgen. Eine Prioritätsregel stellt eine Vorschrift dahingehend dar, welches Arbeitselement im nächsten Schritt auszuwählen ist. Eine plausible Regel besteht z. B. darin, sich bei der Zusammenfassung an der Gesamtzahl nachfolgender Arbeitsgänge zu orientieren. In diesem Fall werden die Arbeitselemente absteigend nach der Anzahl ihrer direkten und indirekten Nachfolger sortiert (so genannte MN-Regel).

Darüber hinaus sind regelmäßig technisch bedingte Reihenfolgen für die einzelnen Arbeitselemente zu beachten. Zielsetzung der Leistungsabstimmung ist üblicherweise die Minimierung von Leerzeiten.

Zur Verdeutlichung diene folgendes *Beispiel*:[23] Zur Herstellung eines Produkts sind acht Arbeitselemente auszuführen, zwischen denen die in Abbildung 2.24 dargestellten Reihenfolgebeziehungen bestehen.

Die Elementzeiten (in Sek.) sind jeweils angegeben. Es sollen pro Arbeitstag, der sieben Stunden (420 Min. bzw. 25.200 Sek.) dauert, 140 Erzeugniseinheiten hergestellt werden. Die Soll-Taktzeit beträgt demnach 180 Sekunden pro Stück. Die minimale Taktzeit ist gleich der größten Arbeitselementzeit, also hier 120 Sekunden.

In einem ersten Schritt der Leistungsabstimmung gilt es nun, die Arbeitselemente entsprechend der vorgegebenen Reihenfolgebeziehung und der Soll-Taktzeit zu Arbeitsstationen zusammenzufassen, die schrittweise unter Beachtung der Soll-Taktzeit aufgebaut werden. Diese Vorgehensweise ist unter Verwendung der MN-Heuristik in Tabelle 2.8 dargestellt (alle Zeiten in Sekunden).

Die aus dieser Leistungsabstimmung resultierende Zusammenfassung der Arbeitselemente zu Arbeitsstationen zeigt Abbildung 2.25.

Die maximale Stationszeit beträgt im Beispiel 174 Sekunden. Eine Taktzeit von genau 180 Sekunden lässt sich nur erreichen, wenn alle Stationen am Ende eines je-

---

23 In Anlehnung an *Günther, Tempelmeier* (2003), S. 89 ff.

Tab. 2.8: Leistungsabstimmung nach MN-Regel

Station	Element	Elementzeit	Restzeit	Stationszeit
1	1	72	108	72
	2	72	36	144
2	3	108	72	108
3	4	96	84	96
	5	78	6	174
4	6	120	60	120
5	7	84	96	84
	8	78	18	162

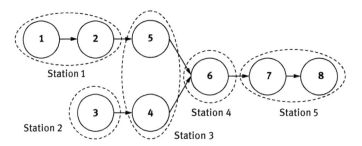

Abb. 2.25: Arbeitssysteme nach Leistungsabstimmung

den Takts sechs Sekunden pausieren. Dies ist im allgemeinen nicht sinnvoll. Verkürzt man hingegen die Taktzeit auf 174 Sekunden, so hat dies eine höhere Produktivität zur Folge. Es kann nun eine Planleistung von rund 145 Erzeugniseinheiten je Arbeitstag hergestellt werden.[24] Bei Annahme einer Taktzeit von 174 Sekunden liegt die gesamte Leerzeit des Fließsystems bei 162 Sekunden. Die Durchlaufzeit beträgt bei fünf Stationen 870 Sekunden.[25] Die Auslastung des Fließsystems (Bandwirkungsgrad) beträgt im Beispiel 81,38 % und berechnet sich nach folgender Formel:

$$\text{Bandwirkungsgrad} = 1 - \frac{\text{System-Leerzeit}}{\text{System-Durchlaufzeit}}. \tag{2.4}$$

In Abbildung 2.26 ist das heuristische Verfahren zur Leistungsabstimmung zusammenfassend schematisch dargestellt. Eine Auswahl weiterer Prioritätsregeln enthält Tabelle 2.9.

---

24 25.200 [Sek.]/174 [Sek./ME] = 144,8 [ME]. Ist diese Mehrproduktion jedoch nicht gewünscht, kann statt der vorgenannten Pausentakte das Fließsystem nach Herstellung der ursprünglich geplanten 140 Stück abgeschaltet werden, um z. B. Instandhaltungsmaßnahmen vorzunehmen.
25 5 Stationen x 174 Sek. Taktzeit = 870 Sek. Zu Definition und Messung der Durchlaufzeit siehe auch Abschnitt 4.5.3 sowie 4.7.2.3.

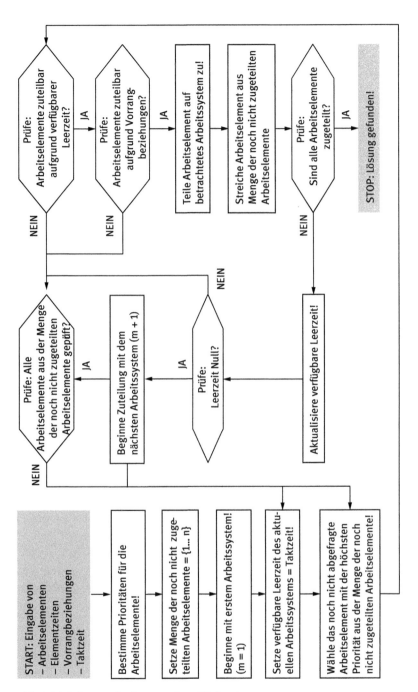

Abb. 2.26: Leistungsabstimmung eines Fließsystems

Tab. 2.9: Prioritätsregeln zur Leistungsabstimmung

Prioritätsregel	Beschreibung
MN-Regel	Maximale Anzahl aller Nachfolger: Sortierung der Arbeitselemente absteigend nach der Anzahl ihrer (direkten und indirekten) Nachfolger.
MD-Regel	Maximale Anzahl direkter Nachfolger: Sortierung der Arbeitselemente absteigend nach der Anzahl ihrer direkten Nachfolger.
MP-Regel	Maximales Positionsgewicht: Sortierung der Arbeitselemente absteigend nach der Summe aus eigener und der Elementzeit aller nachfolgenden Arbeitselemente (Positionsgewicht).
MR-Regel	Maximaler Rangwert: Sortierung der Arbeitselemente absteigend nach der Summe aus eigener und der Elementzeit aller direkten Nachfolger (Rangwert).
ME-Regel	Maximale Elementzeit: Sortierung der Arbeitselemente absteigend nach der Elementzeit.

2.3 Werkstoffe

2.3.1 Werkstoffarten

Als Werkstoff werden alle Güter bezeichnet, die während des Transformationsprozesses substantieller Bestandteil der Produkte werden oder durch ihren Untergang den Produktionsvorgang erst ermöglichen und damit nicht mehr zur Verfügung stehen (Betriebsstoffe). Werkstoffe werden daher auch als Verbrauchsfaktoren bezeichnet. Zu ihnen zählen neben *Materialien* auch *Dienstleistungen*, die teilweise mit bezogenen Sachgütern verbunden sind (z. B. Montage, Ingangsetzung oder Informationen über deren Funktion), teilweise aber auch als eigenständige immaterielle Güter erworben (z. B. Beratung, Transport, Reinigung, Wartung, Instandhaltung) und im Bereich der Dienstleistungsproduktion auch als solche wieder veräußert werden.

Bei den substantiell in das Endprodukt eingehenden Werkstoffen werden Rohstoffe, Bauteile und Hilfsstoffe unterschieden. Bei *Rohstoffen* handelt es sich um ungeformte bzw. nicht vorbearbeitete Fertigungsausgangsstoffe wie z. B. Roheisen, Rohöl, Holz, Mineralien etc. Bei den *Bauteilen* werden *Halbzeuge* (vorgeformte bzw. vorbearbeitete Rohstoffe wie Bleche, Profilstahl etc.), *Halbfabrikate* (unfertige Erzeugnisse wie Guss- und Schmiedestücke), *Fremdteile* (handelsüblich beziehbare Fertigteile, Aggregate und Baugruppen) und *Handelsware* (ohne Bearbeitung zu verkaufendes Erzeugnis) unterschieden. Im Gegensatz zu den Rohstoffen und Bauteilen spielen *Hilfsstoffe*(z. B. Leim, Nägel, Schrauben), die zwar auch substantiell in das Produkt eingehen, wert- und mengenmäßig eine geringe Rolle. Zu den *Betriebsstoffen* zählen Stoffe, die nicht unmittelbar in das Enderzeugnis eingehen, aber den Produktionsvorgang ermöglichen. Hierzu zählen Treibstoffe, Schmiermittel, aber auch Reparaturmittel.

2.3.2 Ergiebigkeitskomponenten

Die Materialkosten stellen im produzierenden Gewerbe nach Angaben des Statistischen Bundesamtes mit ca. 42,9 % noch vor den Personalkosten (20,5 %) den mit Abstand größten Kostenblock dar (Stand 2011). Durch einen effizienten Einsatz von Werkstoffen lassen sich so mitunter beträchtliche Kostensenkungspotenziale realisieren.

Als Maßgröße für die Ergiebigkeit von Werkstoffen lässt sich vereinfacht das Verhältnis der Materialmenge in den erzeugten Produkten zu der für ihre Herstellung eingesetzten Materialmenge verwenden. Zur Reduzierung des Materialeinsatzes bzw. des Materialverlustes gibt es im wesentlichen drei Ansatzpunkte:

1. Dies beginnt bei der *Form* und den *technischen Eigenschaften* der Werkstoffe, die nicht selten durch die *Produktkonstruktion und -dimensionierung* determiniert sind. Unzweckmäßige Formgebung, wie zu groß bemessene Materialzugaben, Abmessungen oder technische Eigenschaften erhöhen in der Regel die Materialverluste sowie die Bearbeitungszeiten der Werkstücke.
2. Daneben bestimmen *Herstell- und Bearbeitungsverfahren* die Materialeffizienz. Im Bereich der *Herstellverfahren* steht die Reduzierung von *Verschnitt* im Vordergrund. Klassisches Beispiel hierfür ist das Stanzen von Blechteilen, wobei z. B. bei kleinen Bestellmengen und einer hohen Produktvielfalt mit sehr stark schwankender Nachfrage die Minimierung von Verschnitt eine komplexe Aufgabe darstellt.
3. Im Rahmen der *Produktionslogistik* können Materialverbräuche im Rahmen von Transportprozessen, Lagerhaltung sowie Verpackungsmaterial minimiert werden. Hierbei ist auch an die Vermeidung von Beschädigung oder (auch technischem) Verderb der Güter oder Werkstoffe zu denken.

Beim *Materialverlust* ist zwischen Abfall, Nebenprodukten und Ausschuss zu unterscheiden. *Abfälle* sind Reststoffe, die z. B. bei der Werkstoffbearbeitung anfallen. Die Ergiebigkeit von Werkstoffen ist umso höher, je mehr es gelingt, Abfälle wiederzuverwerten, etwa in Form neuer Produkte (das sind dann *Nebenprodukte*), oder sie wieder in den Produktionsprozess einzugliedern (Recycling). Beim *Ausschuss* handelt es sich um Halb- oder Fertigerzeugnisse, die nicht verwertbar sind, weil sie entweder den aufgestellten Qualitätsanforderungen nicht genügen oder aber aufgrund von Materialfehlern unbrauchbar sind (Ausnahme „Produkte zweiter Wahl"). Ausschuss ist die „unproduktivste" Form des Materialverlustes, da neben dem Material auch die eingesetzte Arbeits- und Betriebsmittelzeit verloren geht. Zur Vermeidung von Ausschuss ist ein systematisches Qualitätsmanagement (kontinuierliche Wareneingangskontrolle und eine laufende Qualitätskontrolle) im Bereich der Produktion erforderlich.

2.3.3 Standardisierung

Standardisierung wird häufig als Oberbegriff für Normung und Typung verwendet. Unter *Normung* versteht man die freiwillige Vereinheitlichung von Maßen, Formen, Bestandteilen für vielfach benötigte Werkstoffe. Bezugsobjekt sind technische Einheiten wie Bauteile oder Systemelemente, deren Eigenschaften einheitlich festgelegt werden sollen. Die Verwendung genormter Werkstoffe erlaubt Rationalisierungseffekte in Beschaffung und Produktion durch Ersparnisse bei Material, Arbeitszeit, Organisations- und Kontrolltätigkeiten. Die Leitung und Organisation der Gemeinschaftsarbeit zur Aufstellung von Normen wird national vorwiegend vom Deutschen Institut für Normung (DIN) und international von der International Organization for Standardization (ISO) übernommen.

Hingegen wird unter *Typung* die Vereinheitlichung von zusammengesetzten Fertigungsgegenständen sowie des Endprodukts zum Zwecke der Rationalisierung des Produktionsprozesses verstanden. Bezugsobjekt der Typung ist das Erzeugnis, dessen mögliche Produktvielfalt aus Gründen der Komplexitätsreduktion auf bestimmte Varianten begrenzt werden soll. Moderne Produktionsprinzipien wie das *Baukasten- oder Plattformprinzip* basieren regelmäßig auf der Kombination gegebener standardisierter Elemente (Baustein, Modul) mit definierten Teilfunktionen zu verschiedenen Erzeugnistypen. Der Vorteil besteht in der Herstellung hoher Variantenzahlen (individuelle Erzeugnisse) unter Verwendung einer überschaubaren Anzahl standardisierter Werkstoffe.

2.3.4 Beschaffung von Werkstoffen

2.3.4.1 Klassifikation von Werkstoffen

Aufgabe der Materialwirtschaft ist es, die benötigten Werkstoffe in der erforderlichen Menge und Qualität zum richtigen Zeitpunkt und am richtigen Ort kostengünstig bereitzustellen. Weitgehend deckungsgleich damit ist der Begriff der Beschaffungslogistik. Die große Anzahl der zu beschaffenden Werkstoffe macht es in der Praxis aber unmöglich, alle Materialpositionen mit der gleichen Gründlichkeit entsprechend diesen Kriterien zu beschaffen.

Ausgehend von einem in der Praxis häufig beobachteten Phänomen, dass in den meisten Industriebetrieben nur etwa 20 % der zu beschaffenden Werkstoffe etwa 80 % der gesamten Werkstoff- und Beschaffungskosten ausmachen, ist bei der Planung der Werkstoffbeschaffung zunächst zu analysieren, welche der vorgenannten Bereitstellungsprinzipien gerechtfertigt sind, von welchen Bedarfsverläufen auszugehen ist und welche Bedarfsermittlungsmethoden für einzelne Werkstoffarten geeignet sind.[26]

---

26 Dieses auch als *Pareto*-Prinzip bezeichnete Phänomen wurde erstmals von *Vilfredo Pareto* im Rahmen einer Analyse der Vermögensverteilung Italiens beschrieben.

Weit verbreitet zur Beantwortung dieser Fragen ist die Klassifikation der Werkstoffe hinsichtlich ihrer wertmäßigen Bedeutung bzw. der Struktur ihres Bedarfsverlaufs mit Hilfe der ABC- bzw. der XYZ-Analyse.

Die wertmäßige Klassifizierung der Verbrauchsfaktoren erfolgt mit Hilfe der *ABC-Analyse*.

Durch Multiplikation der Bedarfsmenge einer Materialart („Materialposition") mit ihren durchschnittlichen Herstell- bzw. Bezugskosten erhält man den Periodenverbrauchswert (z. B. den Materialverbrauch des vergangenen Jahres; die Rechnung lässt sich aber auch mit geschätzten Bedarfswerten für das laufende Jahr durchführen). Dann werden die Materialarten abnehmend nach der Höhe ihres Verbrauchswerts geordnet und ihre prozentualen Anteile kumuliert.

Parallel hierzu erfolgt eine Kumulation der dazugehörigen Anteile der Materialverbrauchsmengen bzw. Materialpositionen. Liegen homogene Materialmengenbezeichnungen vor (z. B. ausschließlich Kilogramm), können entsprechende mengenmäßige Anteile ermittelt werden. Handelt es sich bei den zur Analyse anstehenden Materialarten um inhomogene Mengenbezeichnungen (z. B. Stück, Kilogramm, Meter, Liter, Kubikmeter, Paletten etc.), so können vereinfachend die Anteile an den Materialarten (Materialpositionen) verwendet werden.

Gemäß der sich nach dem Verbrauchswert ergebenden Rangfolge werden für jede Materialart zwei Anteilsätze ermittelt: Zum einen wird berechnet, welcher Prozentsatz aller Positionen bis hierher erfasst ist. Zum anderen bestimmt man, welcher Prozentsatz am gesamten Verbrauchswert aller Positionen bis hierher erfasst ist.

Schließlich werden drei mit A, B und C bezeichnete Materialklassen gebildet, denen abnehmende Anteile am Periodenverbrauchswert entsprechen. Im folgenden wird eine Klasseneinteilung von 80 %, 15 % und 5 % verwendet, danach entfallen 80 % des Verbrauchswerts auf Klasse A, 15 % auf Klasse B und 5 % auf Klasse C.

Da die Materialarten in der Reihenfolge ihrer Verbrauchswerte in die ABC-Analyse eingehen, entfällt auf die Klasse A (in der Regel) nur ein relativ geringer mengenmäßiger Anteil der Materialpositionen. Der Anteil der Klasse B ist bereits erheblich größer, und die überwiegende Menge der Materialpositionen entfällt (wegen ihres geringen Verbrauchswerts) auf die Klasse C.

Mit Hilfe der ABC-Analyse werden die Verbrauchsfaktoren in drei Gruppen eingeteilt, die anhand unterschiedlicher Verfahren disponiert werden. Die hochwertigen A-Teile werden unter Rückgriff auf die Erzeugnisstruktur *bedarfsgesteuert (programmgesteuert) disponiert*. Bedarfe von B-Teilen werden *verbrauchsgesteuert disponiert*; in der Regel erfolgt nach Ablauf einer festgelegten Zeitdauer automatisch eine Bestellung bzw. Produktion in vorgegebener Höhe (Bestellpunktverfahren). Vorauszusetzen ist allerdings, dass der Verbrauch im Zeitablauf eine gewisse Regelmäßigkeit zeigt. Für die große Zahl der C-Teile, zu denen vor allem Hilfs- und Betriebsstoffe zählen, wird regelmäßig überhaupt keine systematische Bedarfsermittlung vorgenommen; eine Materialbeschaffung bzw. Disposition erfolgt erst, wenn die Vorräte einen bestimmten Mindestbestand (*Sicherheitsbestand*) unterschreiten. Dahinter steckt die

Überlegung, dass es bei geringem Materialwert nicht so gravierend ist, wenn man zu viel disponiert, so dass eine grobe Schätzung des Faktorbedarfes vollkommen ausreichend erscheint. Zu beachten ist, dass ABC-Analysen in regelmäßigen Zeitabständen durchzuführen sind, um die Klassifikation zu überprüfen. Zur Verdeutlichung der Vorgehensweise diene folgendes *Beispiel*:

Die graphische Darstellung der ABC-Analyse in Abbildung 2.27 ergibt sich, wenn man die in absteigender Reihenfolge prozentual kumulierten Verbrauchswerte auf der Ordinate und die entsprechenden prozentual kumulierten Materialpositionen auf der Abszisse abträgt.[27] Es ist dann zu erkennen, welcher Anteil am gesamten Periodenverbrauchswert aller Verbrauchsfaktoren auf welchen Prozentsatz der Verbrauchsfaktoren entfällt.

Bei einer Gleichverteilung der Verbrauchswerte auf die einzelnen Faktoren würde sich tendenziell eine Gerade durch den Ursprung mit einer Steigung von 45° ergeben. In der Regel ist die ABC-Kurve jedoch stark nach oben gewölbt, so dass nur ein geringer mengenmäßiger Teil der Werkstoffe einen großen Anteil des gesamten Periodenverbrauchswertes ausmacht.

Im Gegensatz zur ABC-Analyse stellt die *XYZ-Analyse* (bzw. *RSU-Analyse*) nicht auf den Verbrauchswert, sondern auf den Bedarfsverlauf der Verbrauchsfaktoren ab. X-Teile weisen einen sehr regelmäßigen Bedarfsverlauf auf (daher werden diese mitunter auch als R-Teile bezeichnet). Ihr Bedarf kann genau prognostiziert werden und diese Teile sind daher für eine fertigungssynchrone Just-in-Time-Disposition gut geeignet. Zur Y-Klasse zählende Verbrauchsfaktoren sind durch einen trendförmigen bzw. saisonal schwankenden Bedarfsverlauf gekennzeichnet (daher auch S-Teile). Y-Güter werden schwerpunktmäßig auf Vorrat disponiert. Dagegen verläuft der Bedarf von Z-Gütern derart unregelmäßig (daher auch U-Teile), dass es nicht sinnvoll erscheint,

Tab. 2.10: Bedarfsmengen und Verbrauchswerte (Beispiel)

Materialart	Jahresbedarf	Preis (GE)	Verbrauchswert (GE)
501	100 kg	312,50	31.250,00
502	16.000 Stk.	1,60	25.600,00
503	1.000 Ltr.	2,80	2.800,00
504	5.000 m³	1,05	5.250,00
505	700 Stk.	5,50	3.850,00
506	700 kg	7,10	4.970,00
507	100 Paletten	22,00	2.200,00
508	18.000 Stk.	0,05	900,00
509	20.000 Stk.	0,08	1.600,00
510	32.500 Stk.	0,07	2.275,00

---

27 Die graphische ABC-Analyse entspricht der aus der Konzentrationsmessung in der Statistik bekannten Lorenzkurve.

Tab. 2.11: ABC-Analyse (Beispiel)

Materialart	Verbrauchswert			Klasse
	absolut	prozentual	prozentual kumuliert	
501	31.250,00	38,73 %	38,73 %	A
502	25.600,00	31,72 %	70,45 %	A
504	5.250,00	6,51 %	76,96 %	A
506	4.970,00	6,16 %	83,12 %	B
505	3.850,00	4,77 %	87,89 %	B
503	2.800,00	3,47 %	91,36 %	B
510	2.275,00	2,82 %	94,18 %	B
507	2.200,00	2,73 %	96,90 %	C
509	1.600,00	1,98 %	98,88 %	C
508	900,00	1,12 %	100,00 %	C

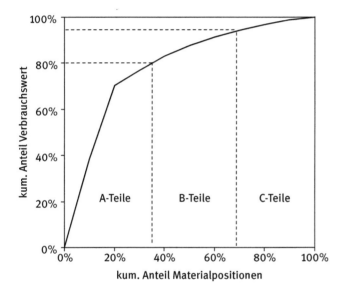

Abb. 2.27: Graphische ABC-Analyse (Beispiel)

entsprechende Lagerbestände aufzubauen; vielmehr erfolgt eine Einzelbeschaffung bzw. -produktion im Bedarfsfall.

Zur methodischen Unterstützung einer am Bedarfsverlauf orientierten Material-klassifikation bietet sich der Rückgriff auf statistische Streuungsmaße an. Zur Unterscheidung eines regelmäßigen von einem schwankenden Bedarfsverlauf wird der so genannte Störpegel (*SP*) vorgeschlagen, der sich als Quotient aus mittlerer absoluter

Abweichung (*MAD*) und Mittelwert berechnet:

$$SP = \frac{MAD(y)}{\bar{y}} = \frac{\frac{1}{T} \sum_{t=1}^{T} |y_t - \bar{y}|}{\frac{1}{T} \sum_{t=1}^{T} y_t}. \tag{2.5}$$

Alternativ kann auch der Variationskoeffizient (*VARK*) zum Einsatz kommen, der bei normalverteilter Bedarfsmenge in den Störpegel überführt werden kann:

$$VARK = \frac{\sigma(y)}{\bar{y}} = \frac{\sqrt{\frac{1}{T} \sum_{t=1}^{T} (y_t - \bar{y})^2}}{\frac{1}{T} \sum_{t=1}^{T} y_t}. \tag{2.6}$$

Um unregelmäßige Bedarfsverläufe zu klassifizieren, wird der so genannte Nullbedarfsperiodenanteil (*NPA*) ermittelt. Hierzu ist einfach der Anteil der Perioden ohne Bedarf an der Gesamtzahl der untersuchten Perioden zu berechnen.

Die Vorgabe von entsprechenden Klassengrenzen der einzelnen Klassifikationskriterien erfolgt in der Praxis meist pragmatisch. Wissenschaftlich lassen sich solch willkürlich festgelegte Grenzen freilich nicht begründen. Unter Verwendung von praktisch bewährten Klassengrenzen kann die XYZ-Analyse wie folgt zusammengefasst werden:

Aus der Kombination von ABC- und XYZ-Analyse resultieren neun Verbrauchsfaktorklassen, denen unterschiedliche Einkaufs-, Dispositions- und Kontrollmaßnahmen zugeordnet werden können (Abbildung 2.28).

Es empfehlen sich eine besonders sorgfältige Beschaffung, Disposition und Kontrolle der XA-Güter. Diese können just in time bzw. just in sequence disponiert werden. XB-Güter eignen sich für die Just-in-Time-Produktion (KANBAN). YA- und ZA-Teile sollten bedarfsgesteuert disponiert werden. Für XC-Güter eignet sich eine verbrauchsgesteuerte Disposition, wobei im Grunde für alle C-Teile vereinfachte Beschaffungs-, Dispositions- und Kontrollmaßnahmen ausreichen. Einzig ZC-Güter sollten grundsätzlich auf ihre Notwendigkeit und ihre mögliche Substitution hin untersucht werden. Wenn möglich sind derartige Teile aus dem Beschaffungsprogramm zu eliminieren.

Tab. 2.12: XYZ-Analyse

Teile	Bedarfsverlauf	Verbrauchskonstanz	Disposition	Klassifikationskriterium
X	regelmäßig (R)	hoch	bedarfssynchron	$SP < 0{,}5$
Y	schwankend (S)	mittel	auf Lager	$SP > 0{,}5$
Z	unregelmäßig (U)	niedrig	einzeln bei Bedarf	$NPA > 0{,}3$

Verbrauchswert			
Vorhersagegenauigkeit und Verbrauchskonstanz		A (hoch)	B (mittel)	C (niedrig)
	X (hoch)	Just-in-Time geeignet		verbrauchs-gesteuert
	Y (mittel)			
	Z (niedrig)	bedarfs-gesteuert		Programm-bereinigung

Abb. 2.28: Kombinierte ABC- und XYZ-Analyse

2.3.4.2 Bereitstellungsprinzipien

Grundsätzlich lassen sich folgende Prinzipien der Materialbereitstellung (Disposition) unterscheiden: Einzelbeschaffung, Lagerhaltung und bedarfssynchrone Beschaffung.

Kennzeichnend für das Prinzip der *Einzelbeschaffung im Bedarfsfall* ist, dass die Beschaffung eines Werkstoffes erst dann erfolgt, wenn aufgrund eines bestimmten Produktionsauftrags ein entsprechender Bedarf vorliegt (fallweise Beschaffung). Der Vorteil liegt in geringen Lager- und Kapitalbindungskosten. Andererseits besteht die Gefahr von Produktionsunterbrechungen bei nicht zeit- oder mengengerechter Beschaffung. Im Fall der auftragsorientierten Einzelfertigung oder beim Einsatz leicht verderblicher Güter ist dieses Beschaffungsprinzip unvermeidbar.

Das Prinzip der *Vorrats- oder Lagerhaltung*, bei der Werkstoffe im Lager auf Abruf gehalten werden, ist das in der Praxis am häufigsten verbreitete Bereitstellungsprinzip. Lagerbestände an Material- und Fertigerzeugnissen werden gehalten, um den unterschiedlichen Rhythmus im Beschaffungs-, Produktions- und Absatzbereich eines Betriebs auszugleichen (Ausgleichsmotiv). Die Pufferbestandshaltung ist notwendig, da eine vollständige Synchronisation der zeitlichen Verteilung des Inputs mit der zeitlichen Verteilung des Outputs aus absatz-, produktions- und liefertechnischen Gründen nicht möglich ist oder höhere Kosten verursacht als die Lagerhaltung. Die Lagerhaltung gewährleistet zudem einen kontinuierlichen Produktionsprozess, weil eine verbrauchssynchrone Anlieferung im Fall von Lieferstockungen zu Produktionsausfällen führen kann. Sie bietet eine gewisse Absicherung gegen Beschaffungsrisiken (Sicherheitsmotiv). Auch ist damit die Möglichkeit verbunden, Preisvorteile durch die Bestellung größerer Mengen auszunutzen oder bei Preisschwankungen (Spekulations-)Gewinne aus Preisänderungen zu erzielen (Spekulationsmotiv). Nachteilig sind die relativ hohen Lager- und Kapitalbindungskosten.

Mit dem Prinzip der *bedarfssynchronen Beschaffung* wird versucht, die Vorteile der beiden vorgenannten Prinzipien zu verbinden und deren Nachteile auszuschließen. Mit Hilfe von Lieferverträgen wird mit Lieferanten vereinbart, zu bestimmten, durch den Produktionsablauf der beschaffenden Unternehmung determinierten Terminen die jeweils erforderlichen Materialmengen *just in time* zu liefern (JiT-Logistik). Abgesichert werden solche Verträge meist mit hohen Konventionalstrafen für den Lieferanten und mit dem Halten kleiner Sicherheitsbestände beim beschaffenden Unternehmen. Das Verfahren der bedarfssynchronen Beschaffung findet auch im Rahmen der Fertigungsdisposition Anwendung. Hierbei werden durch JiT-Produktion Vorräte und Zwischenlagerbestände weitgehend vermieden (KANBAN-Steuerung). Durch bedarfssynchrone Beschaffung werden Lager- und Kapitalbindungskosten reduziert. Gleichzeitig soll aber auch das Risiko von Produktionsstockungen verringert werden.

Damit durch dieses Prinzip der bedarfssynchronen Beschaffung tatsächlich beim beschaffenden Unternehmen die Bestände sinken können, müssen diese durch Informationen ersetzt werden; eine regelmäßige und kurzfristige Übermittlung von Lieferabrufen direkt zum Lieferanten muss daher möglich sein. Denkbare Realisierungsgrade reichen von tages- oder stundengenauen Lieferabrufen bis hin zur montagesynchronen Anlieferung (*just in sequence*). Das setzt eine enge und vertrauensvolle, aber auch vertraglich abgesicherte Abnehmer-Lieferanten-Beziehung voraus, da gegenseitige Abhängigkeiten entstehen. Eingebunden in dieses unternehmensübergreifende Beschaffungsprinzip ist regelmäßig auch die den Transport durchführende Spedition. Vor allem die Automobilindustrie hat dieses Prinzip breit zur Anwendung gebracht und in enger Zusammenarbeit mit den Lieferanten unternehmensübergreifende Beschaffungsnetzwerke (Supply Chain Management) aufgebaut.

2.3.4.3 Bedarfsermittlung und Dispositionsprinzipien

Als *Methoden zur Bedarfsermittlung* stehen bedarfs- und verbrauchsgesteuerte Verfahren zur Auswahl. Die Bedarfe der höherwertigen A-Teile werden mit Hilfe des aufwendigen Verfahrens der Stücklistenauflösung aus den Bedarfsmengen übergeordneter Teile bzw. Produkte abgeleitet; dieses Vorgehen bezeichnet man als *bedarfs-* oder *programmgesteuerte Disposition*. Ausgangspunkt der Teilebedarfsermittlung sind die im Produktionsprogramm festgelegten Mengen des Enderzeugnisses. Da die Bestellung oder der Zusammenbau eines übergeordneten Teils bzw. eines Endprodukts Zeit beansprucht, müssen die zu beschaffenden Teile mindestens um die Liefer- oder Montagezeit vor dem Fertigstellungszeitpunkt des übergeordneten Teils bereitstehen. Dieser Dispositionszeitpunkt von in ein übergeordnetes Teil unmittelbar eingehenden (Montage-)Teilen bzw. Baugruppen wird im Rahmen der so genannten *Vorlaufzeitverschiebung* mit Hilfe meist aus Vergangenheitswerten geschätzter mittlerer Liefer- oder Durchlaufzeiten so ermittelt, dass eine termingerechte Weiterverarbeitung zum übergeordneten Teil bzw. Endprodukt gewährleistet erscheint. Der auf diese Weise ermittelte terminierte *Sekundärbedarf*, d. h. die zur Produktion übergeordneter Teile benötigte (Teile-)Menge, wird mit dem zugehörigen Primärbedarf (z. B. Ersatzteilbedarf) zum so genannten *Bruttobedarf* addiert. Durch Abgleich mit dem disponiblen

Lagerbestand[28] erhält man den *Nettobedarf*, der angibt, welche Mengen des Teils bzw. Verbrauchsfaktors zur Bedarfsdeckung effektiv benötigt werden, d. h. noch produziert bzw. beschafft werden müssen. Die Problemstellung ist dabei unabhängig davon, ob es sich um fremdbezogene oder selbsterstellte Verbrauchsfaktoren handelt.

Bei der *verbrauchsgesteuerten Bedarfsermittlung* wird kein Bezug auf das Produktionsprogramm genommen. Stattdessen bilden die in der Vergangenheit beobachteten Bedarfe an Produktionsfaktoren die Grundlage der Bedarfsermittlung. Auf Basis dieser Zeitreihen prognostiziert man den künftigen Verbrauch, wobei unterstellt wird, dass der Verbrauch gewissen Gesetzmäßigkeiten unterliegt. Dementsprechend greifen verbrauchsorientierte Verfahren regelmäßig auf statistische Methoden wie die Bildung gleitender Durchschnitte, die Regressionsanalyse oder die exponentielle Glättung zurück[29]. Anwendung finden diese Verfahren bei den geringerwertigen B- und C-Teilen, da dort das oben beschriebene Vorgehen der Stücklistenauflösung zu aufwendig erscheint. Bei Baugruppen, die in viele verschiedene Endprodukte (Varianten) eingehen, kann der Bedarf einen regelmäßigen Verlauf annehmen, so dass auch hier eine statistische Bedarfsermittlung einfacher durchführbar ist. Bestimmte Bedarfe sind zudem mit Hilfe der Stücklistenauflösung nicht ermittelbar. Dies gilt für Ersatzteilbedarfe oder bei häufigen, ungeplant hohen Ausschussmengen.

2.3.5 Lagerhaltung

2.3.5.1 Aufgaben und Systeme der Lagerhaltung

Primäre Aufgabe der Lagerhaltung ist der zeitliche und mengenmäßige Ausgleich zwischen der Bereitstellung und dem Bedarf von Werkstoffen. Lagerbestände an Material- und Fertigerzeugnissen werden gehalten, um den unterschiedlichen Rhythmus im Beschaffungs-, Produktions- und Absatzbereich eines Betriebs auszugleichen. Diese Pufferbestandshaltung ist notwendig, da eine vollständige Synchronisation der zeitlichen Verteilung des Inputs mit der zeitlichen Verteilung des Outputs aus absatz-, produktions- und liefertechnischen Gründen nicht möglich ist oder höhere Kosten verursacht als die Lagerhaltung. Die *Ausgleichsfunktion* der Lagerhaltung kann an verschiedenen Stellen auftreten. Zunächst werden die bestellten Werkstoffe im *Wareneingangslager* angenommen und von dort im Bedarfsfall in den Produktionsprozess zu der verarbeitenden Stelle transportiert. Zwischen den einzelnen Fertigungsstufen bilden sich häufig *Zwischenlager*, die aus unterschiedlichen Kapazitäten aufeinanderfolgender Stufen resultieren. Die Fertigerzeugnisse gelangen über das *Fertigwarenlager* zunächst in das *Kommissionierlager*, wo die Produkte für einen bestimmten Kundenauftrag zusammengestellt werden.

---

28 Dieser setzt sich zusammen aus dem aktuellen Lagerbestand zuzüglich Lagerzugängen im Betrachtungszeitraum abzüglich Reservierungen und Sicherheitsbestand.
29 Für eine Darstellung entsprechender Prognoseverfahren siehe Abschnitt 4.3.2.2.

In der Praxis wird zwischen statischen und dynamischen Lagersystemen unterschieden. Bei den *statischen Lagersystemen* bleibt das Lagergut von der Einlagerung bis zur Auslagerung im ruhenden Zustand. Die zu lagernden Güter können dabei auf dem Boden oder in einem Lagergestell (Regal) jeweils in Block- oder Zeilenform angeordnet werden. Bei der einfachen Bodenlagerung entstehen keine Kosten für Lagergestelle, ebenso ist der Raumnutzungsgrad regelmäßig hoch, wenn die zu lagernden Güter auch stapelbar sind. Ist die Voraussetzung der Stapelbarkeit nicht erfüllt, sind Lagergestelle regelmäßig unvermeidbar, um den Raumnutzungsgrad zu erhöhen. Bei *dynamischen Lagersystemen* wird das Gut nach der Einlagerung bewegt, z. B. im Lagergestell (z. B. Hochregallager), mit den Lagergestellen (z. B. Verschieberegalsystem) oder auf Fördermitteln (z. B. Förder- oder Umlaufsystemen).

2.3.5.2 Lagerhaltungspolitiken

Wichtige *Dispositionsgrößen* im Rahmen der Lagerhaltung sind:
– Bestellpunkt bzw. Meldemenge (r), bei dessen bzw. deren Erreichen oder Unterschreiten die Bestellung ausgelöst wird,
– Bestellmenge (x), die bei einer Bestellung disponiert wird, bzw. Maximal- oder Soll-Bestand (S), auf den der Lagerbestand aufgefüllt wird,
– Kontrollzeitpunkt (t), zu dem der Lagerbestand kontrolliert wird.

Im Hinblick auf den Kontrollzeitpunkt können eine laufende (kontinuierliche) und eine periodische (diskontinuierliche) Lagerbestandsüberwachung unterschieden werden.

In Bezug auf die beiden weiteren Dispositionsgrößen Bestellmenge (bzw. Maximalbestand) und Bestellpunkt lassen sich dann folgende sechs *Lagerhaltungspolitiken* unterscheiden:

Typ 1: (r, x)-Politik: Diese Politik ist dadurch charakterisiert, dass der Lagerbestand nach jeder Transaktion (Zugang oder Abgang) aktualisiert und beim Unterschreiten bzw. Erreichen des Bestellpunktes r eine Bestellmenge x disponiert wird. Bei gleichbleibender Bestellmenge schwanken die Zeiträume zwischen den Bestellungen.

Typ 2: (r, S)-Politik: Bei dieser Lagerhaltungspolitik wird der Lagerbestand ebenfalls sofort nach jeder Transaktion aktualisiert. Unterschreitet bzw. erreicht dieser den Bestellpunkt r, wird auf den Maximalbestand S aufgefüllt. Der Bestellzyklus ist unregelmäßig, die Bestellungen variieren danach, in welchem Ausmaß die Bestellgrenze unterschritten wurde.

Typ 3: (t, x)-Politik: Der in Intervallen der Länge *t* aktualisierte Lagerbestand wird jeweils um die Bestellmenge *x* erhöht. Eine konstante Bestellmenge führt bei unregelmäßigem Lagerabgang zu stark schwankendem Lagerbestand. Fehlmengen sind möglich.

Typ 4: (t, S)-Politik: Der in Intervallen der Länge *t* aktualisierte Lagerbestand wird jeweils auf den Maximalbestand *S* aufgefüllt. Die Höchstgrenze des Lagers ist zwar fixiert, doch kann infolge des regelmäßigen Kontroll- und Bestellzyklus im Fall unregelmäßigen Lagerabgangs eine Fehlmenge auftreten.

Typ 5: (t, r, S)-Politik: Der Lagerbestand wird wiederum in Intervallen der Länge *t* aktualisiert. Ergibt sich, dass der Lagerbestand den Bestellpunkt *r* erreicht oder unterschreitet, so wird auf den Maximalbestand *S* aufgefüllt.

Typ 6: (t, r, x)-Politik: Der Lagerbestand wird in Intervallen der Länge *t* überprüft. Ergibt sich, dass der Lagerbestand den Bestellpunkt *r* erreicht oder unterschreitet, so wird die Bestellmenge *x* disponiert.

Die Verfahren 1 und 2 werden allgemein *Bestellpunktverfahren* genannt, während die Verfahren 3 bis 6 aufgrund ihrer periodischen Bestandsüberwachung als *Bestellrhythmusverfahren* bezeichnet werden. Innerhalb dieser Gruppe werden die Typen 5 und 6 auch als bedingte Bestellrhythmusverfahren bezeichnet, bei denen nach *t* Perioden nur dann bestellt wird, wenn der Meldebestand *r* erreicht ist.

Exemplarisch soll der Lagerbestandsverlauf im Rahmen einer *(r, S)-Politik* dargestellt werden (Abbildung 2.29). Hierbei wird von einem konstanten Lagerabgang mit der Rate v_A [ME/ZE] ausgegangen, der bei Erreichen des Meldebestandes *r* zu einer Bestellung bis zur Lagerobergrenze *S* führt.

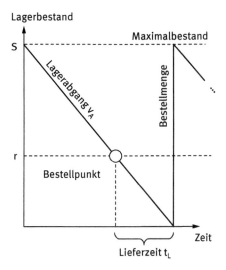

Abb. 2.29: Lagerbestandsverlauf

Die Bestimmung der Höhe des Meldebestands ist im Fall deterministischer Daten un-problematisch. Unter Berücksichtigung einer Lieferzeit t_L ergibt sich der minimale Meldebestand mit:

$$r = v_A \cdot t_L. \tag{2.7}$$

Dabei wird offenkundig, dass sich in der Regel erst durch Einbeziehung stochasti-scher Größen wie Lagerabgang und Lieferzeit realitätsgerechte stochastische Lager-haltungsmodelle entwickeln lassen.

2.3.5.3 Sicherheitsbestand und Lieferbereitschaftsgrad

Berücksichtigt man die Möglichkeit, dass sowohl die Lagerabgangsrate als auch die Lieferzeit nichtdeterministische, sondern stochastische Größen sind, besteht das grundsätzliche Problem, dass entweder Fehlmengen auftreten können oder zu hohe Bestände gehalten werden.

Den Zwecken der Lagerhaltung entsprechend besteht ein wesentliches Ziel darin, einen möglichst hohen *Lieferbereitschaftsgrad* (Servicegrad) zu gewährleisten. Der Lieferbereitschaftsgrad (LBG) lässt sich durch folgenden Quotienten bestimmen:

$$\text{LBG} = \frac{\text{Anzahl erfüllter (termingerechter) Lieferungen}}{\text{Gesamtzahl der Lieferungen}}. \tag{2.8}$$

Ein zweites Ziel für den Bereich der Lagerhaltung, das sich direkt aus den unterneh-merischen Zielsetzungen ableiten lässt, besteht demgegenüber in der Minimierung der Kosten der Lagerhaltung. Die wichtigsten Arten der *Lagerhaltungskosten* lassen sich nach folgenden Größen ordnen: Zum einen entstehen Kosten für das lagernde Material. Die Höhe dieser *Lagerkosten im engeren Sinne* wird von Art, Menge und Preis des Materials beeinflusst. Hinzu kommen die Opportunitätskosten dieses im Lager gebundenen Kapitals. Des weiteren entstehen Kosten beim Lagerzu- und -abgang. Die Kosten des Lagerzugangs werden regelmäßig als *Bestellkosten* bezeichnet. Zu ihnen gehören insbesondere Kosten des Bestellvorgangs und der Materialprüfung. Schließ-lich verursacht die *Lagereinrichtung* (Lagersystem) je nach Größe und Ausstattung fixe Kosten in Form von Abschreibungen, Kapitalbindungskosten und Personalkosten für das im Lager beschäftigte Personal.

Allerdings besteht ein Zielkonflikt zwischen diesen beiden Zielen. Wählt man den Sicherheitsbestand zu niedrig (hoch), vermeidet man (resultieren) zusätzliche Lager-bestandskosten, riskiert (vermeidet) aber Fehlmengenkosten. Die Zielsetzung besteht zunächst darin, einen vorgegebenen Lieferbereitschaftsgrad (Servicegrad) durch Hal-ten eines möglichst geringen Sicherheitsbestandes zu gewährleisten.

Abbildung 2.30 verdeutlicht das Problem für den Fall, dass sowohl die Lagerabgangs-rate als auch die Lieferzeit gegenüber der Vorperiode größer ausfallen. Ohne einen Sicherheitsbestand vorzuhalten, käme es in der Folge zu Fehlmengen.

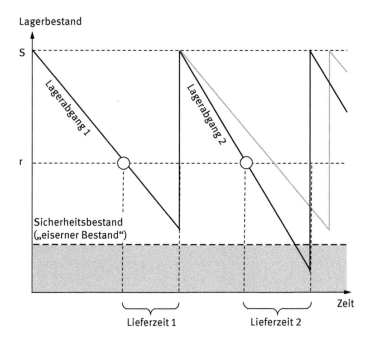

Abb. 2.30: Stochastisches Lagermodell

Folgendes *Beispiel* verdeutliche die Problemstellung. Angenommen sei ein stochastischer Bedarf B, der während der Beschaffungszeit normalverteilt sei, wobei Mittelwert μ und Standardabweichung σ bekannt sind (es gelte: $\mu = 60$, $\sigma = 15$).

Aus Abbildung 2.31 folgt, dass bei Halten eines Sicherheitsbestands in Höhe von μ ein Servicelevel von 50 % resultiert und Erhöhungen des Sicherheitsbestands z. B. um jeweils eine Standardabweichung zu Verbesserungen beim Servicegrad führen, die jedoch einen abnehmenden Grenzzuwachs aufweisen. Das Vorhalten z. B. der zweifachen Standardabweichung als Sicherheitsbestand führt zu einem Servicegrad von 97,72 %.

Die entsprechenden Servicelevels können als Dichtefunktionswerte direkt der Standardnormalverteilung entnommen werden (siehe Tabelle 2.13): Sei es z. B. das Ziel, einen Servicegrad von 95 % zu gewährleisten, folgt daraus ein „Sicherheitsfaktor" in Höhe von etwa 1,65, d. h., dass die 1,65-fache Standardabweichung als Sicherheitsbestand vorzuhalten ist.

Im Beispiel ergibt sich ein Sicherheitsbestand von 24,75. Ist hingegen ein Servicelevel von 99 % angestrebt, ist die 2,33-fache Standardabweichung als Sicherheitsbestand vorzuhalten, also 34,95. Addiert man zu den Sicherheitsbeständen den durchschnittlichen Bedarf μ während der Beschaffungszeit, ergeben sich die zugehörigen Meldebestände.

Tab. 2.13: Standardnormalverteilung

Tabelliert sind für Werte x zwischen 0.00 und 3.99 die zugehörigen Werte F(x) der Verteilungsfunktion der Standardnormalverteilung, die deren Fläche "links von x" repräsentiert. Ablesebeispiel: F(2,36) = 0,9909

x	0,00	0,01	0,02	0,03	0,04	0,05	0,06	0,07	0,08	0,09
0,0	0,5000	0,5040	0,5080	0,5120	0,5160	0,5199	0,5239	0,5279	0,5319	0,5359
0,1	0,5398	0,5438	0,5478	0,5517	0,5557	0,5596	0,5636	0,5675	0,5714	0,5753
0,2	0,5793	0,5832	0,5871	0,5910	0,5948	0,5987	0,6026	0,6064	0,6103	0,6141
0,3	0,6179	0,6217	0,6255	0,6293	0,6331	0,6368	0,6406	0,6443	0,6480	0,6517
0,4	0,6554	0,6591	0,6628	0,6664	0,6700	0,6736	0,6772	0,6808	0,6844	0,6879
0,5	0,6915	0,6950	0,6985	0,7019	0,7054	0,7088	0,7123	0,7157	0,7190	0,7224
0,6	0,7257	0,7291	0,7324	0,7357	0,7389	0,7422	0,7454	0,7486	0,7517	0,7549
0,7	0,7580	0,7611	0,7642	0,7673	0,7704	0,7734	0,7764	0,7794	0,7823	0,7852
0,8	0,7881	0,7910	0,7939	0,7967	0,7995	0,8023	0,8051	0,8078	0,8106	0,8133
0,9	0,8159	0,8186	0,8212	0,8238	0,8264	0,8289	0,8315	0,8340	0,8365	0,8389
1,0	0,8413	0,8438	0,8461	0,8485	0,8508	0,8531	0,8554	0,8577	0,8599	0,8621
1,1	0,8643	0,8665	0,8686	0,8708	0,8729	0,8749	0,8770	0,8790	0,8810	0,8830
1,2	0,8849	0,8869	0,8888	0,8907	0,8925	0,8944	0,8962	0,8980	0,8997	0,9015
1,3	0,9032	0,9049	0,9066	0,9082	0,9099	0,9115	0,9131	0,9147	0,9162	0,9177
1,4	0,9192	0,9207	0,9222	0,9236	0,9251	0,9265	0,9279	0,9292	0,9306	0,9319
1,5	0,9332	0,9345	0,9357	0,9370	0,9382	0,9394	0,9406	0,9418	0,9429	0,9441
1,6	0,9452	0,9463	0,9474	0,9484	0,9495	0,9505	0,9515	0,9525	0,9535	0,9545
1,7	0,9554	0,9564	0,9573	0,9582	0,9591	0,9599	0,9608	0,9616	0,9625	0,9633
1,8	0,9641	0,9649	0,9656	0,9664	0,9671	0,9678	0,9686	0,9693	0,9699	0,9706
1,9	0,9713	0,9719	0,9726	0,9732	0,9738	0,9744	0,9750	0,9756	0,9761	0,9767
2,0	0,9772	0,9778	0,9783	0,9788	0,9793	0,9798	0,9803	0,9808	0,9812	0,9817
2,1	0,9821	0,9826	0,9830	0,9834	0,9838	0,9842	0,9846	0,9850	0,9854	0,9857
2,2	0,9861	0,9864	0,9868	0,9871	0,9875	0,9878	0,9881	0,9884	0,9887	0,9890
2,3	0,9893	0,9896	0,9898	0,9901	0,9904	0,9906	0,9909	0,9911	0,9913	0,9916
2,4	0,9918	0,9920	0,9922	0,9925	0,9927	0,9929	0,9931	0,9932	0,9934	0,9936
2,5	0,9938	0,9940	0,9941	0,9943	0,9945	0,9946	0,9948	0,9949	0,9951	0,9952
2,6	0,9953	0,9955	0,9956	0,9957	0,9959	0,9960	0,9961	0,9962	0,9963	0,9964
2,7	0,9965	0,9966	0,9967	0,9968	0,9969	0,9970	0,9971	0,9972	0,9973	0,9974
2,8	0,9974	0,9975	0,9976	0,9977	0,9977	0,9978	0,9979	0,9979	0,9980	0,9981
2,9	0,9981	0,9982	0,9982	0,9983	0,9984	0,9984	0,9985	0,9985	0,9986	0,9986
3,0	0,9987	0,9987	0,9987	0,9988	0,9988	0,9989	0,9989	0,9989	0,9990	0,9990
3,1	0,9990	0,9991	0,9991	0,9991	0,9992	0,9992	0,9992	0,9992	0,9993	0,9993
3,2	0,9993	0,9993	0,9994	0,9994	0,9994	0,9994	0,9994	0,9995	0,9995	0,9995
3,3	0,9995	0,9995	0,9995	0,9996	0,9996	0,9996	0,9996	0,9996	0,9996	0,9997
3,4	0,9997	0,9997	0,9997	0,9997	0,9997	0,9997	0,9997	0,9997	0,9997	0,9998
3,5	0,9998	0,9998	0,9998	0,9998	0,9998	0,9998	0,9998	0,9998	0,9998	0,9998
3,6	0,9998	0,9998	0,9999	0,9999	0,9999	0,9999	0,9999	0,9999	0,9999	0,9999
3,7	0,9999	0,9999	0,9999	0,9999	0,9999	0,9999	0,9999	0,9999	0,9999	0,9999
3,8	0,9999	0,9999	0,9999	0,9999	0,9999	0,9999	0,9999	0,9999	0,9999	0,9999
3,9	1,0000	1,0000	1,0000	1,0000	1,0000	1,0000	1,0000	1,0000	1,0000	1,0000

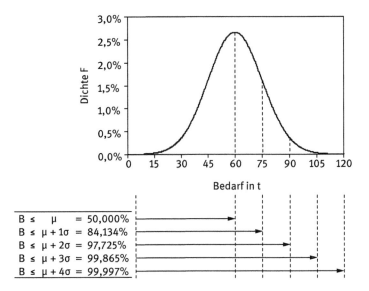

Abb. 2.31: Sicherheitsbestand und stochastische Bedarfe

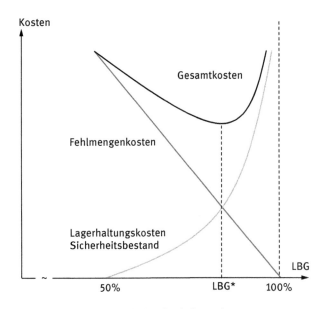

Abb. 2.32: Optimaler Lieferbereitschaftsgrad

Der optimale Lieferbereitschaftsgrad ergibt sich schließlich aus einem Vergleich der möglichen Fehlmengenkosten mit den Lagerhaltungskosten eines zusätzlichen, den geplanten Bedarf übersteigenden Sicherheitsbestandes (Abbildung 2.32).

Durch die Bestimmung des optimalen Lieferbereitschaftsgrades wird über die Höhe der entsprechenden Lagerkosten die Höhe des optimalen *Sicherheitsbestandes* determiniert. Nach dessen Bestimmung werden die Bedarfe der zu lagernden Materialien durch *Lagerbestandskontrolle* und nachfolgende Entscheidung, ob eine Auffüllung des Lagers zu erfolgen habe oder nicht, disponiert.

2.4 Menschliche Arbeit

2.4.1 Menschliche Arbeit als Produktionsfaktor

Ohne den Einsatz menschlicher Arbeit als disponierende und ausführende Tätigkeit sind Produktion und die übrigen betrieblichen Funktionsbereiche nicht möglich. Während disponierende Arbeit die Leitung, Kontrolle und Steuerung der betrieblichen Aktivitäten betrifft und als typische „Geschäftsführungsarbeit" dem dispositiven Faktor zugeordnet ist, interessiert in diesem Kapitel der ausführende Teil der menschlichen Arbeit. Das sind Tätigkeiten, die in unmittelbarer Beziehung zur Produktion und zu den anderen betrieblichen Funktionsbereichen stehen, ohne dispositiv, d. h. anordnender Art, zu sein. Die ausführende Arbeit ist objektbezogene, vollziehende oder weisungsgebundene Arbeit.

Die lange vorherrschende Sichtweise, mit der Investition erheblicher finanzieller Mittel in Sach- und Betriebsmittel und einer optimalen Beschaffung von Werkstoffen sei der Großteil der Vorarbeit des Produktionsmanagements getan, übersieht eine wesentliche Komplementärinvestition zum Sachkapital, nämlich die Investition in Humankapital. Auf den ersten Blick mag dieses Argument vor dem Hintergrund sich immer mehr verstärkender Mechanisierungs- und Automatisierungstendenzen in der industriellen Fertigung überraschen. Doch auf den zweiten Blick ist leicht einzusehen, dass es zum einen besonders geschulten Personals bedarf, die immer komplexer werdenden Betriebsmittel richtig zu bedienen. Zum anderen gilt es, das kreative Potenzial der Mitarbeiter z. B. zur Prozessverbesserung zu nutzen oder es zur Übernahme zusätzlicher Aufgaben und Verantwortungen (z. B. Störungsbeseitigung, Reparaturen, Wartung, Kontrolle) am eigenen Arbeitsplatz einzusetzen.

Der Entlohnung kommt in diesem Zusammenhang besondere Bedeutung zu. Zum einen stellt diese einen wichtigen Faktor zur Motivation von Arbeitskräften und damit zur effizienten Nutzung des Faktors Arbeit dar. Zum anderen bilden die Personalkosten im Bereich der Fertigung regelmäßig einen großen Anteil der Gesamtkosten industrieller Betriebe. Aufgrund rechtlicher und tariflicher Rahmenbedingungen sind Unternehmen jedoch nur in eingeschränktem Maße in der Lage, auf die Höhe der Personalkosten Einfluss zu nehmen. Entgelte sind in der Regel durch Tarifverträge nach unten starr. Besondere Bedeutung für die Praxis haben daher Flexibilisierungsmöglichkeiten hinsichtlich des Faktors Arbeit.

2.4.2 Arbeitsleistung

Bezieht man ein quantitativ und qualitativ bestimmtes Arbeitsergebnis auf die dazugehörige Arbeitszeit, so lässt sich die entsprechende Arbeitsleistung (= Arbeit pro Zeiteinheit) angeben. Das Ausmaß der Arbeitsleistung eines Menschen wird dabei – neben der Dispositionsfreiheit („Dürfen")[30] – von seiner Leistungsfähigkeit („Können") und seiner Leistungsbereitschaft („Wollen") bestimmt.

2.4.2.1 Leistungsfähigkeit

Die *Leistungsfähigkeit* bezeichnet das maximal zur Verfügung stehende intellektuelle und physische *Leistungspotenzial* eines Menschen und kommt in dessen Fähigkeiten, Fertigkeiten und Ausbildung zum Ausdruck. Eine Möglichkeit, dieses Potenzial auszubauen, besteht offensichtlich in Aus- und Weiterbildungsangeboten.

Daneben kommt der durch zunehmende Arbeitserfahrung gesteigerten Leistungsfähigkeit („Learning by Doing") eine hohe Bedeutung zu. Dieser Zusammenhang ist Gegenstand der so genannten *Theorie der Lernkurven*. Lernkurven bringen zum Ausdruck, dass arbeitende Menschen während ihrer Tätigkeit ihre Fähigkeiten und Fertigkeiten ständig verbessern können, was sich z. B. in sinkenden Fehlerquoten, Fertigungszeiten bzw. Fertigungskosten widerspiegeln sollte. Ihren Ursprung haben Lernkurven in empirischen Untersuchungen der Stückkostenentwicklung bei der Flugzeugmontage in der US-amerikanischen Luftfahrtindustrie der 1930er Jahre (*Wright* 1936).

Eine häufig anzutreffende Formulierung der Theorie der Lernkurven bezieht sich auf die Hypothese, dass mit jeder Verdoppelung der kumulierten Produktionsmenge $\bar{x}$ die Stückkosten $k_{\bar{x}}$ um einen konstanten Prozentsatz α abnehmen. Der unterstellte konstante prozentuale Kostenrückgang bei jeder Verdoppelung der kumulierten Produktionsmenge impliziert, dass es sich bei der Lernkurve um eine hyperbolische Funktion[31] zur Beschreibung der Stückkosten $k_{\bar{x}}$ handelt:

$$k_{\bar{x}} = k_1 \cdot \left[\frac{\bar{x}}{x_1} \right]^{\frac{\log(1-\alpha)}{\log(2)}} \tag{2.9}$$

mit:
x_1 = Menge der ersten Produktionsperiode,
$\bar{x}$ = kumulierter Produktionsmenge,
k_1 = Stückkosten der ersten Produktionseinheit,

---

30 Die Dispositionsfreiheit der Mitarbeiter wird durch die Aufbau- und Ablauforganisation, gesetzlichen Bestimmungen bzgl. der zulässigen Übertragung von Verantwortung sowie das konkrete Führungsverhalten der Vorgesetzten bestimmt.
31 Wird eine derartige Lernkurve doppelt logarithmiert abgetragen, d. h. die logarithmierten Stückkosten an der logarithmierten kumulierten Produktionsmenge, folgt ein linearer Kurvenverlauf.

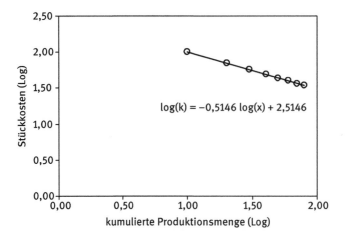

Abb. 2.33: Empirische Ermittlung des Degressionsfaktors

$k_{\bar{x}}$ = Stückkosten nach $\bar{x}$ Produktionseinheiten,
α = Kostensenkungsprozentsatz.

Angenommen, der Kostensenkungsprozentsatz α betrage 30 %, lässt sich bei einer monatlichen Produktionsmenge von zehn Stück folgender Kostenverlauf (ausgehend von Stückkosten in Höhe von 100 der ersten Produktionseinheit) darstellen:

Tab. 2.14: Beispiel zur Theorie der Lernkurve

Periode t	Produktionsmenge	Kumulierte Produktionsmenge	Stückkosten
1	10	10	100
2	10	20	70,0
3	10	30	56,8
4	10	40	49,0
5	10	50	43,7
6	10	60	39,8
7	10	70	36,7
8	10	80	34,3

Von welchem Kostensenkungsprozentsatz ausgegangen werden kann, ist kontextabhängig. Regelmäßig wird hierzu auf empirische Messungen des Lerneffekts abgestellt. Nutzt man dabei den Effekt, dass eine doppelt logarithmiert abgetragene Lernkurve (d. h. logarithmierte Stückkosten und logarithmierte kumulierte Produktionsmenge) prinzipiell einen linearen Kurvenverlauf nach sich zieht, kann der Stückkostenrückgang aus dem Steigungsmaß b der entsprechenden Regressionsgleichung ermittelt werden. Dies ist in Tabelle 2.14 für das obige Beispiel dargestellt.

Dabei gilt formal folgender Zusammenhang zwischen dem Kostensenkungsprozentsatz α und dem Steigungsmaß b:

$$\alpha = 1 - 2^b. \tag{2.10}$$

Setzt man das empirisch ermittelte Steigungsmaß in Höhe von -0,5146 aus dem Beispiel in Formel (2.10) ein, ergibt sich ein Kostensenkungsprozentsatz von 0,30. Löst man Formel (2.10) nach dem Steigungsmaß b auf, folgt:

$$b = \frac{\log(1-\alpha)}{\log(2)}, \tag{2.11}$$

womit nichts anderes als der so genannte Degressionsfaktor der Lernkurve bei Verdoppelung der kumulierten Menge beschrieben ist. Setzt man diesen in Formel (2.9) ein, folgt:

$$k_{\bar{x}} = k_1 \cdot \left[\frac{\bar{x}}{x_1}\right]^b, \tag{2.12}$$

womit unmittelbar ersichtlich wird, dass der empirisch ermittelte Degressionsfaktor direkt Eingang in die Lernkurvenformel findet und – soweit erforderlich – daraus der so genannte Kostensenkungsprozentsatz bestimmt werden kann.

Aufbauend auf der Theorie der Lernkurve wurde das *Erfahrungskurvenkonzept* entwickelt, das einen Zusammenhang zwischen der langfristigen Gesamtkostenkurve und der Entwicklung der Gesamtproduktionsmenge in einem Unternehmen postuliert. Dieser umfassendere Zusammenhang wird im Kern ebenfalls mit Lernkurveneffekten, daneben aber auch mit technischem Fortschritt und Rationalisierungen erklärt.

2.4.2.2 Leistungsbereitschaft

Die *Leistungsbereitschaft* beschreibt, in welchem Maße ein Mensch in der Lage und willens ist, dieses Potenzial zu aktivieren und für eine Arbeitsaufgabe nutzbar zu machen. Die Leistungsbereitschaft umfasst somit eine physiologische und eine psychologische Komponente. Die physiologische Komponente in Form der *körperlichen Leistungsdisposition* wird im wesentlichen von der Tagesrhythmik (Biorhythmus) und bestimmten Ermüdungs- und Erholungsvorgängen beeinflusst. Der *Leistungswille* (Motivation) als psychologische Komponente der Leistungsbereitschaft des Menschen wird im wesentlichen vom Ausmaß der Befriedigung seiner arbeitsbezogenen Bedürfnisse determiniert. Während früher in Anlehnung an den Taylorismus unterstellt wurde, dass der Leistungswille von arbeitenden Menschen einzig vom Lohn für diese Arbeit abhängt, haben spätere Untersuchungen ergeben, dass der Mensch mit seiner Arbeit auch die Befriedigung einer Reihe von psychologischen und sozialpsychologischen Bedürfnissen anstrebt.

Nach der *Bedürfnishierarchie* von *Maslow* (1943) gehören dazu in aufsteigender Reihenfolge: physiologische Grundbedürfnisse, Sicherheitsbedürfnisse, soziale Bedürfnisse, Anerkennung, Status und Selbstverwirklichung. Während eine höhere Bedürfnisebene für den Menschen erst relevant wird, wenn die darunter liegende Ebene befriedigt ist, wird es nach Ansicht Maslows immer schwieriger, eine Leistungsmotivation durch Bedürfnisbefriedigung zu erreichen, je höher das Befriedigungsniveau bereits ist.

Nach der *Anreiz-Beitrags-Theorie* nach *March, Simon* (1958) leisten Individuen nur so lange Beiträge innerhalb von Organisationen, als die gebotenen Anreize mindestens gleich groß oder größer als ihre Beiträge wahrgenommen werden.

Nach *McGregor* (1960) basiert seine so genannte *X-Y-Theorie* auf zwei völlig unterschiedlichen Menschenbildern. Die Theorie X nimmt ganz im Sinne des Taylorismus an, dass der Mensch arbeitsscheu und auf Sicherheit bedacht ist sowie Verantwortung und Engagement meidet. Prinzipiell ist er extrinsisch motiviert und durch Anleitung und Kontrolle zu führen. Die Theorie Y hingegen unterstellt, dass der Mensch ehrgeizig und eigenverantwortlich ist und sich bereitwillig zur Erreichung sinnvoller Zielsetzungen einsetzt. Er ist intrinsisch motiviert. Er sieht Arbeit als Quelle der Zufriedenheit und hat Freude an seiner Leistung.

Die *Zwei-Faktoren-Theorie* von *Herzberg* (1968) unterscheidet Faktoren zur extrinsischen Motivation (so genannte Hygienefaktoren), die allerdings lediglich zur Beseitigung von Unzufriedenheit dienen und sich vornehmlich auf die Arbeitsumwelt (Arbeitsbedingungen, Gehalt, Sicherheit, Beziehungen zu Vorgesetzten und Kollegen) beziehen, von Faktoren zur intrinsischen Motivation (so genannten Motivationsfaktoren), die aktiv Zufriedenheit fördern können und sich hauptsächlich auf den Arbeitsinhalt (Anerkennung, Verantwortung, Weiterentwicklungs- und Aufstiegsmöglichkeit) beziehen.

Die *Selbstbestimmungstheorie* von *Deci, Ryan* (2000) basierte ursprünglich auf der Beobachtung, dass intrinsische Motivation durch externe Belohungen verdrängt werden kann. Allerdings konnte in weiteren Studien gezeigt werden, dass unter bestimmten Umständen extrinsische Belohnungen die intrinsische Motivation eher aufrechterhalten als abschwächen, wenn nämlich extrinsisch motivierte Handlungen in selbstbestimmte Handlungen überführt werden. Als zentraler Faktor hierfür gilt, inwiefern im Rahmen einer Tätigkeit die psychologischen Grundbedürfnisse nach Kompetenz, sozialer Eingebundenheit und nach Autonomie befriedigt werden können.

Vor dem Hintergrund dieser traditionellen Motivationstheorien gelten als Ausgangspunkt für die Beeinflussung des Leistungswillens durch Arbeitsgestaltung die Art und Komplexität der Arbeitsaufgabe, Arbeitsverfahren und -ziele (Arbeitsfeld), die sozialen, sachlichen, räumlichen und zeitlichen Arbeitsbedingungen (Arbeitsumfeld) sowie ein leistungsbezogenes Arbeitsentgelt. Modernere Motivationstheorien stellen insbesondere auf die Steigerung intrinsischer Motivation und Internalisierung extrinsischer Motivation durch selbstbestimmtes Arbeiten ab.

2.4.3 Arbeitsgestaltung

Die Arbeitsgestaltung soll die Voraussetzung dafür schaffen, dass Menschen und Betriebsmittel als Elemente eines Arbeitssystems und die Arbeitsgegenstände im Hinblick auf die gestellte Arbeitsaufgabe möglichst gut zusammenwirken können.

Ihren wissenschaftlichen Beginn nahm die Auseinandersetzung mit der Arbeitsgestaltung Anfang des 20. Jahrhunderts in den Arbeiten *F. W. Taylors* (1856–1915). In seinem Werk zur wissenschaftlichen Betriebsführung („Scientific Management") wurde das menschliche Arbeitsverhalten erstmals Gegenstand systematischer Planung, indem die Arbeitsinhalte qualitativ beschrieben und zeitlich erfasst wurden. Hauptanliegen war, Betriebsabläufe durch objektive, mechanistische Methoden wie Zeitstudien und Zeitvorgaben neu zu strukturieren und zu rationalisieren. In Bewegungsstudien wurden schon früh Zeitlupenaufnahmen von Arbeitern gemacht und deren Bewegungsabläufe analysiert, um zu zeigen, wie Arbeiten am effektivsten durchgeführt werden können. Als Grundprinzipien des so genannten *Taylorismus* gelten:

- *personelle Trennung von dispositiver und objektbezogener Arbeit*, d. h., dass Arbeit auf präzisen Anleitungen basieren sollte, die das Management vorgibt („One-best-way"-Prinzip).
- *Arbeitszerlegung in möglichst kleine Arbeitselemente*, zu deren Bewältigung nur ein Minimum an Denkvorgängen nötig ist und die schnell zu bewältigen sind (hoher Grad der Arbeitsteilung).
- *Bestleistungen als Norm*, d. h., dass die Bestzeiten der Bestarbeiter als Maßstab für die Arbeitsleistung der anderen Arbeiter fungieren.
- *Geld als Motivationsfaktor*, um die Arbeiter (bei gleichem Lohn) zu mehr Arbeit zu bewegen; d. h., die Bezahlung wird von der erbrachten Leistung abhängig gemacht (Akkordarbeit, Prämienlöhne).

Während die Zeit- und Bewegungsstudien auch heute noch von Bedeutung sind, um die *Produktivität der menschlichen Arbeit* steigern zu können (Rationalisierung), gilt vor allem die Vorstellung, dass sich höchstmögliche Leistungsgrade durch eine maximale Arbeitszerlegung erreichen ließen, mittlerweile als überholt. Vielmehr wurde erkannt, dass es ab einem bestimmten Grad der Arbeitszerlegung zu leistungssenkenden Wirkungen kommen kann, die die Existenz eines optimalen Grads der Arbeitsteilung vermuten lassen (Abbildung 2.34).

Während bis zu einem gewissen Grad der Arbeitszerlegung Produktivitätsverbesserungen z. B. durch Spezialisierungsvorteile oder geringe Anlernzeiten erzielt werden können, zieht eine *extreme Arbeitszerlegung* monotone Arbeitsinhalte, Unterforderung, Demotivierung, Entfremdung von der Arbeit, psychische und physische

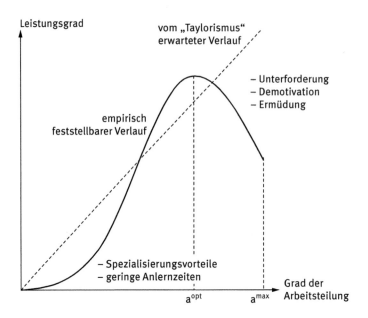

Abb. 2.34: Arbeitsteilung und Leistungsgrad

Ermüdung, höhere Fehlzeiten und Fehlerquoten nach sich, die die ursprünglichen Produktivitätsvorteile überwiegen und zu einem Sinken des Leistungsgrads führen.[32]

Diese Erkenntnisse lösten in vielen Betrieben bewusste *Maßnahmen zur Verminderung negativer Auswirkungen der Arbeitszerlegung* aus, die sich zu drei bekannten „Job-Prinzipien" verdichten lassen:
- *Job Rotation* ist der planmäßige Wechsel der Übertragung von festgelegtem Arbeitsinhalt bzw. Arbeitsplatz,
- *Job Enlargement* ist die (horizontale) Erweiterung von Arbeitsinhalt bzw. des Tätigkeitsspielraums,
- *Job Enrichment* ist die (vertikale) Anreicherung ausführender Arbeit mit dispositiven Elementen, d. h. die Erweiterung des Entscheidungs- und Kontrollspielraums.

Zur Vermeidung tayloristischer Strukturen setzten auch bewusste *Humanisierungsbemühungen* im Bereich der Arbeitsgestaltung ein. Ein wesentlicher Auslöser hierfür waren die Ergebnisse der so genannten *Hawthorne*-Experimente , die zwischen 1924 und 1932 in der Hawthorne-Fabrik der Western Electric Company in Chicago (USA) durchgeführt wurden. Dabei wurde zunächst untersucht, ob die Veränderung der Lichtverhältnisse Auswirkungen auf die Arbeitsleistung hat. Und tatsächlich stieg die Arbeitsleistung der Experimentalgruppe bei verbesserten Lichtverhältnissen. Allerdings

---

[32] Vgl. *Friedmann* (1959).

stieg die Leistung auch in der Kontrollgruppe, die bei unverändertem Licht arbeitete. Die Leistungssteigerung blieb sogar erhalten, als wieder zur ursprünglichen Beleuchtungsstärke zurückgekehrt wurde. Dies machte die Forscher auf den Effekt aufmerksam, dass bereits die Anwesenheit der Forscher und das Bewusstsein der Arbeiterinnen, Teil eines Versuchs zu sein und beobachtet zu werden, die Leistungssteigerung hervorrief. Neben diesem so genannten *Hawthorne*-Effekt wird den Experimenten vor allem die Aufdeckung der produktivitätssteigernden Wirkung von Maßnahmen zur Gestaltung des sozialen Arbeitsumfelds zugeschrieben, die schließlich in der so genannten Human-Relations-Bewegung mündeten.

Ein wesentliches Ergebnis dieser Bewegung ist z. B. die Einführung *teilautonomer Arbeitsgruppen*. Diesen werden bestimmte Aufgabenbereiche zur Kompletterfüllung übertragen. Das heißt, neben den ausführenden Tätigkeiten werden auch Steuerungs- und Kontrolltätigkeiten von der Gruppe selbst durchgeführt. Die Aufgabenverteilung erfolgt innerhalb der Gruppe eigenverantwortlich. Die Autonomiegrade der teilautonomen Arbeitsgruppen können je nach Anwendung differieren. Ziel dieser Idee ist die Steigerung der Arbeitsmotivation, die durch die Übertragung von Entscheidungskompetenzen sowie Anwendung der drei „Job-Prinzipien" bewirkt werden soll; d. h. durch die innerhalb der Gruppe mögliche Arbeitsbereicherung (*Job Enrichment*), die Arbeitserweiterung (*Job Enlargement*) und die gruppentypische Arbeitsplatzrotation (*Job Rotation*).

Hinter der angestrebten Erhöhung der Arbeitsmotivation und der Humanisierung der Arbeit steckt nach wie vor das Ziel der Erhöhung der Produktivität. Generell wird heutzutage folgenden *Empfehlungen zur Gestaltung der Arbeitsaufgaben* gefolgt:

- Vermeidung zeitlich gebundener (getakteter) Arbeitsprozesse,
- Förderung von Eigenverantwortlichkeit der ausführenden Arbeitskräfte, z. B. durch Übertragung von (Qualitäts-)Kontrollaufgaben,
- Automatisierung vorrangig monotoner und körperlich belastender Tätigkeiten,
- aufgabengerechte Ausbildung der Arbeitskräfte und deren Einbeziehung in die Verfahrensplanung.

Neben der Gestaltung der eigentlichen Arbeitsaufgabe gibt es weitere Gestaltungsbereiche, die grob in Arbeitsfeld und Arbeitsumfeld unterteilt werden können. Tabelle 2.15 fasst entsprechende Einflussmöglichkeiten auf die Arbeitsgestaltung zusammen. Aus den dort aufgeführten Feldern zur Arbeitsgestaltung soll der Bereich der *Arbeitszeitgestaltung* herausgegriffen werden. Bedeutung kommt ihm sowohl in Bezug auf die Leistungsfähigkeit der Arbeitskräfte (körperliche Leistungsdisposition) als auch im Hinblick auf die Planung der Personalkapazitäten zu.

Die *körperliche Leistungsdisposition* ist tagesrhythmischen Schwankungen unterworfen und wird von bestimmten Ermüdungs- und Erholungsvorgängen beeinflusst (Abbildung 2.35). Nach empirisch ermittelten Tagesrhythmen liegen die Leistungsmaxima des arbeitenden Menschen in den Morgenstunden zwischen 7:00 und 9:00 Uhr und in der Zeit der späten Nachmittags- und frühen Abendstunden. Die Leistungs-

Tab. 2.15: Ansatzpunkte zur Arbeitsgestaltung

Arbeitsfeld

- *Arbeitsinhalt*: Anforderungsvielfalt, geistige oder körperliche Belastung, Verantwortung, Ganzheitlichkeit, Wichtigkeit
- *Arbeitskomplexität*: Grad der Arbeitsteilung
- *Arbeitsziele*: Vorgaben bezüglich Art, Menge, Güte und Geschwindigkeit der Arbeit
- *Arbeitsverfahren*: Verfahren und Methoden, derer sich die Arbeitskraft bedient, Technologie-einsatz (Mechanisierung, Teilautomatisierung, Automation)
- *Arbeitsmethodik*: Bewegungs- und Arbeitsablaufstudien, Bewegungsvereinfachung, Bewegungsverdichtung, Mechanisierung von Bewegungen und Abläufen

Arbeitsumfeld

- *Sachliche Arbeitsbedingungen*: Informationsversorgung, Arbeitsanweisungen, bedienungsgerechte Anpassung der Arbeitssituation, körpergrößen- und funktionsgerechte Arbeitsbedingungen (Ergonomie), Arbeitsschutz
- *Zeitliche Arbeitsbedingungen*: Arbeitszeitregelung (Gestaltung der Dauer, Lage und Struktur der Tages-, Wochen-, Monats- und Jahresarbeitszeit), Pausenregelung, Schichtregelung, Arbeitszeitflexibilisierung
- *Räumliche Arbeitsbedingungen*: Arbeitsplatz- und Arbeitsraumgestaltung (Lärm, Klima, Belüftung, Beleuchtung, Farbgestaltung)
- *Soziale Arbeitsbedingungen*: Einzelarbeit, Gruppenarbeit, Leitungsorganisation, Führungsstil und -beziehungen und Beziehungen unter Gleichgestellten, Mitbestimmungsrechte

minima liegen in den frühen Nachmittagsstunden gegen 15:00 Uhr und in der Nacht gegen 3:00 Uhr. Tagesrhythmik sowie biologische, arbeitsbedingte und antriebsbedingte Ermüdungserscheinungen des Menschen haben für die betriebliche Arbeitsgestaltung, Erholungszeitregelung und Festlegung der täglichen Arbeitszeit bedeutsame Konsequenzen. Diese Parameter sind so zu gestalten, dass negative Wirkungen auf die Leistungsbereitschaft der Arbeitskräfte minimiert werden.

Die Hauptaufgabe bei der *Planung der Personalkapazitäten* besteht darin, den Produktionsfaktor Arbeit, d. h. geeignete personelle Ressourcen zur Abdeckung des erwarteten Personalbedarfs, bereitzustellen. Im Bereich der Produktion sind besonders die Wechselwirkungen zwischen Personalkapazitäts- und Personalplanung von Interesse. Auslastungsschwankungen können dabei sowohl durch einen Anpassung der Kapazität an die Belastung (z. B. Überstunden bzw. Kurzarbeit) als auch durch eine Anpassung der Belastung an die Kapazität (z. B. Lagerauf- oder -abbau) erfolgen. Veränderungen von Personalkapazitäten sind dabei danach zu unterscheiden, ob es sich um quantitative (Springer, Leiharbeiter, Neueinstellung, Entlassung) oder zeitliche (Überstunden, Kurzarbeit, Zusatzschichten, Schichtabbau) Anpassungen handelt.[33]

---

33 Vgl. dazu Abschnitt 4.5.4.

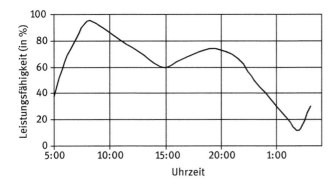

Abb. 2.35: Tageszeitliche Leistungsdisposition

Vor diesem Hintergrund haben *Maßnahmen zum flexiblen Einsatz von Arbeitskräften* eine besondere Bedeutung hinsichtlich der Anpassung der Personalkapazitäten – vor allem in vorübergehenden Phasen hoher oder niedriger Kapazitätsauslastung:

– *zeitliche Flexibilisierung:* variable Verteilung von Arbeitszeit über einen bestimmten Zeitraum, Arbeitszeitkonten (Jahres- oder Lebensarbeitszeit), Urlaubsplanung, Gleitzeit, Teilzeit, Schichtarbeit, Kurzarbeit, Überstunden, individuelle Arbeitszeiten,
– *quantitative Flexibilisierung:* Personalauf- oder -abbau, inner- oder außerbetriebliche Versetzungen, Zeitarbeit,
– *qualitative Flexibilisierung:* differenzierende Aus- und Weiterbildung, Gruppenarbeit, Job-Prinzipien, Beförderung.

Zu beachten ist, dass die Gestaltung der Arbeitszeit sowie Maßnahmen zum Personalabbau durch zahlreiche gesetzliche Vorschriften reglementiert sind.

2.4.4 Arbeitsbewertung und -entlohnung

2.4.4.1 Arbeitsentgelt und Lohngerechtigkeit

Trotz der beschriebenen Möglichkeiten, durch Arbeitsgestaltung positiv auf den Leistungswillen von Menschen einzuwirken, bleibt das Arbeitsentgelt vor allem im Produktionsbereich eine der wichtigsten Einflussgrößen auf die menschliche Arbeitsleistung. Dabei muss beachtet werden, dass das Arbeitsentgelt als Hebel zur Leistungsmotivation differenziert einzusetzen ist: Hierzu dienen vor allem die verschiedenen Lohnformen mit den darin enthaltenen leistungsabhängigen Bestandteilen.

Die Motivationswirkung des Lohnes hängt nicht zuletzt davon ab, ob das Entlohnungssystem eines Unternehmens dem Postulat der Lohngerechtigkeit entspricht. Denn die Einschätzung der Arbeitnehmer im Hinblick auf einen als gerecht oder ungerecht empfundenen Lohn erfolgt durch eine vom Grundsatz der Äquivalenz von Lohn und Leistung geleitete Gegenüberstellung des eigenen Lohnes mit dem der Kollegen für Tätigkeiten gleicher Schwierigkeit (horizontale Entgeltrelation) und durch Vergleich mit Tätigkeiten verschiedener Arbeitsschwierigkeiten (vertikale Entgeltrelation).

Zur Bestimmung eines als gerecht empfundenen Lohnes stehen verschiedene Methoden zur Verfügung. Im Rahmen der *Arbeitsbewertung* erfolgt die Ermittlung des Schwierigkeitsgrades einer bestimmten Arbeitsaufgabe (personenunabhängige Bewertung). Bei der *Leistungsbewertung* werden individuelle Leistungsunterschiede als Basis der Lohnsatzdifferenzierung erfasst (personenabhängige Bewertung). Unterschiedliche *Lohnformen* dienen schließlich dazu, ein vor dem Hintergrund des Postulats der Lohngerechtigkeit differenziertes, leistungsmotivierendes Entgeltsystem zu schaffen.

2.4.4.2 Arbeits- und Leistungsbewertung

Im Rahmen der *Arbeitsbewertung* wird die Höhe der Anforderungen von Arbeitsverrichtungen personenunabhängig bewertet. Es lassen sich folgende Verfahren der Arbeitsbewertung unterscheiden (Tabelle 2.16):

Tab. 2.16: Verfahren der Arbeitsbewertung

Quantitative Bewertung	Qualitative Bewertung	
	summarisch	analytisch
Reihung	Rangfolgeverfahren	Rangreihenverfahren
Stufung	Lohngruppenverfahren	Stufenwertzahlverfahren

Die summarische Bewertung beurteilt die zu bewertende Arbeit als Ganzes, während die analytische Bewertung die Gesamtanforderung in Anforderungsarten aufgliedert. Eine mögliche Aufteilung der Anforderungsmerkmale stellt das so genannte *Genfer Schema* dar (Tabelle 2.17). Die Quantifizierung der Schwierigkeitsgrade kann durch wechselseitigen Vergleich (Reihung) oder mit vorher festgelegten Anforderungsstufen (Stufung) erfolgen.

Beim *Rangfolgeverfahren* ordnet man alle vorkommenden Arbeiten des Betriebes oder eines Bereiches (Werkstatt, Fertigung etc.) nach der vermuteten Arbeitsschwierigkeit. Dabei werden die einzelnen Tätigkeiten ihrem Rang nach aufgelistet. Die Entlohnung erfolgt dann gemäß der Rangfolge unter Berücksichtigung der tariflichen Mindestlöhne. Allerdings ist die Entscheidung über die Rangfolge sowie über den Lohnabstand subjektiv. Das Rangfolgeverfahren sollte daher nur in einfach gelager-

Tab. 2.17: Genfer Schema der Anforderungsarten

1. Geistige Anforderungen (Können und Belastung)
2. Körperliche Anforderungen (Können, Belastung, Aufmerksamkeit)
3. Verantwortung (für Betriebsmittel, Erzeugnisse, Prozesse, Sicherheit)
4. Arbeitsbedingungen (z. B. Klima, Licht, Gas, Lärm)

ten Fällen und bei einer leicht überschaubaren Zahl unterschiedlicher Tätigkeiten Anwendung finden.

Beim *Lohngruppenverfahren* werden die zu beurteilenden Tätigkeiten in bereits näher definierte Lohngruppen (meist sechs bis zwölf Gruppen) ihren Anforderungen gemäß eingestuft (früher: gelernte, angelernte, ungelernte Arbeiter). Jede Lohn- und Gehaltsstufe ist hinreichend abstrakt definiert (so genannte Stufendefinition) und mit Richtbeispielen ausgestattet. Die zu bewertende Arbeit wird sodann mit der Stufendefinition der Lohngruppen verglichen und eingeordnet.

Beim *Rangreihenverfahren* wird für jede Anforderungsart eine Rangreihe gebildet, deren oberste und unterste Plätze jeweils von den Arbeitsplätzen belegt werden, die in dieser Anforderungsart die höchsten bzw. geringsten Anforderungen an die Arbeitsperson stellen. Alle anderen Arbeiten werden ihrem Schwierigkeitsgrad entsprechend eingereiht. Je nach Art der Gewichtung erhält man für jede Anforderungsart entweder direkt oder durch Multiplikation mit dem betreffenden Gewichtungsfaktor eine Wertzahl. Die Summe der Wertzahlen ergibt den Arbeitswert, dem ein bestimmter Lohn zugeordnet ist.

Beim *Stufenwertzahlverfahren* sind innerhalb der jeweiligen Anforderungsmerkmale (z. B. „Muskelbelastung") Anforderungsstufen vorgegeben. Die Stufen sind dabei i. d. R. durch allgemeine Begriffe, wie „sehr gering", „gering", „mittel", „hoch", „sehr hoch", definiert (z. B. Stufe 0: keine Beanspruchung, Stufe 1: leichte Arbeiten, Stufe 2: mittelschwere Arbeiten usw.). Zudem sind die Stufenbegriffe noch durch Richtbeispiele erläutert (z. B. Stufe 0: Bereitschaft, Stufe 1: Staplerfahrer, Stufe 2: Schlosserarbeiten usw.). Eine Differenzierung ist möglich, indem z. B. Höhe und Dauer einer Anforderung getrennt bestimmt und nacheinander in die Bewertung einbezogen werden. Der Arbeitswert ergibt sich als Summe der Wertzahlen aller Anforderungsarten und dient als Eingliederungskriterium für eine Lohngruppe.

Im Rahmen der *Leistungsbewertung* wird zum Zwecke der anforderungs- und leistungsgerechten Lohnsatzdifferenzierung die individuelle Leistung personenabhängig bewertet. Als Bemessungsgrundlage der individuellen Leistung dient in der Regel das Arbeitsergebnis. Aber auch andere Kriterien wie Fortbildungsbereitschaft, Bereitschaft zur Übernahme von Sonderaufgaben oder kollegiales Verhalten können in die Messung einbezogen werden.

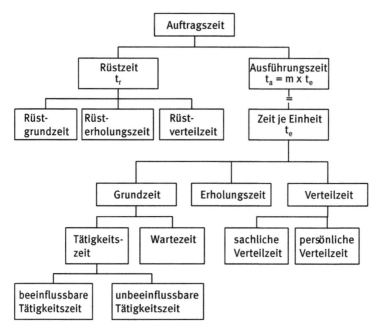

Abb. 2.36: REFA-Schema zur Auftragszeitermittlung
Abbildung in Anlehnung an REFA (1984), S. 42

2.4.4.3 Planung von Vorgabe-Zeiten

Eine wichtige Voraussetzung für den effizienten Einsatz des Faktors Arbeit ist die Planung von Vorgabe-Zeiten. *Vorgabe-Zeiten* sind Soll-Zeiten für die Ausführung von Arbeitsabläufen; sie entsprechen dem Zeitbedarf bei Normalleistung. Sie beziehen sich entweder auf einen konkreten Auftrag (auftragsabhängige Vorgabe-Zeiten) oder auf bestimmte Mengen wie 1, 100 oder 1000 Stück, Kilogramm etc. (auftragsunabhängige Vorgabe-Zeiten).

Vorgabe-Zeiten dienen insbesondere als *Plandaten* zur Bestimmung des Personalbedarfs, in der Kostenrechnung zur Ausbringungsmessung von Kostenstellen und als Bezugsgrößen für die Kalkulation, in der Produktionsplanung und -steuerung als Plandaten zur Programm-, Ablauf- und Terminplanung in Form von Arbeitsplänen sowie im Rahmen der Entlohnung als Grunddaten für Leistungslohnsysteme.

Zur Ermittlung von Vorgabe-Zeiten eignet sich das *REFA-Schema zur Gliederung der Auftragszeit* (Abbildung 2.36). REFA bezeichnet die Vorgabe-Zeiten für Menschen als Auftragszeiten, die für Betriebsmittel als Belegungszeit.[34]

Die *Ausführungszeit* bezieht sich auf den gesamten Auftrag. Sie kann als Produkt aus der Anzahl der herzustellenden Einheiten je Auftrag und der Zeit je Einheit er-

---

34 Die Abkürzung *REFA* stand ursprünglich für den 1924 gegründeten *Reichsausschuß für Arbeitszeitermittlung*, heute für den Verband für Arbeitsstudien und Betriebsorganisation.

mittelt werden. *Rüstzeiten* sind Zeiten für die Vorbereitung der auftragsgemäß auszu-führenden Arbeit, insbesondere der Betriebsmittel und deren Zurückversetzen in den ursprünglichen Zustand. Die *Grundzeiten* bilden den Hauptbestandteil der Vorgabe-Zeiten. Sie werden für die planmäßige Ausführung der Arbeitsabläufe angesetzt. *Wartezeiten* sind durch den Arbeitsablauf bedingte Unterbrechungszeiten. *Erholungs-zeiten* sind abhängig von der Belastung des Menschen durch die Arbeit. *Verteilzeiten* entstehen infolge von einzelnen nicht vorhersehbaren Umständen zusätzlich zur Grundzeit. *Sachliche Verteilzeiten* entstehen z. B. für die Behebung von maschinellen Störungen, außerplanmäßigem Werkzeugwechsel oder Materialmangel. *Persönliche Verteilzeiten* stehen nicht im Zusammenhang mit der Arbeitsaufgabe, sondern sind durch individuelle Bedürfnisse bedingt. Die entsprechenden Verteil- und Erholzeiten werden im allgemeinen als prozentualer Zuschlag zur Grundzeit ermittelt (Verteilzeit- und Erholzeitzuschlag). Für die *Ermittlung der Grundzeiten* bieten sich vor allem zwei Verfahren an: Systeme vorbestimmter Zeiten und REFA-Zeitstudien.

Systeme vorbestimmter Zeiten sind Verfahren, mit denen menschliche Tätigkeiten in Bewegungselemente gegliedert werden (Bewegungsanalyse) und jedem dieser Ele-mente – durch Ablesen aus Bewegungszeittabellen – eine Soll-Zeit zugeordnet wird. Die wichtigsten sechs Bewegungselemente sind: (1) Hinlangen, (2) Bringen, (3) Grei-fen, (4) Vorrichten (Drehen), (5) Fügen, (6) Loslassen. Die für bestimmte Ablaufab-schnitte ermittelten Soll-Zeiten sind „ein für allemal" festgelegt und können für die Zeitbestimmung ähnlicher Abschnitte oder gleicher Abschnitte bei wechselnden Ar-beitsgegenständen wiederverwendet werden. Voraussetzung ist, dass Arbeitsverfah-ren, -bedingungen etc. exakt beschrieben sind. Die Einflussgrößen des Zeitbedarfs müssen bekannt sein; mit Hilfe von Zeitformeln oder Tabellen werden die Soll-Zeiten bestimmt, die den jeweiligen Ausprägungen der Einflussgrößen entsprechen. Durch Addition dieser elementaren Zeitwerte ergibt sich die Soll-Zeit für den gesamten Bewe-gungsablauf. Bekannte Systeme vorbestimmter Zeiten sind das Work-Factor-Verfahren (WF-Verfahren) und das Methods Time Measurement (MTM).

REFA-Zeitstudien sind dadurch gekennzeichnet, dass die Soll-Zeiten auf der Basis gemessener Ist-Zeiten bestimmt werden. Der Arbeitsablauf wird in Ablaufabschnitte gegliedert, für die die vom Arbeiter benötigten Zeiten mehrmals gemessen (mit einer Stoppuhr) und nach Bereinigung um „Ausreißer" jeweils zu einem Mittelwert verdichtet werden. Da die menschliche Arbeitskraft hinsichtlich ihrer Intensität und Wirksamkeit variiert, ist zur Bestimmung des *Leistungsgrades* die beobachtete Ist-Leistung zu einer vorgestellten Leistungsnorm (REFA-Normalleistung = Leistungsgrad von 100 %) in Beziehung zu setzen:

$$\text{Leistungsgrad} = \frac{\text{beobachtete Ist-Leistung}}{\text{REFA-Normalleistung}}. \tag{2.13}$$

Unter der REFA-Normalleistung wird dabei eine Ausführung verstanden, die hinsicht-lich Einzelbewegungen, Bewegungsfolge und ihrer Koordinierung harmonisch, natürlich und ausgeglichen erscheint und dauerhaft erbracht werden kann.[35] Schließlich werden die durchschnittlichen Ist-Zeiten einer Zeitaufnahme mit dem durchschnittlichen Leistungsgrad multipliziert und so zu *Soll-* oder *Vorgabe-Zeiten* umgerechnet:

$$\text{Soll-Zeit} = \varnothing\,\text{Ist-Zeit} \times \varnothing\,\text{Leistungsgrad}. \tag{2.14}$$

2.4.4.4 Arbeitsentlohnung

Nach der Art der Erfassung der Arbeitsleistung und Berechnung des Arbeitslohnes werden mit Zeitlohn, Prämienlohn und Akkordlohn im allgemeinen drei grundlegende Lohnformen unterschieden, deren Zusammenhänge mit der Arbeits- und Leistungsbewertung aus Abbildung 2.37 deutlich werden.

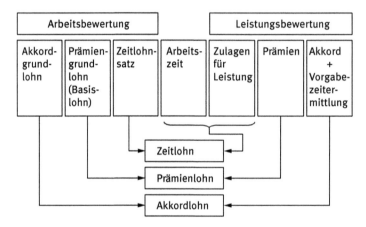

Abb. 2.37: Lohnbestandteile

Zeitlohn ist im Grunde in zwei Ausprägungen anzutreffen. Der *Zeitlohn ohne Leistungszulage* ist eine sehr verbreitete Form der Entlohnung. Der Lohn wird dabei nach der tatsächlich geleisteten Arbeitszeit berechnet:

$$\text{Zeitlohn [GE]} = \text{Arbeitszeit [h]} \times \text{Lohnsatz [GE/h]}. \tag{2.15}$$

Zeitlohn ist also der allein nach Zeitabschnitten berechnete Lohn. Hier wird für eine festgesetzte Zeiteinheit ein vereinbarter Lohnsatz gezahlt. Im Regelfall besteht kein direkter Zusammenhang zwischen Lohnhöhe und erbrachter Arbeitsleistung. Die Arbeitsleistung wird im allgemeinen an einer zu erbringenden Normalleistung gemessen. Eine leistungssteigernde Wirkung dieser Lohnform ist kaum zu erwarten. Sie kommt daher bei wenig beeinflussbaren Tätigkeiten (z. B. Fließbandarbeit),

---

[35] Vgl. *REFA* (1984), S. 136.

unregelmäßigen und sich häufig ändernden Verrichtungen (z. B. Reparaturarbeit) oder nicht messbaren Tätigkeiten (z. B. verwaltenden oder geistigen Arbeiten) zum Einsatz.

Beim *Zeitlohn mit Leistungszulage* wird aufgrund einer Leistungsbeurteilung durch den Vorgesetzten ein zusätzlicher Entgeltbestandteil gezahlt. Kriterien der Leistungsbewertung können sein: Qualität und Quantität des Arbeitsergebnisses, Weiterbildungsbereitschaft, Umgang mit Material und Betriebsmitteln, Verhalten gegenüber Kollegen, Vorgesetzten, Externen.

Der *Prämienlohn* besteht aus einem leistungsunabhängigen Basislohn und einem leistungsabhängigen Anteil (Leistungszulage). Die zur Bestimmung erforderlichen Leistungsmerkmale für diese Prämie sind betriebsintern festgelegt und können unterschiedlich ausgeprägt sein. Grundlage für Prämien sind aber – im Gegensatz zum Zeitlohn mit Leistungszulage – immer objektive und materiell feststellbare Mehrleistungen, wie z. B. Mengenprämien, Qualitätsprämien, Nutzungsprämien, Ersparnisprämien, Terminprämien. Diese Lohnform kann grundsätzlich mit dem Zeitlohn (Prämienzeitlohn) oder mit dem Akkordlohn (Prämienstücklohn) gekoppelt werden, sie kann zudem auf Basis der individuellen Leistung oder der Leistung einer Arbeitsgruppe ermittelt werden. Eine Sonderform des leistungsabhängigen Entgelts stellt die mit Hilfe einer formellen Zielvereinbarung zwischen Vorgesetztem und Mitarbeiter (bzw. Arbeitsgruppe) für eine bestimmte Periode definierte Leistungserwartung mit Angabe von zugehörigen Prämienwerten dar.

Beim *Akkordlohn* (Stücklohn) wird nicht die Dauer der Arbeitszeit, sondern das mengenmäßige Arbeitsergebnis bezahlt. Dabei ist für jede Leistungseinheit ein Lohnbetrag vereinbart, wobei bei Unterschreiten eines gewissen Leistungsniveaus oftmals ein Akkordgrundlohn vorgesehen ist. Berechnungsgrundlage für den Akkordlohn ist der *Akkordrichtsatz*, d. h. der Lohnsatz des Akkordarbeiters bei Normalleistung. Dieser setzt sich aus dem Akkordgrundlohn (meist tariflichen Mindestlohn bei Zeitlohn) und einem Akkordzuschlag (meist 10 bis 25 %) zusammen. Durch den Akkordzuschlag liegt der Akkordlohn in der Regel von vorneherein über dem Zeitlohn für vergleichbare Arbeit. Dieser Zuschlag wird normalerweise gewährt, weil bei Akkordarbeit eine höhere Leistungsbereitschaft und -intensität der Arbeitskräfte verlangt werden. Nach der Art des Akkordlohns kann zwischen Geld- und Zeitakkord unterschieden werden.

Beim *Geldakkord* wird für jede geleistete Mengeneinheit ein bestimmter Geldbetrag (Geld- oder Stücklohnsatz) festgesetzt:

$$\text{Geldsatz [GE/ME]} = \frac{\text{Akkordrichtsatz [GE/h]}}{\text{Normalleistung [ME/h]}}, \tag{2.16}$$

$$\text{Geldakkord [GE]} = \text{Menge [ME]} \times \text{Geldsatz [GE/ME]}. \tag{2.17}$$

Beim *Zeitakkord* wird die für eine Arbeit vorgegebene Zeit (Vorgabe-Zeit) vergütet. Jede „verdiente" Vorgabe-Minute wird entsprechend dem Minutenfaktor, d. h. dem auf eine

Minute umgerechneten Akkordrichtsatz, vergütet:

$$\text{Minutenfaktor [GE/min]} = \frac{\text{Akkordrichtsatz [GE/h]}}{60}, \tag{2.18}$$

Zeitakkord [GE]

$$= \text{Menge [ME]} \times \text{Vorgabe-Zeit [min/ME]} \times \text{Minutenfaktor [GE/min]}. \tag{2.19}$$

Zeit- und Geldakkord unterscheiden sich vom Ergebnis her nicht, da das Produkt aus Vorgabe-Zeit und Minutenfaktor dem Geldsatz entspricht.[36] In der Praxis hat der Zeitakkord jedoch den Geldakkord etwas verdrängt, weil der Zeitakkord für Akkordarbeiter und für die Produktionsplanung informativer erscheint und bei Änderungen von Akkordrichtsätzen leichter zu handhaben ist.

Vom Akkordlohn geht ein starker Leistungsanreiz aus, da sich die gesamte Mehrleistung im Verdienst eines Arbeiters niederschlägt. Für den Betrieb bedeutet der Einsatz von Akkordentlohnung eine bessere Ausnutzung der Betriebsmittelkapazitäten und bis zu einem gewissen Grad eine Abwälzung des Risikos für Minderleistungen auf die Arbeitnehmer. Beim Einsatz des Akkordlohns besteht andererseits die Gefahr der Überbeanspruchung der Arbeitskraft. Als Folge können auch Qualitätsminderungen nicht ausgeschlossen werden. Auf Seiten der Arbeitnehmer liegt häufig ein Misstrauen gegenüber dem Akkordlohn vor. Dies betrifft vor allem die Ermittlung der Vorgabe-Zeiten. Dieses Misstrauen kann abgebaut werden, wenn hierzu anerkannte und exakte Verfahren Anwendung finden, wie sie z. B. in Abschnitt 2.4.4.3 dargestellt wurden.

Der *Gesamtlohn* eines Beschäftigten kann schließlich in drei Bestandteile gegliedert werden: zum Ersten in einen *anforderungsabhängigen Anteil*, dessen Grundlage die Arbeitsbewertung bildet, zum Zweiten in einen *leistungs-* oder *zeitabhängigen Anteil*, dessen Grundlage die Leistungsbewertung darstellt, und zum dritten in *sonstige Anteile*, deren Grundlage gesetzliche, tarifvertragliche oder einzelvertragliche Regelungen umfassen (so genannte Personalzusatzkosten).

Die ersten beiden Bestandteile bilden – wie dargestellt – das Entgelt für geleistete Arbeit (Direktentgelt) des Mitarbeiters.[37] Bei Arbeitern ergibt sich das Direktentgelt durch Multiplikation der geleisteten Arbeitsstunden mit dem Bruttostundenlohn. Bei den Angestellten werden vom Bruttojahresverdienst die Sonderzahlungen (Gratifikationen, Urlaubsgeld, vermögenswirksame Leistungen) und das Entgelt für arbeitsfreie Tage (Urlaub, Krankheit, gesetzliche Feiertage usw.) abgezogen. Der verbleibende Teil gilt als Entgelt für geleistete Arbeit.

Das Direktentgelt und die Personalzusatzkosten ergeben zusammen die gesamten *Arbeitskosten*. Diese setzen sich im verarbeitenden Gewerbe in Deutschland (in Prozent des Direktentgelts), wie in Tabelle 2.18 dargestellt, zusammen.

---

36 Entsprechend lässt sich der Ausdruck [min/ME]×[GE/min] zu [GE/ME] kürzen.

37 Über die Höhe der tariflichen Grundvergütung in verschiedenen Branchen informiert z. B. das WSI-Tarifarchiv unter http://www.boeckler.de/wsi-tarifarchiv_4829.htm.

Tab. 2.18: Struktur der Arbeitskosten im produzierenden Gewerbe
Quelle: Institut der deutschen Wirtschaft (Stand 2014). URL: link.iwkoeln.de/iw-trends15-02-05-01.

Arbeitskostenbestandteile	in % des Direktentgelts	in % des Bruttolohns
Entgelt für geleistete Arbeit (Direktentgelt)	100,0	75,4
+ Vergütung arbeitsfreier Tage	22,8	17,2
+ Sonderzahlungen	9,8	7,4
= Bruttolohn/-gehalt	132,6	100,0
+ Vorsorgeaufwendungen	28,8	21,7
+ Sonstige Personalzusatzkosten	6,6	5,0
= Arbeitskosten (Gesamt)	168,0	126,7

Tabelle 2.18 zeigt, dass Betriebe des produzierenden Gewerbes im Jahr 2014 zusätzlich zu den Löhnen und Gehältern noch weitere 26,7 % an Lohnnebenkosten aufwenden mussten, um die gesamten Arbeitskosten abzudecken. Hierunter entfällt mit 21,7 % der Großteil auf Vorsorgeaufwendungen, was im wesentlichen gesetzlich vorgegebene Beiträge zur Sozialversicherung und Leistungen für die betriebliche Altersversorgung sind. Von den Bruttolöhnen und -gehältern entfallen drei Viertel auf das Entgelt für geleistete Arbeitszeit. Das restliche Viertel teilt sich zwischen der Vergütung arbeitsfreier Tage (einschließlich Lohn- und Gehaltsfortzahlung im Krankheitsfall) und den Sonderzahlungen auf. Damit machen die gesamten Personalzusatzkosten insgesamt 68 % des Direktentgelts aus.

2.4.5 Rechtsvorschriften zum Faktor Arbeit

Das gesamte Unternehmensgeschehen ist in einen durch den Gesetzgeber vorgegebenen rechtlichen Rahmen eingebettet. Aus Sicht der operativen Produktionsplanung und Produktionssteuerung müssen diese Rechtsvorschriften, die den Entscheidungsspielraum mehr oder weniger stark einschränken, als gegeben hingenommen werden. Langfristig besteht jedoch im Rahmen der strategischen und taktischen Planung die Möglichkeit, den Spielraum, der in einigen Gesetzen gegeben ist, auszunutzen, aktiv die Auswirkungen bestimmter Gesetze zu beeinflussen oder sich legal diesen Rechtsvorschriften zu entziehen. Als Beispiel sei die betriebliche Standortwahl genannt, die dazu dienen kann, nationale Rechtsvorschriften zu umgehen. Ein weiteres Beispiel ist die Rechtsformwahl.[38]
Das Herausgreifen der Rechtsvorschriften zum Faktor Arbeit erscheint insofern bedeutsam, als dieser Bereich nicht zuletzt in Deutschland als besonders stark regle-

---

38 Zu einer grundsätzlichen Analyse von Rechtseinflüssen auf betriebswirtschaftliche Entscheidungen vgl. *Backhaus, Plinke* (1986).

Tab. 2.19: Auswahl von Rechtsvorschriften zum Faktor Arbeit

Kollektives Arbeitsrecht

- Europäische Mitbestimmung (Gesetz über europäische Betriebsräte)
- Mitbestimmung auf Unternehmensebene
  - Montan-Mitbestimmungsgesetz (MontanMitbestG)
  - Mitbestimmungsgesetz von 1976 (MitbestG 1976)
  - Drittelbeteiligungsgesetz von 2004 (DrittelbG 2004)
- Mitbestimmung auf Betriebsebene
  - Betriebsverfassungsgesetz (BetrVG)
  - Sprecherausschussgesetz (SprAuG)
  - Personalvertretungsgesetz
- Tarifvertragsgesetz (TVG)
- Arbeitskampf- und Schlichtungsrecht

Arbeitsverhältnisrecht

- Arbeitsförderungsgesetz (AFG)
- Kündigungsschutzgesetz (KSchG)
- Vorruhestandsgesetz (VRG)
- Lohnfortzahlungsgesetz (LohnFG)
- Bundesurlaubsgesetz (BurlG)
- Reichsversicherungsordnung (RVO)

Arbeitnehmerschutzrecht

- Arbeitssicherheitsgesetz (ArbSichG)
- Arbeitsstättenverordnung (ArbStattV)
- Arbeitsstoffverordnung (ArbStoffV)
- Arbeitszeitordnung (AZO)
- Arbeitsplatzschutzgesetz (ArbPlSchG)
- Jugendarbeitsschutzgesetz (JArbSchG)
- Heimarbeitsgesetz (HAG)
- Mutterschutzgesetz (MuSchG)
- Schwerbehindertengesetz (SchwbG)

---

mentiert gilt. In Tabelle 2.19 wird ein Überblick über rechtliche Vorschriften zum Produktionsfaktor Arbeit gegeben.

Ein typischer Fall für den Einfluss von Rechtsvorschriften ist z. B. die Wirkung unterschiedlicher *tarifrechtlicher Bestimmungen* auf die Entscheidung über Eigenfertigung oder Fremdbezug von Bauteilen oder Baugruppen. So hat ein Automobilproduzent der eigenen Abteilung „Sitzefertigung" Löhne nach dem für das gesamte Unternehmen gültigen mit der Industriegewerkschaft Metall abgeschlossenen Tarifvertrag zu zahlen, während ein Sitzehersteller z. B. nach den niedrigeren Lohnsätzen der Gewerkschaft Textilbekleidung entlohnen kann.

Von herausgehobener Bedeutung sind auch die Regelungen des die *Mitbestimmung auf Betriebsebene* betreffenden kollektiven Arbeitsrechts, da diese besonderen

Einfluss auf Produktionsentscheidungen ausüben. Unter *Mitbestimmung* wird im allgemeinen ein Prozess verstanden, bei dem Organe, die auf demokratische Weise von den Arbeitnehmern gewählt wurden, deren Rechte gegenüber der Betriebs- bzw. Unternehmensleitung wahrnehmen.

Die Mitbestimmung ist sowohl auf der *Ebene des Betriebs* als auch auf der *Ebene des Unternehmens* angesiedelt. Während es bei der betrieblichen Mitbestimmung hauptsächlich um den Schutz des einzelnen Arbeitnehmers im Betrieb vor willkürlichen und unsachgemäßen Weisungen des Arbeitgebers geht, ist es Sinn und Zweck der Mitbestimmung auf Unternehmensebene, das Alleinbestimmungsrecht der Kapitaleigner (Shareholder) in privatwirtschaftlichen Unternehmungen zugunsten einer Entscheidungsbeteiligung der Arbeitnehmer einzuschränken, um eine für notwendig erachtete Beteiligung der Arbeitnehmer an der wirtschaftlichen Macht zu gewährleisten.

3 Theoretische Grundlagen des operativen Produktionsmanagements

Produktion ist die zielgerichtete Transformation von Produktionsfaktoren. Die Aufgabe des operativen Produktionsmanagements liegt darin, im Rahmen der Produktionsplanung festzulegen, auf welche Art und Weise die Produktionsfaktoren in Produkte transformiert werden sollen. Voraussetzung dafür ist, dass die Wirkungszusammenhänge innerhalb des bestehenden Produktionssystems beschrieben und erklärt werden können. In diesem Zusammenhang kommt der *Produktionstheorie* die Aufgabe zu, vor allem die nichtmonetären (mengenmäßigen, zeitlichen, qualitativen) Beziehungen zwischen den einzusetzenden Produktionsfaktoren und den im Transformationsprozess erstellten Produktionsmengen und damit die Determinanten des Faktorverbrauchs zu beschreiben und zu erklären. Die Produktionstheorie bedient sich dazu der modellhaften Abbildung der Beziehungen in Form von Produktionsfunktionen. Es geht also um die Abbildung des Transformationsprozesses im Rahmen eines produktionstheoretischen Modells.

Da die Beziehungen zwischen Input, Throughput und Output regelmäßig nicht eineindeutig sind, beispielsweise kann eine vorgegebene Ausbringung mit Hilfe verschiedener Faktoreinsatzmengenkombinationen hergestellt werden, ist es Aufgabe des Produktionsmanagements, die bestmögliche Produktionsalternative auszuwählen. Im Rahmen eines Produktionsmodells ist es möglich, eine Unterscheidung in effiziente und nicht effiziente Alternativen vorzunehmen.

Wie bereits im ersten Kapitel festgestellt wurde, kann die *Effizienz* von Produktionsalternativen sowohl nach dem Minimum- als auch nach dem Maximumprinzip beurteilt werden. Im erstgenannten Fall ist eine Produktionsalternative dann effizient, wenn es keine andere Alternative gibt, die bei identischem Output von keinem Produktionsfaktor mehr und von mindestens einem Produktionsfaktor weniger beansprucht wird. Demgegenüber ist bei identischem Produktionsfaktorverbrauch eine Alternative effizient, sofern keine andere Alternative von einem erwünschten (unerwünschten) Ausbringungsgut mehr (weniger) hervorbringt. Unerwünschte Güter (z. B. Abgase, Sondermüll) entstehen regelmäßig als *Kuppelprodukt* bei der Herstellung erwünschter bzw. verkaufsfähiger Güter.

Mit Hilfe der Produktionstheorie kann die optimale Alternative dann ermittelt werden, wenn nur eine einzige Alternative effizient ist. Bei Vorliegen mehrerer effizienter Alternativen müssen diese vergleichbar gemacht werden, um die optimale Produktionsalternative auswählen zu können. Entsprechend ist es Aufgabe der *Kostentheorie*, die Faktoreinsatzmengen mit Faktorpreisen zu bewerten, so dass die effizienten Produktionsalternativen hinsichtlich ihrer Kosten miteinander verglichen werden können. Aus den Produktionsfunktionen lassen sich Kostenfunktionen ableiten, die in Abhängigkeit von der gewünschten Ausbringungsmenge die entspre-

https://doi.org/10.1515/9783110467710-004

chenden Kosten zuordnen. Insofern bildet die Produktionstheorie eine wesentliche Grundlage der Kostentheorie.

3.1 Klassifikation von Produktionsfunktionen

Zur Herstellung einer vorgegebenen Produktionsmenge X müssen regelmäßig mehrere Produktionsfaktoren i (i=1,...,I) eingesetzt werden. Bezeichnet man die entsprechenden Faktoreinsatzmengen mit r_i, so lässt sich der Zusammenhang zwischen Faktoreinsatz und Ausbringung (*Produktionsfunktion*) formal wie folgt darstellen:

$$X = f(r_1, \ldots, r_i, \ldots, r_I). \tag{3.1}$$

Je nachdem, ob die Einsatzmengen einzelner Produktionsfaktoren gegeneinander austauschbar sind oder in einem festen Verhältnis zueinander stehen, werden substitutionale und limitationale Produktionsfunktionen unterschieden. *Substitutionalität* bedeutet, dass eine Verringerung der Einsatzmenge eines Produktionsfaktors durch die Erhöhung der Einsatzmenge wenigstens eines anderen Produktionsfaktors kompensiert werden kann, ohne dass sich der Output verändert. Von einer *totalen Substitutionalität* wird gesprochen, wenn der vollständige Ersatz eines Produktionsfaktors durch wenigstens einen anderen möglich ist. Eine entsprechende Produktionsfunktion für zwei Produktionsfaktoren hat beispielsweise folgendes Aussehen:

$$X = r_1 + 2 \cdot r_2. \tag{3.2}$$

Bei *partieller Substitutionalität* ist der Austausch von Produktionsfaktoren dagegen nur in gewissen Grenzen möglich. Zur Erbringung der gewünschten Produktionsmenge kann auf keinen Produktionsfaktor vollständig verzichtet werden. Ein Beispiel für eine derartige Produktionsfunktion ist folgende Beziehung:

$$X = r_1 \cdot r_2. \tag{3.3}$$

Limitationale Produktionsfunktionen sind dadurch gekennzeichnet, dass die Einsatzmenge eines Produktionsfaktors die Ausbringungsmenge und damit auch die Einsatzmengen der anderen Produktionsfaktoren begrenzt. Bleiben im Falle limitationaler Produktionsfaktor-Produkt-Beziehungen bei Variation der Ausbringungsmenge alle Produktionskoeffizienten a_i konstant, so spricht man von einer *linear-limitationalen Produktionsfunktion* (*Leontief-Produktionsfunktion*):

$$X = \frac{r_i}{a_i}. \tag{3.4}$$

$$a_i = \frac{r_i}{X} = \text{const.} \quad \forall i = 1, \ldots, I. \tag{3.5}$$

Insbesondere der Bedarf an Rohstoffen, Bauteilen und Baugruppen für ein Endprodukt kann durch eine linear-limitationale Leontief-Produktionsfunktion beschrieben

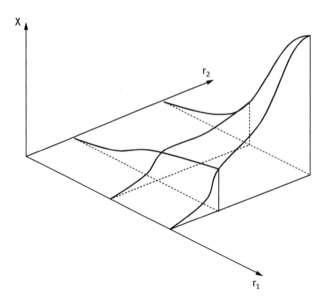

Abb. 3.1: Ertragsgebirge im Zwei-Faktor-Fall

werden. So benötigt man zur Montage eines Automobils beispielsweise vier Reifen (a_1 = 4), einen Motor (a_2 = 1) und eine Auspuffanlage (a_3 = 1). Eine Verdopplung aller Faktoreinsatzmengen führt demnach zu einer Verdopplung der Ausbringungsmenge. Ändert sich mit der Ausbringungsmenge mindestens ein Produktionskoeffizient, wird von einer *nicht linear-limitationalen Produktionsfunktion* gesprochen. Ein Beispiel hierfür ist die Produktionsfunktion vom Typ B, bei der die Ausprägungen der Produktionskoeffizienten von der Intensität der eingesetzten Aggregate abhängen.

Wie noch im einzelnen gezeigt werden wird, sind nicht linear-limitationale Produktionsfunktionen vor allem zur Beschreibung des Verbrauchs von Betriebsstoffen geeignet. Leontief-Produktionsfunktionen bilden die Grundlage der im Rahmen der Materialbedarfsplanung durchgeführten Stücklistenauflösung. Die substitutionale Produktionsfunktion vom Typ A (Ertragsgesetz) ist zur Beschreibung industrieller Produktionsprozesse weniger geeignet. Sie dient vor allem zum Ableiten des begrifflichen Instrumentariums im Hinblick auf die Analyse der Produktion.

3.2 Grundlagen der Produktions- und Kostentheorie

Nachfolgend sollen die Grundlagen der Produktions- und Kostentheorie am Beispiel einer partiell substitutionalen Produktionsfunktion beim Einsatz von zwei Faktoren dargestellt werden:

$$X = f(r_1, r_2). \tag{3.6}$$

Graphisch lässt sich eine derartige substitutionale Produktionsfunktion in Form des so genannten Ertragsgebirges darstellen (Abbildung 3.1). Für jede Ausbringungsmenge X ist ablesbar, mit welchen Produktionsfaktormengenkombinationen sie herstellbar ist.

3.2.1 Ermittlung effizienter Faktoreinsatzmengen

Bei vorgegebener Ausbringung $X = X'$ kann im Ertragsgebirge ein Schnitt parallel zur r_1-r_2-Ebene vorgenommen werden (Abbildung 3.2). Die Schnittkante mit dem Ertragsgebirge verbindet alle Punkte des Ertragsgebirges, die zum selben Output X' führen. Dargestellt in der r_1-r_2-Ebene bezeichnet man die Schnittkante als (Ertrags-)Indifferenzkurve bzw. *Isoquante*. Jeder parallel zur r_1-r_2-Ebene durch das Ertragsgebirge gelegte Schnitt führt zu einer einem bestimmten Ausbringungsniveau entsprechenden Isoquante, so dass eine Schar von Ertragsisoquanten resultiert.

Eine Ertragsisoquante stellt den geometrischen Ort aller Faktoreinsatzmengenkombinationen (r_1, r_2) dar, die zum gleichen Output X' führen. Jede Ertragsisoquante ist einem bestimmten Ausbringungsniveau eineindeutig zugeordnet, so dass sich Isoquanten nicht schneiden können. Entscheidungsrelevant ist nur der effiziente Bereich der Isoquanten (Abbildung 3.3).

Die Faktorkombinationen A, B und C liegen auf einer Isoquante und führen demnach zum gleichen Output. Jede auf der Ertragsisoquante über dem Punkt B liegende Kombination bedingt einen gleichzeitigen Mehrverbrauch beider Produktionsfaktoren. Entsprechend führt die Realisation der Faktorkombination A – verglichen mit der Faktorkombination B – zu einer Verschwendung von Produktionsfaktoren in Höhe von Δr_1 und Δr_2. Entsprechendes gilt für alle Punkte auf der Ertragsisoquante, die rechts von der Kombination C liegen. Der effiziente Bereich bzw. *Substitutionsbereich* umfasst demnach alle Punkte, die auf der Ertragsisoquante zwischen B und C – einschließlich dieser beiden Faktorkombinationen – liegen.

Die Steigung der Ertragsisoquanten lässt sich durch die *Grenzrate der Substitution* $\frac{dr_2}{dr_1}$ beschreiben. Sie gibt die notwendige Änderung von r_2 an, wenn sich r_1 um eine infinitesimal kleine Einheit ändert und der Output unverändert bleiben soll. Mit ihr lässt sich somit bestimmen, wie viel von einem Produktionsfaktor mehr bzw. weniger benötigt wird, wenn von einem anderen weniger bzw. mehr zur Verfügung steht bzw. eingesetzt werden soll. Mathematisch lässt sich die Steigung einer Ertragsisoquante über das *totale Differenzial* dX ermitteln:

$$dX = \frac{\partial X}{\partial r_1} \cdot dr_1 + \frac{\partial X}{\partial r_2} \cdot dr_2. \tag{3.7}$$

Das totale Differenzial repräsentiert das Grenzprodukt bzw. den totalen mengenmäßigen Grenzertrag. Dieser drückt aus, wie sich die Ausbringungsmenge ändert, wenn die Einsatzmengen aller Produktionsfaktoren marginal verändert werden. Soll nun

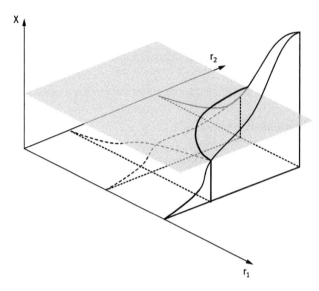

Abb. 3.2: Schnitt durch das Ertragsgebirge

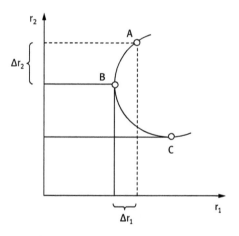

Abb. 3.3: Substitutionsbereich von Isoquanten

das Verhältnis der Produktionsfaktoren, die Steigung der Ertragsisoquanten, für eine bestimmte Ausbringungsmenge ermittelt werden, muss die Ausbringungsmenge in der Gleichung konstant gehalten werden. Der Wert des Grenzprodukts darf sich nicht verändern. Das heißt, dX ist gleich 0 zu setzen. Die Grenzrate der Substitution lässt sich dann wie folgt ermitteln:

$$0 = \frac{\partial X}{\partial r_1} \cdot dr_1 + \frac{\partial X}{\partial r_2} \cdot dr_2 \quad \Rightarrow \quad \frac{dr_2}{dr_1} = -\frac{\frac{\partial X}{\partial r_1}}{\frac{\partial X}{\partial r_2}}. \tag{3.8}$$

Die Grenzrate der Substitution ist somit gleich dem negativen reziproken Verhältnis der beiden Grenzproduktivitäten. Die *Grenzproduktivität* entspricht der Änderung der Ausbringungsmenge aufgrund einer marginalen Variation der entsprechenden Faktoreinsatzmenge. Multipliziert man die Grenzproduktivität mit der tatsächlichen Veränderung der Faktoreinsatzmenge dr, so erhält man das partielle Grenzprodukt bzw. den *Grenzertrag*. Dieser gibt dann die absolute Ausbringungsmengenänderung aufgrund der Variation des betreffenden Produktionsfaktors an.

3.2.2 Ermittlung der Minimalkostenkombination

Durch die Ertragsisoquante werden alle technisch möglichen und effizienten Faktorkombinationen (r_1, r_2) zur Produktion einer gewünschten Ausbringungsmenge X' beschrieben. Es stellt sich nunmehr das ökonomische Problem, welche Faktorkombination zur Herstellung der Produktionsmenge gewählt werden soll. Bei vorgegebenem Ausbringungsniveau ist nach dem Wirtschaftlichkeitsprinzip diejenige Faktorkombination zu wählen, mit der X' mit den geringsten Kosten produziert werden kann (*Minimalkostenkombination*). Die Produktionsfaktoreinsatzmengen sind folglich mit ihren Preisen zu bewerten und die kostenminimale Faktoreinsatzmengenkombination ist zu ermitteln.

Bezeichnet man die Preise je Faktoreinheit mit p_i, so ergibt sich die Kostenisoquante (*Budgetgerade*) im betrachteten Zwei-Faktor-Fall wie folgt:

$$B = r_1 \cdot p_1 + r_2 \cdot p_2. \tag{3.9}$$

Bei konstanten Preisen folgt die Höhe der Kosten aus den jeweiligen Faktoreinsatzmengen. Gibt man ein Budget vor, so lässt sich ablesen, welche Faktormengen zu diesen Kosten eingesetzt werden können. Löst man die Budgetgleichung nach einem Produktionsfaktor auf, so ergibt sich die Beziehung der Faktoreinsatzmengen in Abhängigkeit von den Gesamtkosten und den Preisen der Produktionsfaktoren. Aufgelöst nach r_2 folgt:

$$r_2 = \frac{B}{p_2} - \frac{p_1}{p_2} \cdot r_1. \tag{3.10}$$

Aus der Variation von B, dem verfügbaren Budget, resultiert eine Schar von Budgetgeraden mit der Steigung $-\frac{p_1}{p_2}$.

In Abbildung 3.4 ermöglicht die Budgetgerade B_1 keine Faktorkombination (r_1, r_2), mit der X' produziert werden kann. Mit dem Budget B_3 ist die Produktion von X' zwar möglich, jedoch mit höheren Kosten als bei B_2. Die Faktorkombination (r_1^*, r_2^*), die durch den Tangentialpunkt zwischen der Budgetgeraden B_2 und der Ertragsisoquante X' beschrieben ist, bezeichnet man als Minimalkostenkombination. Sie repräsentiert die kostenminimale Faktoreinsatzmengenkombination zur Erstellung einer vorgegebenen Ausbringungsmenge. Die kostenminimale Kombination bestimmt sich immer aus den effizienten Alternativen.

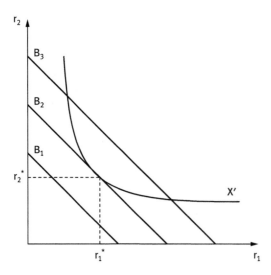

Abb. 3.4: Graphische Ermittlung der Minimalkostenkombination

Im Tangentialpunkt von Budgetgerade und Ertragsisoquante stimmen deren Steigungen überein. Die Minimalkostenkombination lässt sich daher analytisch wie folgt ableiten:

$$\text{Steigung der Budgetgeraden:} \quad -\frac{p_1}{p_2}. \tag{3.11}$$

$$\text{Steigung der Ertragsisoquante:} \quad \frac{dr_2}{dr_1}. \tag{3.12}$$

Die Steigung der Budgetgerade ist mit der Steigung der Ertragsisoquante gleichzusetzen. Greift man auf die Grenzrate der Substitution zurück, so kann folgende Beziehung unter Einbezug der Ausbringungsmengen hergestellt werden:

Aus

$$-\frac{p_1}{p_2} = \frac{dr_2}{dr_1} \quad \text{und} \quad \frac{dr_2}{dr_1} = -\frac{\frac{\partial X}{\partial r_1}}{\frac{\partial X}{\partial r_2}}$$

folgt:

$$\frac{p_1}{p_2} = \frac{\frac{\partial X}{\partial r_1}}{\frac{\partial X}{\partial r_2}}. \tag{3.13}$$

Die Minimalkostenkombination ist bei der Faktoreinsatzmengenkombination gegeben, bei der das Verhältnis der Produktionsfaktorpreise gleich dem Verhältnis der Grenzproduktivitäten ist.

3.3 Spezielle Typen von Produktionsfunktionen

3.3.1 Produktionsfunktion vom Typ A

Die Produktionsfunktion vom Typ A, die auch als *Ertragsgesetz* bezeichnet wird, wurde zur Abbildung landwirtschaftlicher Produktionsprozesse entwickelt. Es handelt sich um eine partiell substitutionale Produktionsfunktion. Ihr charakteristisches Merkmal ist die Annahme des Ertragsverlaufs: Mit zunehmendem Einsatz eines Produktionsfaktors kommt es bei konstanten Einsatzmengen der restlichen Faktoren zunächst zu steigenden und dann zu fallenden Grenzerträgen. Die Faktoreinsatzmengen repräsentieren die unabhängigen Variablen, die Ausbringungsmenge stellt die abhängige Variable dar. Unterstellt wird eine unmittelbare Beziehung zwischen Faktoreinsatz und Ausbringung:

$$X = f(r_1, \ldots, r_i, \ldots, r_I). \tag{3.14}$$

Bei der *partiellen Faktorvariation* – nur ein Produktionsfaktor r_i wird verändert – hat die Gesamtertragsfunktion formal folgendes Aussehen:

$$X = f(\bar{r}_1, \ldots, r_i, \ldots, \bar{r}_I). \tag{3.15}$$

Die Gesamtertragsfunktion E mit dem Maximum M, dem Wendepunkt W und dem Tangentialpunkt T sowie die entsprechende Grenzertragskurve E' lassen sich graphisch wie in Abbildung 3.5 darstellen.

Zur Auswahl der optimalen Faktoreinsatzmengenkombination ist die entsprechende Kostenfunktion zu bilden. Für den Fall der partiellen Faktorvariation benötigt man zur Formulierung der Kostenfunktion K die Umkehrfunktion der Gesamtertragskurve, die so genannte *Faktoreinsatzfunktion*, die die Faktoreinsatzmengen in Abhängigkeit von der Ausbringungsmenge angibt:

$$r = f^{-1}(X). \tag{3.16}$$

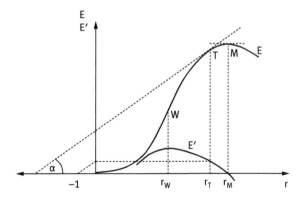

Abb. 3.5: Gesamtertrags- und Grenzertragskurve

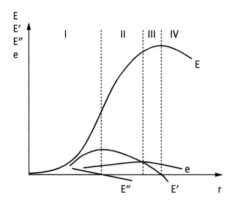

Abb. 3.6: Idealtypischer Verlauf der Produktionsfunktion vom Typ A

Diese multipliziert mit dem Faktorpreis ergibt die Kostenfunktion in Abhängigkeit von X:

$$K = p \cdot r = p \cdot f^{-1}(X). \tag{3.17}$$

Die Faktoreinsatzfunktion ist jedoch nur dann ermittelbar, wenn die Gesamtertragskurve eine eineindeutige Abbildung der Input-Output-Beziehung darstellt. Alle Punkte auf der Gesamtertragskurve müssen demnach effiziente Faktorkombinationen darstellen.[39]

In der Abbildung 3.6 sind die Gesamtertragskurve E, die Grenzertragskurve E' und die Durchschnittsertragskurve e bei idealtypischem Verlauf der Produktionsfunktion vom Typ A dargestellt und in ein von Gutenberg entwickeltes Vierphasenschema eingeteilt. Bei einer Produktionsfunktion vom Typ A sind Grenzertrag E' und Durchschnittsertrag e in dem Punkt gleich, in dem der Durchschnittsertrag sein Maximum erreicht. Am Ende der Phase I, dem Wendepunkt der Gesamtertragsfunktion, erreicht der Grenzertrag E' sein Maximum, um danach wieder zu fallen. Am Ende der Phase II wird der Durchschnittsertrag e maximal, am Ende der Phase III ist das Maximum der Gesamtertragskurve E erreicht.

Formal lassen sich die vier Phasen demnach wie folgt charakterisieren:

3.3.2 Produktionsfunktion vom Typ B

3.3.2.1 Verbrauchsfunktionen als Grundlage
Der ertragsgesetzliche Funktionsverlauf ist in den meisten Fällen zur Beschreibung industrieller Produktionsverhältnisse nicht geeignet. Industrielle Produktionsprozesse

---

[39] Die regelmäßig ausgewiesene vierte Phase (Abbildung 3.6) mit negativen Grenzerträgen darf daher nicht Bestandteil der Produktionsfunktion sein.

Tab. 3.1: Vierphasen-Schema der Produktionsfunktion vom Typ A

Phase	Gesamtertrag	Durchschnittsertrag	Grenzertrag	Steigung des Grenzertrags
	E	e	E'	E''
I	progressiv steigend	positiv, steigend	positiv, steigend bis Max.	positiv, fallend
II	degressiv steigend	positiv, steigend bis Max.	positiv, fallend, $E' > e$	negativ, fallend
III	degressiv steigend bis Max.	positiv, fallend	positiv, fallend bis Null, $E' < e$	negativ, fallend
IV	fallend	positiv, fallend	negativ, fallend	negativ, fallend

sind regelmäßig durch zwei Arten von Transformationsfunktionen gekennzeichnet. Während sich die unmittelbaren Produktionsfaktor-Produkt-Beziehungen – in der Regel handelt es sich um den Verbrauch von Rohstoffen, Bauteilen und Baugruppen – durch linear-limitationale Produktionsfunktionen beschreiben lassen, sind die mittelbaren Produktionsfaktor-Produkt-Beziehungen – vor allem potenzialfaktorabhängige Betriebsstoffverbräuche – durch *Verbrauchsfunktionen* beschreibbar. Letztere stellen den Faktorverbrauch als von der Potenzialfaktor-Inanspruchnahme abhängige Variable dar, so dass eine Kostenfunktion ohne Umweg über die Umkehrfunktion gebildet werden kann. Derartige Produktionsfaktor-Produkt-Beziehungen liegen der *Produktionsfunktion vom Typ B* zugrunde, die auch als *Gutenberg*-Produktionsfunktion bezeichnet werden.

Die Produktionsfunktion vom Typ B entsteht im Gegensatz zu der vom Typ A durch eine Aggregation einzelner aggregat- bzw. maschinenbezogener Produktionsfunktionen. Die Art des Aggregats ist grundsätzlich offen; es kann sich sowohl um eine einzelne Bearbeitungsmaschine als auch um ein zentral gesteuertes Fertigungssystem handeln. Die Produktionsfunktion vom Typ B beinhaltet somit eine detaillierte Analyse auf Basis der Faktoreinsatzmengen, die an den einzelnen Maschinen verbraucht werden. Die unmittelbare Beziehung zwischen Input und Output wird zugunsten einer mittelbaren Beziehung über die tatsächlich eingesetzten Aggregate aufgegeben. Durch die Betrachtung einzelner Aggregate ist es explizit möglich, technische Einflussgrößen zu berücksichtigen, anhand deren Ausprägungen dann die Faktorverbräuche gemessen werden können. Das Einsatzverhältnis der Produktionsfaktoren ist bei der Produktionsfunktion vom Typ B als limitationale Funktion technisch determiniert. Die Nicht-Linearität spiegelt sich darin wider, dass die Produktionskoeffizienten nicht konstant sein müssen, sondern von der Art des Aggregateeinsatzes abhängen.

Der Verbrauch an Produktionsfaktoren ist bei der Produktionsfunktion vom Typ B von drei technisch bedingten Größen abhängig, der so genannten z-Situation, der technischen Intensität d_j, mit der das einzelne Aggregat betrieben wird, und der Einsatzzeit t_j des Aggregats. Der zur Herstellung von X_j notwendige Verbrauch des Faktors i lässt sich somit über folgenden funktionalen Zusammenhang ausdrücken (FE: Faktoreinheiten):

$$r_{ij} := f_{ij}(z_{1j}, \dots, z_{vj}; d_j; t_j) \quad [\text{FE}]. \tag{3.18}$$

Die so genannte *z-Situation* bringt die spezifischen technischen, für den Faktorverbrauch bedeutsamen Eigenschaften eines Aggregates zum Ausdruck. Konstruktionsbedingt lässt sich die z-Situation kurzfristig regelmäßig nicht beeinflussen, so dass sie als konstant angenommen wird:

Annahme:

$$z_{vj} = \text{const.} \quad \forall\, v = 1, \dots, V. \tag{3.19}$$

Um den Gesamtverbrauch der einzelnen Produktionsfaktoren zu ermitteln, wird folgendermaßen vorgegangen: In einem ersten Schritt wird direkt am Aggregat die technische Intensität ermittelt, die in der Regel variiert werden kann; diese wird dann in eine ökonomische Größe, die so genannte ökonomische Intensität, transformiert.

Technische Intensität d_j und *ökonomische Intensität x_j* eines Aggregats j sind wie folgt definiert (TLE: Technische Leistungseinheiten; ME: Mengeneinheiten; ZE: Zeiteinheiten):

$$d_j := \frac{b_j}{t_j} \quad \left[\frac{\text{TLE}}{\text{ZE}}\right]. \tag{3.20}$$

$$x_j := \frac{X_j}{t_j} \quad \left[\frac{\text{ME}}{\text{ZE}}\right]. \tag{3.21}$$

Zwischen der technischen Leistung (Intensität) d_j und der ökonomischen Leistung (Intensität) x_j eines Aggregats j wird folgender Zusammenhang unterstellt:

$$d_j = \frac{b_j}{t_j} \quad \Rightarrow \quad t_j = \frac{b_j}{d_j}. \tag{3.22}$$

In der Produktionsfunktion vom Typ B wird das Problem der Umrechnung von technisch-physikalischen Leistungseinheiten (b_j) in Erzeugniseinheiten (X_j) formal durch die Annahme der Proportionalität zwischen beiden Größen gelöst:

$$x_j = \frac{X_j}{b_j} \cdot d_j = \frac{1}{a_j(d_j)} \cdot d_j =: g_j(d_j). \tag{3.23}$$

Annahme: $a_j = a_j(d_j) = \text{const} \neq 0$,

$$a_j = \frac{d_j}{x_j} \quad \Rightarrow \quad d_j = g_j^{-1}(x_j) = a_j \cdot x_j. \tag{3.24}$$

Sind diese Beziehungen geklärt, so können die verschiedenen aggregatspezifischen Verbrauchsfunktionen bestimmt werden, die dann zur Gesamtverbrauchsfunktion zusammenzufassen sind.

Die *technische Verbrauchsfunktion* bildet den Verbrauch des Faktors i am Aggregat j in Abhängigkeit von der technischen Intensität d_j ab:

$$r_{ij}(d_j) := \frac{r_{ij}(X_j)}{b_j} = \frac{r_{ij}(X_j)}{t_j \cdot d_j} \quad \left[\frac{\text{FE}}{\text{TLE}}\right]. \tag{3.25}$$

Die *ökonomische Verbrauchsfunktion* kann über die bereits dargestellte Austauschbeziehung hergeleitet werden. Sie gibt den Verbrauch des Faktors i am Aggregat j in Abhängigkeit der ökonomischen Intensität x_j an:

$$r_{ij}(x_j) := \frac{r_{ij}(X_j)}{X_j} = \frac{r_{ij}(X_j)}{t_j \cdot x_j} \quad \left[\frac{FE}{ME} \right] \tag{3.26}$$

$$\Rightarrow \quad r_{ij}(x_j) = r_{ij}(d_j) \cdot a_j = r_{ij}(a_j \cdot x_j) \cdot a_j. \tag{3.27}$$

Der Faktormengenverbrauch in Abhängigkeit von der Zeit lässt sich über die *Zeit-Verbrauchsfunktion* („Verbrauchsgeschwindigkeit") des Faktors i am Aggregat j ermitteln:

$$r_{ij}(t_j) := \frac{r_{ij}(X_j)}{t_j} \quad \left[\frac{FE}{ZE} \right] \tag{3.28}$$

$$\Rightarrow \quad r_{ij}(t_j) = r_{ij}(x_j) \cdot x_j = r_{ij}(d_j) \cdot d_j = r_{ij}(a_j \cdot x_j) \cdot x_j \cdot a_j. \tag{3.29}$$

Entsprechend kann die *Gesamt-Verbrauchsfunktion* des Faktors i am Aggregat j in der Planperiode aus den einzelnen Verbrauchsfunktionen abgeleitet werden:

$$\begin{aligned} r_{ij}(X_j) &= r_{ij}(t_j) \cdot t_j = r_{ij}(x_j) \cdot t_j \cdot x_j \\ &= r_{ij}(a_j \cdot x_j) \cdot t_j \cdot x_j \cdot a_j = r_{ij}(d_j) \cdot t_j \cdot d_j. \end{aligned} \tag{3.30}$$

Die *Gutenberg*-Produktionsfunktion für das Aggregat j ($j= 1, ..., J$), die die Produktionsmenge in Abhängigkeit von allen am Aggregat anfallenden Faktorverbräuchen abbildet, lautet:

$$X_j = f_j \left((r_{1j}(x_j) \cdot x_j \cdot t_j), \ldots, (r_{Ij}(x_j) \cdot x_j \cdot t_j) \right). \tag{3.31}$$

Die *Gutenberg*-Produktionsfunktion für den Gesamtbetrieb, d. h. aggregiert über alle maschinellen Anlagen, hat dann folgendes Aussehen:

$$X = f \left(\sum_{j=1}^{J} (r_{1j}(x_j) \cdot x_j \cdot t_j), \ldots, \sum_{j=1}^{J} (r_{Ij}(x_j) \cdot x_j \cdot t_j) \right). \tag{3.32}$$

3.3.2.2 Kostenfunktionen

Um die optimale Faktoreinsatzmengenkombination zu ermitteln, ist wieder die der Produktionsfunktion entsprechende Kostenfunktion zu bilden. Bei der Produktionsfunktion vom Typ B ist bei gegebenen Verbrauchsfunktionen eine direkte Multiplikation mit den entsprechenden Faktorpreisen möglich. Die ökonomische Verbrauchsfunktion multipliziert mit den jeweiligen Preisen ergibt die aggregatbezogene *(Mengen-)Kosten-Leistungsfunktion*:

$$k_j(x_j) := \sum_{i=1}^{I} r_{ij}(x_j) \cdot p_i \quad \left[\frac{GE}{ME} \right]. \tag{3.33}$$

Die (Mengen-)Kosten-Leistungsfunktion gibt die Stückkosten in Abhängigkeit von der ökonomischen Intensität an.

Multipliziert man die Zeit-Verbrauchsfunktion mit den Faktorpreisen, so erhält man die *Zeit-Kosten-Leistungsfunktion*. Diese drückt die Kosten in Abhängigkeit von den einzelnen Zeiteinheiten aus:

$$K_j(x_j) := \sum_{i=1}^{I} r_{ij}(t_j) \cdot p_i \quad \left[\frac{GE}{ZE}\right] \tag{3.34}$$

$$\Rightarrow \quad K_j(x_j) := \sum_{i=1}^{I} r_{ij}(x_j) \cdot x_j \cdot p_i = k_j(x_j) \cdot x_j. \tag{3.35}$$

Die Gesamtkosten der Planperiode und je Aggregat ergeben sich dementsprechend durch die Addition der jeweiligen Faktorkosten:

$$K_j^{ges}(X_j) := \sum_{i=1}^{I} r_{ij}(X_j) \cdot p_i \quad [GE] \tag{3.36}$$

$$\Rightarrow \quad K_j^{ges}(X_j) = K_j(x_j) \cdot t_j = k_j(x_j) \cdot x_j \cdot t_j. \tag{3.37}$$

Aufsummiert über alle Aggregate ergeben sich die Gesamtkosten der Planperiode wie folgt:

$$K_j^{ges}(X) = \sum_{j=1}^{J} K_j^{ges}(X_j) = \sum_{j=1}^{J} \sum_{i=1}^{I} r_{ij}(X_j) \cdot p_i. \tag{3.38}$$

3.3.2.3 Ermittlung der optimalen Faktormengenkombination

Um eine gegebene Ausbringungsmenge X herzustellen, stehen im Rahmen der Produktionsfunktion vom Typ B drei Parameter zur Verfügung. Die Entscheidung über die Anzahl der einzusetzenden Aggregate stellt eine erste Handlungsmöglichkeit dar. Diese als *quantitative Anpassung* bezeichnete Form ist bereits Gegenstand der Dimensionierung der Kapazitäten innerhalb der taktischen Produktionsplanung. Die Anzahl der Aggregate ist für das operative Produktionsmanagement gegeben. Als verbleibende Handlungsmöglichkeiten stehen die Einsatzzeit der einzelnen Aggregate und die Intensität, mit der die einzelnen Aggregate arbeiten, zur Verfügung. Variationen der Einsatzzeit bezeichnet man als *zeitliche Anpassung*, die der ökonomischen Intensität als *intensitätsmäßige Anpassung*. Die Ausbringungsmenge X ergibt sich entsprechend aus dem Produkt der ökonomischen Intensität x und der Einsatzzeit der Aggregate t:

$$X = x \cdot t. \tag{3.39}$$

Aus der Vielzahl der Kombinationsmöglichkeiten zwischen Intensität und Einsatzzeit ist nun die optimale, d. h. die kostenminimale Alternative auszuwählen. Um die kostenmäßigen Auswirkungen der jeweiligen Anpassungsform quantifizieren zu können, sind die entsprechenden Grenzkostenfunktionen zu ermitteln. Die *Grenzkosten bei zeitlicher Anpassung* und konstanter ökonomischer Intensität eines Aggregats errechnen sich wie folgt:

Annahme:

$$x = \bar{x} \quad \Rightarrow \quad t = \frac{X}{\bar{x}},$$

$$K^Z(X) := k(\bar{x}) \cdot \bar{x} \cdot t = k(\bar{x}) \cdot \bar{x} \cdot \frac{X}{\bar{x}} = k(\bar{x}) \cdot X, \tag{3.40}$$

$$\frac{\mathrm{d}K^Z(X)}{\mathrm{d}X} = k(\bar{x}). \tag{3.41}$$

Die Grenzkosten bei zeitlicher Anpassung sind somit identisch mit den Stückkosten – der (Mengen-)Kosten-Leistungsfunktion – für die vorgegebene ökonomische Intensität $\bar{x}$.

Die *Grenzkosten bei intensitätsmäßiger Anpassung* eines Aggregats berechnen sich analog:

Annahme:

$$t = \bar{t} \quad \Rightarrow \quad x = \frac{X}{\bar{t}},$$

$$K^I(X) := k(x) \cdot x \cdot \bar{t} = K(x) \cdot \bar{t} = K\left(\frac{X}{\bar{t}}\right) \cdot \bar{t}, \tag{3.42}$$

$$\frac{\mathrm{d}K^I(X)}{\mathrm{d}X} = K'\left(\frac{X}{\bar{t}}\right) \cdot \frac{1}{\bar{t}} \cdot \bar{t} = K'\left(\frac{X}{\bar{t}}\right) K'(x). \tag{3.43}$$

Die Grenzkosten bei intensitätsmäßiger Anpassung ergeben sich als erste Ableitung der Zeit-Kosten-Leistungsfunktion nach der Intensität.

Den Verlauf der Kostenfunktion $K(X) = K(x, t)$ bei *zeitlich-intensitätsmäßiger Anpassung* verdeutlicht Abbildung 3.7. Ist der Faktorverbrauch vom Einsatzzeitpunkt unabhängig (zeitkonstanter Faktoreinsatz), passt man sich bei steigender Ausbringung X zunächst zeitlich an. Das bedeutet, dass die Aggregate mit optimaler ökonomischer Intensität x^{opt} bis zur zeitlichen Einsatzgrenze t^{max} eingesetzt werden (Verbindung der Punkte A und B). Erst wenn eine zeitliche Anpassung nicht mehr möglich ist, erfolgt eine intensitätsmäßige Anpassung (Verbindung der Punkte B und C). Die maximale Ausbringung X_j^{max} eines Aggregats j ist demnach definiert durch:

$$X_j^{\mathrm{max}} = t_j^{\mathrm{max}} \cdot x_j^{\mathrm{max}}. \tag{3.44}$$

3.3.2.4 Darstellung der verwendeten Symbole

In diesem Abschnitt werden die verwendeten Symbole sowie die entsprechenden Maßeinheiten noch einmal im Überblick angeführt:

a_j Austauschverhältnis zwischen technischer und ökonomischer Intensität am Aggregat j (annahmegemäß konstant); $\left[\frac{\mathrm{TLE}}{\mathrm{ME}}\right]$

b_j Gesamte technische Leistungsabgabe des Aggregats j in der Planperiode; [TLE]

d_j Technische Leistung (Intensität) des Aggregats j; $\left[\frac{TLE}{ZE}\right]$

$k_j(x_j)$ Kosten des Aggregats j (pro Stück) in Abhängigkeit von der ökonomischen Intensität x_j (Mengen-Kosten-Leistungsfunktion); $\left[\frac{GE}{ME}\right]$

$K_j(x_j)$ Kosten des Aggregats j (pro Zeiteinheit) in Abhängigkeit von der ökonomischen Intensität x_j (Zeit-Kosten-Leistungsfunktion); $\left[\frac{GE}{ZE}\right]$

$K_j^{ges}(X_j)$ Kosten des Aggregats j (in der Planperiode) in Abhängigkeit von der ökonomischen Intensität x_j und der Einsatzzeit t_j (Gesamtkostenfunktion); [GE]

p_i Preis je Einheit des Produktionsfaktors i (Faktorpreis); $\left[\frac{GE}{FE}\right]$

$r_{ij}(d_j)$ Verbrauch des Faktors i (je technischer Leistungseinheit) am Aggregat j in Abhängigkeit der technischen Intensität d_j („technischer Verbrauch"); $\left[\frac{FE}{TLE}\right]$

$r_{ij}(x_j)$ Verbrauch des Faktors i (je Stück) am Aggregat j in Abhängigkeit von der ökonomischen Intensität x_j („ökonomischer Verbrauch"); $\left[\frac{FE}{ME}\right]$

$r_{ij}(t_j)$ Verbrauch des Faktors i (je Zeiteinheit) am Aggregat j in Abhängigkeit der Einsatzzeit t_j („Verbrauchsgeschwindigkeit"); $\left[\frac{FE}{ZE}\right]$

$r_{ij}(X_j)$ Gesamte (in der Planperiode) zur Herstellung von X_j benötigte Verbrauchsmenge des Faktors i am Aggregat j („Gesamtverbrauch"); [FE]

t_j Summe der Einsatzzeiten des Aggregats j in der Planperiode; [ZE]

x_j Ökonomische Leistung (Intensität) des Aggregats j; $\left[\frac{ME}{ZE}\right]$

X_j Gesamte Ausbringungsmenge des Aggregats j in der Planperiode; [ME]

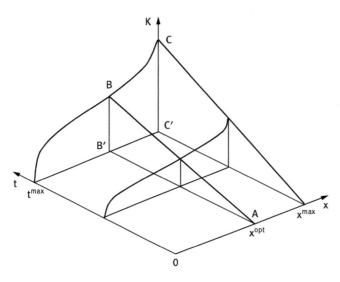

Abb. 3.7: Kostenverlauf bei zeitlicher und intensitätsmäßiger Anpassung

3.3.3 Weiterentwicklungen der Produktionstheorie

Die Herkunft der traditionellen Produktionstheorie von der mikroökonomischen Theorie der Unternehmung ist unverkennbar. Darauf aufbauend wurde die betriebswirtschaftliche Produktionstheorie entwickelt, um den betrieblichen Leistungserstellungsprozess im Sinne einer Input-Output-Beziehung formal beschreibbar zu machen. Bei den zwei hier dargestellten – betriebswirtschaftlich relevanten – Typen von Produktionsfunktionen handelt es sich um *statisch-deterministische Funktionstypen*. Diese sind dadurch gekennzeichnet, dass sie sich immer auf eine bestimmte Periode beziehen und die verwendeten Größen als sicher angenommen werden.

Weitere Ansätze der Produktionstheorie lassen sich im Hinblick auf zwei Entwicklungsrichtungen einordnen. Zum einen gibt es Erweiterungen der statisch-deterministischen Produktionsfunktionen, insbesondere bezüglich des Detaillierungsgrads, zum anderen wird versucht, die statische und deterministische Einschränkung aufzuheben, indem dynamische und stochastische Aspekte berücksichtigt werden.

Die Weiterentwicklung der statisch-deterministischen Produktionsfunktionen ist dadurch gekennzeichnet, dass, wie bereits bei Typ B begonnen, der Aggregationsgrad der Betrachtung verringert wird und technische Bedingungen stärker einbezogen werden. Bekannte Produktionsfunktionen innerhalb dieser Gruppe sind die so genannten Produktionsfunktionen vom Typ C und D. Kerngedanke der *Produktionsfunktion vom Typ C* ist die Aufhebung der bei Typ B unterstellten Proportionalität von technischer und ökonomischer Intensität (vgl. (3.23)). Um eine eindeutige Beziehung zwischen diesen beiden Größen herzustellen, wird der Produktionsprozess in einzelne Teilkomponenten zerlegt, die als Elementarkombinationen bezeichnet werden. Ziel der *Produktionsfunktion vom Typ D* ist die stärkere Berücksichtigung organisatorischer und technischer Gegebenheiten. Das Produktionssystem wird im Detail betrachtet, indem die einzelnen Teilbereiche explizit einbezogen werden und deren Liefer- und Produktionsbeziehungen in Form der *Input-Output-Analyse* erfasst werden.

Ebenfalls auf der Input-Output-Analyse basieren die *dynamischen Erweiterungen*. Dabei wird die Zeit als Variable in die Produktionsmodelle eingeführt, um die Input- und Outputgrößen verschiedener Zeitpunkte und Perioden in Verbindung zu bringen. Werden Unsicherheiten im Produktionsablauf berücksichtigt, d. h., dass die Beziehung zwischen Produktionsfaktoreinsatz und Produktmengen nicht mit Sicherheit bestimmbar ist, spricht man von *stochastischen Produktionsmodellen*.

Während die Produktionstheorie in der Betriebswirtschaftslehre lange Zeit einen der analytisch am stärksten durchdrungenen Bereiche darstellte, die jedoch angesichts der Komplexität realer Produktionsbedingungen an Grenzen der Modellierbarkeit stößt, ist in den letzten Jahrzehnten dennoch eine deutlich stärkere Hinwendung zu mehr anwendungsorientierten Aussagesystemen, vor allem in den Bereichen des Operations Research und der Produktionsplanungs- und -steuerungssysteme (PPS), zu beobachten gewesen. Ungeschmälert ist dennoch ihre Bedeutung für das Verständnis von Produktivitätsbeziehungen. Darauf bauen auch andere Bereiche wie die Kostenrechnung oder das Controlling auf.

4 Operatives Produktionsmanagement

Die zentrale Aufgabe des operativen Produktionsmanagements ist die Durchführung der operativen *Produktionsplanung und -steuerung (PPS)*. Ausgehend von erwarteten bzw. bereits vorliegenden Kundenaufträgen wird im Rahmen der Produktionsplanung und -steuerung der mengenmäßige und zeitliche Produktionsablauf unter Beachtung der verfügbaren Kapazitäten durch Planentscheide festgelegt sowie deren Ausführung veranlasst und überwacht, so dass vorgegebene Ziele bestmöglich erreicht werden. Gegenstand dieses Kapitels ist die Darstellung von Entscheidungsproblemen der Produktionsplanung und -steuerung sowie Methoden zu deren Lösung.

4.1 Vorgaben des operativen Produktionsmanagements

4.1.1 Strategische Unternehmensplanung

Neben den durch vorgelagerte Planungen, insbesondere des strategischen und taktischen Produktionsmanagements, festgelegten internen Rahmenbedingungen existieren eine Vielzahl externer Bedingungen, d. h. nicht durch die Unternehmung beeinflussbare bzw. gestaltbare Gegebenheiten. Diese lassen sich in Einflüsse unterscheiden, die die gesamte Branche, innerhalb der das Unternehmen tätig ist, tangieren oder die sich speziell auf das betreffende Unternehmen beziehen. Bei ersteren handelt es sich im wesentlichen um gesamtwirtschaftliche, technologische, politisch-rechtliche und sozio-kulturelle Entwicklungen. Die zweite Gruppe lässt sich in Wettbewerbsentwicklungen innerhalb der eigenen Branche, in Entwicklungen auf den Abnehmer- und Beschaffungsmärkten und in Entwicklungen auf Substitutionsmärkten unterteilen. Ein Großteil dieser externen Entwicklungen ist auf der strategischen und taktischen Planungsebene zu antizipieren und dort in den Planungen zu verarbeiten, so dass diese Einflüsse in den Vorgaben für die operative Produktionsplanung abgebildet sind.

Die *strategische Planung*, die den höchsten sachlichen und zeitlichen Aggregationsgrad aufweist, ist sowohl der taktischen als auch der operativen Planung hierarchisch übergeordnet. Unter strategischer Planung sind die zukunftsgerichtete Beobachtung der Unternehmensumwelt mit dem Ziel des Erkennens von Chancen und Risiken, die Ermittlung der eigenen Stärken und Schwächen und die daraus folgende Ableitung von Strategien zur Erreichung von ebenfalls festzulegenden bzw. gegebenen strategischen Zielen zu verstehen.

Die Aufgabe der strategischen Planung umfasst somit, ausgehend von der Unternehmens- und Umweltanalyse, die Festlegung des *Produkt-Markt-Konzepts*, d. h. die Bestimmung der zu bearbeitenden Märkte und Produktfelder, und die Festlegung des *Ressourcenkonzepts*, also die Entscheidung über die funktionsbezogenen Ressourcen,

https://doi.org/10.1515/9783110467710-005

zur Schaffung und Erhaltung von Erfolgspotenzialen im Hinblick auf die langfristige Existenzsicherung bzw. Entwicklung des Unternehmens. Unter *Erfolgspotenzial* ist eine produkt-, markt- oder funktionsbereichsbezogene Fähigkeit des Unternehmens zu verstehen, die einen positiven Einfluss auf die Stellung im Wettbewerb ausübt. Erfolgspotenziale sind Voraussetzung dafür, dass das Unternehmen einen Vorteil gegenüber seinen Wettbewerbern erreichen kann. Auf die in Abhängigkeit von der Unternehmensstruktur notwendige Differenzierung der strategischen Planung nach Gesamtunternehmen und Geschäftsfeldern bzw. -bereichen sei an dieser Stelle nur hingewiesen.

Es werden also in der strategischen Planung nach Ermittlung der gegenwärtigen Unternehmensposition und unter Berücksichtigung der Umweltentwicklung die Strategien festgelegt, die angeben, auf welche Weise eine zukünftige, geplante Position erreicht werden soll.

In Tabelle 4.1 sind die wichtigsten Instrumente und Entscheidungshilfen der strategischen Planung zusammengefasst. Zu ihrer Darstellung und Anwendung sei auf die Literatur zur strategischen Planung verwiesen.[40]

In Abhängigkeit von der jeweiligen Unternehmenssituation und der Umweltentwicklung ist eine Vielzahl spezifischer Strategien bzw. Kombinationen verschiedener Strategien denkbar. Ein Großteil der Strategien lässt sich auf signifikante strategische Stoßrichtungen bzw. Strategietypen zurückführen. Bei stark aggregierter Betrach-

Tab. 4.1: Instrumente der strategischen Planung

Umweltorientierte Instrumente

- Szenario-Methodik
- Prognosemethoden

Branchenorientierte Instrumente

- PIMS-Programm
- Produktlebenszykluskonzept

Unternehmensorientierte Instrumente

- Stärken-Schwächen-Analyse
- Lücken-Analyse
- Wertschöpfungskette (Value Chain)
- Erfahrungskurvenkonzept

Portfolio-Methoden

- Marktwachstum-Marktanteil-Portfolio (BCG)
- Marktattraktivitäts-Wettbewerbsstärke-Portfolio (McKinsey)
- Technologie-Portfolio

---

40 Vgl. z. B. *Kreikebaum* (1993).

tungsweise kristallisieren sich zwei Grundformen von *Wettbewerbsvorteilen* heraus, und zwar Kostenführerschaft und Differenzierung. Verknüpft man diese Grundformen mit dem Tätigkeitsfeld der Unternehmung, d. h. Gesamtmarkt oder Teilmarkt, so ergeben sich drei Strategietypen:
- Strategie der Kostenführerschaft,
- Strategie der Differenzierung,
- Strategie der Konzentration.

Mit der Strategie der *Kostenführerschaft* wird angestrebt, die Erfolgspotenziale so zu gestalten, dass gegenüber den Konkurrenten im betrachteten Gesamtmarkt ein Vorsprung im Niveau der Kosten erreicht wird. Die Stoßrichtung der *Differenzierung* zielt darauf ab, dass der Output von Produkten oder Dienstleistungen so gestaltet wird, dass dieser aus Sicht der Abnehmer einen nicht auf dem Preis beruhenden einzigartigen Nutzen aufweist. Die Strategie der *Konzentration* unterscheidet sich von den beiden vorgenannten Strategietypen dadurch, dass als Tätigkeitsfeld nur noch ein Teil des Marktes bearbeitet wird, also eine Spezialisierung auf bestimmte Marktsegmente erfolgt. Der Wettbewerbsvorteil kann hier sowohl durch Kostenführerschaft als auch durch Differenzierung begründet sein.[41]

4.1.2 Strategische Produktionsplanung

Die *strategische Produktionsplanung* muss als integrativer Teil der strategischen Unternehmensplanung gesehen werden, der gemeinsam mit den restlichen strategischen Funktionsbereichsplänen im Hinblick auf das gesamte Unternehmensgeschehen erstellt und mit den übergeordneten Wettbewerbsstrategien abgestimmt werden muss. Eine isolierte Betrachtung der Produktionsplanung ist umso eher möglich, je weiter man sich auf einer hierarchisch niedrigeren Planungsebene befindet, also je operativer die Planung wird. Aufgabe der strategischen Produktionsplanung ist folglich die Gestaltung der Produktion zur Schaffung und Bewahrung produktionsbezogener Erfolgspotenziale, um einen Beitrag zur Wettbewerbsfähigkeit zu leisten.

Eine besondere Aufgabe bei der Festlegung der Produktionsstrategie liegt in der Entscheidung, ob kundenanonym oder kundenauftragsbezogen produziert werden soll. Während bei der *kundenanonymen Produktion* vollständig auf Prognoseverfahren zurückgegriffen werden muss, bestimmt sich die Nachfrage der *kundenauftragsbezogenen Produktion* im wesentlichen aus den bereits vorliegenden Aufträgen.

Die rein *kundenauftragsbezogene Produktion* hat den Vorteil, dass sich die Programmbildung allein an den eingegangenen Aufträgen ausrichten kann. Prognosen über die zukünftigen Absatzmöglichkeiten müssen zum Planungszeitpunkt nicht vor-

---

41 Vgl. *Porter* (1999a).

liegen. Damit entfällt das Risiko, den Absatz nach Art, Menge und zeitlicher Verteilung falsch zu prognostizieren und eine Produktion zu starten, die sich als nicht absetzbar erweist. Absatzrisiken bestehen allenfalls darin, dass Konkurrenten kürzere Lieferfristen anbieten und dadurch Absatzvorteile erlangen können. Ist das Produkt aber sehr speziell und erfüllt besondere Qualitätsanforderungen, tritt dieses Problem häufig in den Hintergrund. Bei kundenauftragsbezogener Produktion nehmen die Lieferfristen das maximale Ausmaß (z. B. gegenüber der kundenanonymen Produktion) an, wenn erst nach Auftragseingang alle notwendigen Wertschöpfungsstufen für die Erzeugnisse begonnen werden. Damit hängt weiter das Problem ungleichmäßiger Ressourcenbelastung zusammen, wenn die Kundenaufträge zeitlich unregelmäßig eintreffen oder mit stark variierenden Ressourcenerfordernissen verbunden sind. Es entsteht ein Dilemma zwischen Einhaltung der Lieferzeiten und einer wirtschaftlichen Kapazitätsauslastung.

Die rein *kundenanonyme Produktion* basiert auf Nachfrage- bzw. Absatzprognosen. Im Extremfall der rein prognosegetriebenen Produktion sind die abzusetzenden Erzeugnisse bei Auftragseingang bereits hergestellt. Dadurch ist die Lieferfrist gegenüber der kundenauftragsbezogenen Produktion erheblich verkürzt. Im wesentlichen sind nur noch die Zeiten interner Auftragsbearbeitung und die Vertriebszeit von Bedeutung. Um aber die Erzeugnisse bei Auftragseingang vorrätig zu haben, ist die Programmplanung im Voraus zu treffen, und zwar mindestens um die Vorlaufzeiten, die für die Herstellung der abzusetzenden Mengen erforderlich sind. Allerdings ist jede in die Zukunft gerichtete Entscheidung mit dem nicht zu beseitigenden Mangel behaftet, dass die Zukunft unsicher ist, d. h., es treten Prognoseprobleme auf. Für eine kundenanonyme Produktion ist daher im wesentlichen vorauszusetzen, dass der Bedarf relativ verlässlich vorhersagbar ist, die Erzeugnisse standardisiert sind, die Lagerhaltungskosten im Rahmen bleiben und die Kunden besonderen Wert auf eine schnelle Belieferung legen.

Mischformen zwischen den Fertigungsstrategien der kundenauftragsbezogenen (Make-to-Order-) und kundenanonymen (Make-to-Stock-)Fertigung sind in der Praxis häufig zu beobachten. Sie lassen sich über das Konzept des *Order Penetration Point* (OPP) verdeutlichen. Der Order Penetration Point beschreibt den Übergang von der prognosegetriebenen Lagerfertigung hin zur kundenbezogenen Auftragsfertigung. Je nach der strategischen Positionierung dieses Punktes lässt sich der Prognosegrad der Fertigung steigern oder senken. Abbildung 4.1 beschreibt verschiedene Fertigungsstrategien in Abhängigkeit vom Order Penetration Point, wobei die durchgezogene Linie jeweils den auftragsbezogenen und die gestrichelte Linie den prognosegebundenen Anteil der Wertschöpfungsaktivitäten andeutet, die durch den Order Penetration Point als „Kundenauftragsentkopplungspunkt" getrennt werden.

Folgende Fertigungsstrategien lassen sich systematisieren: Beim *Make-to-Stock* wird die gesamte Leistungserstellung prognosegetrieben geregelt. Die Enderzeugnisse liegen bereits auf Lager und nach Auftragseingang hat lediglich der Versand zum Kunden zu erfolgen. Diese Fertigungsstrategie ist häufig in der Serienfertigung

Fertigungs-strategie	Beschaffung	Teile-fertigung	Vor-montage	End-montage	Vertrieb
Make-to-Stock	- ▶				OPP ▶
Assemble-to-Order	- ▶			OPP	───── ▶
Subassemble-to-Order	- - - - - - - - - - - - - - - - ▶		OPP	─────	───── ▶
Make-to-Order	- - - - - - - - ▶	OPP	─────	─────	───── ▶
Purchaseand-Make-to-Order	OPP	─────	─────	─────	───── ▶

Abb. 4.1: Positionierung des Order Penetration Point
Abbildung in Anlehnung an Olhager (2003)

hochstandardisierter Erzeugnisse vorzufinden. Beim *Assemble-to-Order* wird die Montage kundenauftragsbezogen ausgelöst, die davor liegenden Prozesse werden durch Prognosen geregelt. Beim *Subassemble-to-Order* werden die Baugruppenfertigung (Vormontage) und Montage auftragsbezogen durchgeführt, die Teilefertigung und Beschaffung werden erwartungsbezogen ausgelöst. Bei der Strategie des *Make-to-Order* werden lediglich die Beschaffungsgüter aufgrund von Prognosen über die erwarteten Mengen disponiert; alle anderen Prozesse der Leistungserstellung werden auftragsbezogen durchgeführt. Beim *Purchase-and-Make-to-Order* existieren ausschließlich auftragsbezogene Prozesse in der Material- und Warenflusskette, d. h., die Leistungserstellung wird gänzlich durch Kundenaufträge bestimmt. Nach dem Auftragseingang beginnt erst die Beschaffung der Werkstoffe, dann folgen die Phasen Fertigung, Montage und Vertrieb. Eine noch weitergehende Form stellt die Fertigungsstrategie *Engineer-to-Order* dar, bei der nach Auftragseingang erst die Entwicklung des Erzeugnisses beginnt. Diese Form der rein auftragsgebundenen Einzelfertigung und -entwicklung findet sich häufig bei industriellen Großprojekten wie dem Schiffs- oder Anlagenbau.

Die Fähigkeit zur Verschiebung des *Order Penetration Point* stellt einen umso bedeutenderen Baustein der Produktionsstrategie dar, je kundenindividueller die Produkte gefertigt werden, da i. d. R. nur der kundenauftragsspezifische Teil der Wertschöpfungsaktivitäten eine Individualisierung beim Produkt, d. h. bei dessen Entwicklung und Fertigung, zulässt. Dies wird seit längerem unter dem Begriff der „Mass Customization" diskutiert, worunter eine kundenindividuelle Massenfertigung verstanden wird. Zu deren Realisierung spielen die Integration der Kunden in den Entwicklungs- und Designprozess, leistungsfähige Logistik- sowie flexible Produktionssysteme eine wesentliche Rolle.

Die *Produktionsstrategie* lässt sich darüber hinaus in weitere Teilstrategien unterteilen, die durch mehrere voneinander abhängige Entscheidungen determiniert werden:

– Entscheidung über die zu bearbeitenden *Produktfelder*. Dieser Entscheidungsprozess wird auch als strategische bzw. langfristige Produktionsprogrammplanung bezeichnet. Die Produktfeldentscheidung stellt keine isolierte strategische Entscheidung des Funktionsbereichs Produktion dar, sondern ist eng mit der Festlegung des Produkt-Markt-Konzepts und der strategischen Absatz- bzw. Marketingplanung verbunden.

– Entscheidung über den Einsatz von *Technologien* in der Produktion, davon betroffen ist sowohl die Anwendung von Technologien bezüglich des Produkts als auch bezüglich des Produktionssystems und hier speziell des Produktionsprozesses.

– Entscheidung über Art und Umfang der *Kapazitäten* des Unternehmens, also Vorgaben bezüglich des Leistungsvermögens des Produktionssystems.

– Entscheidung über den Umfang der vertikalen Integration, d. h. im Produktionsbereich über die *Fertigungstiefe*.

– Entscheidung über *Standorte* der Produktion, d. h. Entscheidungen über die beabsichtigte räumliche Verteilung der Produktionskapazitäten auf bereits vorhandene und/oder neu zu erschließende Standorte.

Zusammengefasst lassen sich diese Entscheidungen in zwei Planungsbereiche differenzieren, und zwar in die *Produktplanung* und die *Produktionssystemplanung*.

4.1.3 Taktische Produktionsplanung

Die *taktische Produktionsplanung* weist einen geringeren zeitlichen und sachlichen Aggregationsgrad auf. Ihre Aufgabe besteht darin, die durch die strategische Produktionsplanung gesetzten Vorgaben bezüglich der zu bearbeitenden Produktfelder und des angestrebten Produktionssystems zu konkretisieren und damit Entscheidungen zu treffen, die der Verwirklichung der Unternehmensstrategie und speziell der *Produktionsstrategie* dienen.

Im Detail ergeben sich folgende interdependente Entscheidungskomplexe:
– Entscheidung über das *Produktionsprogramm* und damit die Konkretisierung der in den Produktfeldern herzustellenden Produkte nach Art und Qualität, was ebenfalls Produktinnovation, Produktvariation und Produktelimination abdeckt. Dieser Entscheidungskomplex wird auch als taktische bzw. mittelfristige Programmplanung oder Produktprogrammplanung bezeichnet.

– Entscheidung über die Anpassung des *Produktionssystems*, d. h. über die Gestaltung der Produktiveinheiten und der Struktur der Produktion.

Als *Produktiveinheit* bezeichnet man die durch sachliche und räumliche Zuordnung von Arbeitskräften und Betriebsmitteln entstehenden Einheiten, die in der Lage sind, Arbeitsgänge durchzuführen. Bei der Gestaltung der Produktiveinheiten sind folgende Teilentscheidungen zu treffen: Es muss entschieden werden, ob das vorhandene Technikkonzept den neuen Anforderungen genügt oder das technologische Niveau der Produktiveinheiten erhöht werden muss. Eingeschlossen ist hier die Entscheidung über die optimale Nutzungsdauer bei technologischem Fortschritt. Die Festlegung des quantitativen Leistungsvermögens der Produktiveinheiten, die Dimensionierung der Kapazitäten, fällt ebenso unter diesen Entscheidungsbereich. Die dritte Teilentscheidung betrifft die Konkretisierung der in der strategischen Produktionsplanung ermittelten Vorgaben bezüglich der Standorte. Es ist festzulegen, an welchen Standorten welche Produktiveinheiten in welchem Kapazitätsumfang beibehalten, abgebaut oder aufgebaut werden sollen. Hier wird auch wieder der enge Zusammenhang der Teilentscheidungen deutlich, die nur in Abstimmung untereinander getroffen werden können.

Die Entscheidungen über die Struktur betreffen zum großen Teil organisatorische Fragen. Die Arbeitsaufgaben sind auf die Produktiveinheiten zu verteilen, womit die Arbeitsteiligkeit festgelegt wird. Ein weiteres zu lösendes Problem betrifft dann die räumliche, zeitliche und sachliche Verbindung der Produktiveinheiten des Produktionssystems. Die Strukturentscheidungen determinieren somit die *Organisationstypen der Fertigung* und die Gestaltung des innerbetrieblichen Materialflusses.

Die taktische Planung, in der das Produktprogramm und das Produktionssystem konkret festgelegt werden, erfolgt regelmäßig mit Hilfe von Verfahren der Investitionsrechnung.

Die operative Produktionsplanung als Aufgabe des Produktionsmanagements und als Gegenstand des vorliegenden Buchs stellt die dritte Planungsebene in der hier betrachteten Planungssystematik dar. Für sie gilt der durch die taktische Produktionsplanung vorgegebene Rahmen. Ihre Aufgabe besteht in der Sicherstellung der optimalen Ausnutzung des vorhandenen Produktionssystems in mengenmäßiger und zeitlicher Hinsicht.

4.2 Produktionsplanung und -steuerung (PPS)

4.2.1 Grundkonzept von PPS-Systemen

In Literatur und Betriebspraxis werden eine Reihe unterschiedlicher Konzepte zur Produktionsplanung und -steuerung dargestellt bzw. angewandt. Selbst verschiedene Betriebe ein und desselben Unternehmens arbeiten nicht notwendigerweise mit identischen Konzepten der Produktionsplanung und -steuerung. Die Verschiedenartigkeit der einzelnen Konzeptionen soll im folgenden anhand einiger Kriterien beispielhaft aufgezeigt werden.

Betrachtet man das Problem der Produktionsplanung und -steuerung als *Entscheidungskomplex*, so kann eine modellmäßige Abbildung als Totalmodell oder in Form mehrerer Partialmodelle erfolgen. Ersteres liegt vor, wenn es gelingt, den PPS-Komplex in einem einzigen (monolithischen) Modell abzubilden und in einem

Verfahrensschritt die optimale Lösung zu ermitteln – man führt somit eine *Simultan-planung* durch. Dagegen wird der PPS-Komplex im Rahmen der *Sukzessivplanung* in mehreren Partialmodellen abgebildet, die schrittweise aufeinanderfolgend gelöst werden. Selbstverständlich ist das monolithische PPS-Modell aus Sicht des Produktionsmanagements wiederum ein Partialmodell, da strategische, taktische und operative Entscheidungen mit Hilfe separater Modelle sukzessiv gefällt werden.

Hinsichtlich der *Zuordnung von Entscheidungsbefugnissen* auf Managementebenen können *zentral* und *dezentral* organisierte PPS-Konzepte unterschieden werden. Erstere sind dadurch gekennzeichnet, dass sämtliche Planentscheide im Detail von einer zentralen Instanz gefällt werden; den Produktionsstellen bzw. (Werkstatt-) Verantwortlichen kommt dann im Rahmen der Produktionssteuerung eine lediglich ausführende und überwachende Funktion zu. Aufgrund ihrer monolithischen Struktur sind Simultanplanungsmodelle stets zentral organisiert, woraus in der Praxis Akzeptanzprobleme resultieren können. Sukzessive PPS-Konzepte dagegen können sowohl zentral als auch dezentral organisiert sein.

Auch die *Art der eingesetzten Algorithmen* kann als Kriterium zur Klassifizierung von PPS-Konzepten herangezogen werden. Da Simultanplanungsmodelle nicht zuletzt durch die Ermittlung der optimalen Lösung des Planungsproblems gekennzeichnet sind, finden zwangsläufig exakte mathematische Lösungsverfahren Verwendung. Sukzessivplanungsmodelle lassen dagegen auch den Einsatz heuristischer Lösungsverfahren auf allen oder einigen Planungsstufen zu.

4.2.2 Stufenkonzept konventioneller PPS-Systeme

Systeme der *operativen Produktionsplanung und -steuerung* (PPS) stellen wesentliche Informations- und Entscheidungsunterstützungssysteme des Produktionsmanagements dar. Ein PPS-System hat die Aufgabe, aufgrund erwarteter oder vorliegender Kundenaufträge den mengen- und zeitmäßigen Produktionsablauf unter Beachtung der verfügbaren Ressourcen (v. a. Kapazitäten) durch Planvorgaben festzulegen, freizugeben und zu überwachen und bei Abweichungen Maßnahmen zu ergreifen, so dass vorab festgelegte betriebliche Ziele erreicht werden.

Wenn im weiteren von konventionellen PPS-Systemen die Rede ist, so ist darunter grundsätzlich ein derartiges, auf sukzessiver Planungslogik basierendes Stufenkonzept zu verstehen.[42] Die Bezeichnung „sukzessive" macht deutlich, dass es sich um ein schrittweises, stufenförmiges Planungsvorgehen handelt. Entsprechend symbolisieren auch die einzelnen Stufen in Abbildung 4.2 die schrittweise aufeinanderfolgend zu lösenden Partialmodelle.

---

[42] Zur Entwicklung von PPS-Systemen vgl. Abschnitt 4.2.3.

Die *Produktionsprogrammplanung* ist der erste Planungsschritt der operativen Produktionsplanung und -steuerung, auf dessen Ergebnissen alle anderen PPS-Teilpläne aufbauen. Die Güte der gesamten Produktionsplanung und -steuerung hängt von der Qualität der Ergebnisse der Produktionsprogrammplanung ab. Trotz der ihr zugewiesenen Bedeutung gehört die Produktionsprogrammplanung im Vergleich zu den restlichen PPS-Modulen und insbesondere im Vergleich zur Materialbedarfsplanung zu den noch immer nur in geringem Umfang EDV-unterstützten Planungsmodulen.

Die Produktionsprogrammplanung erfolgt regelmäßig zweistufig, mittels einer *aggregierten Programmplanung* (APP) und einer nachfolgenden detaillierten Programmplanung, des *Master Production Schedule* (MPS). Die Aufgaben von APP und MPS unterscheiden sich durch den Aggregationsgrad der Erzeugnisse.

Es ist daher vom Produktionsmanagement zunächst zu definieren, welche Produktgruppen unterschieden, welche Produkte zu einer Produktgruppe zusammengefasst werden und welchen Anteil einer bestimmten Produktgruppe die darin enthaltenen Produkte ausmachen. In der aggregierten Programmplanung wird zunächst auf Produktgruppenebene eine Programmplanung durchgeführt, die im Rahmen des Master Production Schedule in die geplanten Produktionsmengen der einzelnen Produkte disaggregiert wird. APP und MPS dürfen sich nicht widersprechen, damit der Kapazitätsplan nicht gefährdet wird. Soll z. B. von einem Produkt mehr hergestellt werden als zunächst geplant, so muss von anderen Produkten weniger hergestellt werden. Das aggregierte Produktionsprogramm hat daher den Charakter einer verbindlichen Planung, die die Freiräume der folgenden detaillierten Programmplanung einschränkt.

Die *Materialbedarfsplanung* ermittelt den Sekundärbedarf, d. h. den Bedarf an Werkstoffen nach Art, Menge und Termin, der zu fertigen oder zu beschaffen ist, um das geplante Produktionsprogramm herstellen zu können. Hierzu gehen in PPS-Systeme Erzeugnisstrukturen in Form von Stücklisten ein, die es im Rahmen der Stücklistenauflösung ermöglichen, den Sekundärbedarf an Baugruppen, Teilen und Rohstoffen unter Zugrundelegung des Primärbedarfs zu ermitteln. Aus dem so ermittelten Bruttobedarf wird unter Berücksichtigung von Lagerbeständen der Nettobedarf berechnet. Durch eine Vorlaufzeitverschiebung wird der Nettobedarf der einzelnen Werkstoffe schließlich den einzelnen Perioden zugeordnet, in denen mit der Beschaffung bzw. Fertigung der Teile begonnen werden muss, um das Produktionsprogramm zum geplanten Termin fertigstellen zu können. Die Vorlaufzeitverschiebung basiert meist auf geplanten Durchlaufzeiten. Für bestimmte Werkstoffe, meist solche mit geringerem Wert, bietet sich zur Sekundärbedarfsermittlung ein vereinfachtes, verbrauchsgesteuertes Dispositionsverfahren an, das auf vergangenen Verbrauchswerten basiert.

Ist der Sekundärbedarf für die einzelnen Komponenten bekannt, so werden diese Bedarfe nach Wirtschaftlichkeitskriterien im Rahmen der *Losgrößen- oder Bestellmengenplanung* zu Fertigungs- oder Bestelllosen zusammengefasst. Lose sind jene

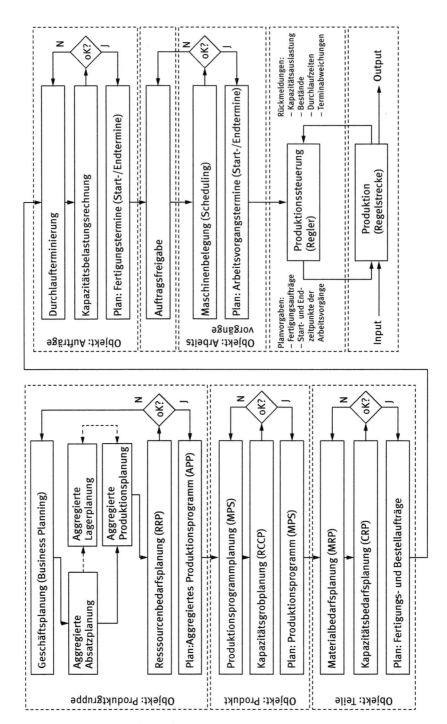

Abb. 4.2: Stufenkonzept der Produktionsplanung und -steuerung

Mengen, die jeweils als geschlossener Posten einen Produktions- oder Bestellprozess durchlaufen. Je größer (kleiner) ein Los, umso höher (niedriger) sind die Lagerkosten, aber umso geringer (höher) sind die Rüstkosten. Das Kostenminimum aus Lager- und Rüstkosten bestimmt die optimale Losgröße. Viele PPS-Systeme enthalten hierzu Näherungsverfahren, die erlauben, Rüst- und Lagerhaltungskosten alternativer Losgrößen gegeneinander abzuwägen.

Die *Auftragsterminierung* ermittelt im Rahmen der Produktionsdurchführungsplanung die Start- und Endtermine der Arbeitsvorgänge für die geplanten Fertigungsaufträge und sorgt für einen Kapazitätsabgleich. Ausgangsbasis der *Durchlaufterminierung* sind die in den Arbeitsplänen niedergelegten Rüst- und Bearbeitungszeiten, aus denen die Start- und Endtermine unter Beachtung der technisch bedingten Arbeitsabläufe festgelegt werden, ohne aber zunächst Kapazitätsgrenzen zu berücksichtigen. Im Rahmen des Kapazitätsabgleichs wird aus den terminierten Arbeitsvorgängen der Kapazitätsbedarf auf den entsprechenden Kapazitätseinheiten ermittelt und dem Kapazitätsangebot gegenübergestellt. Die *Kapazitätsterminierung* hat die Aufgabe, Kapazitätsbedarf und -angebot aufeinander abzustimmen.

Für die geplanten Fertigungsaufträge ist im nächsten Schritt zu bestimmen, welche von diesen freigegeben werden müssen. Die *Auftragsfreigabe* ist mit einer Verfügbarkeitskontrolle verbunden, um zu gewährleisten, dass für die freigegebenen Aufträge das erforderliche Personal, die Maschinen, die Werkzeuge und die Werkstoffe bereitstehen.

In vielen praktischen Fällen ist für die freigegebenen und in Arbeit befindlichen Aufträge eine Terminfeinplanung im Rahmen der *Produktionssteuerung* erforderlich. Die sich daraus ergebenden Maschinenbelegungspläne sind den durchführenden Fertigungsstellen zu übermitteln, um dort die Arbeit verteilen zu können. Gegenstand der Terminfeinplanung ist vor allem die zeitliche *Reihenfolgeplanung* (Ablauf- bzw. *Maschinenbelegungsplanung*) der zu bearbeitenden Aufträge. An dieser Stelle, d. h. dort, wo Planvorgaben in Durchführungsaktivitäten übergehen, vollzieht sich auch der Übergang von der Produktionsplanung zur Steuerung der „physischen" Produktion.

Die *Auftrags- und Kapazitätsüberwachung* beginnt unmittelbar mit dem Produktionsvollzug und erfasst im Rahmen der *Betriebsdatenerfassung* (BDE) Daten aus dem Fertigungsbereich. Im Rahmen der Auftragsüberwachung ist z. B. zu überwachen, ob sich die Aufträge entsprechend den Planwerten hinsichtlich Qualität, Menge und Zeit entwickeln. Damit lässt sich der Arbeitsfortschritt feststellen sowie ein Vergleich zwischen Soll- und Ist-Daten vornehmen. Die Kapazitätsüberwachung erfasst entsprechende maschinen- und personalbezogene Daten. Die Rückmeldung von Daten ist in regelkreisbasierten PPS-Systemen Grundlage für das Erkennen von Störungen.

Das *Informationsversorgungssystem* der einzelnen Module der Produktionsplanung und -steuerung umfasst die Beschaffung, Analyse und Aufbereitung aller für die Regelung des Produktionsprozesses relevanten Ist-, Prognose- und Soll-Daten. Dies ist schematisch in Abbildung 4.3 dargestellt.

	PPS-Stufenkonzept	Inputdaten		Outputdaten
		Istdaten	Prognosedaten	
Produktionsplanung	**Produktionsprogramm-planung**	– Kundenaufträge – Kapazitätsangebot	– Absatz-prognosen	– Primärbedarf (Mengen, Zeiten)
Produktionsplanung	**Materialbedarfsplanung**	– Stücklisten – Lagerbestand	– Plan-Vorlauf-zeit	– Sekundärbedarf – Losgrößen
Produktionsplanung	**Auftragsterminierung** Durchlaufterminierung Kapazitätsterminierung Auftragsfreigabe	– Arbeitspläne – Betriebsmittelkap. – Mitarbeiterkap. – Lieferantenkap.	– Plan-Durch-laufzeit	– Fertigungstermine – Verfügbarkeits-prüfung – freigegebene Aufträge
Produktions-steuerung	**Produktionssteuerung** Maschinenfolgeplanung Reihenfolgeplanung Auftragsüberwachung Kapazitätsüberwachung	Betriebsdatenerfas-sung (BDE) bezo-gen auf: – Fertigungsaufträge – Betriebsmittel – Mitarbeiter – Werkstoffe		– Auftragsreihen-folgeplanung bzw. – Maschinen-belegungsplanung

Abb. 4.3: Informationsverarbeitung in PPS-Systemen

Zu den *Istdaten* zählen grundlegende Beschreibungen der Produkt- und Prozess-strukturen (Teiledaten, Erzeugnisstrukturen, Stücklisten, Arbeitspläne, Betriebs-mitteldaten etc.), die als *Stammdaten* bezeichnet werden, bzw. *Bewegungsdaten*, wie aktuelle Lagerbestände, Kundenaufträge, Bestellungen, auftragsfortschritts-, material-, personal- oder maschinenbezogene Daten. *Prognosedaten* beziehen sich auf Vorhersagen zukünftiger Zustände, die für die Regelung des Produktionsprozesses erforderlich sind. Dabei spielen vor allem Absatzprognosen eine wichtige Rolle.

Soll-Größen stellen Steuerungsgrößen dar, die unter Zugrundelegung von Ist- bzw. Prognosedaten durch das PPS-System erarbeitet werden und dem physischen System der Leistungserstellung vorgegeben werden. Im Rahmen der Steuerung sind vor allem Soll-ist-Abweichungen relevant, die eine Kontrolle und Abweichungsanalyse ermög-lichen und so bei Bedarf neue Planungszyklen anstoßen und lenkende Eingriffe des Managements auslösen (Regelkreissystem).

Konventionelle PPS-Systeme bedürfen offensichtlich bestimmter einschränken-der *Voraussetzungen*, um zufrieden stellend zu funktionieren. Es muss gewährleistet sein, dass:

– die Bearbeitungszeiten der Aufträge mit hoher Sicherheit bekannt sind,
– die Durchlaufzeiten relativ sicher prognostizierbar sind und nur geringfügig um den Mittelwert streuen, damit zuverlässige Terminpläne möglich sind,

– keine Engpässe innerhalb der Fertigung auftreten, oder bestehende Engpässe müssen sich durch Kapazitätsanpassung überwinden lassen,
– die Vorhersagbarkeit der verfügbaren Kapazitäten gewährleistet ist, was erfordert, dass die Ausfallzeiten der Betriebsmittel gering sind,
– das Produktionsprogramm mit einer gewissen Vorlaufzeit bekannt ist, damit ständige Umplanungen vermieden werden.

Diese Voraussetzungen sind am ehesten bei Serienfertigung überwiegend standardisierter Produkte erfüllt. Je größer die Zahl kundenspezifischer Aufträge bei wechselnden Werkstattengpässen wird, umso weniger eignet sich das Stufenkonzept konventioneller PPS-Systeme.

4.2.3 Entwicklung konventioneller PPS-Systeme

In den nachfolgenden Abschnitten soll die Entwicklung konventioneller Systeme zur Produktionsplanung und -steuerung dargestellt werden, die im englischsprachigen Raum auch als *MRP-II*-Konzept (*Manufacturing Resource Planning*) bekannt sind, wobei unter *MRP-II*-Konzepten zumeist auch eine damit verbundene Software zur Produktionsplanung und -steuerung verstanden wird.

Konventionelle PPS-Systeme, z. B. auf Basis des *MRP-II*-Konzepts, leisten vor allem die Automatisierung von Planungsroutinen, die früher manuell durchgeführt wurden; entscheidungsunterstützende Planungsmethoden kommen dabei mit Ausnahme der Produktionsprogrammplanung kaum zum Einsatz. Ausgangspunkt der Entwicklung von PPS-Systemen war die arbeits- und rechenaufwendige deterministische Bedarfsermittlung (Stücklistenauflösung). Da eine deterministische Bedarfsermittlung sinnvollerweise auch die Bedarfstermine unter Berücksichtigung von Lagerbeständen ermitteln muss, lässt sich die Aufgabe als terminierte Nettobedarfsermittlung mit Vorlaufzeitverschiebung umschreiben. Diese Rechnung ist mit der Losbildung verknüpft, da die Bedarfsermittlung für Werkstoffe einer bestimmten Dispositionsstufe auf den Losen der übergeordneten Dispositionsstufe aufbaut. Zudem erforderte die Vorlaufzeitverschiebung die Kenntnis der Plandurchlaufzeiten einzelner Arbeitsgänge. Nach der Durchlaufterminierung können schließlich die geplanten Kapazitätsbelastungen ermittelt werden. Basis für entsprechende rechnergestützte Materialbedarfsplanungssysteme ist ein Informationssystem zur Verwaltung der Stammdaten (Stücklisten, Arbeitspläne, Betriebsmitteldaten etc.) sowie der Bewegungsdaten (Lagerbestände, Aufträge, Produktionsprogramm). Gegenüber den Anfang der 1970er Jahren noch vorherrschenden verbrauchsorientierten Dispositionsverfahren stellten derartige bedarfsorientierte *Material-Requirements-Planning*-(MRP-)Systeme einen beachtlichen Fortschritt dar („from chaos to order").

Im Gegensatz zu den lediglich materialwirtschaftliche Aspekte betreffenden *MRP*-Systemen (*Material Requirements Planning*) ist das von *O.W. Wight* propagierte *MRP-*

II-Konzept (*Manufacturing Resource Planning*) durch die explizite Einbeziehung weiterer Planungs- und Steuerungsmodule gekennzeichnet, bei dem sukzessiv und iterativ mit zunehmendem Detaillierungsgrad, bei zugleich abnehmendem Planungshorizont, geplant wird. Um mit *Wight* zu sprechen, sind vereinfachend folgende Fragen zu beantworten: „What are we going to make?", „What does it take to make it?", „What do we have?" und „What do we have to get?"[43]

Während die Erweiterung der ursprünglichen *MRP*-Systeme um Aspekte der Produktionsplanung zunächst zu den so genannten *MRP-I*-Systemen führte, ging die Entwicklung durch *Anbindung der Kapazitäts- und Ablaufplanung* an die Programmplanung weiter zu den *MRP-II*-Systemen. Kennzeichnend für *MRP-II*-Systeme im Gegensatz zu ihren Vorläufern, den *MRP-I*-Systemen, ist das als „closed loop" bezeichnete Vorgehen zur Beurteilung der kapazitätsmäßigen Durchführbarkeit eines Produktionsprogramms. Ergibt eine Kapazitätsbedarfsrechnung (Capacity Requirements Planning, CRP), dass das vorgegebene Produktionsprogramm kapazitätsmäßig nicht durchführbar ist, wird eine Planrevision durch Rückkopplung von der Kapazitätsbedarfsrechnung zur Programmplanung und Losbildung angestoßen. Das *MRP-II*-System rechnet dann den Kapazitätsbedarf des geänderten Produktionsprogramms durch, bis ein zulässiger Plan erreicht ist.

MRP II stellt somit ein Konzept dar, das die Integration aller Teilpläne, die der Disposition der Material- und Warenflusskette dienen, anstrebt und dabei möglichst die Ressourcenrestriktionen bei allen Teilplanungen einbezieht („closed loop"), um zulässige Vorgaben an die jeweils untergeordneten Planungsebenen weiterzugeben. Häufig werden Kapazitätsrestriktionen aber auch erst in der Planungsstufe Kapazitätsterminierung berücksichtigt, wobei bevorzugt das Kapazitätsangebot verändert wird, weil dabei weniger Interdependenzen zu berücksichtigen sind als bei Veränderungen der Kapazitätsnachfrage, z. B. durch Verschiebung der zeitlichen Zuordnungen von Arbeitsgängen zu Betriebsmitteln. Zuweilen reichen die in der Kapazitätsterminierung bestehenden Handlungsalternativen aber nicht aus, um eine im Hinblick auf die periodenbezogenen Kapazitätsbedingungen zulässige Lösung für die Produktionsplanung zu finden. Dies hat nicht zuletzt zu Kritik am Sukzessivplanungskonzept von *MRP II* geführt.

4.2.4 Kritik an konventionellen PPS-Systemen

Aus der beschriebenen Vorgehensweise im Rahmen der Produktionsplanung und -steuerung (PPS) wird deutlich, dass zwischen den einzelnen Teilplänen eine Abwärtsintegration in dem Sinne stattfindet, als die Planentscheide hierarchisch vorgelagerter Stufen den nachgelagerten Planungsstufen als Vorgabe dienen.

---

43 *Wight* (1984), S. 405.

Generell werden die Mängel konventioneller PPS-Systeme vor allem darin gesehen, dass der sukzessive Planungsablauf die zeitlichen *Interdependenzen* zwischen den Aufträgen vernachlässigt, da PPS-Systeme auf einer isolierten Planung für jeden Auftrag aufbauen (Bereitstellungsplanung, isolierte Durchlaufterminierung einzelner Aufträge auf der Basis mittlerer Durchlaufzeiten, Kapazitätsabgleich, Auftragsfreigabe und Reihenfolgeplanung) und erst nachträglich versuchen, im Rahmen des Kapazitätsabgleichs Engpässe zu vermeiden.

Rückkopplungen zwischen den Planungsstufen sind erforderlich, wenn sich in der nachfolgenden Stufe herausstellt, dass die Planungsannahmen unrealistisch waren. Dies ist insofern von besonderer Relevanz, als zwischen den einzelnen Teilplänen nicht nur einseitige (*Dependenzen*), sondern regelmäßig wechselseitige Abhängigkeiten (*Interdependenzen*) bestehen (Abbildung 4.4).

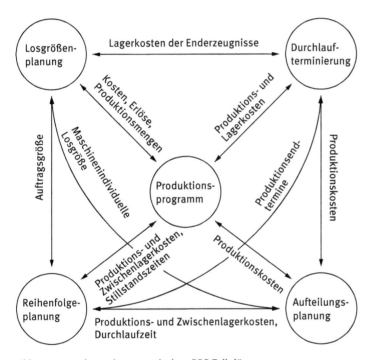

Abb. 4.4: Interdependenzen zwischen PPS-Teilplänen

Neuere Konzepte der Produktionsplanung und -steuerung versuchen sich zudem von dem starren sukzessiven Vorgehen konventioneller PPS-Systeme zu lösen, indem sie – teilweise für bestimmte typische Produktionssysteme – einzelne Planungsschritte integrieren. Das Verfahren der *Input-Output-Control* integriert Teile der Materialbedarfsplanung (Losgrößenermittlung) und der Auftragsterminierung (Kapazitätsbelegung) sowie die Auftragsfreigabe. Ziel des *KANBAN-Systems* ist die Steuerung der Fertigung hochwertiger Teile oder Baugruppen mit regelmäßigem Verbrauch, wobei die Steuerung entgegen dem Materialfluss erfolgt (Pull-Prinzip). Das *OPT-Verfahren* (Optimized *Production Technology*) kennzeichnet im Gegensatz zum *MRP-II*-Konzept die Orientierung am Engpass des gesamten Produktionssystems und die Optimierung des Materialflusses. Die einzelnen sukzessiven Planungsschritte, die sich in ihrer Reihenfolge von denen des *MRP-II*-Konzepts unterscheiden, werden so lange iterativ wiederholt, bis eine zufriedenstellende Lösung erreicht ist.

Da der gesamte Bereich der betrieblichen Leistungserstellung in Unternehmen ein „Optimierungskomplex" ist, kann eine sukzessive Planung aber nur zufällig zur optimalen Lösung führen. Eine Alternative zur beschriebenen sukzessiven Vorgehensweise ist die *Simultanplanung*, die vor allem in Form mathematischer Optimierungsmodelle formuliert wird. So wurden in den ersten Simultanplanungsmodellen die Absatz- und die Programmplanung in Modellen der Linearen Programmierung verbunden, um das Absatzprogramm unter Berücksichtigung der potenziellen Kapazitätsengpässe optimal bestimmen zu können. Erweiterungen dieser Modelle beziehen unter anderem die Losgrößen- und Reihenfolgebestimmung mit ein, was auf eine Vielzahl von Abhängigkeiten führt, die sich grundsätzlich in gemischt-ganzzahligen Optimierungsmodellen abbilden lassen. Weitere Ansätze versuchen auch finanzwirtschaftliche Aspekte in diese Planungsmodelle einzubeziehen und auf diese Weise zu einer integrierten Unternehmensgesamtplanung zu gelangen.

Allerdings sind Simultanplanungsmodelle im Rahmen der Produktionsplanung und -steuerung in der Realität nicht durchführbar. Bereits eine simultane Planung von Absatz- und Produktionsprogramm kann (insbesondere bei Vorliegen zahlreicher Verfahrenswahlmöglichkeiten) einen erheblichen Datenbeschaffungs- und Planungsaufwand mit sich bringen. Neben den Kosten der Datenermittlung können damit – in Abhängigkeit von der Länge des Planungszeitraumes – auch durch Prognosefehler hervorgerufene Suboptimalitäten verbunden sein, die nur durch ständige Neuplanungen beseitigt werden könnten. Dies würde einerseits zusätzliche Planungskosten und andererseits eine erhebliche Unruhe in der Produktion hervorrufen. Darüber hinaus beinhalten simultane Planungsmodelle eine Tendenz zur Zentralisierung der Entscheidungskompetenzen, woraus in der Praxis Akzeptanzprobleme resultieren können. Schließlich wächst mit steigendem Detaillierungsgrad der Planung die Zahl der Variablen und der zu berücksichtigenden Nebenbedingungen derart stark an, dass die Modelle letztlich auch mit leistungsfähigen Computersystemen nicht mehr in annehmbarer Zeit gelöst werden können. Daher ist es auch unmöglich, in praxisnahen Entscheidungssituationen simultane Optimallösungen für die Investitions-, Absatz-, Programm-, Beschaffungs-, Losgrößen- und Reihenfolgeplanung zu ermitteln. Insofern ist man gezwungen, die sukzessiven PPS-Konzepte zu verwenden, was aber den Anspruch beinhaltet, sie hinsichtlich Lösungsaufwand und -qualität ständig zu verbessern.

Obwohl in der Literatur eine Vielzahl exakter mathematischer Verfahren zu einzelnen PPS-Problemen existieren, arbeiten *MRP-II*-Konzepte überwiegend mit Hilfe heuristischer Lösungsverfahren. Als jüngster Entwicklungsschritt gelten hierbei die bereits erwähnten *Advanced-Planning-and-Scheduling*-(APS-)Systeme, die versuchen, den Planer mit Hilfe modellgestützter Ansätze (Methoden des Operations Research) bei der Lösung von Planungsproblemen in den Bereichen von Produktion und Logistik zu unterstützen.

4.2.5 Advanced-Planning-and-Scheduling-Systeme

Advanced-Planning-and-Scheduling-(APS-)Systeme finden seit Ende der 1990er Jahre zunehmend Interesse in Theorie und Praxis. APS-Systeme sind Softwaresysteme, die das Produktionsmanagement mit Hilfe modellgestützter Ansätze bei der Lösung von Planungsproblemen im Bereich Produktion und Logistik und vor allem im Supply Chain Management unterstützen. Wie PPS-Systeme sind auch APS-Systeme modular aufgebaute Informationssysteme, die auf dem Konzept der hierarchischen Planung beruhen und die Planung aus Sicht einer zentralen koordinierenden Einheit vornehmen.

Im Unterschied zu konventionellen PPS-Systemen wird die Planung in APS-Systemen bereichs- und unternehmensübergreifend für Beschaffung, Produktion, Distribution und Absatz unter Verwendung leistungsfähiger Operations-Research-Verfahren bei Berücksichtigung der beschränkten Verfügbarkeit der Beschaffungs-, Produktions- und Distributionsressourcen auf allen Planungsebenen durchgeführt. Darüber hinaus versuchen APS-Systeme, das sukzessive Vorgehen der konventionellen PPS-Systeme zu ergänzen und deren Schwächen durch modellgestützte Planung zu beseitigen. Hierzu enthalten APS-Systeme über die für PPS-Systeme übliche Datenverwaltung hinaus Module, mit denen eine integrierte und modellgestützte Planung möglich werden soll. Die verschiedenen in der Praxis eingesetzten APS-Systeme

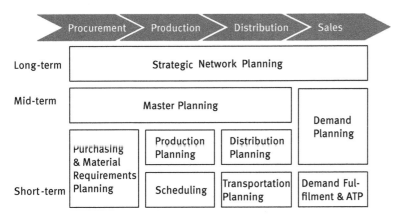

Abb. 4.5: Grundstruktur von APS-Systemen
Abbildung in Anlehnung an Meyr, Wagner, Rohde (2005)

unterscheiden sich hinsichtlich ihres modularen Aufbaus und des Funktionsumfangs der einzelnen Module.

Abbildung 4.5 zeigt den idealtypischen Aufbau eines APS-Systems. Den Spalten dieser Matrix entsprechen die funktionalen Bereiche der Beschaffung, der Produktion, der Distribution und des Absatzes. In den Zeilen findet sich die Hierarchie der lang-fristigen, der mittelfristigen und der kurzfristigen Planungsebenen wieder.

- *Strategic Network Planning* (Netzwerkgestaltung): Auf der obersten Planungs-ebene findet die Gestaltung des Wertschöpfungsnetzwerks statt. Hierbei sind insbesondere Entscheidungen über die Standorte der Produktionsstätten, die Struktur des Distributionsnetzes und die Menge der Zulieferer zu treffen, mit denen eine längerfristige Zusammenarbeit vereinbart werden soll.
- *Demand Planning* (Absatzplanung mit Prognoseverfahren): Aufgaben der Absatz-planung sind die Festlegung des Produktprogramms und die Erstellung lang-, mittel- und kurzfristiger Nachfrageprognosen für die angebotenen Produkte.
- *Master Planning* (Koordination von mittelfristiger Beschaffungs-, Produktions- und Absatzplanung, Master Production Scheduling): In diesem Modul werden innerhalb der von der Netzwerkgestaltung definierten Rahmenbedingungen und ausgehend vom Absatz- und Produktprogramm die Materialflüsse im Wertschöp-fungsnetzwerk abgestimmt (Master Production Scheduling). Der Planungshori-zont umfasst meist einen saisonalen Zyklus, der in Monats- oder Wochenperioden unterteilt wird. Es werden nur Endprodukte und Hauptkomponenten betrachtet. Die Ergebnisse des Master Planning dienen auf der kurzfristigen Planungsebene als Vorgaben für die Beschaffungsplanung, die operative Produktionsplanung sowie die operative Distributionsplanung.
- *Purchasing and Material Requirements Planning* (Stücklistenauflösung und Ma-terialdisposition): Da beim Master Planning nur Endprodukte und Hauptkom-ponenten betrachtet werden, werden im Rahmen der operativen Produktions-planung zunächst durch eine Stücklistenauflösung die Gesamtbedarfe für alle Erzeugnisse aus den im Master Planning festgelegten Bruttobedarfen für die Endprodukte bestimmt.
- *Production Planning and Detailed Scheduling* (Losgrößenplanung, Reihenfolge-planung und Ressourceneinsatzplanung): Aufgabe der Losgrößen- und Produkti-onsablaufplanung ist die Terminierung von Produktionslosen zur Fertigung und Montage aller Vor-, Zwischen- und Endprodukte für einen Planungshorizont von einem Tag bis zu wenigen Wochen, mindestens jedoch der Durchlaufzeit eines Auftrags. Aufgaben der Beschaffungsplanung sind die Ermittlung der Bestellmen-gen und die Auswahl der Zulieferer für die aus der Stücklistenauflösung resultie-renden Bedarfe an fremdbeschafften Erzeugnissen.
- *Distribution Planning and Transportation Planning* (kurzfristige Distributions-, Transport- und Tourenplanung): Gemäß den Vorgaben des Master Planning nimmt die Distributionsplanung eine transportkostenoptimale Verteilung der Produktionslose von den Produktionsstätten über die Distributionslager zu den

Kunden vor. Der Planungshorizont beträgt hierbei in der Regel eine Woche. Werden die Transporte nicht an Speditionen außerhalb der betrachteten Wertschöpfungskette vergeben, so schließen sich an die zentrale Distributionsplanung dezentrale Transport- und Tourenplanungen an.

– *Demand Fulfilment* (kurzfristige Absatzplanung): Im Rahmen der Verfügbarkeitsprüfung ist zu entscheiden, von welchem Distributionslager aus und zu welchem Zeitpunkt ein neu eintreffender Kundenauftrag erfüllt werden kann. Die dazu erforderlichen Bestandsverläufe in den Distributionslagern ergeben sich aus der Distributions- und der Transportplanung. Für eintreffende Kundenanfragen wird auf Grundlage der vom Master Planning und der operativen Distributionsplanung disponierten Bestände in der Supply Chain im Rahmen globaler Verfügbarkeitsprüfungen festgestellt, ob ein neuer Kundenauftrag für ein bestimmtes Produkt aus dem Lagerbestand erfüllt werden kann (Available-to-Promise, ATP) oder ob dafür noch ein einplanbarer Produktionsauftrag oder ein Bestellauftrag ausgelöst werden muss (Capable-to-Promise, CTP) .

APS-Systeme werden in der Regel nicht als Stand-Alone-Systeme betrieben, sondern sind an transaktionsorientierte ERP-Systeme angebunden, die die Verwaltung der Stamm- und Bewegungsdaten übernehmen. Im Gegenzug werden die Planungsergebnisse des APS-Systems den betroffenen ERP-Systemen zurückgemeldet und dort weiterverarbeitet. Das Modul Nachfrageprognose kann dann häufig auf historische Nachfragedaten aus einem Data Warehouse zurückgreifen, in dem Vergangenheitsdaten aus einem ERP-System gespeichert werden. Bekannter Anbieter von APS-Softwarelösungen ist *SAP* mit dem *Advanced Planner and Optimizer* (APO).

4.3 Produktionsprogrammplanung

4.3.1 Aufgabe der Produktionsprogrammplanung

Das in Abschnitt 4.2.2 beschriebene Produktionsplanungssystem basiert auf dem Prinzip der Sukzessivplanung, da die einzelnen Teilpläne schrittweise aufeinanderfolgend abgearbeitet werden. Entsprechend dem *Gutenberg*'schen „Ausgleichsgesetz der Planung" wird deshalb meist mit der Planung des Produktionsprogramms begonnen, weil dieser Teilplan regelmäßig den größten Einfluss auf das Ergebnis der Gesamtplanung nimmt; dieser Vorgehensweise liegt somit die durchaus realistische Vorstellung zugrunde, dass der Absatzmarkt den (entscheidenden) Engpass darstellt.

Aufgabe der *Produktionsprogrammplanung* ist die Festlegung der Produktionsmengen der im Rahmen der taktischen Produktionsplanung bestimmten Produktarten für den gegebenen Planungszeitraum. Es ist festzulegen, welche Produkte zu welchem Zeitpunkt in welchen Mengen hergestellt werden sollen. Stimmt das Produktionsprogramm nicht mit dem *Absatzprogramm* überein, so erfolgt bei zeitlicher

Abweichung gleichzeitig die Festlegung der Lagerzu- oder -abgänge bzw. der Fehlmengen. Bei sachlicher Nichtübereinstimmung ergibt sich als Differenz entweder die Menge der fremd zu beziehenden Endprodukte oder die Menge der für den Eigengebrauch bzw. Verbrauch bestimmten Produkte. Abbildung 4.6 zeigt Planungsgrundlagen und Komponenten einer typischen Produktionsprogrammplanung.

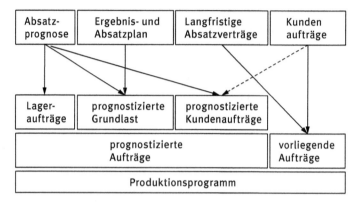

Abb. 4.6: Inputdaten der Produktionsprogrammplanung

Erwerbswirtschaftlich organisierte Unternehmen werden versuchen, das *gewinnmaximale Produktionsprogramm* zu ermitteln. Da das Produktionssystem, die entsprechenden Kapazitäten und damit auch die von der Ausbringungsmenge unabhängigen Kosten durch die Ergebnisse der taktischen Produktionsplanung determiniert sind, kann statt der Maximierung des Gewinns auch die Maximierung des Unternehmensdeckungsbeitrags angestrebt werden. Die Zielvorschrift Maximierung des Deckungsbeitrags ist dann für die Planung des gewinnmaximalen Produktionsprogramms ausreichend. Als Parameter benötigt man folglich die entsprechenden Kosten und Erlöse der einzelnen Produkte.

Die *Produktionskosten* werden durch die Ergebnisse der Produktionsdurchführungsplanung, d. h. durch die Ergebnisse der auf die Produktionsprogrammplanung folgenden PPS-Module, determiniert. Die Kosten je produzierter Mengeneinheit stehen also erst nach erfolgtem Planungsablauf durch das Stufenkonzept, d. h. nach Beendigung der Produktionssteuerung, fest. Um die einzelnen Teilplanungen durchführen zu können, ist jedoch die Kenntnis des Produktionsprogramms erforderlich, d. h., die Produktionsprogrammplanung und die restlichen Teilplanungen sind interdependent und sollten daher simultan geplant werden.

Dies ist im Rahmen der bislang realisierten Paps-Konzepte jedoch nicht der Fall. Die einzelnen Planungsaufgaben werden sukzessiv abgehandelt, da eine simultane Planung über alle Teilmodule oder auch nur einige davon praktisch unmöglich ist. Aus theoretischer Sicht existieren zwar Modelle, die es erlauben, mehrere Module in einem

Simultanansatz abzubilden, deren Lösbarkeit scheitert jedoch an dem Datenbeschaffungsaufwand, der Datenpflege und der rechentechnischen Beherrschbarkeit. Selbst bei einer isolierten Produktionsprogrammplanung kann die Anwendung mathematisch exakter Verfahren an den genannten Gründen scheitern. Dies ist insbesondere dann der Fall, wenn eine mehrstufige und mehrteilige Produktion vorliegt und die Planung über mehrere Perioden erfolgen soll.

Die Produktionsprogrammplanung erfolgt im Rahmen des *MRP-II*-Konzepts in der Regel mit Hilfe heuristischer Verfahren oder es werden – vor allem bei *kundenanonymer Produktion* – die Nachfragemengen vergangener Perioden mit Hilfe statistischer Prognoseverfahren fortgeschrieben; bei *kundenauftragsbezogener Produktion* wird dagegen direkt auf die bereits vorliegenden Aufträge der laufenden Periode zurückgegriffen. Im Rahmen der Abstimmung des Produktionsprogramms mit den vorhandenen Kapazitäten wird lediglich ein grober Überblick hinsichtlich der Durchführbarkeit des Produktionsprogramms angestrebt; eine Optimierung im Hinblick auf ein ökonomisches Ziel, wie es der Deckungsbeitrag darstellt, erfolgt dagegen nicht. Insofern benötigt man auch keine Stückkosten als Parameter.

Als Ergebnis der Produktionsprogrammplanung erhält man den so genannten *Primärbedarf*, also die Mengen, die von den Endprodukten in den einzelnen Planperioden innerhalb des operativen Planungszeitraums herzustellen sind. Zu unterscheiden ist, ob bei mehrteiliger Produktion die Bauteile und Baugruppen als einzelne Produkte betrachtet werden und somit Bestandteil der Produktionsprogrammplanung sind oder ob die Produktionsprogrammplanung nur die Endprodukte beinhaltet. Im ersteren Fall erfolgt die Planung des Primär- und Sekundärbedarfs simultan. Verfahrenstechnisch geschieht dies über die Abbildung der mengenmäßigen Zusammenhänge in Form so genannter Mengenkontinuitätsbedingungen in den Restriktionen eines entsprechenden Modells. Zur Modellösung bieten sich Verfahren der *Matrizenrechnung* an. Im zweiten Fall, der auch die gängige Vorgehensweise in PPS-Systemen repräsentiert, erfolgt die Planung des Primär- und Sekundärbedarfs sukzessiv. Ausgehend vom Primärbedarf wird der Sekundärbedarf im Rahmen der Materialbedarfsplanung über Verfahren der Stücklistenauflösung bestimmt.

4.3.2 Nachfrage- und Absatzprognose

Ausgangspunkt der Produktionsprogrammplanung ist die erwartete Nachfrage bis zum Planungshorizont. Deren Bestimmung ist davon abhängig, ob eine kundenanonyme oder kundenauftragsbezogene Fertigungsstrategie verfolgt wird. Während bei der *kundenanonymen Produktion* vollständig auf Prognoseverfahren zurückgegriffen werden muss, bestimmt sich die Nachfrage der *kundenauftragsbezogenen Produktion* im wesentlichen aus den bereits vorliegenden Aufträgen. Im Rahmen einer kundenanonymen Produktion werden Art, Menge und Zeitpunkte der zu produzierenden Erzeugnisse im bevorstehenden Planungszeitraum auf der Basis von Nachfrage-

bzw. Absatzprognosen festgelegt. Allerdings beschränkt sich das Erfordernis einer prognosegetriebenen Programmplanung nicht nur auf kundenanonyme Fertiger, die auf Lager produzieren (Make-to-Stock), sondern auch auf alle Mischformen, bei denen zumindest Teile der betrieblichen Leistungserstellung aufgrund von Absatzprognosen ausgelöst werden.

4.3.2.1 Qualitative Prognoseverfahren

Grundsätzlich lassen sich qualitative und quantitative Prognoseverfahren unterscheiden. *Qualitative Prognoseverfahren* sind von Bedeutung, wenn keine oder wenig Vergangenheitsdaten verfügbar sind oder Prognosen über einen Zeitraum zu erstellen sind, in dem Strukturbrüche stattfinden können. Als übliche Verfahren gelten vor allem die Vertriebsschätzung, die Kundenbefragung und die Expertenschätzung. Bei der *Vertriebsschätzung* prognostizieren die Vertriebsmitarbeiter die Kundennachfrage über einen bestimmten Planungszeitraum. Der Kerngedanke liegt darin, die regelmäßigen und häufig direkten Kontakte der Vertriebsmitarbeiter als Prognosebasis der künftigen Nachfrage heranzuziehen. Dabei werden die individuellen Vertriebsprognosen zu einer Prognose der Gesamtnachfrage zusammengefasst. Ein anderes Verfahren ist die *Kundenbefragung*, bei der Kunden und potenzielle Kunden meist anhand eines Fragebogens direkt angesprochen werden. Zur Auswahl der Befragten werden repräsentative Stichproben gezogen. Im Rahmen von *Expertenprognosen* treffen sich Manager unterschiedlicher Funktionen und erstellen gemeinsam eine Prognose. So soll das Wissen, das in den einzelnen Funktionsbereichen vorhanden ist, kombiniert und zu einer gemeinsamen Prognose zusammengefasst werden.

4.3.2.2 Quantitative Prognoseverfahren

Quantitative Prognoseverfahren stellen eine auf Vergangenheitsdaten basierende Vorhersage des künftigen Absatzes von Erzeugnissen mit Hilfe mathematisch-statistischer Verfahren auf. Bei *Zeitreihenanalysen* wird die künftige Nachfrage durch Fortschreibung einer vorliegenden Zeitreihe vergangener Perioden prognostiziert.[44] Um eine möglichst hohe Vorhersagegenauigkeit zu erreichen, müssen die eingesetzten Prognoseverfahren den vorliegenden Vergangenheitsdaten angepasst werden. Hierbei lassen sich konstante, trend- und saisonförmige Absatzverläufe unterscheiden.

Bei *konstanten Nachfrageverläufen* bleibt die Nachfrage bis auf Zufallsschwankungen über die Perioden annähernd gleich. Geeignete Prognoseverfahren sind die

---

44 *Kausalanalysen* gehen demgegenüber davon aus, dass die zu prognostizierende Größe y (z. B. Absatz) nicht von der Zeit, sondern von einer (oder mehreren) anderen Größe(n) x abhängt. Im einfachsten Fall wird ein linearer Zusammenhang vorausgesetzt und mittels Regressionsanalyse eine Prognose erstellt.

Methoden der gleitenden Mittelwertbildung und der einfachen exponentiellen Glättung.

Für die *gleitende Mittelwertbildung* wird aus vorliegenden Absatzzahlen der Vergangenheit y_t ein arithmetischer Mittelwert errechnet, der als Prognosegröße für die zukünftige Nachfrage $\hat{y}_{t+1}$ Verwendung findet. Im Gegensatz zur statistischen Mittelwertbildung werden aber nicht alle vorliegenden Vergangenheitsdaten berücksichtigt, sondern nur die Daten aus den jeweils letzten T Perioden. Die Berechnung erfolgt nach:

$$\hat{y}_{t+1} = \frac{1}{T} \cdot \sum_{\tau=t-T+1}^{t} y_\tau. \tag{4.1}$$

Durch die Festlegung der Periodenzahl T ist es möglich, den Einfluss der jüngeren Absatzzahlen auf den Prognosevorgang zu steuern. Bei einer geringen Periodenzahl passt sich der Prognosewert tendenziell an die aktuelle Absatzentwicklung an, bei einer großen Periodenzahl ergibt sich ein langfristiger Durchschnittswert. Alle einbezogenen Daten gehen aber mit dem gleichen Gewicht $1/T$ in die Prognose ein.

Das Verfahren der *einfachen exponentiellen Glättung* von *Brown* (1959) (auch: exponentielle Glättung 1. Ordnung) gewichtet die Beobachtungswerte der Vergangenheit unterschiedlich stark. Das stärkste Gewicht wird dem jüngsten Wert zugemessen, das nächststärkste Gewicht dem zweitjüngsten Beobachtungswert usw. Im Gegensatz zur gleitenden Mittelwertbildung werden aber alle verfügbaren Vergangenheitswerte einbezogen, allerdings mit exponentiell abnehmendem Gewicht entsprechend dem Gewichtungskoeffizient $\alpha \cdot (1 - \alpha)^t$. Vorab festzulegen ist daher der Gewichtungsfaktor α (mit: $0 < \alpha < 1$), dessen Höhe die Güte des Verfahrens wesentlich bestimmt. Der Prognosewert der einfachen exponentiellen Glättung berechnet sich nach folgender Gleichung:

$$\hat{y}_{t+1} = \hat{y}_t + \alpha \cdot (y_t - \hat{y}_t). \tag{4.2}$$

Diese Gleichung stellt eine Rekursionsformel dar, bei der der neue Vorhersagewert $\hat{y}_{t+1}$ dem alten Vorhersagewert $\hat{y}_t$ entspricht, zu dem der mit α gewichtete Prognosefehler $(y_t - \hat{y}_t)$ der Periode addiert wird.[45] Bei einem hohen α-Wert werden die jüngeren Vergangenheitswerte stärker gewichtet, der Prognosewert reagiert bei Nachfrageschwankungen sensibler. Ein kleiner α-Wert bedeutet, dass auch ältere Werte die Prognose stärker beeinflussen, das Verfahren bleibt bei Nachfrageschwankungen relativ stabil und reagiert träger.

In der Praktikerliteratur werden häufig α-Werte zwischen 0,1 und 0,3 empfohlen, die theoretisch jedoch nicht begründbar sind. Ein ex ante optimaler α-Wert ist vielmehr derjenige, bei dem die Prognosefehler möglichst gering ausfallen.

---

45 Als Einstieg in die rekursive Berechnung (Initialisierung) kann angenommen werden, der Istwert der ersten Periode y_t sei gleich dem (fehlenden) Prognosewert y_t. Alternativ kann der Mittelwert einer festzulegenden Anfangsperiode gewählt werden.

Tab. 4.2: Einfache exponentielle Glättung

Periode	Nachfrage	Prognosewert $\hat{y}_{t+1}$ für…		
t	y_t	$\alpha = 0,1$	$\alpha = 0,2$	$\alpha = 0,3$
1	9	9,00	9,00	9,00
2	12	9,00	9,00	9,00
3	9	9,30	9,60	9,90
4	11	9,27	9,48	9,63
5	13	9,44	9,78	10,04
6	8	9,80	10,43	10,93
7	11	9,62	9,94	10,05
8	12	9,76	10,15	10,34
9	9	9,98	10,52	10,83
10	11	9,88	10,22	10,28
11	13	9,99	10,37	10,50
12	8	10,30	10,90	11,25
13	11	10,07	10,32	10,27
14		10,16	10,46	10,49

Zur Ermittlung einer Kennzahl zur Beurteilung der Prognosequalität eignet sich die Konzeption der *Mean Absolute Deviation* (MAD), d. h. der mittleren absoluten Abweichung mit:

$$\text{MAD} = \frac{1}{T} \sum_{t=1}^{T} |y_t - \hat{y}_t| = \frac{1}{T} \sum_{t=1}^{T} |\varepsilon_t|, \tag{4.3}$$

oder des *Mean Squared Error* (MSE), d. h. des mittleren quadrierten Prognosefehlers mit:

$$MSE = \frac{1}{T} \sum_{t=1}^{T} (y_t - \hat{y}_t)^2 = \frac{1}{T} \sum_{t=1}^{T} (\varepsilon_t)^2. \tag{4.4}$$

Tabelle 4.2 zeigt ein *Beispiel* einer einfachen exponentiellen Glättung. Zur Veranschaulichung wurde die Berechnung mit drei alternativen Glättungsfaktoren durchgeführt.

Bei trendförmiger Nachfrage unterliegt die Nachfrage im Zeitablauf einem (steigenden oder fallenden) Trend, wobei mögliche Verlaufstypen dieses Trends linear oder nichtlinear (z. B. saisonal schwankend) sein können. Geeignete Prognoseverfahren für lineare Trends sind z. B. die Methoden der doppelten exponentiellen Glättung und die Regressionsanalyse. Die einfache exponentielle Glättung ist für Zeitreihen mit linearen Trends ungeeignet, da sie bei steigenden (fallenden) Trends systematisch zu niedrige (hohe) Schätzwerte liefert.

Zur Vermeidung dieses Problems eignet sich das von *Brown* (1959) vorgeschlagene Verfahren der *doppelten exponentiellen Glättung*, das eine explizite Trendberücksichtigung vorsieht. Hierbei werden in einem ersten Schritt mit $\hat{y}_t^{(1)}$ Schätzwerte 1. Ordnung ermittelt:

$$\hat{y}_t^{(1)} = \hat{y}_{t-1}^{(1)} + \alpha \cdot (y_t - \hat{y}_{t-1}^{(1)}). \tag{4.5}$$

In einem zweiten Schritt werden diese zu Schätzwerten 2. Ordnung $\hat{y}_t^{(2)}$ verarbeitet:

$$\hat{y}_t^{(2)} = \hat{y}_{t-1}^{(2)} + \alpha \cdot (\hat{y}_t^{(1)} - \hat{y}_{t-1}^{(2)}). \tag{4.6}$$

Diese Werte werden zur Bestimmung der Prognoseparameter a für das Niveau und b für den Trend eingesetzt:[46]

$$a_t = 2 \cdot \hat{y}_t^{(1)} - \hat{y}_t^{(2)}, \tag{4.7}$$

$$b_t = \frac{\alpha}{1 - \alpha} \left(\hat{y}_t^{(1)} - \hat{y}_t^{(2)} \right). \tag{4.8}$$

Die Prognosegleichung entspricht für einen Prognosehorizont von einer Periode ($\tau = 1$) der Summe der Prognoseparameter a und b. Für weiterreichende Prognosehorizonte ($\tau > 1$) ist zum Zweck der Extrapolation des Trends τ mit b zu multiplizieren:

$$\hat{y}_{t+\tau} = a_t + b_t \cdot \tau. \tag{4.9}$$

Das Verfahren der doppelten exponentiellen Glättung kommt wie das Verfahren der einfachen exponentiellen Glättung mit nur einem Glättungsfaktor aus.

Es folgt das *Beispiel* für eine doppelte exponentielle Glättung nach *Brown* mit $\alpha = 0,3$:

Tab. 4.3: Doppelte exponentielle Glättung

Periode t	Nachfrage y_t	$\hat{y}_t^{(1)}$	$\hat{y}_t^{(2)}$	a_t	b_t	Prognose $\hat{y}_{t+1}$
1	26,8	26,8	26,8	26,80	0	
2	39,2	30,52	27,92	33,10	1,1	26,80
3	72,3	43,05	32,46	53,60	4,5	34,20
4	71,3	51,53	38,18	64,90	5,7	58,10
5	83,2	61,03	45,04	77,00	6,9	70,60
6	92,9	70,59	52,71	88,50	7,7	83,90
7	122	86,01	62,70	109,30	10,0	96,20
8	112	93,81	72,03	115,60	9,3	119,30
9	116	100,47	80,56	120,40	8,5	124,90
10	154	116,53	91,35	141,70	10,8	128,90
11	175	134,07	104,17	164,00	12,8	152,50
12						176,80

Holt hat ein alternatives Verfahren vorgestellt, bei dem jedoch die periodischen Niveau- und Trendwerte a bzw. b mit verschiedenen Glättungsparametern fortge-

---

[46] Auch hier kann zum Einstieg in die rekursive Berechnung (Initialisierung) angenommen werden, der Istwert der ersten Periode y_t sei gleich dem (fehlenden) Prognosewert y_t.

schrieben werden, daher auch *Zwei-Faktor-Modell* von *Holt*. Es gilt:

$$a_t = \alpha \cdot y_t + (1 - \alpha)(a_{t-1} + b_{t-1}). \tag{4.10}$$

$$b_t = \beta \cdot (a_t - a_{t-1}) + (1 - \beta) \cdot b_{t-1}. \tag{4.11}$$

Die Initialisierung der rekursiven Berechnung kann im einfachsten Fall erfolgen über $a_1 = y_1$ und $b_1 = y_2 - y_1$. Die Prognosegleichung des *Zwei-Faktor-Modelles* von *Holt* entspricht der des Verfahrens von *Brown*; d. h., es gilt:

$$\hat{y}_{t+\tau} = a_t + b_t \cdot \tau.$$

Das nun folgende Beispiel verwendet für das Zwei-Faktor-Modell von *Holt* die Glättungsfaktoren $\alpha = 0,3$ und $\beta = 0,3$:

Die (univariate) lineare *Regressionsanalyse* betrachtet im Kontext der Zeitreihenanalyse eine Variable, die Zeit t, als unabhängig (Regressor) und die andere Variable y als davon abhängig (Regressand). Untersucht wird dabei auf folgenden linearen Zusammenhang:

$$\hat{y}_t = a + b \cdot t. \tag{4.12}$$

Der Steigungsparameter (slope) dieser Regressionsgeraden lässt sich über die Methode der *Kleinste-Quadrate-Schätzung* wie folgt bestimmen:

$$b = \frac{\sum\limits_{t=1}^{T} (t - \bar{t}) \cdot (y_t - \bar{y})}{\sum\limits_{t=1}^{T} (t - \bar{t})^2}, \tag{4.13}$$

mit:

$$\bar{y} = \frac{1}{T} \sum_{t=1}^{T} y_t \quad \text{und} \quad \bar{t} = \frac{1}{T} \sum_{t=1}^{T} t.$$

Der Ordinatenabschnitt (intercept) bestimmt sich einfach über den linearen Zusammenhang: $a = \bar{y} - b \cdot \bar{t}$.

Tab. 4.4: Zwei-Faktor-Modell von Holt

Periode t	Nachfrage y_t	a_t	b_t	Prognose $\hat{y}_{t+1}$
1	26,8	26,8	0	
2	39,2	30,50	1,1	26,80
3	72,3	43,80	4,8	31,60
4	71,3	55,40	6,8	48,60
5	83,2	68,50	8,7	62,20
6	92,9	81,90	10,1	77,20
7	121,9	101,00	12,8	92,00
8	112,1	113,30	12,7	113,80
9	115,8	122,90	11,8	126,00
10	154,2	140,60	13,6	134,70
11	175,2	160,50	15,5	154,20
12				176,00

Für die Daten des obigen *Beispiels* resultiert folgende Regressionsgerade:

$$\hat{y}_t = 17,57 + 13,12 \cdot t$$

und damit ein Prognosewert für $t = 12$ von 175,01.

Zur Beurteilung der Güte des Regressionsmodells findet regelmäßig das *Bestimmtheitsmaß R^2* Verwendung:[47]

$$R^2 = \frac{\sum\limits_{t=1}^{T} (\hat{y}_t - \bar{y})^2}{\sum\limits_{t=1}^{T} (y_t - \bar{y})^2}. \tag{4.14}$$

Es ist eine auf den Wertebereich zwischen null und eins normierte Größe und diese ist umso größer, je höher der Anteil der erklärten Streuung an der Gesamtstreuung ist. Im Beispiel werden 94 % der gesamten Streuung durch die Regressionsgerade erklärt.

Zeigt die Nachfrage einen charakteristischen *Saisonverlauf mit oder ohne linearen Trend*, so sind die auf linearer Basis ermittelten Prognosewerte einer weiteren Modifikation zu unterziehen, nämlich der Multiplikation mit einem Saisonfaktor.[48] Ein gängiges Verfahren hierfür ist das *Drei-Faktor-Modell* von *Winters* (1960). Zu dessen Verfahrensbeschreibung sowie einem Überblick auf weitere Prognoseverfahren sei auf die einschlägige Literatur verwiesen.[49]

4.3.3 Hierarchische Produktionsprogrammplanung

4.3.3.1 Ablauf der hierarchischen Programmplanung

Im Rahmen der hierarchischen Vorgehensweise wird die Produktionsprogrammplanung nicht als ein in sich geschlossenes Planungsmodul durchgeführt, sondern durch zwei Teilpläne, den *Aggregate Production Plan* (APP) bzw. aggregierten Produktionsplan und den *Master Production Schedule* (MPS) abgebildet, deren wesentlicher Unterschied im zeitlichen und sachlichen Aggregationsgrad dieser Teilpläne besteht.

Beim aggregierten Produktionsplan handelt es sich um einen mehr mittelfristig ausgerichteten Plan, der alle Produkte in aggregierter Form und die gesamte entsprechende Kapazitätsbeanspruchung beinhaltet. Der Master Production Schedule dagegen repräsentiert einen Plan, der sowohl zeitlich als auch sachlich detaillierte Vorgaben bezüglich der einzelnen Produkte enthält. Das Ergebnis dieser Teilpläne ist analog der Produktionsprogrammplanung der Primärbedarf, der als Input in das Material Requirements Planning (MRP) eingeht.

---

47 Mit dem *Durbin-Watson*-Koeffizient kann zudem die dem Regressionsmodell zugrundeliegende Prämisse unkorrelierter Störvariablen getestet werden. Vgl. dazu *Backhaus et al.* (2008), S. 96 ff.

48 Bei saisonalen Schwankungen treten in bestimmten periodischen Abständen strukturell ähnliche Verläufe auf.

49 Vgl. z. B. *Makridakis, Wheelwright, Hyndman* (1998).

Gegenstand der aggregierten Produktionsplanung (APP) ist die Ermittlung der zu erbringenden Produktionsleistung bzw. der Kapazitätsnachfrage für die einzelnen Planperioden bis zum Planungshorizont; die Nachfrage nach einzelnen Produkten oder Produktgruppen wird in erste Produktionspläne übersetzt. Als Planungshorizont werden in Abhängigkeit von der Art des Produktprogramms und den Ansprüchen an die Planungsdetailliertheit sechs bis 18 Monate genannt. Die Planperiodenunterteilung erfolgt in der Regel in Monate oder Quartale. Der zeitliche Rahmen entspricht somit eher einer mittelfristig ausgerichteten Planung.

Charakteristisch für die aggregierte Produktionsplanung ist, dass die Produktionsleistung aggregiert, d. h. in einer Maßeinheit gemessen wird. Beispiele hierfür sind Ausbringungsmengeneinheiten pro Monat, Arbeitsstunden pro Monat oder Produktionserlöse pro Monat. In Abhängigkeit von der Anzahl und Verschiedenartigkeit der Produktarten kann die Messung sowohl bezogen auf das ganze Unternehmen bzw. den Betrieb als auch bezogen auf *Produktgruppen* vorgenommen werden. Produktgruppen werden in diesem Fall anhand der gemeinsamen Kapazitätsbeanspruchung von Produktiveinheiten gebildet.

Insgesamt sind innerhalb der aggregierten Produktionsplanung folgende *Schritte* zu vollziehen:

1. Die gesamte erwartete Nachfrage nach den einzelnen Produkten ist in eine einheitliche Maßeinheit (Menge, Zeit oder Wert), wie zum Beispiel in Hektoliter bei verschiedenen Biersorten, zu transformieren.
2. Anschließend ist die benötigte Produktionsleistung durch Addition und Abgleich mit den vorhandenen und erwünschten Lagerbeständen zu ermitteln und auf die einzelnen Planperioden zu verteilen.
3. Als Ergebnis ergibt sich die bereitzustellende Nettomenge bzw. die Kapazitätsnachfrage für den Planungszeitraum.
4. Als Nebenbedingung ist das Kapazitätsangebot des Produktionssystems in aggregierter Form in die Planung einzubeziehen (Resource Requirements Planning). Das Kapazitätsangebot ist dabei mit derselben Maßgröße und demselben Aggregationsgrad wie die Kapazitätsnachfrage zu messen.

Der aggregierte Produktionsplan gibt damit einen Überblick über den im Planungszeitraum zu erbringenden Output pro Planperiode gemessen in einer produktneutralen Einheit.

Dieses Ergebnis ist der Ausgangspunkt für den folgenden Planungsschritt, das „master scheduling", dessen Ergebnis der *Master Production Schedule (MPS)* ist. Hierbei wird der aggregierte Produktionsplan sachlich und zeitlich disaggregiert – zeitlich hinsichtlich der Aufteilung der Monats- oder Quartalswerte, z. B. in wöchentliche Produktionspläne, und sachlich hinsichtlich der Zerlegung der Produktgruppen in einzelne Produkte. Entscheidendes Merkmal dabei ist, dass die Produktionsleistung nicht mehr mengen- oder wertmäßig aggregiert, sondern in detaillierten Mengengrößen je Produkt ausgedrückt wird. Als Ergebnis wird ausgewiesen, welche Produkte bzw. Bauteile in welcher Menge und in welcher Planperiode (z. B. Monat, Woche, Tag) bereitzustellen sind. Die aggregierte Kapazität wird auf die einzelnen Produkte und Planperioden aufgeteilt. Die Überprüfung, ob die jeweiligen Kapazitäten in den Planperioden ausreichen, wird als *Rough-cut Capacity Planning (RCP)* bezeichnet.

Dem Master Production Schedule liegt eine *rollierende Planung* zugrunde. Er wird für alle Planperioden bis zum Planungshorizont erstellt. Verbindlich ist der Plan für die erste Periode („frozen horizon"), die Vorgaben für die restlichen Perioden sind vorläufig. Am Ende der verbindlichen Periode erfolgt mit aktualisierten Daten über die Nachfrage und das Kapazitätsangebot ein erneuter Planungslauf bis zum neuen um die Länge einer Planperiode hinausgeschobenen Planungshorizont.

Abbildung 4.7 gibt einen Überblick über die Struktur der hierarchischen Programmplanung auf der Basis von aggregierter Produktionsplanung und Master Production Scheduling.

In Abhängigkeit von der Anzahl der verschiedenen Produkte und den Planungsressourcen wird für das Master Production Scheduling ein differenziertes Vorgehen vorgeschlagen. Während bei einer geringen Anzahl verschiedener Endprodukte für jedes ein Master Production Schedule zu erstellen ist, wird bei einer großen Anzahl

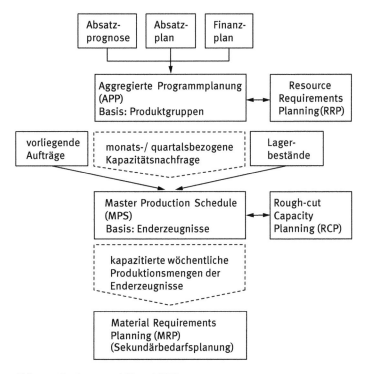

Abb. 4.7: Struktur von APP und MPS

ein mehrstufiges Verfahren vorgeschlagen, indem zuerst in Produktgruppen und dann erst in Einzelprodukte disaggregiert wird.[50]

Werden durch Kombinationen von Bauteilen eine Vielzahl von Varianten hergestellt, so wird empfohlen, den MPS nur für die Bauteile zu erstellen und nicht für die Endprodukte. Für diese ist dann ein eigenständiger *Montageplan*, der so genannte *Final Assembly Schedule (FAS)*, zu fertigen. Dieser hat sicherzustellen, dass die jeweils benötigten Bauteile zur richtigen Zeit und am richtigen Ort zur Endmontage zur Verfügung stehen.

4.3.3.2 Aggregierte Programmplanung

Es ist Aufgabe der aggregierten Produktionsprogrammplanung, im Rahmen einer *Beschäftigungsglättung* die „optimale" Kombination zwischen der Produktionsmenge, der Kapazitätsbeanspruchung und dem Lagerbestand bei gegebener Nachfrage zu bestimmen.

Als Hilfsmittel der aggregierten Produktionsplanung kommen einfache tabellarische und graphische Darstellungen zum Einsatz. Bei Verwendung von Tabellendarstellungen werden in den Spalten die kumulierte Nachfrage, die kumulierte mögliche Produktionsleistung, d. h. das Kapazitätsangebot, sowie entsprechende Lagerbestände und „lost sales" pro Planperiode eingetragen.

Um einen ersten Überblick über die Kapazitätsnachfrage, die Produktionsleistung und die entsprechenden Fehl- und Lagermengen zu erhalten, kann ein Diagramm erstellt werden, in dem auf der Abszisse die Planperioden und auf der Ordinate die kumulierten Mengen- bzw. Zeiteinheiten abgetragen werden, um eine periodenbezogene Unter- oder Überdeckung zu erkennen. In Abbildung 4.8 ist ein Beispiel für einen derartigen ersten Planungsschritt mit eventuellen Lagermengen und „lost sales" dargestellt.

Ausgehend von derartigen Darstellungen ist ein realisierbarer aggregierter Produktionsplan zu erstellen. Für den Fall, dass die aggregierte Nachfrage mit dem Kapazitätsangebot übereinstimmt, d. h., die Kurve der Nachfrage entspricht der des Angebots, brauchen keine Anpassungsmaßnahmen vorgenommen werden. Kommt es dagegen zu Abweichungen, dann sind bereits in diesem Modul Anpassungsmaßnahmen, wie z. B. der Fremdbezug von Endprodukten, einzuplanen, um evtl. unerwünschte Lagerbestände und Fehlmengen („lost sales") zu vermeiden. Lagerbestände führen zu Kapitalbindungskosten und Fehlmengen zu unerwünschten Lieferverzögerungen beim Kunden oder, wenn der Kunde nicht bereit ist, den Lieferverzug zu akzeptieren, zum Verlust des Auftrags (evtl. mit der Konsequenz einer Konventionalstrafe). Maßnahmen zur Anpassung von Absatz und Produktionskapazitäten können grundsätzlich in einer Anpassung der Belastung an die Kapazitäten oder

---

50 Vgl. dazu *Hax, Meal* (1975).

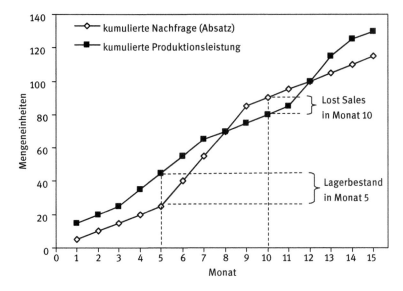

Abb. 4.8: Kapazitätsnachfrage und Produktionsleistung im APP

in einer Anpassung der Kapazitäten an die Belastung bestehen. Konkrete Maßnahmen zur Anpassung der Kapazitäten an die Belastung können z. B. Überstunden oder Kurzarbeit, Einstellungen oder Entlassungen („hire and fire") oder die Fremdvergabe von Aufträgen sein. Auch Urlaubsplanung oder Sonderschichten können helfen, das Kapazitätsangebot an die Belastung anzupassen.[51]

Das bedeutendste Anpassungsinstrument zur Anpassung der Belastung an die Kapazität ist die Anpassung der Produktionsmengen im Zeitablauf. Damit ist zwingend die Frage verbunden, ob in absatzschwächeren Perioden eine Produktion auf Lager sinnvoll ist oder nicht. Zum Umgang mit schwankenden Nachfragemengen gibt es daher zwei Strategietypen, die jeweils entgegengesetzte Extrempunkte auf dem Kontinuum der möglichen Pläne darstellen: zum einen die *Synchronfertigung* („matching" bzw. „chase strategy") und zum anderen die *emanzipierte Fertigung* („level strategy").

Bei der *Synchronfertigung* erfolgt eine vollständige Anpassung der Produktionsleistung je Planperiode an die jeweilige gewünschte Ausbringung, d. h. den prognostizierten Absatz. Hierbei müssen die Kapazitätseinheiten in einem Umfang bereit-

---

51 Vgl. auch Abschnitt 4.5.4. Bei Vorliegen eines langfristigen Trends der Nachfrageänderung gegenüber den vorhandenen Produktionskapazitäten ist dies der vorgelagerten Planungsebene rückzumelden, also dem taktischen Produktionsmanagement, das die kapazitative Dimensionierung des Produktionssystems beinhaltet. Entsprechende Investitions- bzw. Desinvestitionsentscheidungen können dann getroffen werden. Die Einplanung von Anpassungsmaßnahmen bereits auf dieser Planungsstufe ist sinnvoll, da auch für diese eine entsprechende Vorlaufzeit notwendig ist. Für das Beispiel des Fremdbezugs sind entsprechende Lieferanten zu kontaktieren und deren Lieferzeiten sind zu berücksichtigen.

stehen, damit auch so genannte Nachfragespitzen in vollem Ausmaß erfüllt werden können. Bei saisonalem Absatzverlauf führt die Synchronfertigung zu ungleichmäßiger Beanspruchung von Betriebsmitteln und Arbeitskräften. Die Anpassung des Kapazitätsangebots an die Nachfrageentwicklung zieht in der Regel relativ hohe Anpassungskosten durch den Auf- und Abbau von Kapazitäten nach sich (z. B. durch Überstundenzuschläge). Vorteil der Synchronisation ist, dass keine Lagerbestände aufgebaut werden.

Bei *emanzipierter Fertigung* erfolgt eine Loslösung der Produktionsmenge von der Absatzmenge in den einzelnen Planperioden; d. h., es wird für den Planungszeitraum mit konstanter Ausbringung produziert, während die Absatzmengen Schwankungen unterworfen sind, wobei in der Summe über die Planperioden aber der Bedarf gedeckt werden muss. Bei schwankenden Nachfragemengen ist eine gleichbleibende Kapazitätsnutzung mit Normalkapazität wie im Fall der Emanzipation immer mit dem Auf- und Abbau von Lagerbeständen verbunden, wobei auch Fehlmengen auftreten können. Folge sind Kapitalbindungs- und evtl. Fehlmengenkosten. Während bei der Synchronfertigung vor allem Lagerkosten gespart werden, können bei der Emanzipation kostspielige Anpassungsmaßnahmen (z. B. Überstunden) vermieden werden. Beide Vorgehensweisen stellen jeweils eine extreme Ausrichtung dar, die nicht notwendigerweise optimal sein muss.

Zwischen den Strategietypen der Synchronfertigung und der emanzipierten Fertigung gibt es eine Vielzahl alternativer Pläne, mit denen die Nachfrage befriedigt werden kann. Beispielhaft sei auf die *partielle Emanzipation* verwiesen, bei der davon ausgegangen wird, dass Kapazitätseinheiten je nach Periodennachfrage auf verschiedenen Kapazitätsniveaus betrieben werden können. Durch tendenzielle Anpassung des Produktionsniveaus an die Absatzentwicklung wird versucht, die nachteiligen Wirkungen der beiden extremen Prinzipien zu vermeiden. Der Absatz- und Produktionsverlauf kann phasenweise (tendenziell) synchron und phasenweise emanzipiert sein. Dadurch soll erreicht werden, dass die Nutzung der Betriebsmittel und der Arbeitskräfte nicht zu extremen Schwankungen führt und die Lagerbestände in einem erträglichen Ausmaß bleiben. Bei der Auswahl entsprechender Anpassungsmaßnahmen hat das Produktionsmanagement grundsätzlich den Forderungen nach kostengünstiger Produktion zu folgen. Sinnvollerweise werden aber auch allzu große Beschäftigungsschwankungen vermieden und Marktchancen nicht außer Acht gelassen (Vermeidung von Fehlmengen oder Hereinnahme von Zusatzaufträgen).

Welcher Plan und welche Anpassungsmaßnahmen im Einzelfall zu wählen sind, ist somit anhand von Kostenvergleichen unter explizitem Einbezug von *Opportunitätskosten*, z. B. aufgrund von „lost sales", zu entscheiden. Zur Lösung dieses Entscheidungsproblems ist die Summe aus Lagerkosten, evtl. Fehlmengenkosten und Kosten für den Auf- und Abbau von Kapazitäten zu minimieren. Möglich sind natürlich auch erlös- oder deckungsbeitragsbezogene Zielsetzungen. In der Praxis wird aufgrund der Problematik der Kostenermittlung häufig auf *Ersatzzielgrößen* zurückgegriffen. Um z. B. Fehlmengen zu vermeiden, ist bei einer das Kapazitätsangebot übersteigenden

Nachfrage in früheren Perioden auf Lager zu produzieren, um den späteren Nachfrageüberhang befriedigen zu können. Bei gegebenen Produktionsmengen gilt es dann, die Lagerkosten zu minimieren, wobei die Minimierung der Lagerkosten näherungsweise durch das Ersatzziel „Minimierung der Einlagerungszeit" ersetzt werden kann. Das heißt, es ist dann der aggregierte Produktionsplan zu wählen, der die benötigten Mengen so spät wie möglich auf Lager legt.

4.3.3.3 Einsatz der linearen Programmierung

Als formale Methoden zur Entscheidungsunterstützung bei der Planauswahl können im Rahmen der aggregierten Programmplanung je nach Komplexität der Problemstellung entweder einfache Verfahren der *Deckungsbeitragsrechnung* oder aufwendigere Methoden der *linearen Programmierung* verwendet werden.

4.3.3.3.1 Programmplanung ohne Engpass

Beinhaltet das Produktprogramm eines Unternehmens nur ein Endprodukt, liegt also der Fall der *Einproduktunternehmung* vor, so besteht die Aufgabe der Produktionsprogrammplanung in der Festlegung der Produktionsmenge und ihrer zeitlichen Verteilung. Das Unternehmen wird unter Berücksichtigung der Absatzhöchstmenge so lange produzieren, bis die Grenzkosten den Grenzerlösen entsprechen, d. h. so lange noch positive Stückdeckungsbeiträge zu erzielen sind.

Im realistischeren Fall der *Mehrproduktunternehmung*, wenn das Produktionsprogramm mehrere Produkte umfasst, die in unterschiedlichen Mengen hergestellt werden, können die Produktionsmengen der einzelnen Erzeugnisse nur dann isoliert geplant werden, wenn zwischen den verschiedenen Produkten kein betrieblicher Engpass wirksam wird. Als Engpass wird eine sich restriktiv auf die Planung auswirkende Produktionsfaktor- oder Kapazitätsbeschränkung bezeichnet.

Im Fall freier Kapazitäten, d. h. wenn kein betrieblicher Engpass vorliegt, ist bei gegebenen Absatzhöchstmengen das Entscheidungskriterium der Deckungsbeitrag je Produkteinheit, also die Differenz zwischen dem Absatzpreis und den Stückkosten. Folglich werden alle Erzeugnisse in das Produktionsprogramm aufgenommen, die einen positiven Deckungsbeitrag aufweisen, die also über die Erwirtschaftung der von ihnen verursachten variablen Kosten hinaus einen Teil zur Deckung der fixen Kosten und eventuell zum Gewinn beitragen. Bezeichnet man den Absatzpreis eines Produkts i mit p_i, die zugehörigen variablen Stückkosten mit k_i, die Produktionsbzw. Absatzmengen mit X_i, die Absatzhöchstmenge mit $X_i^{\max}$ und den Gesamtdeckungsbeitrag mit D, so kann das Entscheidungsproblem formal wie folgt dargestellt werden:

$$\max D = \sum_{i=1}^{I} (p_i - k_i) \cdot X_i, \tag{4.15}$$

unter den Nebenbedingungen:

$$X_i \le X_i^{\max} \quad \forall\, i = 1, \ldots, I, \tag{4.16}$$

$$X_i \ge 0 \quad \forall\, i = 1, \ldots, I. \tag{4.17}$$

Demzufolge werden die Produkteinheiten in der Reihenfolge abnehmender positiver Deckungsbeiträge in das Produktionsprogramm aufgenommen, bis die Absatzhöchstmenge erreicht ist.

4.3.3.3.2 Programmplanung bei einem Engpass

Sind die Erzeugnisse über *einen Engpass* miteinander verbunden, beanspruchen also mehrere Produktarten denselben Produktionsfaktor in einem Umfang, dass dieser im Rahmen des Modells ein knappes Gut wird, so ist eine Auswahl anhand des Deckungsbeitrags pro Einheit der Engpassbelastung, des so genannten *relativen Deckungsbeitrags*, möglich. Bezeichnet man den Bedarf an Einheiten des knappen Produktionsfaktors je Mengeneinheit des Produkts i mit a_i und die Summe der verfügbaren Engpasseinheiten mit $A^{\max}$, so lässt sich das Problem formal wie folgt darstellen:

$$\max D = \sum_{i=1}^{I} (p_i - k_i) \cdot X_i, \tag{4.18}$$

unter den Nebenbedingungen

$$\sum_{i=1}^{I} a_i \cdot X_i \le A^{\max}, \tag{4.19}$$

$$X_i \le X_i^{\max} \quad \forall\, i = 1, \ldots, I, \tag{4.20}$$

$$X_i \ge 0 \quad \forall\, i = 1, \ldots, I. \tag{4.21}$$

Zur Lösung des Problems werden die Produkteinheiten so lange in der Reihenfolge abnehmender positiver relativer Deckungsbeiträge in das Produktionsprogramm aufgenommen, bis der Engpassfaktor vollkommen ausgeschöpft ist. Der relative Deckungsbeitrag für Produkt i ist definiert als:

$$d_i^R = \frac{p_i - k_i}{a_i}. \tag{4.22}$$

4.3.3.3.3 Programmplanung bei mehreren Engpässen

Treten *mehrere Engpässe* gleichzeitig auf, muss die Produktionsprogrammplanung mit Hilfe eines simultanen Optimierungsmodells durchgeführt werden. Hierfür steht mit dem *Standardansatz der linearen Programmierung* ein leistungsfähiges Verfahren zur Modellierung derartiger Planungsprobleme (LP-Probleme) zur Verfügung, das nachfolgend für ausgewählte Problemfälle dargestellt wird. Umfasst das Produktionsprogramm lediglich zwei Produkte, kann das lineare Programm (LP) graphisch gelöst werden. Darüber hinaus ist als Lösungsverfahren der Simplex-Algorithmus anzuwenden.

Es wird davon ausgegangen, dass der Planungszeitraum nur eine Planperiode (einperiodiges Planungsmodell) umfasst. In der Folge sind im Rahmen der Produktionsprogrammplanung keine Endproduktlagermengen zu berücksichtigen; im Extremfall werden die Produktarten bis zum Erreichen der jeweiligen Absatzhöchstmengen hergestellt. Da die Periodennachfrage definitionsgemäß aus der Produktion derselben Periode gedeckt wird, liegt *Synchronfertigung* vor. Erfolgt die Herstellung der Produkte in einem Verfahrensschritt, so liegt ein einstufiges Planungsmodell vor. Bei einstufigen einperiodigen Modellen zur Produktionsprogrammplanung treten auch keine Zwischenproduktlagerbestände auf.

Mit Hilfe der *linearen Programmierung* lässt sich dieser einfachste Fall eines simultanen Ansatzes unter Verwendung der in Tabelle 4.5 erläuterten Symbole wie folgt darstellen:

$$\max D = \sum_{i=1}^{I} (p_i - k_i) \cdot X_i, \tag{4.23}$$

unter den Nebenbedingungen:

$$\sum_{i=1}^{I} a_{ij} \cdot X_i \leq A_j^{\max} \quad \forall j = 1, \ldots, J, \tag{4.24}$$

$$X_i \leq X_i^{\max} \quad \forall i = 1, \ldots, I, \tag{4.25}$$

$$X_i \geq 0 \quad \forall i = 1, \ldots, I. \tag{4.26}$$

Tab. 4.5: Symbolverzeichnis für die lineare Programmierung

Symbol	Bedeutung	Dimension
a_{ij}	Produktionskoeffizient von Faktor j für Produktart i	$\frac{FE}{ME}$
$A_j^{\max}$	Maximal verfügbare Menge des Produktionsfaktors j	FE
D	Gesamtdeckungsbeitrag im Planungszeitraum	GE
k_i	Stückkosten der Produktart i	$\frac{GE}{ME}$
p_i	Verkaufspreis pro Einheit der Produktart i	$\frac{GE}{ME}$
X_i	Produktions- und Absatzmenge der Produktart i	ME
$X_i^{\max}$	Absatzhöchstmenge der Produktart i	ME

Ein lineares Planungsmodell (LP) ist durch eine lineare Zielfunktion (4.23), eine oder mehrere lineare Nebenbedingungen – im vorliegenden Fall sind dies die Produktionsfaktorrestriktion (4.24) sowie die Absatzrestriktion (4.25) – und die so genannte Nichtnegativitätsbedingung (4.26) gekennzeichnet.

Die Zielfunktion bringt zum Ausdruck, dass die Produktionsmengen gesucht sind, die den gesamten Deckungsbeitrag bzw. den Gewinn (bei Beachtung der Fixkosten) maximieren (4.23). Dabei ist als Restriktion zu beachten, dass die maximalen Kapazitäten der Produktionsfaktoren nicht überschritten werden (4.24). Durch Restriktion (4.25) wird sichergestellt, dass die Produktionsmengen nicht größer als die absetzbaren Mengen jedes Erzeugnisses sind. Die Absatzobergrenzen ergeben sich aus Absatzprognosen. Bedingung (4.26) fordert schließlich, dass die Produktionsmengen positive Werte annehmen (Nichtnegativitätsbedingung). Diese Bedingung könnte z. B. unter Berücksichtigung evtl. vorliegender Kundenaufträge so erweitert werden, dass konkrete Absatzuntergrenzen je Erzeugnis ($X_i^{\min}$) angesetzt werden, die sicherstellen, dass die jeweilige Produktionsmenge mindestens den bereits vorliegenden Kundenaufträgen entsprechen muss.

Sofern ein Unternehmen nur zwei Produktarten herstellt, kann das optimale Produktionsprogramm auch graphisch ermittelt werden (vgl. Abbildung 4.9). Dazu bestimmt man in einem ersten Schritt die prinzipiell möglichen Lösungen des Problems – den *Lösungsraum* – und ermittelt darauf aufbauend die optimale(n), d. h. deckungsbeitragsmaximale(n) Lösung(en). Da lediglich zwei Entscheidungsvariablen X_1 und X_2 vorliegen, ist es möglich, den Lösungsraum in der X_1-X_2-Ebene darzustellen. Aufgrund der Nichtnegativitätsbedingungen kann der Lösungsraum nur im rechten oberen Quadranten liegen. Jeder Punkt darin stellt eine mögliche Lösung des Problems dar, die jedoch dahingehend zu überprüfen ist, ob sie alle Nebenbedingungen erfüllt. Dazu schreibt man jede Nebenbedingung nicht als Ungleichung, sondern als Gleichung. Setzt man bei Betrachtung jeder dieser Gleichungen sukzessive eine Variable gleich null und löst diese Gleichung dann nach der anderen Variablen auf, so resultieren daraus für jede Nebenbedingung zwei Paare, $(0,\tilde{X}_2)$ und $(\tilde{X}_1,0)$, von Entscheidungsvariablen, die die Nebenbedingung gerade noch erfüllen und die zudem auf der X_2- bzw. X_1-Achse zu liegen kommen. Aufgrund der Linearität der Nebenbedingungen gilt Gleiches auch für alle (X_1,X_2)-Kombinationen auf der Verbindungsgeraden der beiden Punkte. Diejenigen Punkte schließlich, die die betrachtete Nebenbedingung erfüllen, liegen nun nicht nur auf der entsprechenden Geraden, sondern auch darunter bzw. darüber, wenn die betrachtete Ungleichung ein „≤"- bzw. „≥"-Zeichen enthält. Liegt eine Nebenbedingung in Form einer Gleichung vor, so sind lediglich die Punkte auf der Geraden relevant. Bei Nebenbedingungen der Form wie in (4.20) verlaufen die Beschränkungsgeraden parallel zu den Koordinatenachsen.

Der Lösungsraum enthält nun alle diejenigen Punkte in der (X_1, X_2)-Ebene, die durch die Nebenbedingungsgeraden begrenzt werden. Um die optimale Lösung zu ermitteln, ist jeder Punkt des Lösungsraums mit dem entsprechenden Deckungsbeitrag zu bewerten. Die graphische Darstellung greift hierzu auf Kurven zurück, die alle diejenigen Produktionsprogramme enthalten, die denselben Deckungsbeitrag zur Folge haben. Aufgrund der linearen Zielfunktion D besitzt eine solche *Isodeckungsbeitragslinie* die Form einer Geraden. Dazu wählt man einen bestimmten Deckungsbeitrag $\bar{D}$ aus, löst die Gleichung

$$\bar{D} = (p_1 - k_1) \cdot X_1 + (p_2 - k_2) \cdot X_2 \tag{4.27}$$

nach X_2 auf und erhält die funktionale Darstellung der bereits erwähnten Geraden:

$$X_2 = \frac{\bar{D}}{(p_2 - k_2)} - \frac{(p_1 - k_1)}{(p_2 - k_2)} \cdot X_1. \tag{4.28}$$

Daraus ist erkennbar, dass mit zunehmendem Deckungsbeitrag $\bar{D}$ die Isodeckungsbeitragslinie „nach rechts oben" zu verschieben ist.[52] Als optimale Produktionsmengen erhält man diejenige(n) (X_1, X_2)-Kombination(en) am Rand des Lösungsraums, die von der Isodeckungsbeitragslinie berührt werden, die „am weitesten rechts oben" zu liegen kommt.

Eine graphische Lösung bei n Entscheidungsvariablen ist für $n > 2$ nicht möglich, weil dazu der Lösungsraum im n-dimensionalen Raum darzustellen wäre. Mit dem *Simplex-Algorithmus* steht jedoch ein exaktes Lösungsverfahren zur Verfügung. Die grundsätzliche Funktionsweise des Simplex-Algorithmus kann anhand der oben erläuterten graphischen Überlegungen verdeutlicht werden. Es zeigt sich, dass der Lösungsraum – sofern sich die Nebenbedingungen nicht gegenseitig ausschließen und er somit keine leere Menge ist – ein konvexer Polyeder im $\mathbb{R}^n$ ist. Aufgrund der Konvexität kommt deshalb ein optimales Produktionsprogramm immer am Rand dieser Menge potenzieller Lösungen zu liegen. Die Eigenschaft des Randes, ein Polygonzug (eine aus mehreren Geradenstücken bestehende Kurve) zu sein, erleichtert darüber hinaus das Auffinden der Lösung, da diese bis auf wenige Ausnahmen an den Eckpunkten zu suchen ist. Lediglich für den Fall, dass sich zwei benachbarte Eckpunkte als optimal erweisen, sind alle Randpunkte auf der Verbindungslinie dieser beiden Eckpunkte ebenfalls optimal. Die maximale Anzahl von Eckpunkten ist in einem linearen Optimierungsproblem mit n Variablen und m Nebenbedingungen gegeben durch

$$\binom{n + m}{n} = \frac{(n + m)!}{n! \cdot m!}. \tag{4.29}$$

Betrachtet man beispielsweise das oben in (4.23), (4.24), (4.25) und (4.26) formulierte Problem für zwei Produkte, d. h. $I = 2 = n$, und zwei Produktionsfaktoren, d. h. $J = 2$, so resultieren aus (4.24) und (4.25) $m = 4$ Nebenbedingungen. Die Nichtnegativitätsbedingungen (4.26) kommen bereits durch die Beschränkung auf den rechten oberen Quadranten zum Ausdruck. Die prinzipiell mögliche maximale Anzahl der Eckpunkte

---

52 Hierbei ist vorausgesetzt, dass alle Deckungsbeiträge positiv sind.

des Lösungsraums ergibt sich nach (4.29):

$$\binom{2+4}{2} = \binom{6}{2} = \frac{6!}{2! \cdot 4!} = \frac{6 \cdot 5}{2 \cdot 1} = 15.$$

Die Idee des Simplex-Algorithmus besteht nun darin, ausgehend von einem beliebigen Eckpunkt so lange von einem Eckpunkt zu einem nächstgelegenen besseren Eckpunkt zu springen, bis keine Verbesserung des Zielfunktionswerts (Deckungsbeitrags) mehr erreichbar ist. Die Lösung ist genau dann eindeutig, wenn der maximale Deckungsbeitrag an genau einem Eckpunkt erreicht wird.

Im folgenden soll eine entsprechende lineare Optimierung an einem *Beispiel* dargestellt werden. Ein Unternehmen stellt zwei Produkte 1 und 2 her. Vertriebsprognosen haben ergeben, dass von Erzeugnis 2 maximal 50 Stück pro Monat abgesetzt werden können. Die Deckungsbeiträge betragen 80 GE bzw. 60 GE pro Mengeneinheit. Die beiden Erzeugnisse werden von zwei Maschinen A und B bearbeitet, die Kapazitäten in Höhe von 180 Std./Monat bzw. 200 Std./Monat aufweisen. Die Produktionskoeffizienten, d. h. der Kapazitätsbedarf in Std./Monat je Erzeugnis auf einer bestimmten Maschine, ist folgender Matrix zu entnehmen:

Tab. 4.6: Produktionskoeffizientenmatrix

Erzeugnis Maschine	1	2	Kapazität (Std./Monat)
A		2 3	180
B		4 2	200

Gesucht ist das Produktionsprogramm, das zu einem maximalen Gesamtdeckungsbeitrag führt.

Formal ergibt sich folgende Zielfunktion:

$$\max D = 80 \cdot X_1 + 60 \cdot X_2. \tag{ZF}$$

Die Kapazitäts- und Absatzrestriktionen (Nebenbedingung 1–3) sowie die Nichtnegativitätsbedingung (NNB) lassen sich durch folgende Nebenbedingungen ausdrücken:

$$2 \cdot X_1 + 3 \cdot X_2 \leq 180, \tag{NB (1)}$$

$$4 \cdot X_1 + 2 \cdot X_2 \leq 200, \tag{NB (2)}$$

$$X_2 \leq 50, \tag{NB (3)}$$

$$X_1, \ X_2 \geq 0. \tag{NNB}$$

Grundsätzlich lassen sich derartige lineare Optimierungsprobleme mit dem Simplex-Algorithmus lösen. Da das Produktionsprogramm lediglich zwei Erzeugnisse umfasst, ist in diesem Fall aber auch eine *graphische Lösung* möglich, wie sie in Abbildung 4.9 dargestellt ist.

Jeder Punkt des dort abgebildeten Koordinatensystems entspricht einer denkbaren Zusammensetzung des Produktionsprogramms, d. h. Mengenkombinationen der Erzeugnisse 1 und 2. Von diesen denkbaren Möglichkeiten sind zunächst diejenigen auszuschließen, die aufgrund von Restriktionen nicht realisiert werden können. Dies sei am Beispiel von Nebenbedingung 1 dargestellt. Die Kapazität von Maschine A ist auf 180 Std./Monat begrenzt. Bei alleiniger Produktion von Erzeugnis 1 können in dieser Zeit maximal 90 Stück bearbeitet werden, bei alleiniger Produktion von Erzeugnis 2 maximal 60 Stück.

Diesen möglichen Produktionsmengen entsprechen die Koordinatenpunkte (90; 0) und (0; 60). Verbindet man diese Punkte, erhält man eine Gerade (NB (1)), auf der alle Erzeugnismengenkombinationen liegen, die von Maschine A in einem Monat maximal bearbeitet werden können. Analog erfolgt die graphische Darstellung der übrigen Nebenbedingungen 2 und 3. Die Achsen des Koordinatenkreuzes des rechten oberen Quadranten repräsentieren die Nichtnegativitätsbedingung. Mit diesen Beschränkungen ist der *Lösungsraum*, d. h. die Menge aller zulässigen Lösungen des Optimierungsproblems, festgelegt. Er enthält alle möglichen Produktionsprogramme, die in dem durch die Nebenbedingungen und die Koordinatenachsen begrenzten Raum sowie auf den Linien selbst liegen.

Die Zielfunktion kann man sich graphisch als eine Schar paralleler Geraden vorstellen, deren Steigung durch das Verhältnis der Deckungsbeiträge der beiden Produkte bestimmt wird. Ausgehend von einer zulässigen Basislösung im Koordinatenursprung (0; 0) gilt für die Zielfunktion:

$$80 \cdot X_1 + 60 \cdot X_2 = 0.$$

Daraus folgt für die Steigung der Zielfunktion:

$$\frac{X_2}{X_1} = -\frac{4}{3}.$$

Jede dieser den Lösungsraum (gedanklich) überziehenden Geraden repräsentiert einen anderen Zielfunktionswert, der umso höher ist, je weiter eine Gerade vom Koordinatenursprung entfernt verläuft.

Um das optimale Produktionsprogramm zu ermitteln, ist die Zielfunktion ausgehend vom Koordinatenursprung (zulässige Basislösung) so lange parallel zu verschieben, bis sie den Lösungsraum in einem möglichst weit vom Ursprung entfernten Eckpunkt tangiert. Die zu diesem Eckpunkt gehörenden Erzeugnismengen bilden das deckungsbeitragsmaximale Produktionsprogramm.[53] Im Beispiel besteht das optimale

---

53 Für den Fall, dass die Zielfunktion die gleiche Steigung wie eine Restriktionsgerade aufweist und somit nicht einen Punkt, sondern einen Abschnitt der Restriktionsgerade tangiert, existieren mehrere optimale Lösungen.

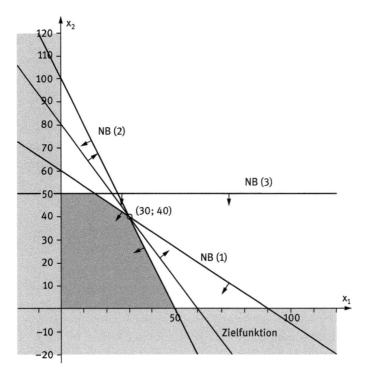

Abb. 4.9: Graphische Lösung der linearen Programmierung

Produktionsprogramm aus 30 Stück von Erzeugnis 1 und 40 Stück von Erzeugnis 2. Der maximal erreichbare Deckungsbeitrag beläuft sich auf 4.800 GE.

Neben der graphischen Lösungsmethode kann das Beispiel auch mit Hilfe des *Simplex-Algorithmus* gelöst werden, dessen prinzipielle Idee bereits beschrieben wurde.[54] Für die Anwendung des Simplex-Algorithmus ist es zunächst erforderlich, die in Ungleichungsform vorliegenden Nebenbedingungen des für das Beispiel bereits formulierten linearen Programms in Gleichungen umzuwandeln. Hierzu ist für jede Nebenbedingung eine zusätzliche Variable einzuführen, die als Hilfs- oder Schlupfvariable bezeichnet wird. Ökonomisch lassen sich diese Schlupfvariablen als Leerkapazität interpretieren, d. h. als Kapazität, die bei der Produktion einer

---

54 Zu Details des Simplex-Algorithmus, wie dem weiteren Aussagegehalt des Optimaltableaus (Schattenpreise) oder möglichen Sonderfällen bei der Ermittlung der optimalen Lösung (Mehrdeutigkeit, Degeneration), sei auf die einschlägige Literatur verwiesen. Vgl. *Dantzig* (1966), *Hadley* (1974), *Hillier, Lieberman* (1967), S. 127–207. Das Simplex-Verfahren kann selbstverständlich rechnergestützt durchgeführt werden. Neben den Möglichkeiten, einfachere lineare Programme in Tabellenkalkulationsprogrammen wie MS Excel über die Solver-Funktion zu lösen, gibt es eine Reihe professioneller Programme, mit denen auch umfangreiche LP-Probleme in vertretbarer Rechenzeit gelöst werden können.

bestimmten Menge von Erzeugnis 1 und 2 nicht genutzt wird. Konkret werden im Beispiel die Schlupfvariablen Y_1, Y_2 und Y_3 eingeführt.

Das lineare Gleichungssystem sieht in der so genannten Standardform dann wie folgt aus:

$$
\begin{array}{llllllll}
(1) & 2X_1 & +3X_2 & & +Y_1 & & & = 180 \\
(2) & 4X_1 & +2X_2 & & & +Y_2 & & = 200 \\
(3) & & & X_3 & & & +Y_3 & = 50
\end{array}
$$

Auch die Zielfunktion wird unter Berücksichtigung der Schlupfvariablen in eine Gleichung überführt. Dabei ist der Deckungsbeitrag der Schlupfvariablen gleich null. Ausgehend von einem Produktionsprogramm zu Beginn der Planungsperiode, bei dem nichts erzeugt wird (zulässige Basislösung), ist damit der Zielfunktionswert, d. h. der Gesamtdeckungsbeitrag dieser Basislösung, gleich null:

$$
80 \cdot X_1 + 60 \cdot X_2 + 0 \cdot Y_1 + 0 \cdot Y_2 + 0 \cdot Y_3 = 0. \tag{Z}
$$

Das gesamte Gleichungssystem wird im nächsten Schritt in Matrixform in ein so genanntes Simplextableau übertragen. Hierzu sind die Koeffizienten von Zielfunktion und Nebenbedingungen in ein Starttableau zu schreiben, wobei die Koeffizienten der Zielfunktion mit negativen Vorzeichen in die Zielfunktionszeile (Z) eingetragen werden, da diese (noch) entgehende Deckungsbeiträge repräsentieren (Tabelle 4.7).

Tab. 4.7: Simplex-Starttableau

	X_1	X_2	Y_1	Y_2	Y_3	RS
Y_1	2	3	1	0	0	180
Y_2	4	2	0	1	0	200
Y_3	0	1	0	0	1	50
Z	−80	−60	0	0	0	0

Dieses Starttableau repräsentiert eine zulässige Basislösung, bei der noch nichts produziert wird. Das ist daran zu erkennen, dass die Variablen, zu deren Spalten so genannte Einheitsvektoren gehören, (noch) die Schlupfvariablen sind. Diese Variablen haben den Wert, der in der Restriktionsspalte (RS) in der Zeile steht, in der sich auch die 1 des entsprechenden Einheitsvektors befindet. Die übrigen Variablen X_1 und X_2 haben den Wert 0.

Der Schnittpunkt der Zielfunktionszeile (Z) mit der Restriktionsspalte (RS) gibt den Zielfunktionswert (Gesamtdeckungsbeitrag) des aktuellen Produktionsprogramms an. Er beträgt in der Basislösung null, da von beiden Erzeugnissen nichts produziert wird. Aus den negativen Koeffizienten der Zielfunktionszeile ist zu schließen, dass die optimale Lösung noch nicht erreicht worden ist, d. h., offensichtlich entgehen noch Deckungsbeiträge. Die optimale Lösung ist erreicht, wenn in der Zielfunktionszeile keine negativen Koeffizienten mehr auftreten. Diese wird nun iterativ durch den Tausch von Basisvariablen bestimmt.

Für die beginnende iterative Rechenprozedur, den eigentlichen Simplex-Algorithmus, ist zunächst das so genannte Pivot-Element zu bestimmen. Dazu wird im aktuellen Tableau die Spalte ausgewählt, in der der höchste entgehende Deckungsbeitrag auftritt (Pivot-Spalte). Die zu dieser Spalte gehörende Variable ist die einzutauschende Basisvariable. Ökonomisch bedeutet das, dass zunächst nur ein Erzeugnis hergestellt wird, und zwar das mit dem höchsten (noch entgehenden) Deckungsbeitrag.

Zur Bestimmung der Pivot-Zeile wird die Restriktionsspalte (RS) durch den entsprechenden Zeilenwert der Pivot-Spalte dividiert. Die Pivot-Zeile ist dann die Zeile mit dem kleinsten positiven Quotienten.[55] Das Pivot-Element liegt im Schnittpunkt von Pivot-Spalte und Pivot-Zeile (und ist in Tabelle 4.7 fett gedruckt). Da die Pivot-Spalte Basisvariable werden soll, ist dort ein Einheitsvektor zu erzeugen. Das Pivot-Element ist die Stelle, an der im Einheitsvektor die 1 stehen soll. Die Überführung der Pivot-Spalte in einen Einheitsvektor geschieht durch einfache Umformungen wie folgt:

- Die Pivot-Zeile wird durch das Pivot-Element dividiert und an die entsprechende Stelle in einem neuen Tableau übertragen.
- Die neue Zeile Y_1 ergibt sich durch Multiplikation der neuen Zeile Y_2 mit dem Faktor -2 (um den Wert 0 zu erhalten) und anschließender Addition mit der Zeile Y_1 aus dem Starttableau.
- Die Zeile Y_3 kann aus dem Starttableau übernommen werden, da hier die Null des Einheitsvektors schon vorliegt.
- Die neue Zielfunktionszeile ergibt sich durch Multiplikation der neuen Zeile Y_2 mit dem Faktor 80 und anschließender Addition mit der Zielfunktionszeile aus dem Starttableau.

Im Ergebnis ergibt sich das Simplextableau nach der ersten Iteration (Tabelle 4.8).

Tab. 4.8: Simplextableau (1. Iteration)

	X_1	X_2	Y_1	Y_2	Y_3	RS
Y_1	0	**2**	1	−1/2	0	80
X_1	1	1/2	0	1/4	0	50
Y_3	0	1	0	0	1	50
Z	0	−20	0	20	0	4.000

---

55 Der jeweilige Quotient zeigt an, wie viel maximal von einem bestimmten Erzeugnis unter Berücksichtigung der Restriktion produziert werden kann. Da alle Restriktionen simultan beachtet werden müssen, ist die maximal mögliche Produktionsmenge durch den kleinsten positiven Wert bestimmt. Zur Rechenerleichterung kann an das Tableau rechts noch eine Quotientenspalte (Q) angefügt werden. Dies unterbleibt hier aus Gründen der Übersichtlichkeit.

Der Zielfunktionswert beträgt 4.000. Graphisch gesehen bedeutet dieses Vorgehen, dass der Algorithmus von der Ausgangsbasislösung, der Ecke (0; 0) des Lösungsraums, zu der Ecke (50; 0) gesprungen ist. Da die Zielfunktionszeile noch einen negativen Wert enthält, d. h., dass noch entgehende Deckungsbeiträge vorliegen, signalisiert dies, dass das optimale Produktionsprogramm noch nicht erreicht ist. Aus diesem Grund muss die Rechenprozedur erneut durchgeführt werden. Das Ergebnis nach der zweiten Iteration ist im folgenden Simplextableau wiedergegeben (Tabelle 4.9):

Tab. 4.9: Simplextableau (2. Iteration)

	X_1	X_2	Y_1	Y_2	Y_3	RS
X_2	0	1	1/2	−1/4	0	40
X_1	1	0	−1/4	3/8	0	30
Y_3	0	0	−1/2	1/4	1	10
Z	0	0	10	15	0	4.800

Da dieses Tableau in der Zielfunktionszeile keinen negativen Wert mehr enthält, entgehen keine Deckungsbeiträge. Es handelt sich um das Optimaltableau, in dem das optimale Produktionsprogramm bestimmt ist. Als Ergebnis in der Restriktionsspalte können die Werte 40, 30 und 10 abgelesen werden. Die Zuordnung dieser Werte auf die entsprechenden Variablen erfolgt wieder mit Hilfe der Einheitsvektoren. Durch die Spalte, in der der Einheitsvektor steht, wird die Variable determiniert. Der zugehörige Wert wird in der Restriktionsspalte aus der Zeile abgelesen, in der im Einheitsvektor die 1 steht. Damit ergibt sich folgendes optimale Produktionsprogramm: X_1 = 30 und X_2 = 40. Der Gesamtdeckungsbeitrag beträgt 4.800 GE. Die durch den Simplex-Algorithmus gefundene Lösung stimmt mit der oben auf graphischem Wege ermittelten überein.

Abschließend sei darauf hingewiesen, dass die bisherige Darstellung davon ausging, dass alle Variablen reellwertig sind, was impliziert, dass sie beliebig teilbar sind. In vielen praktischen Fällen lässt sich diese Annahme jedoch nicht aufrechterhalten, weil z. B. bestimmte Aktivitäten nur mit ganzzahligen Werten realisiert werden können. Der einfachste Weg, Ganzzahligkeiten zu berücksichtigen, ist die Rundung der gefundenen Lösung, was jedoch regelmäßig zu Restriktionsverletzungen führt. Zudem wird leicht das ganzzahlige Optimum verfehlt. Als Lösungsverfahren der ganzzahligen oder gemischt-ganzzahligen linearen Programmierung sei daher auf das Schnittebenen-Verfahren von *Gomory* sowie das so genannte *Branch-and-Bound*-Verfahren verwiesen.[56]

---

56 Vgl. *Gomory* (1963), *Dakin* (1965) sowie im Überblick z. B. *Kistner* (1993), S. 147 ff.

4.3.3.4 Master Production Schedule (MPS)

Der *Master Production Schedule (MPS)* ist der erste Plan innerhalb der hierarchischen Vorgehensweise, der konkret zu realisierende Produktionsvorgaben enthält. Er wird deshalb auch als *Schnittstellenplan* bezeichnet, der die Nachfrage in Vorgaben für die Materialbedarfsplanung übersetzt. Wesentliche Inputfaktoren sind die Vorgaben des aggregierten Produktionsplans, der einen Überblick über den im Planungszeitraum zu erbringenden Output pro Planperiode gemessen in einer produktneutralen Einheit liefert, ergänzt um die konkrete Nachfrage und die detaillierten produkt- und planperiodenbezogenen Kapazitäten der einzelnen Produktiveinheiten.

Konkret werden beim „master scheduling" die durch den aggregierten Produktionsplan vorgegebenen Monats- oder Quartalsmengen zunächst auf Wochen- und Einzelproduktbasis disaggregiert. Dies geschieht hinsichtlich der zeitlichen Disaggregation im einfachsten Fall durch Division der Monatsleistung durch vier. Sachlich wird die verfügbare Kapazität nach den Nachfrageanteilen der einzelnen Produkte je Woche verteilt. Abbildung 4.10 stellt ein entsprechendes Beispiel dar.

Aggregierter Produktionsplan für Produktgruppe 1

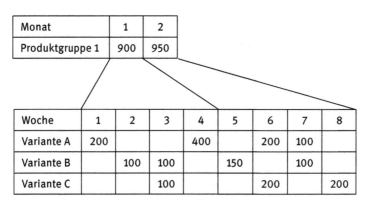

Monat	1	2
Produktgruppe 1	900	950

Woche	1	2	3	4	5	6	7	8
Variante A	200			400		200	100	
Variante B		100	100		150		100	
Variante C			100			200		200

Master Production Schedule für Varianten der Produktgruppe 1

Abb. 4.10: Beispiel einer APP und eines MPS

Im Rahmen des *Master Production Scheduling* sind grundsätzlich folgende *Schritte* zu durchlaufen:

1. Soweit möglich, sind die Periodenleistungen von einzelnen Produkten zunächst zu *Fertigungslosen* zusammenzufassen, falls dadurch Rüstkosten eingespart werden können. Zu beachten ist jedoch die gegenläufige Entwicklung der Lagerkosten.[57]

---

57 Vgl. dazu Abschnitt 4.4.2.

2. In einem zweiten Schritt, dem so genannten *„loading"*, werden die einzelnen Produktmengen auf die Produktiveinheiten versuchsweise eingelastet. Die Überprüfung, ob die jeweiligen Kapazitäten in den Planperioden ausreichen, wird als *Rough-cut Capacity Planning (RCP)* bezeichnet. Innerhalb dieses Planungsschritts sind die Perioden zu identifizieren, in denen eine Unter- oder Überauslastung bei der vorgenommenen Einlastung entstehen würde.

3. Treten diese Fälle auf, so sind als letzter Schritt des Master Production Scheduling Anpassungsmaßnahmen einzuplanen, mit denen die gewünschten Mengen bereitgestellt werden können.

Wenn nicht gleichmäßig an der Kapazitätsgrenze produziert wird, ergibt sich eine Vielzahl von durchführbaren Plänen. Hiervon ist wiederum der optimale Master Production Schedule auszuwählen; bei gegebenen Mengen und damit Erlösen ist dies der kostenminimale Plan. Zu berücksichtigen sind die Kosten eventueller Anpassungsmaßnahmen, z. B. bei zeitlicher Anpassung Überstundenlöhne, bei intensitätsmäßiger Anpassung Akkordzuschläge. Weitere wesentliche Kostenbestandteile sind Lagerkosten und Opportunitätskosten aufgrund von „lost sales".

In Abhängigkeit von der Anzahl realisierbarer Pläne bieten sich verschiedene Vorgehensweisen zur Ermittlung des Produktionsprogramms im Rahmen des MPS an. Bei Anwendung der „Trial-und-error"-Vorgehensweise (Probierverfahren) empfiehlt sich ein computergestütztes interaktives Verfahren, bei dem der Planer seine Vorgehensweise anhand der Lösungskonsequenzen unmittelbar nachvollziehen kann.

Alternativ können auch hier – wie beim APP gezeigt – Optimierungsverfahren angewendet werden. Beispielhaft seien Verfahren zur Lösung von Aufteilungsproblemen (*„knapsack"-Probleme*) wie die lineare Programmierung oder die dynamische Programmierung genannt.

In der Regel wird der „optimale" Master Production Schedule analog der aggregierten Produktionsplanung mit Hilfe von Ersatzzielüberlegungen ausgewählt. Angestrebt werden eine gleichmäßige Kapazitätsauslastung sowie eine Minimierung der Lagerbestände. Im Ergebnis ermittelt man so lediglich einen durchführbaren und hinreichend guten, nicht aber den optimalen Plan.

4.3.3.5 Beurteilung der hierarchischen Vorgehensweise

Aufgabenstellung der Produktionsprogrammplanung ist die Festlegung der Produktionsmenge und der Herstellungszeitpunkte der einzelnen Produkte. Charakterstisch für die hierarchische Vorgehensweise sind vor allem die *Aggregation der Produktionsleistung* und das *zweistufige Vorgehen*.

Die Planauswahl erfolgt dabei regelmäßig nicht anhand des Deckungsbeitrags, sondern anhand von Kostengrößen, die zumeist durch zeitliche oder mengenmäßige Ersatzziele ersetzt werden. Die implizite Beschränkung auf die Minimierung der Kosten wird damit begründet, dass die Nachfrage immer zu decken ist; „lost sales" werden nicht zugelassen. Es ist somit nicht über den Umfang der Gesamtausbringung für den Planungszeitraum zu entscheiden, sondern es ist dieser nur mengenmäßig und zeitlich auf die einzelnen Planperioden zu verteilen. Eine weitere Zielvorstellung, die hinter der Vorgehensweise steckt, ist das Bestreben, die Kapazitäten möglichst gleichmäßig auszulasten. Diese Zielvorstellung, die auch die entsprechenden Losgrößen vorab determiniert, ist mit dem Ziel einer Minimierung der Lagerbestände und -verweildauern abzugleichen.

Positiv an der zweigeteilten hierarchischen Vorgehensweise ist, dass mit relativ geringem Planungsaufwand *durchführbare Produktionspläne* erstellt werden können, die sich auch relativ schnell an Umweltveränderungen anpassen lassen. Explizit werden die vorhandenen Kapazitäten in die Produktionsprogrammplanung einbezogen. Losgrößen werden zum Teil ohne ausführliche Berechnung ebenfalls festgelegt. Auftretende Engpässe werden bereits im Rahmen der aggregierten Produktionsplanung erkannt. Es besteht somit die Möglichkeit, frühzeitig Anpassungsmaßnahmen einzuleiten. Geeignet ist die heuristische Vorgehensweise vor allem für ähnliche Produkte bzw. Produkte, die dieselben Produktiveinheiten in etwa gleichem Umfang pro Ausbringungsmengeneinheit beanspruchen. Es empfiehlt sich, die Nachfrage und das Angebot nicht in Stückzahlen, sondern in Zeiteinheiten zu messen, da ansonsten unterschiedliche Produktionskoeffizienten vernachlässigt werden und es so zu einer Verfälschung der Kapazitätsnachfrage kommt.

Zu bemängeln ist, dass die zu erbringenden Gesamtproduktionsmengen direkt aus der Nachfrage abgeleitet werden. Eine eventuelle Nichterfüllung der Nachfrage ist nicht Bestandteil des Planungskalküls, weshalb auch die Zielgröße der Kostenminimierung ausreichend ist. Nicht berücksichtigt wird damit die Möglichkeit, dass die Opportunitätskosten aufgrund von „lost sales" kleiner als die Kosten von Anpassungsmaßnahmen sein können. Die gesamte maximale Produktionsmenge wird implizit im Rahmen der *taktischen Produktionsplanung* bei der Planung und Dimensionierung der Produktiveinheiten bestimmt. Probleme können aufgrund der Aggregation auftreten. Dies ist dann der Fall, wenn die Kapazitäten von Produktiveinheiten aggregiert werden, die nur zur Herstellung bestimmter Produkte verwendet werden können. Hier ist dann auf die bereits angesprochene Produktgruppenbildung überzugehen.

Das Ergebnis der hierarchischen Vorgehensweise ist somit in der Regel nicht das deckungsbeitragsmaximale Produktionsprogramm. Die Güte der Lösung kann nur im Vergleich zur optimalen Lösung beurteilt werden. Ist diese aber bekannt, so ist eine alternative Vorgehensweise überflüssig. Falls überhaupt, werden mathematische Verfahren im Rahmen der hierarchischen Programmplanung allerdings zumeist nur zur Lösung von Teilproblemen eingesetzt und nicht zur Lösung des Gesamtproblems „Produktionsprogrammplanung".[58]

---

58 Vgl. *Hax, Candea* (1984), S. 429 ff.

Zur Bestimmung des optimalen Produktionsprogramms werden in der betriebswirtschaftlichen Theorie unter anderem *lineare Programmierungsmodelle* vorgeschlagen. Mit deren Hilfe ist es zwar möglich, Probleme der Produktionsprogrammplanung sachlich und zeitlich abzubilden und exakt zu lösen, aber schon bei Modellen mit einer unrealistisch geringen Zahl von Produktarten und Planperioden steigt die Menge der zu quantifizierenden Modellparameter so stark an, dass der Aufwand der Datenbeschaffung und vor allem der Datenpflege problematische Ausmaße annimmt. Auch die rechentechnische Beherrschbarkeit kann dabei an ihre Grenzen stoßen.

Vor allem aber hängt die Qualität der ermittelten Optimallösung ganz wesentlich von der Güte der Modellierung der betrieblichen Realität in ein lineares Planungsmodell ab. Solange nicht gewährleistet ist, dass alle betrieblich relevanten Nebenbedingungen in das Modell eingeflossen sind, kann auch nicht davon ausgegangen werden, dass die ermittelte Optimallösung das reale Problem zu lösen im Stande ist. Unter Umständen ist die theoretische Optimallösung noch nicht einmal eine in der Realität zulässige (realisierbare) Lösung.

Derartige Probleme treten z. B. dann auf, wenn dem Produktionsplaner eine Reihe von Restriktionen noch gar nicht bewusst oder bekannt ist. Eine hinreichend hohe Modellierungsgüte ist daher häufig erst nach mehreren Durchläufen im Sinne eines „Trial-and-error"-Verfahrens zu erwarten. Dazu ist es erforderlich, das Planungsproblem analytisch zu strukturieren, die Handlungsvariablen zu identifizieren sowie sich der betrieblichen Restriktionen bewusst zu werden. Insofern helfen formale Modelle in einem ersten Schritt dazu, den Planungsprozess und dabei vor allem die Problemstrukturierung zu unterstützen, während erst der zweite Schritt die gewünschte Optimallösung erzeugt.

Nichtsdestotrotz werden mathematische Optimierungsmethoden in der Praxis bislang nur in beschränktem Umfang eingesetzt. Dort herrscht zur Planung der zu produzierenden Mengen ein mehr pragmatisches und praktisch umsetzbares Vorgehen vor. Allerdings versprechen moderne APS-Systeme, das sukzessive Vorgehen der konventionellen PPS-Systeme zu ergänzen und deren Schwächen durch eine modellgestützte Planung zu beseitigen. Hierzu enthalten APS-Systeme über die für PPS-Systeme übliche Datenverwaltung hinaus leistungsfähige Operations-Research-Module, mit denen eine integrierte und modellgestützte Planung möglich werden soll.

4.4 Materialbedarfsplanung

Ergebnis der Produktionsprogrammplanung ist der für den Planungszeitraum termin- und mengenmäßig festgelegte Netto-Primärbedarf. Dieser auf einzelne Perioden bezogene Primärbedarf an Endprodukten ist Ausgangspunkt der *Materialbedarfsplanung* (*M*aterial *R*equirements *P*lanning, *MRP*). Deren Hauptaufgabe besteht nun insbesondere bei mehrteiligen Produkten darin, für alle in das Endprodukt eingehenden Werkstoffe die konkreten Bedarfe nach Art, Menge und Termin aus dem Master Production Schedule abzuleiten. Den Bedarf an Werkstoffen zur Erstellung eines Produktionsprogramms nennt man *Sekundärbedarf*. Die Materialbedarfsplanung führt für alle Werkstoffe zu Fertigungs- oder Bestellaufträgen, die angeben, welche Menge in welcher Planperiode von jedem Werkstoff selbst herzustellen oder von einem Lieferanten zu bestellen ist (Sekundärbedarfsermittlung). Bei einem Werkstoff kann es sich um Rohstoffe, Halbzeuge, Halbfabrikate, Teile, Baugruppen und Ähnliches handeln. Im Rahmen der Materialbedarfsplanung werden zwei Konzeptionen zur Bedarfsermittlung unterschieden: die bedarfs- und die verbrauchsorientierte Disposition.

4.4.1 Sekundärbedarfsermittlung

Der Güterbedarf eines Unternehmens lässt sich in fünf *Bedarfsarten* unterteilen (Abbildung 4.11). Ausgehend vom Produktionsprogramm, das den Primärbedarf determiniert, lässt sich der Sekundär- bzw. der Tertiärbedarf, d. h. der Bedarf an Rohstoffen, Bauteilen u. Ä. bzw. Hilfs- und Betriebsstoffen, ableiten. Unter Berücksichtigung vorhandener Lagerbestände werden Brutto- und Nettobedarf unterschieden.

Sofern der Primärbedarf und die Erzeugnisstruktur bekannt sind, kann prinzipiell der Sekundärbedarf aller Produktionsfaktoren bestimmt werden. Wie bereits die produktionstheoretischen Überlegungen im dritten Kapitel gezeigt haben, weisen Verbrauchsfaktoren einen grundsätzlich durch Produktionsfunktionen beschreibbaren ausbringungs- bzw. programmabhängigen Bedarf auf. Bei unmittelbarer Faktor-Produkt-Beziehung lässt sich der Bedarf theoretisch mit Hilfe linear-limitationaler Leontief-Funktionen ermitteln. Im Falle mittelbarer Faktor-Produkt-Beziehungen kann auf Verbrauchsfunktionen und die Gutenberg-Produktionsfunktion zurückgegriffen werden.

Ein derartiges Vorgehen ist zwar grundsätzlich möglich, würde jedoch angesichts der Vielzahl zu berücksichtigender Verbrauchsfaktoren zu einem unvertretbar hohen Planungsaufwand führen. Entsprechend wird versucht, im Rahmen der Materialbedarfsplanung die zu berücksichtigenden Verbrauchsfaktoren zu klassifizieren, um klassenspezifische Verfahren der Bedarfsermittlung anwenden zu können.

Weit verbreitet ist dabei die Klassifikation der Verbrauchsfaktoren mit Hilfe der ABC-Analyse hinsichtlich ihrer wertmäßigen Bedeutung.[59] In der Praxis hat sich herausgestellt, dass häufig bereits rund 20 % der Teile 80 % des Jahresverbrauchswerts ausmachen, weitere 10 % der Teile zusätzlich 15 % des Jahresverbrauchswerts und die restlichen 70 % der Teile lediglich 5 % des Jahresverbrauchswerts. Entsprechend diesen Erfahrungswerten lassen sich Teile als A-, B- und C-Teile klassifizieren, die anhand unterschiedlicher Verfahren disponiert werden.

---

[59] Vgl. Abschnitt 2.3.4.1.

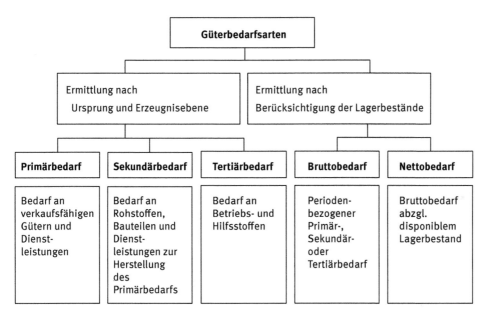

Abb. 4.11: Güterbedarfsarten

Die hochwertigen A- sowie ausgewählte B-Teile werden unter Rückgriff auf die Erzeugnisstruktur *bedarfsgesteuert disponiert.* Bedarfe von B- und ausgewählten C-Teilen werden *verbrauchsgesteuert disponiert.* Für die verbleibenden C-Teile, zu denen vor allem Hilfs- und Betriebsstoffe zählen, wird regelmäßig überhaupt keine systematische Bedarfsermittlung vorgenommen; eine Materialbeschaffung bzw. Disposition erfolgt erst, wenn die Lagervorräte einen bestimmten Mindestbestand (*Sicherheitsbestand*) unterschreiten. Dahinter steckt die Überlegung, dass es bei geringem Materialwert nicht so gravierend ist, wenn zu viel disponiert wird, so dass eine grobe Schätzung des Faktorbedarfes vollkommen ausreichend erscheint, wobei für verbrauchsorientierte Verfahren vorauszusetzen ist, dass der Verbrauch im Zeitablauf eine gewisse Regelmäßigkeit zeigt.[60]

4.4.1.1 Bedarfsorientierte Verfahren

Im Rahmen der *bedarfs-* oder *programmgesteuerten Disposition* werden die Bedarfe der höherwertigen A-Teile aus dem Bedarf übergeordneter Teile bzw. Produkte abgeleitet. Die Überlegung dahinter ist, dass eine ungenaue Planung dieser Bedarfe zu hohen Lager- oder Fehlmengenkosten führen würde. Die bedarfsorientierte Ableitung erfordert Informationen über die Erzeugnisstrukturen.

---

[60] Im Gegensatz zur ABC-Analyse stellt daher die XYZ-Analyse nicht auf den Verbrauchswert, sondern auf den Bedarfsverlauf der Verbrauchsfaktoren ab. Siehe dazu Abschnitt 2.3.4.1.

In der industriellen Praxis werden Erzeugnisstrukturen meist listenförmig dokumentiert, wobei im wesentlichen Stücklisten und Verwendungsnachweise zu unterscheiden sind. Die *Stückliste* enthält in einer Listendarstellung die Mengen der Komponenten, die für die Fertigung einer Einheit des Enderzeugnisses oder einer Baugruppe erforderlich sind. Während die Aufzählungsstückliste (Mengenübersichtsstückliste) alle Komponenten des Erzeugnisses mit ihren Gesamtmengen nennt, ohne Hinweise auf ihre Stellung innerhalb der Erzeugnisstruktur zu geben, führt die Strukturstückliste alle Komponenten mit ihren Mengen auf und weist die Bestandteile entsprechend den Fertigungsstufen aus. Bei den Stücklisten wird von einer analytischen Sicht ausgegangen und gefragt, aus welchen Komponenten sich ein Erzeugnis zusammensetzt. Demgegenüber wird beim *Verwendungsnachweis* ausgewiesen, in welchen Erzeugnissen eine Komponente verwendet wird. Ein Verwendungsnachweis enthält in einer Liste die übergeordneten Erzeugnisse, in denen eine Komponente mit ihren Mengen vorkommt.

Anschaulicher als in Listenform lassen sich Erzeugnisstrukturen vor allem durch Erzeugnisbäume oder Gozinto-Graphen wiedergeben. Ein *Erzeugnisbaum* (auch Stammbaum) zeigt in graphischer Darstellung die Struktur eines Erzeugnisses, wobei meist eine Ordnung der Komponenten nach Dispositionsstufen oder nach Fertigungsstufen vorzufinden ist. Die Knoten in der Darstellung bezeichnen die Komponenten. Die Zahlen an den Kanten geben die Mengenrelationen wieder, d. h., sie treffen eine Aussage darüber, welche Mengen von den untergeordneten Teilen in eine Mengeneinheit des jeweiligen direkt übergeordneten Teiles eingehen.

Bei der *Ordnung nach Fertigungsstufen* erfolgt die Abbildung der Erzeugnisstruktur so, wie sie dem Zusammenbau des Erzeugnisses in der Montage entspricht, wobei dem Enderzeugnis die höchste Fertigungsstufe zugeordnet wird.

Bei der *Ordnung nach Dispositionsstufen* steht das Enderzeugnis auf der höchsten Ebene, wohingegen alle Teile, die in das Enderzeugnis eingehen, zunächst auf der nächsten Ebene angeordnet werden. Sämtliche Teile, die ihrerseits in Teilen die-

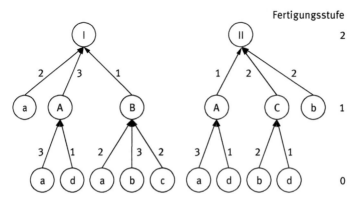

Abb. 4.12: Erzeugnisbaum geordnet nach Fertigungsstufen

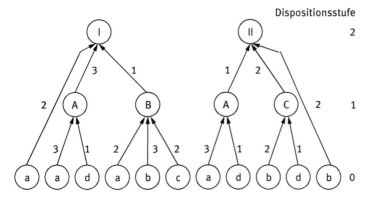

Abb. 4.13: Erzeugnisbaum geordnet nach Dispositionsstufen

ser Ebene enthalten sind, werden der nächsten Ebene zugeordnet usw. Die Dispositionsstufe einer Komponente, die auf mehreren Fertigungsstufen vorkommt, ist die kleinste Fertigungsstufennummer, auf der dieses vorkommt. Dadurch wird gewährleistet, dass die Bruttobedarfe gleicher Teile, auch wenn sie in verschiedene Zwischen- und Enderzeugnisse eingebaut werden, zusammen disponiert und den Nettobedarfen gegenübergestellt werden. Die niedrigste Ebene ist die Dispositionsebene 0. Ein Beispiel möge das verdeutlichen: Zwei Enderzeugnisse I und II seien gegeben, sie stehen auf der höchsten Fertigungsebene. Ordnet man diese Erzeugnisse nach Dispositionsstufen, so ergibt sich die in Abbildung 4.13 wiedergegebene Darstellung. Die Dispositionsstufe z. B. für das in Enderzeugnis I eingehende Teil a entspricht dessen kleinster Fertigungsstufe, also 0.

Enthalten Erzeugnisstrukturen mehrfach verwendete Teile, so genannte Wiederholteile, so beinhaltet die Darstellung durch Erzeugnisbäume Redundanzen. Zu deren Vermeidung verknüpft der *Gozinto-Graph* alle in ein Erzeugnis eingehenden Werkstoffe (Einzelteile und Baugruppen) derart, dass sämtliche Komponenten nur einmal in Erscheinung treten.[61] Jedes Teil wird unabhängig von seiner Verwendungshäufigkeit durch einen einzigen Knoten dargestellt.

Die Bedarfsauswertung erfolgt retrograd, d. h., der Gesamtbedarf eines Bauteils ist bestimmt, wenn im Gozinto-Graphen kein unbearbeiteter Pfeil mehr vom entsprechenden Knoten ausgeht. Alternativ lässt sich die Struktur eines Gozinto-Graphen auch als Gleichungssystem darstellen. Man erhält so für *n* Erzeugnisse bzw. Komponenten ein System von *n* Mengengleichungen, das durch gegenseitiges Einsetzen lösbar ist. Für jedes Teil wird dabei eine so genannte Mengengleichung formuliert, die auf der linken Seite den Bedarf eines Teils einer Dispositionsstufe enthält, während

---

61 Der Gozinto-Graph hat seinen Ursprung in dem Wortspiel „the part that goes into", das – nicht ganz ernst gemeint – auf den italienischen Mathematiker *Zepartzat Gozinto* zurückgeführt wird. Vgl. *Vazsonyi* (1962).

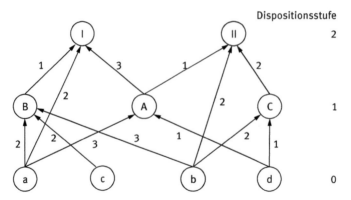

Abb. 4.14: Gozinto-Graph

auf der rechten Seite der Bedarf dieses Teils in den nachfolgenden, höheren Dispositionsstufen steht. Somit können, ausgehend von den gegebenen Primärbedarfen der Enderzeugnisse, die Sekundärbedarfe durch sukzessives Einsetzen bestimmt werden.

Allgemein hat sich für die mengenmäßige Ableitung des Sekundärbedarfs aus Erzeugnisstrukturen der Begriff der *Stücklistenauflösung* durchgesetzt. Ausgangspunkt der Teilebedarfsermittlung sind die in der Regel wöchentlich terminierten Primärbedarfe bzw. Bedarfe übergeordneter Teile. Da der Zusammenbau eines übergeordneten Teils bzw. eines Endprodukts Zeit beansprucht, müssen die zu montierenden Teile mindestens um die Montagezeit vor dem Fertigstellungszeitpunkt des übergeordneten Teils bereitstehen. Dieser Bedarfszeitpunkt von in ein übergeordnetes Teil unmittelbar eingehenden (Montage-)Teilen bzw. Baugruppen wird im Rahmen der so genannten *Vorlaufzeitverschiebung* mit Hilfe meist aus Vergangenheitswerten geschätzter mittlerer Soll-Durchlaufzeiten je Fertigungsstufe (in Wochen) so ermittelt, dass eine termingerechte Weiterverarbeitung zum übergeordneten Teil bzw. Endprodukt gewährleistet erscheint. Es ist aber auch möglich, die Vorlaufzeit aufgrund von Plandurchlaufzeiten zu ermitteln.[62] Selbstverständlich ist eine in die Materialbedarfsplanung integrierte Vorlaufzeitverschiebung nur bei mehrstufiger Produktion notwendig. Aussagen zum Zeitgerüst im Produktionsbereich sind in *Arbeitsplänen* niedergelegt. Dieser beschreibt die Vorgangsfolgen zur Fertigung einer Komponente oder eines Erzeugnisses sowie die dafür geplanten Rüst- und Fertigungszeiten.

Der auf diese Weise ermittelte terminierte *Sekundärbedarf*, d. h. die zur Produktion übergeordneter Teile benötigte (Teile-)Menge, wird mit dem zugehörigen Primärbedarf (z. B. Ersatzteilbedarf) zum so genannten *Bruttobedarf* addiert. Durch Abgleich mit dem disponiblen Lagerbestand[63] erhält man den wöchentlichen *Nettobedarf*, der

---

62 Die dabei zu berücksichtigenden Komponenten sind im einzelnen in Abschnitt 4.5 dargestellt.
63 Dieser setzt sich zusammen aus dem aktuellen Lagerbestand zuzüglich Lagerzugängen im Betrachtungszeitraum abzüglich Reservierungen und Sicherheitsbestand.

angibt, welche Mengen des Teils bzw. Verbrauchsfaktors zur Bedarfsdeckung effektiv benötigt werden, d. h. noch produziert bzw. beschafft werden müssen. Die Problemstellung ist dabei unabhängig davon, ob es sich um fremdbezogene oder selbsterstellte Verbrauchsfaktoren handelt.

Abschließend soll die Sekundärbedarfsermittlung, d. h. die Ermittlung der terminierten Nettobedarfe, anhand eines *Beispiels* verdeutlicht werden. Hierzu ist für das Erzeugnis T eine Erzeugnisstruktur gegeben. Zusätzlich sind die aus den Arbeitsplänen ermittelten Plan-Vorlaufzeiten der für die Teile erforderlichen Rüst- und Fertigungstätigkeiten sowie Zugänge, die aus Aufträgen vergangener Perioden resultieren, angegeben. Zur Ermittlung der terminierten Nettobedarfe des Enderzeugnisses und der in das Enderzeugnis eingehenden Teile dient unter Berücksichtigung etwaiger Lagerbestände oder Zugänge aus vergangenen Bestellungen oder Fertigungsaufträgen das tabellarische Vorgehen aus Tabelle 4.10.

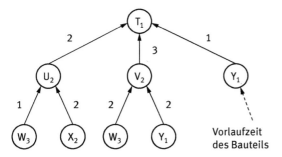

Abb. 4.15: Erzeugnisbaum mit Vorlaufzeiten (Beispiel)

Ausgehend vom Primärbedarf des Enderzeugnisses T, von dem 100 Einheiten in Periode 8 fertiggestellt sein müssen, ergibt sich unter Berücksichtigung eines Lagerbestands von 25 Einheiten ein Nettobedarf von 75 Einheiten. Unter Beachtung einer Vorlaufzeit von einer Periode folgt daraus ein terminierter Nettobedarf von 75 Einheiten in Periode 7; d. h., in Periode 7 muss mit der Fertigung der 75 Einheiten von Enderzeugnis T begonnen werden. Analog verfährt man mit den untergeordneten Bauteilen unter Berücksichtigung von Lagerbeständen, Zugängen und Vorlaufzeiten.

4.4.1.2 Verbrauchsorientierte Verfahren

Bei der *verbrauchsgesteuerten Bedarfsermittlung* wird kein Bezug auf das Produktionsprogramm genommen. Stattdessen bilden die in der Vergangenheit beobachteten Bedarfe an Produktionsfaktoren die Grundlage der Bedarfsermittlung.

Auf Basis dieser Zeitreihen wird der künftige Verbrauch prognostiziert, wobei unterstellt wird, dass der Verbrauch gewissen Gesetzmäßigkeiten unterliegt. Dementsprechend greifen verbrauchsorientierte Verfahren regelmäßig auf statistische Metho-

Tab. 4.10: Nettobedarfsrechnung und Vorlaufzeitverschiebung

Teil T		1	2	3	4	5	6	7	8
Bruttobedarf									100
Zugänge									
Lagerbestand	(25)								25
Nettobedarf									75
Term. Nettobedarf								75	

Teil U		1	2	3	4	5	6	7	8
Bruttobedarf								150	
Zugänge				5					
Lagerbestand	(5)			(10)				10	
Nettobedarf								140	
term. Nettobedarf						140			

Teil V		1	2	3	4	5	6	7	8
Bruttobedarf								225	
Zugänge									
Lagerbestand	(15)							15	
Nettobedarf								210	
Term. Nettobedarf						210			

Teil W		1	2	3	4	5	6	7	8
Bruttobedarf						560			
Zugänge									
Lagerbestand	(30)					30			
Nettobedarf						530			
Term. Nettobedarf			530						

Teil X		1	2	3	4	5	6	7	8
Bruttobedarf						280			
Zugänge									
Lagerbestand	(20)					20			
Nettobedarf						260			
Term. Nettobedarf				260					

Teil Y		1	2	3	4	5	6	7	8
Bruttobedarf						420		75	
Zugänge									
Lagerbestand	(10)					10			
Nettobedarf						410		75	
Term. Nettobedarf					410		75		

den wie die Bildung gleitender Durchschnitte, die exponentielle Glättung oder die Regressionsanalyse zurück[64]. Anwendung finden diese Verfahren bei den geringwertigen B- und C-Teilen, da dort das oben beschriebene Vorgehen der Nettobedarfsermittlung mit Vorlaufzeitverschiebung zu aufwendig ist. Bei Baugruppen, die in viele verschiedene Endprodukte (Varianten) eingehen, kann der Bedarf einen regelmäßigen Verlauf annehmen, so dass auch hier eine statistische Bedarfsermittlung einfacher durchführbar ist. Bestimmte Bedarfe sind zudem mit Hilfe der Stücklistenauflösung nicht ermittelbar. Dies gilt für Ersatzteilbedarfe oder bei häufigen, ungeplant hohen Ausschussmengen.

Vor allem bei der großen Anzahl von geringwertigen C-Teilen, die teilweise auch den als Tertiärbedarf bezeichneten Bedarf an Hilfs- und Betriebsstoffen überspannen, werden noch nicht einmal statistische Vorhersagen über die zukünftige Bedarfsentwicklung gemacht. Vielfach finden einfache Dispositionsprinzipien Anwendung, wie sie im Abschnitt über die Lagerhaltung beschrieben wurden.[65] Danach wird nach einer Lagerbestandskontrolle eine Entscheidung darüber gefällt, ob eine Auffüllung des Lagers zu erfolgen hat oder nicht. In der Praxis ist unter dem Stichwort C-Teile-Management auch ein Trend zum Outsourcing von Beschaffung, Disposition und Anlieferung von C-Teilen an externe Dienstleister, meist Lieferanten (Händler), zu beobachten.

4.4.2 Losgrößenplanung

4.4.2.1 Das Losgrößenplanungsproblem

Im Rahmen der Materialbedarfsplanung kommt der *Losgrößenplanung* die Aufgabe zu, (Netto-)Bedarfe so zu Fertigungs- oder Beschaffungslosen zusammenzufassen, dass die Summe aus Lager- und Rüstkosten minimiert wird, da es in der Regel unwirtschaftlich ist, genau die Bedarfsmenge einer Periode zu produzieren bzw. zu beschaffen, wie es nach der so genannten *Lot-for-Lot-Strategie* („L4L") geschieht.

Als *Los- bzw. Seriengröße* bezeichnet man dabei diejenige Menge identischer oder zumindest homogener Güter, die:
- als innerbetrieblicher Fertigungsauftrag zwischen zwei Rüstvorgängen auf einer Fertigungsanlage produziert, einem Lager zugeführt und aus diesem zu Zwecken der Weiterverarbeitung oder des Absatzes entnommen wird. Mit jedem Loswechsel wird der Fertigungsprozess unterbrochen, um die Anlage bzw. Anlagenfolge auf die produktionstechnischen Erfordernisse des neu aufzulegenden Loses einzustellen (so genannte intermittierende Fertigung),
- auf einmal beschafft, einem Lager zugeführt und aus diesem für die weitere Fertigung entnommen wird (Beschaffungslos).

---

64 Vgl. Abschnitt 4.3.2.
65 Vgl. Abschnitt 2.3.5.

Die in einem Los zusammengefassten Teile müssen nicht notwendigerweise identisch sein. Gerade für Unternehmen, in denen keine Mehrfachverwendung identischer Teile für unterschiedliche Zwischen- bzw. Endprodukte in einer Periode vorkommt und zugleich ein Nettobedarf für das gleiche Teil nur selten mehrere Perioden hintereinander auftritt, bietet sich das Zusammenfassen ähnlicher Teile zu Teilefamilien an. Im Hinblick auf die Losgrößenplanung erscheint dabei eine Familienbildung nach dem Kriterium der Ähnlichkeit der Rüstprozesse sinnvoll. Unterschiedliche Teile können demnach dann in ein und demselben Los gefertigt werden und sind homogen in obigem Sinne, wenn wesentliche Phasen des Rüstprozesses für alle im Los zusammengefassten Teile gemeinsam anfallen.

Rüst- und Lagerkosten verhalten sich gegenläufig in Bezug auf die Losgröße. Während die Lagerkosten mit zunehmender Losgröße ansteigen, nehmen die Rüstkosten bezogen auf eine Mengeneinheit des Erzeugnisses mit wachsender Losgröße ab (Auflagedegression). Damit lässt sich das *Problem der Losgrößenplanung* wie folgt formulieren: Die Losgrößen sind so festzulegen, dass bei gegebenen Bedarfen die Summe aus Rüst- und Lagerkosten minimiert wird. Die Wirkungen alternativer Lose für insgesamt gegebene Bedarfsmengen im Planungszeitraum sind in Abbildung 4.16 aufgezeigt.

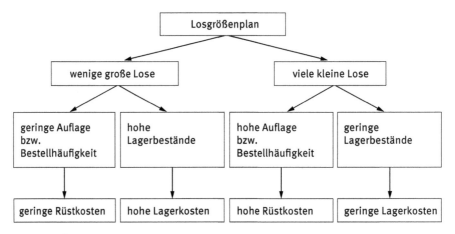

Abb. 4.16: Ökonomische Wirkungen alternativer Lose
Abbildung in Anlehnung an Zäpfel (1996), S. 134

Dieses Optimierungsproblem stellt im Hinblick auf die betriebliche Realität eine mitunter nicht einfach zu lösende Aufgabe dar. Die in der Literatur vorliegenden Modelle zur Losgrößenplanung sind daher regelmäßig an vereinfachende Annahmen geknüpft. Ein wesentliches Klassifizierungsmerkmal für Losgrößenmodelle stellt auf den Bedarfsverlauf ab. Bei *statischen Losgrößenmodellen* wird die zu disponierende Gesamtbedarfsmenge des betrachteten Teils über den gesamten Planungszeitraum hinweg als konstant und gleichmäßig auf die einzelnen Teilperioden verteilt angenommen. Im Gegensatz dazu gehen *dynamische Losgrößenmodelle* von sich im Zeitablauf ändernden Bedarfsmengen der Teilperioden aus, was den betrieblichen Realitäten unter Umständen eher entspricht.

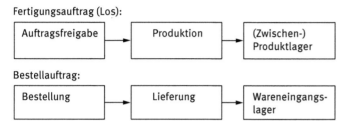

Abb. 4.17: Analogie der Losgrößen- und Bestellmengenplanung

Die im Rahmen der Losgrößenplanung zusammengestellten periodenbezogenen Nettobedarfe eines Teils zu Fertigungslosen stellen innerbetriebliche Fertigungsaufträge oder Bestellmengen dar. Hinsichtlich der Problemstellung besteht grundsätzlich kein Unterschied zwischen dem Fall der innerbetrieblichen und dem Fall der zwischenbetrieblichen Auftragsgrößenbildung (vgl. Abbildung 4.17); im letztgenannten Fall wird versucht, die Summe aus Bestell- und Lagerkosten zu minimieren, wobei im Unterschied zur innerbetrieblichen Auftragsgrößenbildung regelmäßig zusätzlich Mengenrabatte berücksichtigt werden (müssen). Entsprechend können die für die Losgrößenplanung entwickelten Kalküle analog auf das Problem der *Bestellmengenplanung* übertragen werden.

4.4.2.2 Statische Modelle der Losgrößenplanung

4.4.2.2.1 Prämissen des Grundmodells der Losgrößenplanung

Das Grundmodell der Losgrößenplanung, das nachfolgend in der Form des *klassischen Losgrößenmodells* (Economic Order Quantity, EOQ) sowie für die Fälle der *offenen* und *geschlossenen Produktion* dargestellt wird, geht auf F. W. Harris (1913) und K. Andler (1929) zurück. Die Prämissen des Grundmodells lauten:

- Es wird nur eine lagerfähige Faktor- oder Produktart berücksichtigt, von der mehrere Einheiten in einer Auflage (Serie) produziert werden (auf zumindest teilweise identischen Anlagen). Die Losgrößenplanung erfolgt isoliert für jede Anlage bzw. Anlagengruppe. Materialflussbedingungen zwischen den Anlagen werden nicht berücksichtigt.
- Die Gesamtbedarfsmenge der Planperiode ist mit B Mengeneinheiten determiniert.

- Die Planperiode (z. B. ein Jahr) umfasst ein oder mehrere gleich lange Auflage- oder Bestellintervalle (Teilperioden, z. B. zwölf Monate), wobei davon ausgegangen wird, dass der Bedarf in gleicher Weise darüber hinaus besteht.
- Die zu bildenden Lose sind gleich groß. Das Losgrößenproblem wiederholt sich identisch im Zeitablauf (statisches Modell).
- Jede Losauflage oder jeder Beschaffungsvorgang verursacht losfixe Kosten.
- Der Lagerbestand beträgt am Beginn und Ende der Planperiode null Mengeneinheiten.
- Es bestehen keine Engpässe bei Lager- und Fertigungskapazitäten.
- Die Produktions- bzw. Lagerzugangsgeschwindigkeit v_P ist unendlich hoch.
- Die Absatz- bzw. Lagerabgangsgeschwindigkeit v_A ist konstant, wobei stets $v_P > v_A$ gilt.
- Fehlmengen sind nicht zugelassen, d. h., jeder Bedarf muss sofort bei seinem Auftreten aus dem Lager befriedigt werden (dies folgt bereits aus der Prämisse deterministischer Daten in Verbindung mit $v_P > v_A$).
- Alle Planungsparameter sind konstant und bekannt (deterministisches Modell).

4.4.2.2.2 Zielsetzung und Planungsparameter

Unter den genannten Prämissen gilt es, vor dem Hintergrund des Unternehmensziels der Gewinnmaximierung die Größe eines Loses x (oder die damit unmittelbar zusammenhängende Auflagehäufigkeit n) so zu bestimmen, dass die entscheidungsrelevanten Kosten K der Planperiode minimal werden. Entscheidungsrelevant sind die Kosten, deren Ausmaß von der Losgröße abhängt. Bei konstantem Periodenbedarf B führt die Losgröße, die minimale Kosten der Planperiode verursacht, auch zu minimalen Stückkosten. Des weiteren sind die in Tabelle 4.11 erläuterten Symbole von Bedeutung.

Die Auflage einer Serie (Loswechsel) löst regelmäßig *los- bzw. auflagenfixe Kosten* aus, die ausschließlich dem Los als Ganzes zugerechnet werden können. Obwohl diese Kosten nicht nur durch Umstellungs- und Reinigungsprozesse, sondern auch durch andere Maßnahmen der Arbeitsvorbereitung (z. B. Erstellen von Arbeitsplänen, Zeichnungen etc.) sowie durch Anlaufverluste (z. B. erhöhten Ausschuss unmittelbar nach Serienwechsel) bestimmt werden, bezeichnet man sie als *Rüstkosten*. Da die Rüstkosten für jedes Produktionslos regelmäßig unabhängig von der Losgröße in gleicher Höhe anfallen, besteht die Tendenz, die Zahl der Rüstvorgänge zu begrenzen und eine möglichst große Menge in einem Los herzustellen. Je weniger Rüstvorgänge in der Planperiode erforderlich sind, desto niedriger sind damit auch die in der Planperiode anfallenden Rüstkosten (Auflagendegressionseffekt).[66]

---

[66] Selbstverständlich gilt, je niedriger die Kosten eines Rüstvorgangs sind, umso niedriger sind ceteris paribus die in der Planperiode anfallenden Rüstkosten. Diese von *Shigeo Shingo* (1909–1990) aus der japanischen Produktionspraxis stammende Sicht auf das Losgrößenproblem zielt auf eine Minimierung der für jeweils einen Rüstvorgang erforderlichen Zeit (sog. *Single Minute Exchange of*

Die wertmäßige Bestimmung der Rüstkosten ist schwierig, da nur ein geringer Teil (z. B. Material- und Energieverbrauch bei der Umrüstung einer Anlage) unmittelbar zusätzliche Ausgaben nach sich zieht. Da die Fertigungskapazitäten in der Realität – im Gegensatz zu den angeführten Prämissen – regelmäßig knapp sind, besteht ein Teil der Rüstkosten aus entgangenen Deckungsbeiträgen, die dem Unternehmen deshalb entgehen, weil während der Rüstzeit die Anlage nicht produzieren bzw. der mit der Umrüstung betraute Arbeitnehmer nicht anderweitig eingesetzt werden kann. Die Bestimmung dieser *Opportunitätskosten* ist jedoch problematisch, weil die Höhe der verdrängten Deckungsbeiträge von der Kapazitätssituation abhängt, die jedoch ihrerseits wiederum im wesentlichen durch die Losgrößenplanung beeinflusst wird und somit im Planungszeitpunkt noch gar nicht bekannt sein kann.

Bezeichnet man die Kosten je Rüstvorgang mit k_R, die Losgröße mit x und den Gesamtbedarf im Planungszeitraum mit B, so ergeben sich die gesamten Rüstkosten im Planungszeitraum wie folgt:

$$K_R = \frac{B}{x} \cdot k_R. \tag{4.30}$$

Bei dieser hyperbolischen Funktion nehmen mit steigender Losgröße sowohl die Zahl der Lose als auch der Umrüstungen ab, wodurch auch die Rüstkosten sinken:

$$\frac{\mathrm{d}K_R}{\mathrm{d}x} = -\frac{B}{x^2} \cdot k_R < 0. \tag{4.31}$$

Tab. 4.11: Symbolverzeichnis der Losgrößenplanung

Symbol	Bedeutung	Dimension
k_L	(Stück-)Lagerkostensatz der Planperiode	GE/(ME×ZE)
k_R	Losfixe Kosten eines Rüstvorgangs (Rüstkosten)	GE
K_L	Gesamte Lagerkosten eines Loses der Planperiode	GE
K_R	Gesamte Rüstkosten eines Loses der Planperiode	GE
K	Gesamtkosten eines Loses der Planperiode	GE
B	Gesamtbedarf der Planperiode	ME/ZE
b_t	(Netto-)Bedarfe der Teilperioden*	ME/ZE
v_A	Absatzgeschwindigkeit je Teilperiode	ME/ZE
v_P	Produktionsgeschwindigkeit je Teilperiode	ME/ZE
x	Los- bzw. Seriengröße	ME
t_A	Absatzzeit (Reichweite eines Loses)	ZE
t_P	Produktionszeit eines Loses	ZE

* Im statischen Modell entspricht der definitionsgemäß über die Zeit konstante Bedarf b_t einer Teilperiode der Absatzgeschwindigkeit v_A. Multipliziert man diesen Bedarf der Teilperiode mit der Anzahl der Teilperioden einer Planperiode, so erhält man den Gesamtbedarf der Planperiode B.

Dies (SMED-)Konzept). Vgl. *Shingo* (1985). In letzter Konsequenz führt dies zu einer Situation, in der das klassische Losgrößenproblem aufgrund vernachlässigbarer Rüstkosten nicht mehr existiert, da das Minimum der Gesamtkosten mit einer Reduzierung der Losgröße auf 1 einhergeht.

Eine entgegengesetzte Wirkung haben die *Lagerkosten*, die nur zum geringeren Teil auf unmittelbar zusätzlichen Ausgaben beruhen (direkte Lagerkosten für die Handhabung, Pflege und mengen- bzw. wertabhängige Versicherung der gelagerten Güter); überwiegend handelt es sich um *Opportunitätskosten* in Form von Zinsen auf im Lager gebundenes Kapital. Die direkten Lagerkosten lassen sich approximativ in einem Lagersatz zusammenfassen, indem z. B. die tatsächlichen Lagerkosten einer Periode durch den Wert des durchschnittlichen Lagerbestandes dividiert werden.[67] Die Opportunitätskosten für das gebundene Kapital lassen sich durch das Konzept des gewogenen Kapitalkostensatzes (WACC) ausdrücken.[68]

Bezeichnet man diesen Kapitalkostensatz (in Prozent pro Planperiode) mit k_{WACC}, den Lagersatz (in Prozent pro Planperiode) mit k_l und die Herstell- oder Beschaffungskosten je Mengeneinheit mit c, so ergibt sich der gesamte Lagerkostensatz pro Mengeneinheit und pro Planperiode (Stücklagerkostensatz) wie folgt:

$$k_L = c \cdot (k_{WACC} + k_l). \tag{4.32}$$

Die gesamten Lagerkosten eines Loses ergeben sich durch Multiplikation der durchschnittlich gelagerten Menge $\bar{L}$ mit dem Stücklagerkostensatz k_L:

$$K_L = \bar{L} \cdot k_L. \tag{4.33}$$

Wie die Ausführungen zur offenen bzw. geschlossenen Produktion im einzelnen noch zeigen werden, ist der durchschnittliche Lagerbestand eine lineare Funktion der Losgröße mit $\frac{d\bar{L}}{dx} = const. > 0$. Eingesetzt in die Lagerkostengleichung ergibt dies:

$$K_L = \bar{L} \cdot k_L, \tag{4.34}$$

$$\frac{dK_L}{dx} = \frac{d\bar{L}}{dx} \cdot k_L > 0. \tag{4.35}$$

Die gesamten Lagerkosten im Planungszeitraum fallen (steigen) mit abnehmender (zunehmender) Losgröße linear. Eine Minimierung der Lagerkosten wird damit bei einer möglichst großen Anzahl Lose bzw. einer möglichst kleinen Losgröße erreicht. Dies würde einer vollständigen Anpassung der Produktion an den Absatz im Zeitablauf entsprechen (Synchronisation). Tatsächlich kommt es in der Realität aber häufig zu einer Zusammenfassung der Nettobedarfe einzelner Perioden zu Losen, wodurch die Zeitpunkte von Produktion und Absatz auseinanderfallen (Emanzipation). Produktionsmengen, die nicht unmittelbar nach Fertigstellung abgesetzt werden können, müssen gelagert werden.

---

67 Die Herstellkosten je Mengeneinheit sind von der Losgröße unabhängig und nur insoweit entscheidungsrelevant, als sie zur Berechnung des Lagerkostensatzes k_L herangezogen werden.

68 Vgl. Abschnitt 1.3.7. Zu beachten ist die zeitliche Konsistenz des Kapitalkostensatzes mit den Planungsperioden, d. h., dass Jahreszinssätze gegebenenfalls in Monatszinssätze umzurechnen sind.

Bei gegebener Nachfrage beeinflusst die Losgröße also sowohl die Lager- als auch die Rüstkosten: Mit zunehmender Losgröße sinken die Rüstkosten und steigen die Lagerkosten. Die kostenminimale Losgröße ist dann erreicht, wenn sich die Kurven der Lager- und Rüstkosten schneiden, da dann der Lagerkostenzuwachs gerade durch die Rüstkostenabnahme kompensiert wird und die Gesamtkostenfunktion ihr Minimum aufweist. Abbildung 4.18 verdeutlicht diesen Zusammenhang.

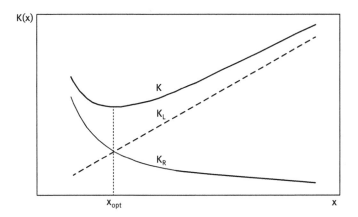

Abb. 4.18: Verlauf der Rüst- und der Lagerkosten

Es wird deutlich, dass die optimale Losgröße x_{opt} erreicht ist, wenn der Kostenzuwachs im Bereich der Lagerung gerade durch die Degression der Rüstkosten kompensiert wird.

4.4.2.2.3 Das klassische Losgrößenmodell (Grundmodell)

Das *klassische Losgrößenmodell* basiert auf der zusätzlichen Prämisse einer unendlichen Produktions- bzw. Auffüllgeschwindigkeit des Lagers ($v_P \rightarrow \infty$), d. h., die Produktions- bzw. Auffüllzeit beträgt null Zeiteinheiten.

Bei einem Gesamtbedarf von B und einer Losgröße von x verursachen in der Planperiode die $n = B/x$ Beschaffungsvorgänge oder Auflagehäufigkeiten des Loses jeweils bestell- bzw. auflagenfixe Kosten von k_R (Rüstkosten). Die gesamten Rüstkosten einer Periode betragen:

$$K_R = n \cdot k_R = \frac{B}{x} \cdot k_R. \tag{4.36}$$

Die gesamten Rüstkosten sinken mit zunehmender Losgröße hyperbolisch.

Annahmegemäß wird der Lagerbestand während der Planperiode vom Höchststand x mit einer Häufigkeit von n aufgrund einer konstanten Absatzgeschwindigkeit linear auf einen Minimalstand von null abgebaut (vgl. den bekannten „Sägezahnverlauf" in Abbildung 4.19). Im Durchschnitt beläuft sich der Lagerbestand daher auf die

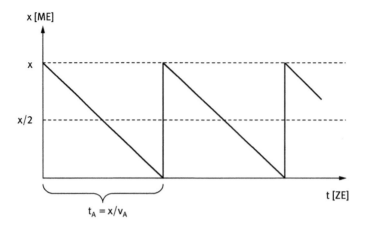

Abb. 4.19: Bestandsverlauf bei unendlicher Produktionsgeschwindigkeit

Hälfte eines Loses, d. h.

$$\overline{L} = \frac{1}{2} \cdot x. \tag{4.37}$$

Bei einem Stücklagerkostensatz $k_L = c \cdot (k_{WACC} + k_l)$ ergeben sich die gesamten Lagerkosten einer Periode mit:

$$K_L = k_L \cdot \frac{x}{2}. \tag{4.38}$$

Die gesamten Lagerkosten steigen mit zunehmender Losgröße linear an.

Die zu minimierenden (entscheidungsrelevanten) Gesamtkosten der Planperiode betragen:

$$K = K_R + K_L = \frac{B}{x} \cdot k_R + k_L \cdot \frac{x}{2} \rightarrow \min! \tag{4.39}$$

Das Minimum der Gesamtkosten der Planperiode erhält man durch Nullsetzen der 1. Ableitung[69]:

$$\frac{dK}{dx} = -\frac{B}{x^2} \cdot k_R + \frac{k_L}{2} \stackrel{!}{=} 0 \tag{4.40}$$

$$\frac{B}{x^2} \cdot k_R = \frac{k_L}{2} \tag{4.41}$$

$$x^2 = \frac{2 \cdot B \cdot k_R}{k_L}. \tag{4.42}$$

Die optimale Losgröße für den Fall der unendlichen Produktionsgeschwindigkeit beträgt somit:

$$x_{\text{opt}} = \sqrt{\frac{2 \cdot k_R \cdot B}{k_L}}. \tag{4.43}$$

---

[69] Dies ist nur die notwendige Bedingung für ein Minimum. Die hinreichende Bedingung für ein Minimum lautet, dass die 2. Ableitung größer null sein muss.
Da $\frac{dK'}{dx} = \frac{2 \cdot B \cdot k_R}{x^3} > 0$, liegt ein Minimum vor.

Folgendes *Beispiel* diene der Verdeutlichung: Der Absatz eines Produktes betrage konstant 1000 Mengeneinheiten pro Jahr, gleichverteilt innerhalb der Planperiode (also etwa 83 Mengeneinheiten je Monat), und dies über einen unendlichen Zeitraum. Bei jedem Serienwechsel entstehen Rüstkosten in Höhe von 50 GE. Der Stücklagerkostensatz setzt sich wie folgt zusammen: Die Herstellkosten des Erzeugnisses betragen 16 GE je Mengeneinheit. Die Opportunitätskosten des gebundenen Kapitals belaufen sich auf 10 % pro Jahr; andere Lagerkosten sind vernachlässigbar. Der Stücklagerkostensatz beträgt somit 1,60 GE pro Mengeneinheit pro Jahr. Für dieses Beispiel ergibt sich eine optimale Losgröße von:

$$x_{opt} = \sqrt{\frac{2 \cdot 50\,GE \cdot 1.000\,ME/Jahr}{1,60\,GE/ME/Jahr}} = 250\,ME.$$

Das klassische Losgrößenmodell bildet wegen der sehr restriktiven Prämissen viele praktische Entscheidungsprobleme nur höchst unvollkommen ab. So erscheint eine in jeder Planperiode konstante und unendliche Nachfrage ziemlich unrealistisch. In der Praxis führt dies häufig dazu, dass schlicht Mittelwerte von sich periodisch ändernden Bedarfsmengen in das statische Grundmodell eingehen. Eine optimale Lösung ist bei diesem Vorgehen freilich nicht zu erwarten. Aber auch die Annahme der unendlichen Produktionsgeschwindigkeit, d. h., dass für die Fertigung eines Loses keine Zeit benötigt wird, ist als offensichtlich unrealistische Prämisse zu nennen. Im folgenden sollen daher einige Erweiterungen des Grundmodells vorgestellt werden, mit denen durch Aufgabe von Prämissen eine realitätsnähere Modellierung des Entscheidungsproblems angestrebt wird.

Hierbei soll zunächst die Prämisse einer unendlichen Produktionsgeschwindigkeit ($v_P \to \infty$) aufgegeben werden. Das bedeutet, in das Modell eine endlich große Produktionsgeschwindigkeit einzuführen, mit: $0 < v_P < \infty$. Des weiteren gelten folgende Zusammenhänge zwischen Losgröße, Produktions- und Absatzgeschwindigkeit bzw. Produktions- und Absatzzeit:

$$x = t_P \cdot v_P \quad \Leftrightarrow \quad v_P = \frac{x}{t_P} \quad \Leftrightarrow \quad t_P = \frac{x}{v_P},$$
$$x = t_A \cdot v_A \quad \Leftrightarrow \quad v_A = \frac{x}{t_A} \quad \Leftrightarrow \quad t_A = \frac{x}{v_A}. \tag{4.44}$$

4.4.2.2.4 Losgrößenplanung bei offener Produktion

Im Fall der *offenen Produktion* erfolgt bereits während der Produktionszeit des Loses ein Lagerzugang bzw. Absatz von zu noch aufliegendem Los gehörenden, aber bereits fertiggestellten Mengeneinheiten. Um eine Mengeneinheit aus dem gerade aufliegenden Fertigungslos ausliefern zu können, muss also nicht erst die Fertigstellung des kompletten Loses abgewartet werden; Produktions- und Absatzbeginn fallen zeitlich zusammen. In der Terminologie der Produktionsplanung und -steuerung (PPS) spricht man auch von *überlappender Fertigung*.

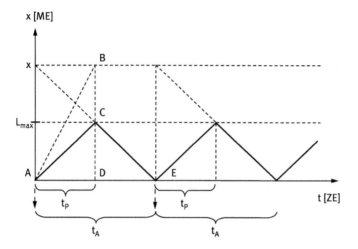

Abb. 4.20: Bestandsverlauf bei offener Produktion

Damit keine Fehlmengen auftreten, muss die Produktionsgeschwindigkeit die Absatzgeschwindigkeit übersteigen. Es muss also gelten:

$$v_P > v_A. \tag{4.45}$$

Im Fall der offenen Produktion beginnt mit Beginn der Absatzzeit eines Loses dessen
Produktion. Während der Produktionszeit wird die Menge $t_P \cdot v_P$ erzeugt (Strecke BD in
Abbildung 4.20) und die Menge $t_P \cdot v_A$ abgesetzt (Strecke BC in Abbildung 4.20). Wegen
$v_P > v_A$, d. h., weil die Produktionszeit kürzer als die Absatzzeit (Reichweite) des Loses
ist, baut sich ein Lagerbestand auf. Er erreicht am Ende von t_P sein Maximum in Höhe
von (Strecke DC in Abbildung 4.20):

$$
\begin{aligned}
L_{\max} &= t_P \cdot (v_P - v_A) \\
&= \frac{x}{v_P} \cdot (v_P - v_A) \\
&= x \cdot \left(1 - \frac{v_A}{v_P} \right).
\end{aligned}
\tag{4.46}
$$

Der maximale Lagerbestand reicht aus, um während der restlichen Absatzzeit $t_A - t_P$
den Bedarf zu decken. In Abbildung 4.20 zeigt der Kurvenzug ACE die zeitliche Lager-
entwicklung während einer Teilperiode.

Da im Fall der offenen Produktion ein Anfangslagerbestand vor dem Beginn der
Fertigung eines Loses ökonomisch nicht sinnvoll ist, beträgt der minimale Lagerbestand null. Damit ergibt sich der durchschnittliche Lagerbestand wie folgt:

$$\bar{L} = \frac{0 + L_{\max}}{2} = \frac{1}{2} \cdot x \cdot \left(1 - \frac{v_A}{v_P} \right). \tag{4.47}$$

Entsprechend betragen die Lagerkosten eines Loses:

$$K_L = \bar{L} \cdot k_L$$

$$= \frac{x}{2} \cdot \left(1 - \frac{v_A}{v_P}\right) \cdot k_L \tag{4.48}$$

Die Gesamtkosten eines Loses und die Gesamtkosten im Planungszeitraum betragen dann:

$$K = K_R + K_L = \frac{B}{x} \cdot k_R + \frac{x}{2} \cdot k_L \cdot \left(1 - \frac{v_A}{v_P}\right). \tag{4.49}$$

Das Minimum der losgrößenabhängigen Gesamtkosten erhält man durch Nullsetzen der 1. Ableitung:

$$\frac{dK}{dx} = -\frac{B}{x^2} \cdot k_R + \frac{1}{2} \cdot k_L \cdot \left(1 - \frac{v_A}{v_P}\right) \overset{!}{=} 0, \tag{4.50}$$

$$x^2 \cdot k_L \cdot \left(1 - \frac{v_A}{v_P}\right) = 2 \cdot k_R \cdot B,$$

$$x^2 = \frac{2 \cdot k_R \cdot B}{k_L \cdot \left(1 - \frac{v_A}{v_P}\right)}.$$

Die optimale Losgröße ergibt sich im Fall der offenen Produktion somit wie folgt:

$$x_{\text{opt}} = \sqrt{\frac{2 \cdot k_R \cdot B}{k_L \cdot \left(1 - \frac{v_A}{v_P}\right)}}. \tag{4.51}$$

4.4.2.2.5 Losgrößenplanung bei geschlossener Produktion

Im Fall der *geschlossenen Produktion* erfolgt der Lagerzugang bzw. Absatz erst dann, wenn das gesamte Los fertiggestellt ist. Um eine Mengeneinheit aus dem gerade aufliegenden Fertigungslos ausliefern zu können, muss deshalb erst die letzte zum Los gehörende Mengeneinheit fertiggestellt sein; Produktionsende und Absatzbeginn fallen zeitlich zusammen. Konsequenterweise muss mit der Produktion eines neuen Loses so rechtzeitig begonnen werden, dass der Lagerbestand aus dem vorhergehenden Los die Nachfrage während der Produktionszeit noch voll befriedigen kann.

Dieser Anfangslagerbestand, der aufgrund des stationären Modells für alle Auflegungen gleichermaßen gilt und – wegen $v_P > v_A$ – zugleich den minimalen Lagerbestand darstellt, ergibt sich mit:

$$L_{\min} = t_P \cdot v_A = x \cdot \frac{v_A}{v_p}. \tag{4.52}$$

Der Lagerbestand unterschreitet zu keinem Zeitpunkt diesen Mindestbestand. Da ein Absatz erst nach Fertigstellung des gesamten Loses möglich ist, ergibt sich der Lagerendbestand, der – wegen $v_P > v_A$ – zugleich den maximalen Lagerbestand darstellt, wie folgt:

$$L_{\max} = t_P \cdot v_P = x. \tag{4.53}$$

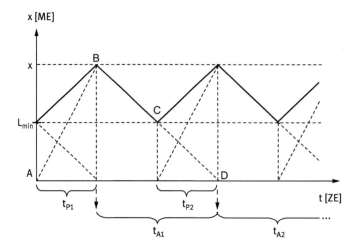

Abb. 4.21: Bestandsverlauf bei geschlossener Produktion

Der Aufbau des Loses ist in Abbildung 4.21 durch die Strecke AB gekennzeichnet. Währenddessen wird die Nachfrage durch den zu Produktionsbeginn vorhandenen Lagerbestand gedeckt. Am Ende der Produktionszeit eines Loses liegt das ganze neu produzierte Los auf Lager (Punkt B). Der dann beginnende Absatz wird aus diesem Bestand entnommen und ist durch die Strecke BCD gekennzeichnet. Bei Erreichen des Mindestlagerbestandes in Punkt C beginnt die Produktion eines neuen Loses.

Der durchschnittliche Lagerbestand kann somit in der bekannten Weise ermittelt werden:

$$\bar{L} = \frac{L_{\min} + L_{\max}}{2}$$
$$= \frac{1}{2} \cdot x \cdot \left(1 + \frac{v_A}{v_P}\right). \tag{4.54}$$

Analog zum Vorgehen im Fall der offenen Produktion erhält man die optimale Losgröße für den Fall der geschlossenen Produktion mit:

$$x_{\text{opt}} = \sqrt{\frac{2 \cdot k_R \cdot B}{k_L \cdot \left(1 + \frac{v_A}{v_P}\right)}}. \tag{4.55}$$

4.4.2.2.6 Das Lossequenzproblem

Die für den praktischen Einsatz wesentlichste Schwäche des dargestellten Grundmodells zur Losgrößenplanung, die Prämisse ausreichend dimensionierter Fertigungskapazitäten, wird im weiteren fallengelassen. Allein die Prämisse unbeschränkter Kapazitäten ermöglicht die Durchführung der Losgrößenplanung isoliert für jede Serie. Da in der Praxis die Produktionskapazität sowohl quantitativ (Anzahl der vorhandenen Maschinen), zeitlich (Arbeitszeitordnung, Tarifverträge) als auch intensitätsmäßig (Maximalintensität einer Maschine) beschränkt ist, kann der Fall eintreten, dass die isoliert ermittelten (nichtkapazitierten bzw. zeitlich nicht koordinierten) Losgrößen nicht zu einem zeitlich durchführbaren Maschinenbelegungsplan kombiniert werden können. Den Fall, dass isoliert ermittelte Losgrößen um knappe Fertigungskapazitäten konkurrieren, bezeichnet man als *Los- bzw. Seriensequenzproblem.*

Das Lossequenzproblem kann bei gleichzeitiger Minimierung der losgrößenabhängigen Kosten nur durch Ermittlung kapazitierter Lose vermieden werden, was regelmäßig eine simultane Losgrößen- und Lossequenzplanung erfordert. In diesem Fall wird somit der Planungsschritt der Kapazitätsterminierung und damit ein Kapazitätsabgleich überflüssig[70]. Eine zulässige, in der Regel jedoch suboptimale Lösung des Lossequenzproblems kann immer dann gefunden werden, wenn die einzelnen Serien in einem *strengen Produktionszyklus* hergestellt werden, d. h., wenn zwischen zwei aufeinanderfolgenden Auflegungen einer Serie jede andere Serie genau einmal aufgelegt wird, so dass die Zahl der Auflegungen im Planungszeitraum T – und damit auch die Zahl der Auflegungen je Zeiteinheit – für alle Serien identisch ist.

Ein bekanntes *Modell zur Lossequenzplanung* stammt von *Magee* (1958), der vom Fall der offenen Produktion ausgeht. Ziel des Verfahrens ist die Ermittlung der Zyklenzahl d_{opt}, bei der im Planungszeitraum die Summe aus Lager- und Rüstkosten minimal ist. Die Dauer $1/d_{opt}$ eines Loszyklus entspricht dabei der Reichweite eines beliebigen Loses. Aus der Bedingung gleicher Reichweiten $t_{A,i}$ aller Serien i folgert *Magee*, dass ein zeitlich koordinierter Auflagerhythmus resultiert, da innerhalb der Absatzzeit eines beliebigen Loses je ein Los aller aus dem Produktionsprogramm abgeleiteten Teile bzw. Teilefamilien hergestellt werden kann.

Unter Rückgriff auf die Symbole aus Tabelle 4.12 lässt sich die Forderung, dass alle Serien im Planungszeitraum die gleiche Auflegungszahl $d \cdot T$ aufweisen, formal wie folgt darstellen:

$$x_i = \frac{T \cdot v_{A,i}}{d \cdot T} = \frac{v_{A,i}}{d} \quad \forall\, i = 1, \ldots, I. \tag{4.56}$$

Entsprechend ergibt sich die Zyklenzahl je Zeiteinheit mit:

$$d = \frac{v_{A,i}}{x_i} = \frac{\frac{x_i}{t_{A,i}}}{x_i} = \frac{1}{t_{A,i}} \quad \forall\, i = 1, \ldots, I. \tag{4.57}$$

Tab. 4.12: Symbolverzeichnis beim strengen Produktionszyklus

Symbol	Bedeutung	Dimension
d	Zahl der Produktionszyklen je Zeiteinheit	$\frac{1}{ZE}$
i	Index für die Produktionsserien, $i = 1, \ldots, I$	
x_i	Losgröße von Serie i in einem Zyklus	ME

---

70 Vgl. dazu die Ausführungen in Abschnitt 4.4.2.2.

Der strenge Produktionszyklus wird also durch Angleichung der Absatzzeiten bzw. Reichweiten aller Serien i erreicht, d. h. $t_{A,i} = 1/d$. Formal lässt sich der Ansatz von *Magee* wie folgt darstellen:

$$
\begin{aligned}
K &= \sum_{i=1}^{I} \frac{v_{A,i} \cdot T}{x_i} \cdot k_{R,i} + T \cdot \sum_{i=1}^{I} \frac{x_i}{2} \cdot \left(1 - \frac{v_{A,i}}{v_{P,i}}\right) \cdot k_L \\
&= \sum_{i=1}^{I} \frac{v_{A,i} \cdot T}{\frac{v_{A,i}}{d}} \cdot k_{R,i} + T \cdot \sum_{i=1}^{I} \frac{\frac{v_{A,i}}{d}}{2} \cdot \left(1 - \frac{v_{A,i}}{v_{P,i}}\right) \cdot k_L \\
&= d \cdot T \cdot \sum_{i=1}^{I} k_{R,i} + \frac{1}{d} \cdot T \cdot \sum_{i=1}^{I} \frac{v_{A,i}}{2} \cdot \left(1 - \frac{v_{A,i}}{v_{P,i}}\right) \cdot k_L.
\end{aligned}
\tag{4.58}
$$

Die optimale Zyklenzahl erhält man durch Nullsetzen der 1. Ableitung:

$$
\frac{dK}{dd} = T \cdot \sum_{i=1}^{I} k_{R,i} + \frac{1}{d^2} \cdot T \cdot \sum_{i=1}^{I} \frac{v_{A,i}}{2} \cdot \left(1 - \frac{v_{A,i}}{v_{P,i}}\right) \cdot k_L \overset{!}{=} 0,
$$

$$
d_{\text{opt}} = \sqrt{\frac{\sum_{i=1}^{I} v_{A,i} \cdot \left(1 - \frac{v_{A,i}}{v_{P,i}}\right) \cdot k_L}{2 \cdot \sum_{i=1}^{I} k_{R,i}}}.
\tag{4.59}
$$

Im Zusammenhang mit dem Ansatz von *Magee* findet sich in der Literatur verschiedentlich der Hinweis, dass die Erzielung einer durchführbaren Lösung nur bei Einhaltung folgender Zeitrestriktion gewährleistet sei:

$$
\sum_{i=1}^{I} \frac{v_{A,i}}{v_{P,i}} \leq 1.
\tag{4.60}
$$

Dieser Forderung liegt folgende Überlegung zugrunde:

$$
x_i = t_i \cdot v_{A,i} = t_i \cdot v_{P,i} \quad \forall\, i = 1, \dots, I.
\tag{4.61}
$$

$$
\frac{v_{A,i}}{v_{P,i}} = \frac{t_{P,i}}{t_{A,i}} \quad \forall\, i = 1, \dots, I.
\tag{4.62}
$$

Wenn die Gleichheit der beiden Quotienten für jede Serie i gilt, dann müssen auch die Summen der Quotienten über alle Serien übereinstimmen:

$$
\sum_{i=1}^{I} \frac{v_{A,i}}{v_{P,i}} = \sum_{i=1}^{I} \frac{t_{P,i}}{t_{A,i}}.
\tag{4.63}
$$

Wegen $d = 1/t_{A,i} = 1/t_A$ gilt:

$$
\sum_{i=1}^{I} \frac{v_{A,i}}{v_{P,i}} = \frac{1}{t_A} \cdot \sum_{i=1}^{I} t_{P,i}.
$$

Da in einem strengen Produktionszyklus innerhalb der Absatzzeit eines beliebigen Loses alle anderen Serien genau einmal aufgelegt werden, muss zur Gewährleistung der zeitlichen Durchführbarkeit unbedingt die Bedingung

$$t_A \geq \sum_{i=1}^{I} t_{P,i} \tag{4.64}$$

erfüllt sein, so dass gilt:

$$\sum_{i=1}^{I} \frac{v_{A,i}}{v_{P,i}} \leq \frac{1}{t_A} \cdot t_A. \tag{4.65}$$

Obwohl diese Zeitrestriktion und damit auch das Konzept des strengen Produktionszyklus auf den ersten Blick durchaus überzeugend wirkt, bleibt kritisch festzustellen, dass der Einfluss von Rüstzeiten nicht explizit berücksichtigt wird und insofern ein zeitlich durchführbarer Maschinenbelegungsplan nur zufällig resultiert.

Bezeichnet man die Rüstzeiten je Los mit t_R, so muss die exakte Zeitrestriktion zur Sicherstellung einer durchführbaren Lösung wie folgt lauten:

$$t_A - \sum_{i=1}^{I} t_{P,i} \geq \sum_{i=1}^{I} t_{R,i}. \tag{4.66}$$

Wird der Einfluss der Rüstzeiten auf den von der Zykluszeit für Produktionszwecke verbleibenden Zeitanteil in vorgenannter Weise berücksichtigt, resultiert stets ein zeitlich durchführbarer Maschinenbelegungsplan. Die gefundene Lösung dürfte jedoch nur zufällig die optimale Lösung darstellen, da die Prämisse gleicher Auflagehäufigkeiten die Problemlösung zu stark einschränkt. Dies wird gleichfalls dadurch deutlich, dass über die Aufspaltung des Planungszeitraumes T in Loszyklen auch eventuelle Leer- bzw. Stillstandszeiten der Maschinen gleichmäßig auf alle Loszyklen verteilt werden. Die *Magee*-Lösung kann jedoch als oberer Grenzwert für die Gesamtkosten Ausgangsbasis für die Anwendung eines Verbesserungsverfahrens sein.

4.4.2.3 Dynamische Modelle der Losgrößenplanung

Eine im Zeitablauf konstante Lagerabsatzgeschwindigkeit, wie sie im statischen Grundmodell der Losgrößenplanung vorausgesetzt wird, ist in der Realität häufig nicht gegeben. Stattdessen treten im Planungszeitraum veränderliche Periodenbedarfe auf. Losgrößenmodelle, die Bedarfsschwankungen berücksichtigen und damit die Stationarität des Planungsproblems aufgeben, werden als dynamische Modelle bezeichnet.[71]

---

71 Selbstverständlich gibt es für die verschiedensten Losgrößenprobleme noch eine ganze Reihe anderer Modelle, bei denen weitere Prämissen des Grundmodells aufgegeben werden konnten. So wurden z. B. Losgrößenmodelle entwickelt, die beschränkte Lager- oder Maschinenkapazitäten verar-

In Systemen zur Produktionsplanung und -steuerung (PPS), die in der Praxis zum Einsatz kommen, finden überwiegend heuristische Verfahren der dynamischen Losgrößenplanung Verwendung. Stellenweise kommt vereinfachend auch das statische Grundmodell unter Heranziehung durchschnittlicher Periodenbedarfe zur Anwendung. Auch die so genannte *Lot-for-Lot-Strategie* (L4L) ist weit verbreitet. Hierbei wird in jeder Periode genau der Bedarf der Periode produziert oder bestellt. Diese Vorgehensweise minimiert zwar Lagerkosten, lässt aber die ökonomische Wirkung der Rüstkosten außer Betracht.

Die im folgenden vorgestellten *Heuristiken* sind Näherungsverfahren, die – im Vergleich zu exakten Lösungsverfahren – mit Hilfe einer lediglich plausibel begründeten, aber nicht auf mathematischen Theoremen beruhenden Lösungsidee in Form eines Abbruchkriteriums (Stoppregel) gezielt zu einer Reduktion des Lösungsaufwands beitragen wollen, ohne sich dabei hinsichtlich der Qualität der Lösung „zu weit" von der exakten Lösung (Optimum) zu entfernen. Entsprechend können Heuristiken nur zufällig zur optimalen Lösung führen und beinhalten auch keine Lösungsgarantie. Die von einer Heuristik gefundene Lösung wird deshalb im folgenden als „optimale" Lösung apostrophiert.

4.4.2.3.1 Gleitende wirtschaftliche Losgröße

Dynamische Lösungsverfahren zur Losgrößenplanung lassen insbesondere die Prämissen des kontinuierlichen Verlaufes der Nachfrage sowie der Stationarität fallen. Als Beispiel für eine auf im Zeitablauf schwankende Nachfrage abstellende Heuristik soll nachfolgend die Methode der *Gleitenden wirtschaftlichen Losgröße* (engl.: *Least Unit Cost Rule*, LUC) dargestellt werden.

Aus dem in einer Periode p mit unendlicher Produktionsgeschwindigkeit hergestellten Los $x_{p,t*}$ sollen sowohl der Nettobedarf der Produktionsperiode p selbst als auch die Nettobedarfe der nachfolgenden $t^* - p$ Perioden, also insgesamt die Nachfrage der nächsten $t^* - p + 1$ Perioden ($t = 1, \ldots, t^*$ mit $p \leq t* \leq T$), gedeckt werden. Der Nettobedarf b_t der Periode t ($p \leq t \leq t*$) ist dann genau $t - p$ Perioden lang zu lagern, so dass sich die relevanten Kosten eines solchen Loses wie folgt ergeben:

$$K_{p,t*} = k_R + k_L \cdot \sum_{t=p}^{t^*} (t - p) \cdot b_t. \tag{4.67}$$

---

beiten können oder bei denen Fehlmengen zulässig sind. Fehlmengen sind vor allem in stochastischen Losgrößenmodellen von Bedeutung, bei denen die Produktions- und Absatzgeschwindigkeit keine deterministischen, sondern stochastisch-verteilte Größen sind, was zwangsläufig zu Fehlmengen führen kann. Im Rahmen der Bestellmengenplanung sind auch Modelle entwickelt worden, die die Auswirkungen von Preis- und Mengenrabatten auf die optimale Bestellmenge berücksichtigen.

Tab. 4.13: Beispiel zur Gleitenden wirtschaftlichen Losgröße

	t	1	2	3	4	5
1. Los	$x_{p,t*}$	80	180	305		
	$K_{p,t*}$	60	100	200		
	$k_{p,t*}$	0,75	0,56	0,7		
2. Los	$x_{p,t*}$			125	225	275
	$K_{p,t*}$			60	100	140
	$k_{p,t*}$			0,48	0,44	0,5
3. Los	$x_{p,t*}$					50
	$K_{p,t*}$					60
	$k_{p,t*}$					1,2

Die Losgröße selbst entspricht den kumulierten Nettobedarfen der abzudeckenden Perioden, wobei stets nur ganze Periodenbedarfe berücksichtigt werden:

$$x_{p,t*} = \sum_{t=p}^{t*} b_t. \tag{4.68}$$

Analog zum Grundmodell der Losgrößenplanung geht das Verfahren der Gleitenden wirtschaftlichen Losgröße davon aus, dass die optimale Losgröße durch das Minimum der losgrößenabhängigen Stückkosten charakterisiert ist. Entsprechend wird die Reichweite des Loses ($t*$ − p + 1 Perioden) innerhalb des Planungshorizontes T so lange um jeweils eine Periode erhöht, bis für die Durchschnittskosten des Loses erstmals folgende Bedingung erfüllt ist:

$$\frac{K_{p,t*+1}}{x_{p,t*+1}} > \frac{K_{p,t*}}{x_{p,t*}}. \tag{4.69}$$

Die „optimale" Losgröße ist dann mit $x_{p,t*}$ gefunden.

Beispiel: Die Periodenbedarfe sind gegeben mit b_t = {80, 100, 125, 100, 50}. Die Rüstkosten betragen 60 [GE], die Stücklagerkosten 0,4 [GE/Periode].

Die „optimale" Lospolitik ist gefunden mit: x_t = {180, 0, 225, 0, 50}. Die Gesamtkosten betragen 260 [GE].

4.4.2.3.2 Kostenausgleichsverfahren

Ein weiteres Verfahren ist das *Kostenausgleichsverfahren* (engl.: *Part Period Balancing*, PPB) von *J. J. DeMatteis* (1968) und *A. G. Mendoza* (1968). Es knüpft an die Überlegung aus dem Grundmodell der Losgrößenplanung an, dass das Minimum der Gesamtkosten bei Gleichheit der Lagerhaltungs- und Rüstkosten erreicht ist. Solange die Lagerhaltungskosten die Rüstkosten nicht übersteigen, wird die Bedarfsmenge für die zusätzliche Periode in die Losgröße einbezogen. Die „optimale" Losgröße $x_{p,t*}$ ist gefunden, wenn folgende Bedingung erstmals erfüllt ist:

$$\sum_{t=p}^{t^*} (t-p) \cdot b_t \le \frac{k_R}{k_L} < \sum_{t=p}^{t^*+1} (t-p) \cdot b_t. \tag{4.70}$$

Die Bedarfsmenge der letzten Periode, die zum Überschreiten der Rüst- bzw. Bestellkosten führt, wird der neuen Losgröße zugerechnet. Analog können auch die dem Verfahren seinen Namen gebenden Stückperioden (engl.: Part Period) als Entscheidungskriterium Anwendung finden, die sich durch Umformung ergeben:

$$k_L \cdot \sum_{t=p}^{t^*} (t-p) \cdot b_t \le k_R < k_L \cdot \sum_{t=p}^{t^*+1} (t-p) \cdot b_t. \tag{4.71}$$

Die Summe auf der linken bzw. rechten Seite der Beziehung (4.49) hat die Dimension Mengeneinheit mal Zeiteinheiten (Stückperioden).

Beispiel: Die Periodenbedarfe sind gegeben mit $b_t = \{80, 100, 125, 100, 50\}$. Die Rüstkosten betragen 60 [GE], die Stücklagerkosten 0,4 [GE/Periode].

Die „optimale" Lospolitik ist gefunden mit: $x_t = 180, 0, 225, 0, 50$. Die Gesamtkosten betragen 260 [GE].

4.4.2.3.3 Silver-Meal-Heuristik

Ein alternatives Verfahren ist die *Silver-Meal-Heuristik* (SM). Die Heuristik von *E. Silver* und *H. Meal* (1973) geht davon aus, dass die optimale Losgröße x_{p,t^*} durch das Minimum der losgrößenabhängigen Kosten pro Periode der Reichweite des Loses charakterisiert ist (auch: *Least Period Cost Rule*, LPC). Entsprechend wird die Reichweite des Loses ($t^* - p + 1$ Perioden) innerhalb des Planungshorizontes T so lange um jeweils eine Periode erhöht, bis für die Kosten pro Periode des Loses erstmals ein Minimum der Kosten je Periode erreicht ist. Formal ist die „optimale" Losgröße x_{p,t^*} dann gefunden, wenn folgende Bedingung erstmals erfüllt ist:

$$\frac{K_{p,t^*+1}}{t^* - p + 2} > \frac{K_{p,t^*}}{t^* - p + 1}. \tag{4.72}$$

Die Bedarfsmenge der letzten Periode, die zum Ansteigen der Periodenkosten führt, wird der neuen Losgröße zugerechnet.

Tab. 4.14: Beispiel zum Kostenausgleichsverfahren

	t	1	2	3	4	5
1. Los	x_{p,t^*}	80	180	305		
	K_{L,t^*}	0	40	140		
2. Los	x_{p,t^*}			125	225	275
	K_{L,t^*}			0	40	80
3. Los	x_{p,t^*}					50
	K_{L,t^*}					0

Tab. 4.15: Beispiel zur Silver-Meal-Heuristik

	t	1	2	3	4	5
1. Los	$x_{p,t*}$	80	180	305		
	$K_{p,t*}$	60	100	200		
	$k_{p,t*}$	60	50	67		
2. Los	$x_{p,t*}$			125	225	275
	$K_{p,t*}$			60	100	140
	$k_{p,t*}$			60	50	46,7

Beispiel: Die Periodenbedarfe sind gegeben mit $b_t = \{80, 100, 125, 100, 50\}$. Die Rüstkosten betragen 60 [GE], die Stücklagerkosten 0,4 [GE/Periode].
Die „optimale" Lospolitik ist gefunden mit: $x_t = \{180, 0, 275, 0, 0\}$. Die Gesamtkosten betragen 240 [GE].

4.4.2.3.4 Kritische Betrachtung der Losgrößenheuristiken

Die Silver-Meal-Heuristik ist einfach anwendbar und liefert vergleichsweise gute Ergebnisse. Wie die anderen Heuristiken auch, liefert sie jedoch nicht immer die optimale Lösung. Ob die durch den Einsatz einer Heuristik erreichte Vereinfachung der Rechnung den Verzicht auf „echte" Optimalität rechtfertigt, kann nur im Einzelfall beurteilt werden.

Problematisch an den dargestellten Heuristiken erscheint insbesondere, dass sie „kurzsichtig" (myopisch) agieren. Die „Kurzsichtigkeit" resultiert dabei aus der Tatsache, dass die Verfahren kein mathematisch exaktes, sondern ein lediglich heuristisches Abbruchkriterium verwenden, d. h., sie berücksichtigen nur die Kosten bis zur letzten betrachteten Periode. Sobald die Stoppregel beim Übergang von t^* nach t^*+1 einen verschlechterten Wert ausgibt, wird das Lösungsverfahren abgebrochen und $x_{p,t*}$ als „optimale" Lösung ausgewiesen. Die Möglichkeit, dass sich beispielsweise beim Übergang von t^*+1 nach t^*+2 eine so große Verbesserung des Stoppwertes ergeben könnte, dass der zuvor festgestellte Nachteil dadurch überkompensiert werden würde, wird nicht beachtet. Insofern werden mit Hilfe dieser Heuristiken lediglich lokale Minima ermittelt, so dass sie die Bezeichnung „myopisch" völlig zu Recht tragen.[72]

---

[72] Das statische Grundmodell der Losgrößenplanung dagegen ist aufgrund der Annahme der Stationarität nicht myopisch, d. h., durch die Annahme eines im Zeitablauf konstanten Bedarfs besteht Identität zwischen lokalem und globalem Kostenminimum. Deshalb ermittelt das Grundmodell unter den genannten Prämissen auch die optimale Lösung.

4.4.2.3.5 Wagner-Whitin-Algorithmus

Obwohl in der Literatur *exakte Verfahren* zur Lösung dynamischer Losgrößenprobleme existieren, finden gerade in Systemen zur Produktionsplanung und -steuerung (PPS) heuristische Verfahren der dynamischen Losgrößenplanung Verwendung. Bekanntermaßen führen Heuristiken – falls überhaupt – nur zufällig zur optimalen Lösung. Begründet wird die Anwendung von Heuristiken meist mit der durchaus angreifbaren Vorstellung, dass der Nutzen aus dem verringerten Lösungsaufwand höher zu bewerten ist als die möglicherweise resultierende Einbuße an Lösungsqualität.

Um die Lösungsgüte einer Heuristik beurteilen zu können, ist sie an der Optimallösung zu messen. Diese kann im Fall der dynamischen Losgrößenplanung mit dem auf der dynamischen Programmierung beruhenden *Wagner-Whitin-Algorithmus* (1958) ermittelt werden.[73] Folgende Eigenschaften garantieren die Optimalität der gefundenen Lösung:

1. Es wird nur dann ein Los aufgelegt, wenn der Lagerbestand null ist. Das schließt ein, dass ein Los immer den Bedarf ganzer, aufeinander folgender Perioden überspannen muss. Folglich wird im Optimum der komplette Bedarf einer Periode entweder vollständig aus dem Lagerbestand oder aus der Produktion der betreffenden Periode gedeckt.[74]

2. In der optimalen Lospolitik übersteigen die Lagerkosten für den Bedarf einer Periode nie die Rüst- bzw. Bestellkosten.

3. Wenn in der optimalen Lospolitik für t Perioden in der letzten Periode noch ein Los aufgelegt wird, dann ist diese Periode auch in der optimalen Lospolitik für T Perioden Auflage- oder Bestellperiode (Planungs-/Entscheidungshorizont). Es ist nicht möglich, dass die kostenminimale Auflage-/Bestellperiode für den Bedarf der Periode t vor dem kostenminimalen Termin des Bedarfs der $(t-1)$-ten Periode liegt.[75]

Der Wagner-Whitin-Algorithmus ermittelt die optimale Lospolitik in einer so genannten *Vorwärtsrekursion*, indem für jede Periode t die Gesamtkosten in Abhängigkeit von der letzten Losauflageperiode minimiert werden. Die folgenden zwei Fälle sind dabei zu unterscheiden:

---

[73] Kennt man die optimale Lösung, ist der Einsatz von Heuristiken freilich obsolet.

[74] Eine Situation also, bei der die Nachfrage teilweise aus der Produktion und teilweise aus dem Lager befriedigt wird, so dass in einer Periode Lager- und Rüstkosten anfallen, kann nicht kostenminimal sein, weil die Rüstkosten durch das Vorverlegen der Produktion eingespart werden können. Ein optimales Los umfasst also immer eine Summe aus vollständigen Periodenbedarfen.

[75] Eigenschaft (3) liefert darüber hinaus einen wichtigen Beitrag für die Unsicherheitsproblematik: Ist ein Entscheidungshorizont identifiziert, so ist die Prognose der hinter dem Horizont liegenden Daten für die Lospolitik bis zum Horizont irrelevant.

Tab. 4.16: Beispiel zum Wagner-Whitin-Algorithmus

t	Lospolitik	K_t	K_{min}
1	(1)*	60	60
2	(1) (2)	60 + 60 = 120	
	(1, 2)*	60 + 40 = 100	100
3	(1, 2) |(3)*	100 + 60 = 160	160
	(1) (2, 3)	60 + 110 = 170	
	(1, 2, 3)	200	
4	(1, 2) (3) (4)	160 + 60 = 220	
	(1, 2) (3, 4)*	160 + 40 = 200	200
5	(1, 2) (3, 4) (5)	200 + 60 = 260	
	(1, 2) (3, 4, 5)*	200 + 40 = 240	240
	(1, 2) (3) (4, 5)*	160 + 80 = 240	240

1. Entweder wird der Bedarf der Periode t aus der Produktion der Periode t befriedigt. Dann setzen sich die Kosten aus den Rüstkosten in t und den Kosten der optimalen Politik aus den Vorperioden zusammen.

2. Oder der Bedarf der Periode t wird aus der Produktion der vorhergehenden Periode j befriedigt. Dann entstehen folgende Kosten: (1) Kosten der optimalen Politik der j vorausgehenden Perioden, (2) Rüstkosten in der Periode j, (3) Lagerhaltungskosten für in den Perioden $j + 1, ..., t$.

Für die Kosten der optimalen Lospolitik eines t-stufigen Entscheidungsproblems gilt:

$$K_t = \min \left\{ k_R + K_{t-1}, \min_{0<j<t} \left\{ K_{j-1} + k_R + k_L \sum_{i=j+1}^{t} (i - j) \cdot b_i \right\} \right\} \qquad (4.73)$$

mit $K_0 = 0$.

Zur Lösung wird wie folgt vorgegangen: Zunächst wird die optimale Losgröße für das einstufige Problem berechnet, dann die optimale Lösung für das zweistufige Problem usw. Hierbei ist zu beachten, dass wegen Eigenschaft (1) die Nachfrage einer Periode immer aus der Produktion einer einzigen Periode abgedeckt werden muss. Jeweils ausgehend von der optimalen Losgröße vorhergehender Perioden werden iterativ die Bedarfsmengen der Folgeperioden einbezogen. Bei Auffinden eines Entscheidungshorizonts (Eigenschaft (3)) kann die schrittweise Ausweitung der Reichweite eines Loses abgebrochen werden, sobald der Lagerbestand zu Beginn der als Letztes einbezogenen Periode gleich null ist und in dieser Periode ein neues Los aufgelegt werden muss.

Beispiel: Die Periodenbedarfe sind gegeben mit $b_t = \{80, 100, 125, 100, 50\}$. Die Rüstkosten betragen 60 [GE], die Stücklagerkosten 0,4 [GE/Periode].

Zwei optimale Lospolitiken sind bestimmt mit: $x_t = \{180, 0, 125, 150, 0\}$ und $x_t = \{180, 0, 275, 0, 0\}$. Die Gesamtkosten betragen jeweils 240 [GE]. In Periode 3 wurde zudem ein Entscheidungshorizont gefunden.

4.5 Auftragsterminierung

4.5.1 Aufgabe und Anwendungsbereich

Die Aufgabe der *Auftragsterminierung (Grobterminierung,* aber auch *Termingrobplanung)* besteht in der Planung realistischer Fertigstellungs-, Start-, aber auch wichtiger Ecktermine (Meilensteine) komplexer Vorhaben (*Fertigungsaufträge, Projekte*) sowie in einer möglichst gleichmäßigen Auslastung der Kapazitäten. Ausgangspunkt der *Auftragsterminierung* im Produktionsbereich sind die in der Materialbedarfsplanung gebildeten und terminierten Lose identischer bzw. ähnlicher Teile, es kann sich aber auch um die aus der Materialbedarfsplanung abgeleiteten periodenbezogenen Nettobedarfe handeln. Vor der Produktionsfreigabe muss überprüft werden, ob die vorgegebenen Lose mit den vorhandenen Kapazitäten realisiert werden können. Dazu werden im Rahmen der *Durchlaufterminierung* die frühest- oder spätestmöglichen Start- und Endtermine der einzelnen zu durchlaufenden Arbeitsgänge festgelegt. In der Kapazitätsplanung (engl.: *Capacity Requirements Planning*) wird dann auf der Basis dieses detaillierten Zeitgerüstes der Kapazitätsbedarf mit den vorhandenen Kapazitäten „abgeglichen". Die Grobterminierung hat insbesondere bei der Einzel- bzw. Auftragsproduktion einen hohen Stellenwert. Im Rahmen der Serienproduktion wird auf diesen Planungsschritt stellenweise verzichtet; man spricht dann vom „infinite loading", da implizit von unendlichen Kapazitäten ausgegangen wird.

Das *Einsatzgebiet* der Grobterminierung ist nicht nur auf den Produktionsbereich beschränkt; beispielsweise können die entsprechenden Methoden auch im Bereich des Marketings (Markteinführung neuer Produkte) Anwendung finden. Im Bereich der industriellen Produktion wird die Grobterminierung vor allem bei kundenauftragsbezogener (Einzel-)Fertigung in Form der Werkstattfertigung durchgeführt. Bei Serienfertigung führt man die Durchlaufterminierung nicht explizit für jeden Fertigungsauftrag neu durch, sondern greift regelmäßig auf produktgruppenspezifische mittlere Soll-Durchlaufzeiten zurück, die für Produktvarianten gegebenenfalls modifiziert werden. Eine Grobterminierung ist dann nicht mehr erforderlich, da bereits bei der Materialbedarfsplanung Soll-Durchlaufzeiten im Rahmen der Vorlaufzeitverschiebung Berücksichtigung finden. Bei Fließfertigung tritt ein (Grob-)Terminierungsproblem in nennenswertem Umfang nicht auf; so beschränkt sich die Terminplanung bei Fließbandfertigung auf die optimale Bestimmung der Bandgeschwindigkeit bzw. die Festlegung optimaler Taktzeiten, während bei Reihenfertigung analog zur Serienfertigung die Terminierung bereits bei der Vorlaufzeitverschiebung in ausreichendem Maße behandelt wird.

Der *Planungszeitraum der Auftragsterminierung* orientiert sich am jeweiligen Vorhaben (Fertigungsauftrag, Projekt) und kann im Extremfall mehrere Jahre umfassen (zum Beispiel beim Bau von Schiffen oder Kraftwerken). Der auftragsspezifische Planungszeitraum wird regelmäßig in eine überschaubare Zahl von Planperioden unterteilt, die tendenziell umso länger sind, je umfassender der Planungszeitraum definiert ist. Umfasst der Planungszeitraum beispielsweise mehrere Monate, so wird man nicht stunden- oder tagesgenau, sondern eher wochen- bzw. monatsgenau planen. Hilfsmittel der Terminplanung ist der *Betriebskalender*, in dem die Arbeitstage und -wochen, entsprechend dem gewünschten Detaillierungsgrad, unter Vernachlässigung der arbeitsfreien Tage (Sonn- und Feiertage) und Wochen (Betriebsferien) zumindest für ein Kalenderjahr fortlaufend durchnummeriert sind. Der Betriebskalender bildet die kontinuierliche Zeitachse für Balkendiagramme und Belastungsprofile.

Der gewählte Detaillierungsgrad der Grobterminierung wird neben zeitlichen Aspekten insbesondere auch durch innerbetriebliche Gegebenheiten bestimmt. Ob und inwieweit einzelne Produktionskapazitäten zu *Kapazitätsgruppen* (funktionsgleichen Maschinen, Werkstätten, Betriebsbereichen) aggregiert werden, hängt neben dem Vorhandensein ausreichender Planungskapazitäten in der *Arbeitsvorbereitung* vor allem davon ab, wie viele (funktionsgleiche) Aggregate insgesamt bei der Planung zu berücksichtigen sind. Ein Betrieb mit nur wenigen Maschinen wird im Rahmen der Grobterminierung vernünftigerweise maschinengenau planen. Das Vorhandensein funktionsgleicher und kostenverschiedener Maschinen hat dann zwangsläufig die Durchführung einer *Aufteilungsplanung* (Verfahrenswahl) auf dieser Stufe der Produktionsplanung und -steuerung zur Folge. Dagegen kann es auch für einen Betrieb, der die Vielzahl von (funktionsgleichen) Maschinen und Mitarbeitern zu Kapazitätsgruppen zusammenfasst, sinnvoll sein, zusätzlich jeden Engpassarbeitsplatz als eine eigene Kapazitätsgruppe zu definieren. Besondere Probleme bei der Aggregation von Kapazitätseinheiten bereitet die Berücksichtigung flexibel automatisierter Produktionssysteme (z. B. Bearbeitungszentren, flexible Fertigungssysteme). Diese können technisch bedingt eine große Zahl verschiedener Arbeitsvorgänge durchführen, so dass bereits mit der Zuordnung zu einer Kapazitätsgruppe eine anlagenspezifische Aufteilungsplanung verbunden sein kann.

Eine zeitlich oder kapazitätsmäßig aggregierte Vorgehensweise ist kennzeichnend für die Grobterminierung – daher auch das Präfix „Grob". Mit dem bewussten Verzicht auf eine detaillierte Planung verbindet man eine Reihe von Vorteilen. Die Planungsunsicherheiten bezüglich der Auftragslage, Maschinenausfälle, Erkrankungen und Materialverfügbarkeit sind umso größer, je langfristiger die Planung ausgerichtet ist; eine aggregierte Planung bewirkt einen gruppeninternen Ausgleich und erlaubt so die Vernachlässigung der expliziten Berücksichtigung derartiger Unsicherheitsfaktoren. Wenn beispielsweise mehrere funktionsverwandte Maschinen zu einer Kapazitätsgruppe zusammengefasst werden, kann davon ausgegangen werden, dass nicht alle Maschinen gleichzeitig ausfallen werden. Es ist somit ausreichend, die Gruppenkapazität um einen pauschalen Ausfallprozentsatz zu kürzen, ohne dass man sich Gedanken darüber machen muss, welche Maschine konkret zu welchem Zeitpunkt ausfallen kann. Auch Balkendiagramme, Netzpläne und Belastungsprofile gewinnen durch die aggregierte Betrachtungsweise an Übersichtlichkeit. Letztendlich wird eine Reihe von Planungsproblemen (detaillierte Datenermittlung, Aufteilungsplanung) auf nachfolgende Planungsstufen verlagert. Insofern impliziert ein aggregiertes Vorgehen das Vorhandensein einer leistungsfähigen *Feinterminierung*.

Im folgenden wird als Organisationstyp die Werkstattfertigung unterstellt. Werkstätten sind dabei als räumliche Zusammenfassung gleichartiger Verrichtungen, d. h. insbesondere durch eine Zusammenfassung funktionsverwandter Aggregate, definiert. Mit der Aggregation von Kapazitätseinheiten zu Kapazitätsgruppen bzw. Werkstätten ist notwendigerweise auch eine Zusammenfassung von einzelnen Arbeitsgängen zu Arbeitsgangfolgen (z. B. Vorfertigung, Hauptfertigung, Vormontage, Montage) verbunden.

Neben der Planung der zeitlichen Abfolge der Arbeitsgänge der einzelnen Aufträge ist die Aufgabe der Grobterminierung darin zu sehen, die betrieblichen Kapazitäten dahingehend zu überprüfen, ob die Aufträge termingerecht, d. h. rechtzeitig zu den geplanten Terminen, fertiggestellt werden können. Diese beiden Planungsschritte der *Durchlauf-* und der *Kapazitätsterminierung* werden sukzessiv durchgeführt.

4.5.2 Arbeitspläne

Aufgabe der Arbeitsvorbereitung ist die Erstellung von Arbeitsplänen, d. h. die Strukturierung der Herstellungsaufgabe für die Arbeitsverteilung und -steuerung sowie die Festlegung der Ausführungszeiten je Einheit für die Durchlauf- und Kapazitätsterminierung. Dementsprechend beschreibt ein *Arbeitsplan* die Arbeitsgangfolge zur Fertigung eines Teiles, einer Baugruppe oder eines Erzeugnisses. Er enthält neben den Angaben über Fertigungs- und Montageschritte (*Arbeitsgänge*) in der Regel auch solche über den Schwierigkeitsgrad der Tätigkeiten sowie über *Rüst-* und *Vorgabe-Zeiten* sowie ggf. die Lohngruppen der beteiligten Arbeitskräfte. Zudem enthält ein Arbeitsplan Informationen über das verwendete Material, die Arbeitsplätze, an denen die einzelnen Vorgänge ausgeführt werden, sowie über notwendige Betriebsmittel (Maschinen, Werkzeuge und Vorrichtungen). Darüber hinaus umfasst der Arbeitsplan gerade in der Serien- und Großserienfertigung häufig Angaben zur Arbeitsan- und -unterweisung zur Sicherstellung einer wirtschaftlichen Herstellung. Diese in der *Arbeitsvorbereitung* erstellten Vorgaben bilden überdies die Grundlage für die *Arbeitsbewertung* und damit die Entlohnung der Arbeiter. Teilweise fügt man den Arbeitsplänen noch *Konstruktionszeichnungen* bei, die alle technischen Daten, insbesondere auch die Maße und Toleranzen des zu fertigenden (Zwischen-)Produkts, enthalten. Bei mechanischer Fertigung erstellt die Arbeitsvorbereitung die erforderlichen *NC-Programme* zum Bohren, Drehen, Fräsen, Zerspanen etc. von Werkstücken. Gleichzeitig muss dafür gesorgt sein, dass die dazu benötigten Werkzeuge im *Werkzeuglager* bereitstehen.

4.5.3 Durchlaufterminierung

Ziel des Planungsschritts der *Durchlaufterminierung* ist es, für jeden Auftrag sowie für jeden seiner Arbeitsgänge den Start- und Fertigstellungstermin ohne Berücksichtigung von Kapazitätsrestriktionen ("*infinite loading*"), also eine auftragsbezogene *Terminliste*, zu ermitteln. Hierzu sind die einzelnen Arbeitsgänge und ihre technische Abfolge, die *Ablauf-* bzw. *Produktionsstruktur*, als bekannt vorauszusetzen.

Bei dem zugrunde gelegten Organisationstyp der Werkstattfertigung geht man davon aus, dass die einzelnen Arbeitsgänge der Fertigungsaufträge in verschiedenen technologisch bestimmten Reihenfolgen auf mehreren Kapazitätsgruppen (Werkstätten, Arbeitsstationen, Maschinen) durchzuführen sind. Bei der Produktion mehrteiliger Stückgüter können einteilige Bauteile/Baugruppen auch parallel in verschiedenen Werkstätten hergestellt werden. Damit stellt sich das Problem der zeitlichen Koordination der Fertigung.

Für die Planung benötigt man zusätzlich für jeden Arbeitsgang (Vorgang) des (Fertigungs-)Auftrags diejenige Zeit, die von der Fertigstellung an der unmittelbar vorher liegenden Arbeitsstation (Kapazitätsgruppe) bis einschließlich der Durchführung des betrachteten Arbeitsgangs (Vorgangs) verstreicht. Diese Zeit bezeichnet man als (*arbeitsgangbezogene, vorgangsbezogene*) *Durchlaufzeit*. Der Terminus *Auftragsdurchlaufzeit* hingegen stellt auf einen Auftrag ab und umfasst die Zeit, die zwischen dem Beginn des ersten Arbeitsgangs und der Fertigstellung des letzten Arbeitsgangs des Auftrags liegt.

Die einzelnen Komponenten der (*arbeitsgang-* bzw. *vorgangsbezogenen*) *Durchlaufzeit* sollen in ihrer zeitlichen Reihenfolge aufgezählt werden (vgl. Abbildung 4.22):
– *Liegezeit* nach Bearbeitung am vorhergehenden Arbeitsgang (einschließlich *Kontrollzeit*),
– *Transportzeit*,
– *Liegezeit* vor Durchführung des Arbeitsvorgangs,
– *Rüstzeit*,
– *Bearbeitungszeit*.

Die ersten drei Zeitkomponenten – die Liegezeit nach Bearbeitung des vorherigen Arbeitsgangs bis einschließlich der Liegezeit vor Bearbeiten – fasst man häufig zur *Übergangszeit*, die anderen beiden Komponenten – die Rüst- und die Bearbeitungszeit – zur *Auftragszeit* zusammen.

Um nun die Plandurchlaufzeit (Soll-Durchlaufzeit) eines Arbeitsgangs (Vorgangs) ermitteln zu können, ist jede dieser Komponenten vorab zu bestimmen. Am einfachsten stellt sich dies bei der Bearbeitungszeit und der Rüstzeit dar, da dies mit Hilfe von Methoden der *Vorgabe-Zeitermittlung* und damit noch relativ präzise erfolgen kann.

Die Ermittlung der Auftragszeit, die unter anderem Aufgabe der *Arbeitsvorbereitung* ist, erfolgt häufig anhand des bekannten *REFA-Schemas*.[76]

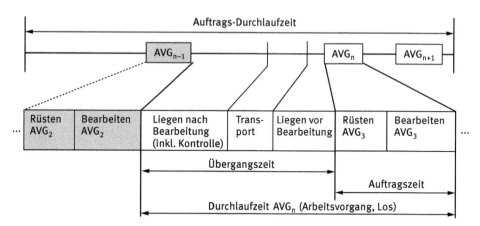

Abb. 4.22: Komponenten der Auftragsdurchlaufzeit
Abbildung in Anlehnung an Wiendahl (1997), S. 36

Schwieriger gestaltet sich die Planung der *Liege-* und *Transportzeiten*. Letztere bezeichnen den Zeitraum, der für den Transport des Auftrags von einer Kapazitätsgruppe zur nächsten benötigt wird[77]. Liegezeiten sind in zweierlei Hinsicht zu unterscheiden. Es kann sich um *Prozess-* bzw. *technologisch bedingte Liegezeiten* handeln, die der Produktionsprozess erfordert (z. B. Abkühlen) oder um so genannte *Kontrollzeiten*, in denen zum Zweck der Qualitätskontrolle das Ergebnis der durchgeführten Tätigkeit überprüft wird. *Ablaufbedingte Liegezeiten* in Form von *Wartezeiten* entstehen dadurch, dass der Transport zu der den anschließenden Arbeitsgang durchführenden Kapazitätsgruppe nicht unmittelbar erfolgt oder dass nach der Ankunft nicht unmittelbar mit dem Auftrag begonnen wird. Hier wird wieder ein Interdependenzproblem sichtbar: Liege- und Transportzeiten können nur dann exakt geplant werden, wenn zum Planungszeitpunkt die Einplanung der Transportmittel und insbesondere die Bearbeitungsreihenfolge von Arbeitsgängen verschiedener Aufträge an den Maschinen (Auftragsfolge) bekannt ist.

Gerade Letzteres ist jedoch bei dem hier vorgestellten sukzessiven Planungsablauf im Rahmen des *MRP-II*-Konzepts nicht der Fall. So ist die Maschinenbelegungspla-

---

[76] Vgl. dazu Abschnitt 2.4.4.3.

[77] Liege- und Transportzeiten spielen bei der Fließfertigung im Vergleich zur Werkstattfertigung eine nur untergeordnete Rolle.

nung Gegenstand der nachgelagerten Feinterminierung, die in Abschnitt 4.6 dargestellt wird. Die Trennung der Interdependenzen erfolgt durch Verwendung von Schätzwerten. Untersuchungen in der Praxis ergaben, dass die Bearbeitungszeit in der Regel
nur 10 bis 20 % der Durchlaufzeit ausmacht. Nimmt man dies als Richtwert, so sind
Liege- und Transportzeiten mit dem 5- bis 10-Fachen der Bearbeitungszeiten einzuplanen. Dies führt zu hohen Plandurchlaufzeiten, die für die Vorlaufzeitermittlung
verwendet werden, und bildet somit die Ursache für das in Abschnitt 4.6 erläuterte
Durchlaufzeitsyndrom.

Um einen Eindruck von den Größenordnungen der Bestandteile der Durchlaufzeit
zu erhalten, sind in Abbildung 4.23 die Ergebnisse einer Untersuchung am Beispiel
eines Unternehmens der metallverarbeitenden Industrie wiedergegeben.

Um sich nun der eigentlichen Aufgabenstellung der Durchlaufterminierung, der
Ermittlung vorläufiger Start- und Fertigstellungstermine widmen zu können[78], benö-

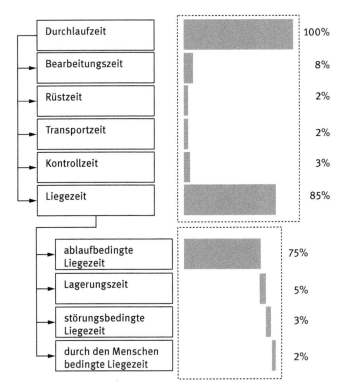

Abb. 4.23: Größenverhältnisse der Auftragsdurchlaufzeitbestandteile
Abbildung in Anlehnung an Stommel, Kunz (1973)

---

[78] Vorläufig sind die ermittelten Termine deshalb, weil man sie ohne Berücksichtigung der zur Verfügung stehenden Kapazitäten bestimmt.

tigt man entweder den Bearbeitungsbeginn oder den Fertigstellungstermin des Auftrags. Bei großen Projekten wird häufig der frühestmögliche Bearbeitungsbeginn als Datum genommen. Die weitere Darstellung differenziert, ob Arbeitsgänge (Vorgänge) eines Fertigungsauftrags (Projekts) parallel durchführbar sind oder nicht.

4.5.3.1 Fertigungsaufträge mit parallelen Arbeitsgängen

Gerade bei einer „auftragsbezogenen Planung", d. h. bei Vorliegen technisch komplizierter oder besonders wichtiger Kundenaufträge, ist eine Losbildung der zu fertigenden und zu beschaffenden Teile nicht möglich oder nicht zweckmäßig. So erlaubt beispielsweise die Losbildung keine exakte Terminverfolgung eines Kundenauftrags, was gerade bei den von den Kunden geforderten kurzen Lieferzeiten unabdingbar ist. Häufig plant man auch geringe Stückzahlen bei Kleinserienfertigung nicht mit dem sukzessiven *MRP-II*-Konzept, sondern geht bei der Terminierung gleich auf Verfahren der Netzplantechnik über.

4.5.3.1.1 Grundlegende Begriffe der Netzplantechnik

Gegenstand der Netzplantechnik ist die Analyse zeitbeanspruchender Vorhaben (*Projekte*). Von der Aufgabenstellung her setzt man solche Verfahren in der Regel für die Planung von Großprojekten (Bau eines Automobilwerks, Flughafenbau etc.) ein. Die verwendeten Konzepte entsprechen jedoch auch der Vorgehensweise der Durchlaufterminierung. Für die Anwendbarkeit von Verfahren der Netzplantechnik ist eine Gliederung des Projekts in zeitbeanspruchende Tätigkeiten (Arbeitsgänge) erforderlich, die untereinander durch technologisch bedingte Vorgänger-Nachfolger-Beziehungen verknüpft sind. Solche Tätigkeiten heißen in der Terminologie der Netzplantechnik *Vorgänge* oder *Aktivitäten*. Als *Ereignisse* werden Zeitpunkte bezeichnet, zu denen bestimmte Vorgänge bzw. Arbeitsgänge beendet sind oder beginnen müssen.

Ein *Netzplan* ist die Darstellung des Ablaufs eines Projekts durch Vorgänge und Ereignisse unter Berücksichtigung der Vorgänger-Nachfolger-Beziehungen. Eine solche Darstellung kann graphisch oder mit Hilfe von Tabellen erfolgen, wobei Letzteres große Bedeutung für die Implementierung von Verfahren der Netzplantechnik in EDV-Systemen hat. Die folgenden Ausführungen beschränken sich auf die anschaulichere graphische Form, bei der Netzpläne aus Knoten (Kreise) und Kanten (Pfeile) konstruiert werden. Diese beiden Symbole stehen für die Ereignisse und die Vorgänge. Entsprechend der Zuordnung zu den Symbolen unterscheidet man *Vorgangspfeil-* und *Vorgangsknotennetze*. Erstere stellen Vorgänge durch Pfeile und Ereignisse durch Knoten dar, während dies bei Vorgangsknotennetzen gerade umgekehrt erfolgt. Auf Vorgangspfeilnetzen basieren die Verfahren *CPM* (Critical Path Method) und *PERT* (Program Evaluation and Review Technique), ein Beispiel für ein Verfahren auf der Grundlage eines Vorgangsknotennetzes ist *MPM* (Metra Potential Method). Während das CPM-Verfahren mit deterministischen Daten (Vorgangszeiten) operiert, ist das PERT-Verfahren in der Lage, stochastische Parameter, d. h. Verteilungen der Vorgangszeiten, zu verarbeiten. Die folgenden Erläuterungen der Grundlagen der Netzplantechnik basieren auf Vorgangspfeilnetzen und schildern das deterministische CPM-Verfahren.[79]

4.5.3.1.2 Konstruktion eines Vorgangspfeilnetzes

Ausgangspunkt für die graphische Erstellung eines Netzplans sind die Vorgänge des Projekts und die so genannten Vorgänger-Nachfolger-Beziehungen. Für ihre Darstellung gibt es zwei inhaltlich gleichwertige Methoden. Man gibt entweder für jeden Vorgang alle unmittelbaren Nachfolger oder alle unmittelbaren Vorgänger an. Im Hinblick auf eine einheitliche Darstellung werden nachfolgend zu jedem Vorgang A alle *unmittelbaren Nachfolger* festgehalten. Darunter versteht man diejenigen Vorgänge, die aus Gründen des Arbeitsablaufs unmittelbar nach der Fertigstellung von A beginnen können. Dagegen sind *mittelbare Nachfolger* Vorgänge, deren Fertigstellung irgendwann nach Durchführung von A erfolgen kann. Die Definition von *mittelbaren* und *unmittelbaren Vorgängern* eines Vorgangs ergibt sich analog.

Wie bereits mehrfach erwähnt, erfolgt in einem Vorgangspfeilnetz die Darstellung eines Vorgangs durch Pfeile (Kanten) und die den Beginn bzw. die Fertigstellung des Vorgangs repräsentierenden Ereignisse x bzw. y durch Knoten (Abbildung 4.24). In der formalen Schreibweise ist ein Vorgang als Paar (x, y) gegeben.

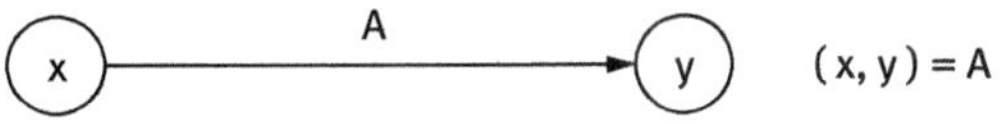

Abb. 4.24: Darstellung eines Vorgangs im Vorgangspfeilnetz

Da ein Paar von Ereignissen in eindeutiger Weise einem Vorgang entsprechen muss, wird die Schreibweise eines Vorgangs als 2-Tupel zu einem Problem, wenn zwei Vorgänge dieselben Anfangs- und Endereignisse x und y besitzen. Dies macht die Einführung eines *Scheinvorgangs* – eines Vorgangs mit Vorgangsdauer null – notwendig. Scheinvorgänge sind damit lediglich ein Konstrukt, das es ermöglicht, Vorgänger-Nachfolger-Beziehungen exakt in einem Netzplan abzubilden. Um sie von den realen Vorgängen zu unterscheiden, werden sie in der Zeichnung durch gestrichelte Linien dargestellt.

Die Notwendigkeit zur Einführung von Scheinvorgängen ergibt sich häufig dann, wenn verschiedene Vorgänge gleiche unmittelbare Nachfolger oder Vorgänger besitzen. Hierbei müssen jedoch nicht alle Vorgänger oder Nachfolger der betrachteten

---

79 Vgl. *Kelly, Walker* (1959).

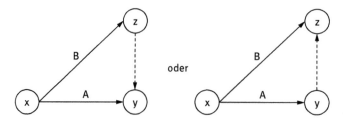

Abb. 4.25: Scheinvorgänge bei identischen Anfangs- und Endereignissen x und y

Vorgänge identisch sein, wie die folgenden Beispiele zeigen sollen. Zur Vereinfachung wird auf die Ereignisbezeichnung in den einzelnen Knoten verzichtet.

Vorgang	Nachfolger
A	B, C
B	D
C	D
D	–

Abb. 4.26: Konstruktionsbeispiele zur Netzplantechnik: Fall 1

Vorgang	Nachfolger
A	C, D, E
B	C, D, E
C	–
D	–
E	–

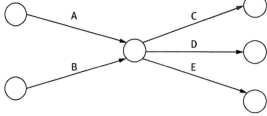

Abb. 4.27: Konstruktionsbeispiele zur Netzplantechnik: Fall 2

Vorgang	Nachfolger
A	C, D, E
B	C, D
C	–
D	–
E	–

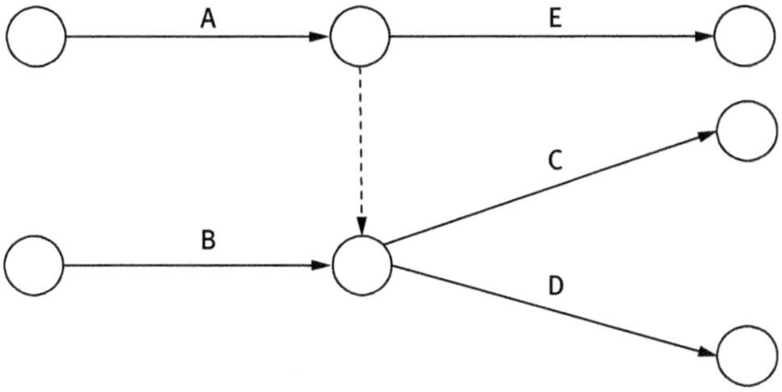

Abb. 4.28: Konstruktionsbeispiele zur Netzplantechnik: Fall 3

Vorgang	Nachfolger
A	C, D
B	C, E
C	–
D	–
E	–

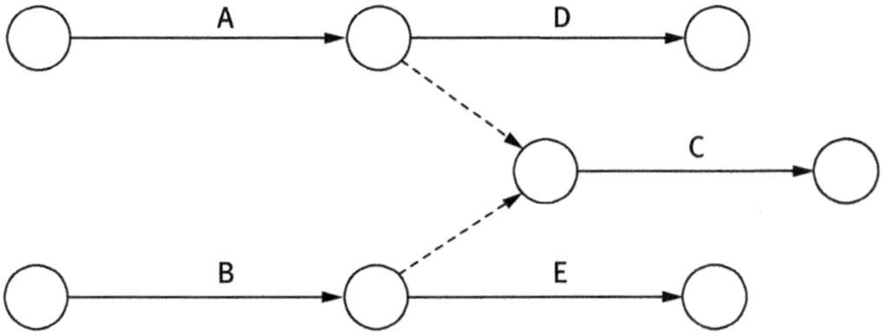

Abb. 4.29: Konstruktionsbeispiele zur Netzplantechnik: Fall 4

Abschließend seien noch einige Besonderheiten von Vorgangspfeilnetzen erwähnt. Um einen sinnvollen Ablauf des Projekts zu gewährleisten, ist darauf zu achten, dass ein Netzplan keinen *Zyklus* enthält. Darunter versteht man eine Menge von aufeinanderfolgenden Vorgängen, die bei einem bestimmten Ereignis starten und bei demselben Ereignis auch wieder enden. In einem Zyklus wird somit jeder Vorgang zu seinem eigenen mittelbaren Vorgänger bzw. Nachfolger, was aus Konsistenzgründen nicht zulässig ist.

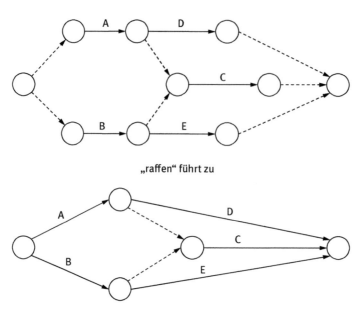

„raffen" führt zu

Abb. 4.30: Konstruktionsbeispiele zur Netzplantechnik: Reduktion von Scheinvorgängen

Bei CPM-Netzplänen ist es üblich, dass jeder Netzplan ein Anfangs- und ein Endereignis besitzt. Sind diese a priori nicht vorhanden, so können sie zunächst mit Hilfe von Scheinvorgängen eingeführt werden. In einem weiteren Schritt reduziert man Scheinvorgänge durch Zusammenfassen („Raffen") mit realen Vorgängen, sofern dadurch die gegebenen Vorgänger-Nachfolger-Beziehungen erhalten bleiben (Abbildung 4.30).

Für größere Netzpläne existieren Verfahren, die das Zeichnen des Netzes und das Eliminieren von Scheinvorgängen erleichtern. Eine Darstellung dieser Algorithmen würde an dieser Stelle jedoch zu weit führen.[80]

4.5.3.1.3 Zeitanalyse im Rahmen der Netzplantechnik

Die bisherigen Ausführungen ermöglichen es lediglich, den Ablauf eines Projekts (Fertigungsauftrags) graphisch darzustellen. Aufgabe der Durchlaufterminierung ist es hingegen, den zeitlichen Ablauf zu planen. Dies ist Gegenstand der Zeitanalyse, die Fragen behandelt wie: „Wann kann das Projekt/der Fertigungsauftrag frühestmöglich fertiggestellt werden?" oder: „Beeinflusst die Verzögerung eines Vorgangs/Arbeitsgangs den geplanten Fertigstellungstermin?" Um solche Fragen beantworten zu können, ist für jeden Vorgang $A = (x, y)$ dessen *Ausführungsdauer* $d(x, y)$,

---

80 Solche Verfahren sind in Standardsoftwareprogrammen zur Netzplantechnik (z. B. MS Project) bereits implementiert.

d. h. die *vorgangsbezogene Durchlaufzeit*, die entsprechend den obigen Überlegungen zu bestimmen ist, als bekannt vorauszusetzen.

Die von der Fragestellung her interessierenden Fertigstellungstermine der einzelnen Vorgänge und des Projekts stellen auf Zeitpunkte und deshalb auf den Eintritt der Ereignisse des Projekts ab. Für die Auftragsdurchführung und -verfolgung sind besonders der frühestmögliche und der spätestmögliche Zeitpunkt des Eintretens eines jeden Ereignisses von Bedeutung. Um Algorithmen zur Ermittlung dieser Zeiten anwenden zu können, ist es sinnvoll, die Ereignisse, d. h. im vorliegenden Vorgangspfeilnetz die Knoten, zu nummerieren. Dabei erhält das Anfangsereignis die Nummer 1, das Endereignis die Nummer n. Die dazwischenliegenden Ereignisse werden aufsteigend nummeriert, d. h., so dass für jeden Vorgang (x, y) die Beziehung $x < y$ erfüllt sein muss.

Die Durchführung der Zeitanalyse erfolgt nun in zwei Schritten. Ist der Starttermin (z. B. der heutige Tag) gegeben, so ermittelt man mit Hilfe der *Vorwärtsterminierung* für jedes Ereignis y dessen frühestmöglichen Eintrittszeitpunkt FZ_y. Dabei gilt:

$$FZ_1 := 0,$$
$$FZ_y := \max_{x \in V(y)}(FZ_x + d(x, y)) \quad \text{für alle } y = 2, \dots, n. \tag{4.74}$$

Tab. 4.17: Verzeichnis der bei der Zeitanalyse verwendeten Symbole

Symbol	Bedeutung
$A = (x, y)$	Vorgang
x, y	Ereignisse
n	Endereignis
$d(x, y)$	Durchlaufzeit (Ausführungsdauer) von Vorgang (x, y)
FZ_x	Frühestmöglicher Eintrittszeitpunkt von Ereignis x
SZ_x	Spätestmöglicher Eintrittszeitpunkt von Ereignis x
D	Minimale Gesamtdauer des Projekts
$V(y)$	Menge aller Ereignisse x, für die im Netzplan ein Vorgang (x, y) existiert (unmittelbare Vorgänger von Knoten y)
$N(x)$	Menge aller Ereignisse y, für die im Netzplan ein Vorgang (x, y) existiert (unmittelbare Nachfolger von Knoten x)
$GP(x, y)$	Gesamtpufferzeit von Vorgang (x, y)
$FP(x, y)$	Freie Pufferzeit von Vorgang (x, y)
$UP(x, y)$	Unabhängige Pufferzeit von Vorgang (x, y)

Das Ereignis y kann frühestens dann eintreten, wenn alle vorher liegenden Ereignisse eingetreten und die sich jeweils daran anschließenden Vorgänge beendet sind. Durch schrittweise Erhöhung von y um 1 erhält man anhand dieser rekursiven Vorgehensweise schließlich die minimale Gesamtdauer $D = FZ_n$ des Projekts. Letztere wiederum stellt die Ausgangsbasis für die *Rückwärtsterminierung (retrograde Terminierung)* dar, in der für jedes Ereignis x der spätestmögliche Eintrittszeitpunkt SZ_x errechnet wird:

$$SZ_n := FZ_n,$$

$$SZ_x := \min_{y \in N(x)}(SZ_y - d(x, y)) \quad \text{für alle } x = 1, \ldots, n - 1. \tag{4.75}$$

Ist von der Aufgabenstellung her ein bestimmter Fertigstellungszeitpunkt vorgegeben, z. B. aufgrund eines vereinbarten Liefertermins, so wendet man zuerst die Rückwärts- und dann die Vorwärtsterminierung an. Aus den auf diese Weise errechneten Größen FZ und SZ leitet man für jeden Vorgang so genannte *Pufferzeiten* ab, die Zeiträume angeben, um die sich die Bearbeitung des Vorgangs verzögern darf, ohne dass sich der zeitliche Ablauf des Gesamtprojekts oder das Eintreten bestimmter Ereignisse ändern.

Die *Gesamtpufferzeit* $GP(x, y)$ eines Vorgangs (x, y) ist die wichtigste Größe. Für sie gilt:

$$GP(x, y) := SZ_y - FZ_x - d(x, y). \tag{4.76}$$

Sie gibt an, um welchen Zeitraum sich die Bearbeitung von Vorgang (x, y) maximal verlängern darf, ohne den Fertigstellungstermin des gesamten Projekts zu gefährden. Hier wird unterstellt, dass (x, y) frühestmöglich beginnt und spätestmöglich endet. Von dieser Zeitspanne ist noch die Plan-Durchlaufzeit zu subtrahieren.

Die Gesamtpufferzeiten haben in Vorgangspfeilnetzen große Bedeutung, da anhand dieser Größen die so genannten *kritischen Vorgänge* zu ermitteln sind. Kritische Vorgänge zeichnen sich dadurch aus, dass ihre Durchlaufzeiten keinerlei zeitlichen Spielraum besitzen, d. h., eine Verzögerung eines kritischen Vorgangs hat unmittelbar Einfluss auf die Gesamtdauer des Projekts – sie haben somit eine Gesamtpufferzeit von 0. Das *kritische Teilnetz* ist definiert als die Gesamtheit aller Vorgänge mit der Gesamtpufferzeit 0. Liegen alle diese Vorgänge hintereinander, d. h. bilden sie einen Pfad durch das Netz, so spricht man vom *kritischen Pfad* (Critical Path). Bei der Realisation des Projekts/Fertigungsauftrags ist zum Zweck der Terminverfolgung gerade den Vorgängen des kritischen Teilnetzes (Pfads) besondere Aufmerksamkeit zu schenken.

In einem graphisch dargestellten Netzplan zeichnet man zweckmäßigerweise die gegebene Vorgangsdauer $d(x, y)$ und die errechneten Größen FZ, SZ und $GP(x, y)$ ein. Die Konvention der graphischen Darstellung im Netzplan zeigt Abbildung 4.31. Häufig wird das kritische Teilnetz (farblich) besonders gekennzeichnet.

Eine Pufferzeit, die auf die Einhaltung der frühestmöglichen Fertigstellungstermine abstellt, ist die *freie Pufferzeit*:

$$FP(x, y) := FZ_y - FZ_x - d(x, y). \tag{4.77}$$

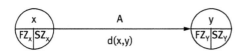

Abb. 4.31: Darstellung der Zeitgrößen in einem Vorgangspfeilnetz

Sie gibt an, um wie viel Zeiteinheiten sich der Vorgang (x, y) gegenüber seinem frühestmöglichen Ende verzögern darf, ohne dass die frühestmöglichen Anfangstermine nachfolgender Vorgänge gefährdet werden.

Ziel der *unabhängigen Pufferzeit* ist es aufzuzeigen, um welchen Zeitraum sich Vorgang (x, y) verschieben lässt, wenn das Anfangsereignis x zwar spätestmöglich eintritt, das Folgeereignis y aber trotzdem noch frühestmöglich eintreten soll. Formal ergibt sich:

$$UP(x, y) := \max\{0, FZ_y - SZ_x - d(x, y)\}. \tag{4.78}$$

Zwischen den Pufferzeiten gilt die Beziehung

$$GP(x, y) \geq FP(x, y) \geq UP(x, y), \tag{4.79}$$

die Abbildung 4.32 veranschaulicht.

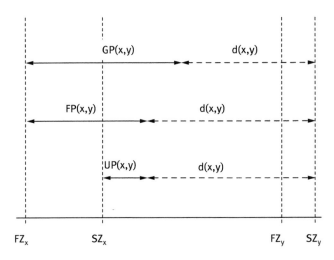

Abb. 4.32: Zusammenhänge zwischen den Pufferzeiten

Zur zeitlichen Kontrolle des Auftrags- oder Projektfortschritts stellen so genannte *Gantt-* oder *Balkendiagramme* wichtige Hilfsmittel dar.[81] Sie können entweder für einen einzelnen Auftrag und dessen einzelne Arbeitsvorgänge oder für die Menge der zu bearbeitenden Aufträge gezeichnet werden.

Hierbei wird entsprechend Abbildung 4.33 auf der Abszisse die Zeit (z. B. in Betriebskalenderwochen oder -tagen) angegeben. Auf der Ordinate werden die Aufträge oder die zu einem Auftrag gehörenden Vorgänge nacheinander abgetragen.

---

81 Benannt nach *Henry L. Gantt* (1861–1919), der diese Form der Balkendiagramme (progress charts) erstmals für Zwecke der Leistungskontrolle im Schiffbau einsetzte. Vgl. *Gantt* (1919) sowie *Clark* (1925).

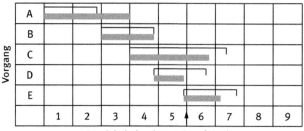

Abb. 4.33: Gantt-Diagramm zur Auftragsfortschrittskontrolle

Auf dieser Basis lassen sich die entsprechenden Starttermine, die Zeitdauern einzeichnen und folglich die geplanten Fertigstellungstermine ablesen. Hieraus ist ersichtlich, inwieweit sich Vorgänge zeitlich überschneiden. Zusätzlich zu der geplanten zeitlichen Anordnung der einzelnen Vorgänge kann durch Einzeichnen der Ist-Zustände (schraffierte Balken) eine Planfortschrittskontrolle der Arbeitsvorgänge vorgenommen werden. Bei der aus den CPM-Netzplänen bekannten Darstellung der Vorgänger-Nachfolger-Beziehungen ist bei Gantt-Darstellungen zu beachten, dass diese nur indirekt erfolgen kann, z. B. durch einen Verknüpfungspfeil, der das Ende des Vorgängers mit dem Start des Nachfolgers verbindet. Allein aus der Tatsache, dass ein Vorgang zeitlich unmittelbar nach einem anderen beginnt, kann nämlich nicht gefolgert werden, dass er ein sachlich unmittelbarer Nachfolger dieses Vorgangs ist.

4.5.3.2 Fertigungsaufträge ohne parallele Arbeitsgänge

Bei Vorliegen einer *linearen Produktionsstruktur* ergeben sich gegenüber Aufträgen mit parallelen Arbeitsgängen einige Vereinfachungen. Eine solche Produktionsstruktur liegt dann vor, wenn – im Gegensatz zu den bisherigen Beispielen – aus technischen Gründen keine Vorgänge des Projekts existieren, die parallel durchgeführt werden können. Stattdessen hat jeder Arbeitsvorgang genau einen Vorgänger und einen Nachfolger, natürlich mit Ausnahme des ersten und des letzten Arbeitsvorgangs. Dies ist häufig bei der Fertigung der im Rahmen der Materialbedarfsplanung gebildeten Lose gegeben. Hier vereinfachen sich die Vorwärts- und die Rückwärtsterminierung, da alle Vorgänger- und Nachfolgermengen jeweils ein Element beinhalten. Zudem werden sämtliche Pufferzeiten gleich null und haben folglich bei linearen Produktionsstrukturen keinerlei Bedeutung.

Ein Beispiel für die Rückwärtsterminierung stellt das bei der Materialbedarfsplanung beschriebene Vorgehen zur Terminierung der Bedarfe mittels der Vorlaufzeitverschiebung dar, wobei die Vorlaufzeiten den Durchlaufzeiten von „Standardlosen" entsprechen. Bei einer zeitlich exakten Bedarfsermittlung ist demnach die Stücklistenauflösung simultan mit der Durchlaufterminierung durchzuführen.

4.5.3.3 Maßnahmen der Durchlaufzeitreduzierung

Im Rahmen der *Durchlaufterminierung* (auftragsorientierte Termingrobplanung) werden die Fertigungsaufträge bzw. Projekte unabhängig von der Auslastung der einzelnen Kapazitätsgruppen nach Terminen geordnet. In diesem ersten Schritt der Grobterminierung bleiben Kapazitätsrestriktionen unberücksichtigt (*„infinite loading"*). Voraussetzung für ein sinnvolles Planungsergebnis der Durchlaufterminierung ist allerdings die Kenntnis realistischer Durchlaufzeiten je Arbeitsgang bzw. Arbeitsgangfolge. Falls auf dieser Planungsstufe eine Aufteilungsplanung noch nicht durchgeführt ist, müssen Durchlaufzeiten, und dies betrifft insbesondere die Übergangszeiten, zwangsläufig geschätzt bzw. statistisch aus Daten der Vergangenheit abgeleitet werden, weshalb man sie auch als *mittlere Soll-Durchlaufzeiten* bezeichnet.

Die auf diese Weise geplanten Start- und Endtermine stimmen häufig jedoch nicht mit den beispielsweise vom Vertrieb vorgegebenen Fertigstellungsterminen überein. Probleme treten allerdings nur dann auf, wenn entweder der vorgegebene Fertigstellungstermin im Rahmen der Vorwärtsterminierung überschritten wird oder der Starttermin als Ergebnis einer Rückwärtsterminierung vor Beginn des Planungszeitraums liegt. Beide Fälle haben zur Konsequenz, dass der Fertigungsauftrag planmäßig nicht fristgerecht fertiggestellt werden kann. Dies kann wiederum zur Folge haben, dass bei einigen Kunden die zugesicherten Liefertermine überschritten werden.

In dieser Situation ist es Aufgabe des operativen Produktionsmanagements, ökonomisch sinnvolle Maßnahmen zur *Durchlaufzeitreduzierung* einzuleiten. Den Ausgangspunkt der Überlegungen sollte dabei die erwartete Reaktion der von Lieferterminverzögerungen betroffenen Kunden bilden. Grundsätzlich kann der Kaufvertrag dem Kunden für diesen Fall ein Sanktionspotenzial einräumen; so könnte beispielsweise für den Fall der verspäteten Lieferung eine Konventionalstrafe (Verzugskosten) fällig werden bzw. der Kunde das Recht zum Rücktritt vom Vertrag haben. Daneben stehen dem Kunden aber auch unabhängig vom Vertragsinhalt eine Reihe weiterer Reaktionsmöglichkeiten offen. So könnte der Kunde beispielsweise künftig keine Aufträge mehr an das Unternehmen vergeben und darüber hinaus im Extremfall auch versuchen, andere Kunden von der Unzuverlässigkeit des Unternehmens zu überzeugen; man spricht in diesem Zusammenhang vom Vertrauensschaden (*„loss of goodwill"*). Die Annahme, dass der Kunde die Terminverzögerung ohne weiteres hinnehmen wird, dürfte nur dann zutreffen, wenn das Unternehmen mit dem betreffenden Produkt am Markt eine Ausnahmeposition hält; so beschränkt ein bestehendes Monopol die Reaktions- bzw. Substitutionsmöglichkeiten verärgerter Kunden auf den ersatzlosen Verzicht auf das Monopol-Produkt.

Neben der richtigen Antizipation der Sanktionen verärgerter Kunden bereitet insbesondere die Quantifizierung der Sanktionswirkungen Schwierigkeiten. Nur wenn die sanktionsbedingten Einnahmeverluste bekannt sind, kann das Produktionsmanagement Maßnahmen zur Durchlaufzeitreduzierung ergreifen, deren Grenznutzen (ersparte Einnahmeverluste) nicht kleiner ist als die Grenzkosten (zusätzliche Ausgaben als Folge der ergriffenen Maßnahmen). Regelmäßig wird das Problem jedoch dadurch gelöst, dass dem operativen Produktionsmanagement als *Ersatzziel* die Minimierung der Zahl der Terminüberschreitungen vorgegeben ist. In diesem Fall können die potenziellen Reaktionen der Kunden unbeachtet bleiben; es ist diejenige Maßnahme zur Durchlaufzeitreduzierung zu ergreifen, die mit den geringsten Kosten eine termingerechte Fertigstellung der eingeplanten Aufträge ermöglicht.

Durchlaufzeitreduzierende Maßnahmen müssen an den Arbeitsgängen bzw. Arbeitsgangfolgen ansetzen, die auf dem *kritischen Pfad* bzw. im *kritischen Teilnetz* liegen. Nur dort wirkt sich eine Verkürzung der Durchlaufzeiten unmittelbar auf die Auftragsdurchlaufzeit aus. Allerdings ist zu berücksichtigen, dass sich die Lage des kritischen Teilnetzes im Netzplan mit jedem Eingriff verändern kann; so können zuvor nichtkritische Arbeitsgänge nach Einplanung einer Maßnahme zur Durchlaufzeitverkürzung zu kritischen Arbeitsvorgängen werden und umgekehrt. Insofern muss das kritische Teilnetz nach jedem Eingriff in den Netzplan neu ermittelt werden.

Grundsätzlich ist zu beachten, dass durchlaufzeitverkürzende Maßnahmen nicht isoliert auf einzelne Arbeitsgänge bzw. Aufträge angewandt werden dürfen, sondern immer die Wirkungen auf die Auftragsdurchlaufzeiten aller Aufträge im Planungszeitraum berücksichtigt werden müssen. Beispielsweise kann die mit zusätzlichen Ausgaben verbundene Verkürzung der Durchlaufzeit eines Auftrags A_1 in Werkstatt W_1 durch eine zusätzliche Wartezeit desselben Auftrags vor Werkstatt W_2 wieder zunichte gemacht werden. Zudem kann die durchlaufzeitverkürzende Maßnahme bei A_1 eine ebenso unerwünschte, zusätzliche Wartezeit des Auftrags A_2 vor Werkstatt W_1 zur Folge haben.

Im folgenden werden als mögliche Maßnahmen zur Durchlaufzeitverkürzung die Reduktion von Übergangszeiten, das Lossplitting und die Überlappung von Arbeitsgängen vorgestellt. Eine Verkürzung der Durchlaufzeit kann auch durch *intensitätsmäßige Anpassung*, *zeitliche Anpassung* oder *quantitative Anpassung* der Produktionsanlagen erfolgen. Da derartige Maßnahmen direkte Wirkungen auf die Höhe der verfügbaren Kapazität haben, werden sie im Rahmen der Kapazitätsterminierung näher erläutert.

4.5.3.3.1 Reduktion von Übergangszeiten

Eine Verkürzung der Auftragsdurchlaufzeit kann grundsätzlich durch eine Reduzierung der Übergangszeiten erreicht werden. Wie bereits erwähnt, macht die Bearbeitungszeit empirischen Untersuchungen zufolge vielfach nur 10 bis 20 % der Durchlaufzeit eines Arbeitsganges aus. Übergangszeiten – der mit Ausnahme der Rüstzeit restliche Zeitanteil – werden im Rahmen der mittleren Soll-Durchlaufzeiten der Arbeitsgangfolgen durch pauschale Zuschläge auf die Bearbeitungszeiten berücksichtigt. Diese Zuschläge haben in einem gewissen Sinn auch die Funktion von (Plan-)Pufferzeiten. Eine durch geringere Zuschläge bedingte Verkürzung der (Plan-)

Übergangszeiten macht jedoch eine exakte Projektverfolgung erforderlich, um eine Realisierung der Planwerte sicherzustellen.

Transportzeiten können prinzipiell durch intensitätsmäßige Anpassung vorhandener Transportmittel (z. B. Handwagen, Transportzüge, Gabelstapler, Flurfördersysteme, Hängebahnsysteme, fahrerlose Transportsysteme) verkürzt werden. Sofern eine *Anpassung der Transportgeschwindigkeit* technisch überhaupt möglich ist, bringt ein Abweichen von der optimalen Intensität angesichts der im allgemeinen beengten Verhältnisse im Produktionsbereich eine erhöhte Gefährdung sowohl des Transportgutes (gegebenenfalls muss die Transportmenge verringert werden) als auch anderer Betriebsmittel und des Personals mit sich. Darüber hinaus ist zu bedenken, dass während des Transports auch technologisch bedingte Liegezeiten realisiert werden können. Eine Verkürzung der Transportzeit von W_1 nach W_2 ist dann untauglich, wenn das Transportgut vor Bearbeitung in Werkstatt W_2 entsprechend der eingesparten Transportzeit eine zusätzliche technologisch bedingte Liegezeit benötigt.

Eine *Verringerung der Transportlosgröße* kann eine Verkürzung ablaufbedingter Wartezeiten bewirken. Einerseits erfordert diese Maßnahme den Einsatz zusätzlicher Transportmittel, andererseits muss gewährleistet sein, dass der Zeitgewinn des beschleunigten Transporttaktes nicht durch zusätzliche ablaufbedingte Wartezeiten vor den empfangenden Werkstätten kompensiert wird. Im Übrigen können ablaufbedingte Wartezeiten kurzfristig vor allem durch zeitliche, intensitätsmäßige und quantitative Anpassung der Produktionsanlagen beeinflusst werden, die im Rahmen der Ausführungen zur Kapazitätsterminierung noch näher erläutert werden. Eine *Verkürzung der Kontrollzeit* beinhaltet das Risiko entsprechender Nacharbeiten bzw. Kundenreklamationen.

4.5.3.3.2 Splitting von Arbeitsvorgängen

Eine Alternative zur Überlappung stellt regelmäßig das Splitten von Arbeitsvorgängen dar. Statt ein Los komplett an einem Arbeitsplatz zu bearbeiten bzw. zu fertigen, teilt man es auf zwei oder mehr Arbeitsplätze auf. Dieses auch als *Lossplitting* bezeichnete Vorgehen bedeutet, dass die ursprünglich ermittelte Losgröße in mindestens zwei Teillose zerlegt wird, die parallel auf funktionsäquivalenten Arbeitsplätzen bzw. Maschinen bearbeitet werden.

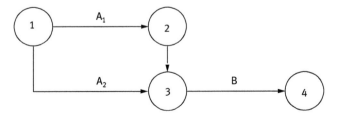

Abb. 4.34: Lossplitting

Gegenüber der Bearbeitung des ursprünglichen Gesamtloses auf nur einer Maschine ist eine *Verkürzung der Los-Bearbeitungszeit* festzustellen. Andererseits muss jedoch jede der beteiligten Maschinen umgerüstet werden, was entsprechende zusätzliche Rüstkosten zur Folge haben kann. Darüber hinaus erhöht das Lossplitting die Zahl der Fertigungsaufträge und erschwert somit die Aufgabe der Produktionssteuerung. Sind keine funktionsäquivalenten Maschinen vorhanden, müssen eventuell neue Arbeitspläne und NC-Programme erstellt werden. Eine Verkürzung der Los-Bearbeitungszeit kann sich nur dann auf die Auftragsdurchlaufzeit auswirken, wenn entsprechende *Transportkapazitäten* bereitstehen, da sonst die Verkürzung der Los-Bearbeitungszeit bereits durch zusätzliche ablaufbedingte Wartezeiten in derselben Werkstatt kompensiert wird. Gegebenenfalls ist es erforderlich, vorhandene Transportmittel intensitätsmäßig anzupassen oder zusätzliche Transportkapazitäten bereitzustellen. Darüber hinaus müssen die empfangenden Werkstätten in der Lage sein, den splittingbedingten Zeitvorteil aufrechtzuerhalten.[82]

Entspricht die Transportlosgröße dem ursprünglichen Fertigungslos und sind entsprechende Transportkapazitäten verfügbar, so sind die Teillosgrößen zur Erzielung einer maximalen Verkürzung der Werkstatt-Durchlaufzeit so zu wählen, dass alle Maschinen zeitgleich fertig werden (*Zeitsplit*). Sofern die verfügbaren Maschinen nicht identisch sind, resultieren unterschiedlich große Teillose, durch die dann ablaufbedingte Wartezeiten des Transportmittels vermieden werden.

4.5.3.3.3 Überlappung von Arbeitsgängen

Im Gegensatz zum Lossplitting, wo identische Arbeitsgänge in einer Werkstatt parallel auf mehreren Maschinen ausgeführt werden, bedingt die *überlappende Fertigung* eine zumindest teilweise parallele Durchführung aufeinanderfolgender Arbeitsgänge.

Dies bedeutet einen Übergang von der geschlossenen zur *offenen Produktion*, indem bereits Teilmengen des noch nicht fertiggestellten Loses zur nächsten Arbeitsstation transportiert werden, wobei sicherzustellen ist, dass sie dort möglichst sofort bearbeitet werden können.

---

82 In der Literatur wird regelmäßig behauptet, dass sich beim gleichzeitigen Einsatz von M Aggregaten der Zeitbedarf auf $1/M$ der ursprünglichen Los-Bearbeitungszeit verringert. Dies ist jedoch nur dann richtig, wenn es sich um vollkommen identische, funktions- und kostengleiche Maschinen handelt. In der Regel sind jedoch nicht mehrere identische Maschinen (eines Herstellers) verfügbar, das heißt, die Maschinen unterscheiden sich in Bezug auf die Rüst- und Stück-Bearbeitungszeiten und damit unter Umständen auch im Hinblick auf die Rüst- und Produktionskosten. Entsprechend führt eine Aufteilung des ursprünglichen Fertigungsloses auf M identische Teillose (*Mengensplit*) regelmäßig schon deshalb nicht zu einer Verkürzung um $(M-1)/M$ der ursprünglichen Los-Bearbeitungszeit, da die einzelnen Teillose nicht zum gleichen Zeitpunkt fertiggestellt sind.

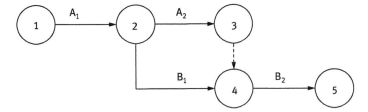

Abb. 4.35: Überlappende Fertigung

4.5.4 Kapazitätsterminierung

Durchlaufzeitverkürzende Maßnahmen führen nur unter der Bedingung ausreichender Kapazitäten zur Einhaltung vorgegebener Termine. Selbst ursprünglich ausreichende Kapazitäten müssen in Folge der Einplanung durchlaufzeitverkürzender Maßnahmen gegebenenfalls angepasst werden, damit dann keine kapazitätsmäßig begründeten Terminverzögerungen eintreten können. Darüber hinaus wird man bestrebt sein, für eine gleichmäßige Auslastung der Kapazitäten im Planungszeitraum zu sorgen. Überstunden, Zusatzschichten und Ähnliches sollten in einzelnen Planperioden nur dann eingeplant werden, wenn die Kapazitäten im Planungszeitraum möglichst ausgelastet sind. Ausgehend von den Resultaten der Zeitanalyse kann man daher versuchen, eventuell vorhandene Pufferzeiten nichtkritischer Arbeitsgangfolgen so auszunutzen, dass die Kapazitätsauslastung im Zeitablauf möglichst gleichmäßig verläuft (*Production Smoothing*).

Aufgabe der *Kapazitätsterminierung (kapazitätsorientierte Termingrobplanung)* ist es, die terminierten Aufträge aus der Durchlaufterminierung unter Berücksichtigung der Kapazitätsrestriktionen auf die einzelnen Kapazitätsgruppen probehalber einzulasten („*finite loading*") und gegebenenfalls einen *Kapazitätsabgleich* zu veranlassen. Dem Einlastungsverfahren kann sowohl die Normal- als auch die Maximalkapazität zugrunde gelegt werden. Ergebnis dieser Termingrobplanung ist eine auf Kapazitätseinheiten bezogene Terminliste. Sind mehrere Aufträge auf zumindest teilweise identische Kapazitätsgruppen einzulasten, stellt sich das Problem der Einlastungsreihenfolge, die wiederum Einfluss darauf haben kann, bei welchem Auftrag (erneut) Eingriffe in den Netzplan vorgenommen werden müssen. In der Praxis findet hierbei vielfach die *Prioritätsregel* „First Come – First Serve" (*FCFS*) bzw. „First In – First Out" (*FIFO*) Anwendung. Das Hauptproblem des Kapazitätsabgleichs besteht darin, dass die Termine aus der Durchlaufterminierung als realistisch angenommen werden. Es liegt auf der Hand, dass Abweichungen von den mittleren Soll-Durchlaufzeiten das geplante Zeitraster schnell zur Makulatur werden lassen können. Aus diesem Dilemma heraus begründet sich auch die Tatsache, dass manche Betriebe auf eine Kapazitätsterminierung ganz verzichten. Erst wenn sichergestellt ist, dass die vorhandenen Kapazitäten planmäßig zur Produktion der terminierten Aufträge ausreichen, kann die Auftragsfreigabe erfolgen.

4.5.4.1 Ermittlung der Kapazitätsbelastung

Den Ausgangspunkt des ersten Schritts der Kapazitätsterminierung bilden die einzelnen *Kapazitätseinheiten*, die in Abhängigkeit vom Detaillierungsgrad der Planung aus einzelnen Maschinen oder Maschinengruppen bestehen können. An einer Kapazitätseinheit konkurrieren in den einzelnen Planperioden Arbeitsgänge verschiedener Fertigungsaufträge um die Bearbeitung. Die in der Regel knappe *Kapazität* misst man als das Leistungsvermögen einer Kapazitätseinheit in einer – im allgemeinen eine Woche umfassenden – Planperiode. Häufig wird das Leistungsvermögen nicht in Mengeneinheiten, sondern in Zeiteinheiten angegeben. So kann beispielsweise die Kapazität einer Maschine im Einschichtbetrieb 37 Stunden Arbeitsinhalt pro Woche betragen.

Einen Überblick über die Kapazitätssituation einer Kapazitätseinheit erhält man mit Hilfe des in Abbildung 4.36 dargestellten *Belastungsprofils* (*Belastungsübersicht, Kapazitätsgebirge, Kapazitätsübersicht*), bei dem man auf der Abszisse die Planperioden und auf der Ordinate die zur Verfügung stehende (*Kapazitätsangebot*) sowie die benötigte Kapazität (*Kapazitätsnachfrage*) abträgt.

In der Praxis zeichnen sich „nahe Planperioden" regelmäßig durch eine höhere Kapazitätsnachfrage als weiter vom Planungszeitpunkt entfernte Perioden aus. Dies erklärt sich unter anderem durch knappe Liefertermine und das Bestreben, mit Hilfe eines „gewissen Arbeitsvorrats" eine gleichmäßige Auslastung der Werkstätten zu erzielen. Auch spielt hier das in einem anderen Zusammenhang erwähnte Durchlaufzeitsyndrom (Abschnitt 4.6) eine Rolle. In der Realität kann das in Abbildung 4.36

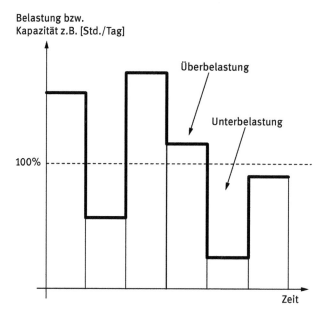

Abb. 4.36: Belastungsprofil vor Kapazitätsabgleich

dargestellte, konstante Kapazitätsangebot z. B. durch Instandhaltungsmaßnahmen oder sonstige Einflüsse (krankheitsbedingten längeren Arbeitsausfall, Urlaubszeit) im Zeitablauf auch variieren.

4.5.4.2 Kapazitätsabgleich

In Abhängigkeit von der jeweiligen Belastungssituation kann das operative Produktionsmanagement den Kapazitätsabgleich entweder durch *Kapazitätsanpassung*, d. h. Anpassung des Kapazitätsangebotes an die Kapazitätsnachfrage (Belastung), oder umgekehrt mittels *Belastungsanpassung*, d. h. Anpassung der Belastung an die verfügbare Kapazität, durchführen, Abbildung 4.37.[83]

Abb. 4.37: Maßnahmen des Kapazitätsabgleichs
Abbildung in Anlehnung an Zäpfel (1996), S. 192

4.5.4.2.1 Anpassung der Kapazität an die Belastung

Um die Kapazität an die Belastung anzupassen, kann grundsätzlich zwischen Maßnahmen der zeitlichen, intensitätsmäßigen und quantitativen Anpassung unterschieden werden. In Abhängigkeit von der Zielsetzung können diese Anpassungs-

---

[83] Synonym zum (Ober-)Begriff des Kapazitätsabgleichs finden auch die Begriffe Kapazitätsabstimmung oder -harmonisierung Verwendung.

maßnahmen entweder kapazitätserhöhend oder kapazitätsverringernd wirken. Den Faktor Arbeit betreffende Maßnahmen sind regelmäßig durch Rechtsvorschriften beschränkt.

Im Rahmen der *zeitlichen Anpassung* kann das Produktionsmanagement zur Anpassung der Kapazitäten versuchen, Überstunden zu vereinbaren oder abzubauen.[84] Eine *intensitätsmäßige Anpassung* basiert auf der kurzfristigen Erhöhung oder Verringerung der Arbeitsintensität von Maschinen bzw. des Leistungsgrades von Arbeitskräften (z. B. Motivation durch zusätzliche Prämien; wobei auch die Regelungen des BetrVG zu beachten sind). Die *quantitative Anpassung* der Produktionskapazitäten kann beispielsweise durch kurzfristige Verlagerung von Personal aus Betriebsabteilungen mit Unterbeschäftigung erfolgen (Springereinsatz). Des weiteren besteht die Möglichkeit, so genannte Leiharbeiter einzusetzen. Personaleinstellungen sind zwar ebenfalls denkbar, erfolgen jedoch eher aufgrund langfristiger Überlegungen. Personalfreisetzungen unterliegen dem Kündigungsschutzgesetz (KSchG) und sind daher regelmäßig nur bei denjenigen Arbeitnehmern kurzfristig möglich, die dem Betrieb noch nicht länger als die gesetzliche Kündigungsschutzfrist angehören. Im Hinblick auf die Produktionsanlagen können stillgelegte Maschinen wieder aktiviert werden. Für den Kauf zusätzlicher Produktionsanlagen gelten die Ausführungen zur Personaleinstellung analog.

4.5.4.2.2 Anpassung der Belastung an die Kapazität

Für den Kapazitätsabgleich mittels Belastungsanpassung bestehen mehrere Möglichkeiten, die in Abbildung 4.38 angedeutet werden. Die Maßnahmen zur Anpassung der Belastung an die verfügbare Kapazität können grundsätzlich entweder belastungserhöhend oder belastungsverringernd wirken.

Der Kapazitätsabgleich kann zeitlich, qualitativ oder quantitativ erfolgen. Unter einem *zeitlichen Kapazitätsabgleich (Losverschiebung)* versteht man in diesem Zusammenhang die Rückverlagerung (Vorverlagerung) von ursprünglich später (früher) eingeplanten Fertigungsaufträgen. Im Fall der Rückverlagerung ist die Materialverfügbarkeit gesondert zu überprüfen. Als problematisch erweist sich eine Vorverlagerung, da damit nicht nur die Fertigstellungstermine aller von der Terminverschiebung betroffenen (Nachfolger-)Aufträge gefährdet werden können, sondern auch die Materialverfügbarkeit nicht mehr gewährleistet werden kann.

---

84 Hierbei sind die Entscheidungsmöglichkeiten des Produktionsmanagements durch Rechtsvorschriften eingeschränkt (vgl. neben §7(1) Nr. 3 BetrVG auch die entsprechenden Regelungen der Arbeitszeitordnung und des zusätzlich anzuwendenden (Mantel-)Tarifvertrages). Bei der Einrichtung von Zusatzschichten sind ergänzend die Bestimmungen der Gewerbeordnung (GewO) zu berücksichtigen. Gegebenenfalls kann die Betriebsleitung bei der zuständigen Arbeitsagentur auch Antrag auf Kurzarbeit gemäß §4 Arbeitsförderungsgesetz (AFG) stellen, wobei ebenfalls die Bestimmungen des BetrVG zu beachten sind.

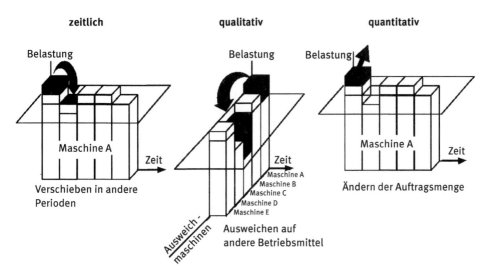

zeitlich   **qualitativ**   **quantitativ**

Belastung   Belastung   Belastung

Maschine A   Maschine A
                                  Zeit
                          Zeit
Verschieben in andere   Maschine A
Perioden   Maschine B
                              Maschine C
                              Maschine D
                              Maschine E

Ändern der Auftragsmenge

Ausweichmaschinen   Ausweichen auf
                     andere Betriebsmittel

Abb. 4.38: Kapazitätsabgleich mittels Belastungsanpassung
Abbildung in Anlehnung an Wiendahl (1997), S. 26

Im weiteren besteht die Möglichkeit, durch einen *qualitativen (technologischen) Ka-pazitätsabgleich* die Kapazitätsbelastung dadurch zu erhöhen (verringern), dass auf andere Betriebsmittel ausgewichen wird. Zusätzlich ist die Möglichkeit gegeben, dass geplante Instandhaltungsmaßnahmen früher (später) durchgeführt werden. Möglich ist auch eine Kombination aus zeitlichem und technologischem Kapazitätsabgleich.

Im Rahmen der *quantitativen Anpassung* können Überbelastungen, z. B. durch Auswärtsvergabe vorliegender Aufträge, als *Lohnaufträge* an andere Betriebe abgeglichen werden (*Fremdvergabe*). Unterbelastungen können durch Akquisition von Zu-

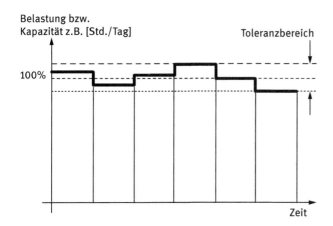

Belastung bzw.
Kapazität z.B. [Std./Tag]   Toleranzbereich

100%

                                        Zeit

Abb. 4.39: Belastungsprofil nach Kapazitätsabgleich

satzaufträgen, z. B. mittels Sonderkonditionen, abgeglichen werden. Schließlich kann der Auftragsbestand bei mangelnder Kapazitätsauslastung durch *Lageraufträge* aufgefüllt werden, indem erfahrungsgemäß häufig benötigte Teile bzw. Produkte bewusst auf Vorrat produziert werden. Eine Verringerung der Kapazitätsbelastung ist selbstverständlich auch durch *Stornierung* bereits eingegangener Kundenaufträge möglich. Ergebnis des Kapazitätsabgleichs ist ein verändertes Kapazitätsprofil einer Kapazitätseinheit (Abbildung 4.39).

4.6 Auftragsfreigabe

Dem Ablaufschritt *Auftragsfreigabe* kommt in PPS-Konzepten unterschiedliche Bedeutung zu. Sofern die Feinterminierung nicht den Produktionsstellen zugeordnet ist, kann die Auftragsfreigabe auch als Planungsinstrument eingesetzt werden. So regelt beispielsweise das Verfahren der belastungsorientierten Auftragsfreigabe, welche Fertigungsaufträge an die Produktionsstellen wann weitergeleitet werden. Freigegebene Aufträge sind dann in der Reihenfolge der vorgegebenen Dringlichkeit von den Produktionsstellen zu bearbeiten; ein eigenständiger Planungsschritt „Feinterminierung" ist – mangels Entscheidungsspielraum – nicht mehr erforderlich. Eine derart definierte Auftragsfreigabe kann entweder zentral oder dezentral ausgeübt werden.

Im Gegensatz dazu haben die Produktionsstellen im *MRP-II*-Konzept die Feinterminierung durchzuführen. Sollen mit der Zuordnung dieses Ablaufschrittes zur Produktionssteuerung auch Entscheidungskompetenzen dezentralisiert werden, kann die Auftragsfreigabe kein Planungsinstrument und damit auch kein Partialmodell sein. Entsprechend soll die *Auftragsfreigabe* hier so interpretiert werden, dass im Anschluss an die Materialverfügbarkeitsprüfung die terminierten und kapazitierten Fertigungsaufträge zur Produktion freigegeben, d. h. die Fertigungsauftragsunterlagen von der zentralen Instanz an die (Werkstatt-)Verantwortlichen weitergeleitet werden. Die Auftragsfreigabe bildet insofern den Übergang zwischen (operativer) Produktionsplanung und Produktionssteuerung. Damit ist also noch nicht im Detail bestimmt, wann und in welcher Reihenfolge die Fertigungsaufträge von den Produktionsstellen abgearbeitet werden.

Im Rahmen der *Verfügbarkeitsprüfung* ist sicherzustellen, dass einerseits das erforderliche Material (Rohstoffe, Einzelteile, Baugruppen) und andererseits die benötigten Werkzeuge, die unter Umständen selbst erst im *Werkzeugbau* für die vorliegende Aufgabe gefertigt werden (bestimmte Vorrichtungen, Schablonen etc.), zur Durchführung der Arbeitsgänge vorhanden sind. Die Aufgabe der *Beschaffungsabteilung* liegt darin, die benötigten Kaufteile zu den geforderten Zeitpunkten zur Verfügung zu stellen. Planungsgrundlage der Beschaffung bilden die in der Materialbedarfsplanung abgeleiteten Nettobedarfe an Fremdteilen. Die entsprechende Aufgabe bei Eigenfertigungsteilen (Zwischen- und Endprodukten) kommt in der Regel der Abteilung *Ferti-gungssteuerung* zu.

Bei einem positiven Ergebnis der Verfügbarkeitsprüfung erfolgt die so genannte *Kommissionierung*, d. h., das für den Fertigungsauftrag benötigte Material wird im Lager auftragsbezogen zusammengestellt. Gleichzeitig erhält der Werkstattverant-wortliche die Auftragsunterlagen, die in der Regel aus Arbeitsplänen, Konstruktions-zeichnungen, eventuell aus benötigten NC-Programmen und aus den fertigungsauf-tragsbezogenen Stücklisten bestehen.

Im *Arbeitsplan* ist durch Vorschriften genau angegeben, wie die geforderten Tä-tigkeiten – die Fertigung von Einzelteilen, Baugruppen und Endprodukten – durchzu-führen sind. Er enthält u. a. Angaben über Fertigungs- und Montageschritte (*Arbeits-gänge*), über den Schwierigkeitsgrad der Tätigkeiten sowie über *Rüst-* und *Vorgabe-Zeiten*. Die *fertigungsauftragsbezogene Stückliste* führt alle zur Durchführung des Fertigungsauftrags erforderlichen Rohstoffe, Einzelteile und Baugruppen auf.

Bei einem negativen Ergebnis der Verfügbarkeitsprüfung sind Maßnahmen mit dem Ziel einzuleiten, das fehlende Material, die fehlenden Werkzeuge oder Unterlagen

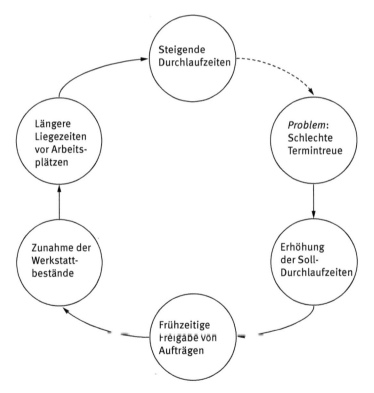

Abb. 4.40: Durchlaufzeitsyndrom
Abbildung in Anlehnung an Wiendahl (1997), der vom „Fehlerkreis der Fertigungssteuerung" spricht

kurzfristig zu beschaffen. Dies ist in der Regel mit Eilzuschlägen bei der Beschaffung von externen Lieferanten (Material, Werkzeuge) oder mit Überstunden bei den betroffenen Abteilungen (Arbeitsvorbereitung, Konstruktion, Werkzeugbau) verbunden. Selbst mit diesen teilweise sehr teuren Maßnahmen gelingt es nicht immer, die erforderliche Verfügbarkeit sicherzustellen. In diesem Fall sollte der Auftrag um den erforderlichen Zeitraum in die Zukunft verschoben werden.

Um eine damit verbundene Verschiebung des Liefertermins zu vermeiden, sieht man sich regelmäßig gezwungen, den Auftrag entweder in zu bearbeitende Teilaufträge aufzuteilen oder vorläufig freizugeben. Während der Bearbeitung der ersten Arbeitsgänge können die Engpassfaktoren oft beseitigt werden.

Die eben beschriebene Problematik führt bei dem vorliegenden Planungskonzept zu dem häufig auftretenden *Durchlaufzeitsyndrom*. Aufgrund schlechter Termintreue (z. B. durch Verfügbarkeitsprobleme) ermittelt man in der Durchlaufterminierung hohe Plandurchlaufzeiten. Um die Einhaltung vorgegebener Fertigstellungstermine nicht zu gefährden, werden Aufträge relativ frühzeitig freigegeben. Dies wiederum verschärft die Kapazitätssituation der Arbeitsstationen und führt tendenziell zu hohen Wartezeiten, was wiederum zu höheren Durchlaufzeiten führt.

4.7 Produktionssteuerung

Gegenstand der *Produktionssteuerung* sind die *Aufteilungsplanung*, die *Reihenfolgeplanung* (Feinterminierung, Ablauf- bzw. Maschinenbelegungsplanung) sowie die *Auftragsüberwachung*. In diesem Planungsschritt wird der Fertigungsablauf – regelmäßig für mehrere Schichten bzw. für einen Betriebskalendertag – im Detail und unter konsequenter Berücksichtigung der verfügbaren Kapazitäten festgelegt und kontrolliert.

4.7.1 Aufteilungsplanung

Der *Aufteilungsplanung* obliegt die konkrete Aufteilung und Zuordnung der Produktionsmengen auf die verfügbaren Kapazitäten (Arbeitskräfte und Betriebsmittel) sowie die Festlegung der optimalen Intensitäten dieser Produktionsfaktoren.[85] Die Aufteilungsplanung knüpft damit an die Durchlauf- und Kapazitätsterminierung an. Anzustrebendes Ergebnis der Aufteilungsplanung ist die kostenoptimale Kombination der zeitlichen, intensitätsmäßigen und quantitativen Anpassung der Produktionsfaktoren an ein gegebenes Produktionsprogramm. Durch die konkrete Aufteilungsplanung

---

[85] Dies setzt voraus, dass für die Herstellung eines Teiles mehrere funktionsgleiche, aber kostenverschiedene Produktionsverfahren zur Verfügung stehen, wobei als Verfahrensalternativen auch der Betrieb einer Maschine mit unterschiedlichen Intensitäten anzusehen ist.

wird somit erst die Höhe der variablen Kosten je Mengeneinheit der Erzeugnisse festgelegt. Diese Kosten müssten für die Planung eines gewinn- oder deckungsbeitrags-
maximalen Produktionsprogramms bekannt sein. Da die Kosten jedoch vom Ergebnis der Aufteilungsplanung abhängen, muss das vorgegebene Produktionsprogramm
nicht zwingend optimal sein. Dies verdeutlicht einmal mehr die Interdependenzproblematik im Rahmen der Produktionsplanung und -steuerung, die sich im Grunde nur
durch eine Simultanplanung beider Probleme lösen lässt.[86]

4.7.2 Reihenfolgeplanung

Der Begriff der *Reihenfolgeplanung* (engl. sequencing) wird häufig synonym mit den
Begriffen der *Feinterminierung*, der *Ablauf*- bzw. der *Maschinenbelegungsplanung*
(engl. scheduling) verwendet. Aufgabe der Reihenfolgeplanung ist die Zuordnung
von N Aufträgen auf M Maschinen, auf denen sie unter Einhaltung bestimmter Restriktionen, wie der technologisch bedingten Reihenfolge, bearbeitet werden müssen.
Die Zuordnung soll in Bezug auf eine vorgegebene Zielsetzung optimal sein.

In der Praxis erhält nach erfolgter Auftragsfreigabe jeder Werkstattverantwortli-
che in der Regel wöchentlich die entsprechenden Auftragsunterlagen für die durchzuführenden Fertigungsaufträge, die die Ausgangsbasis für die Reihenfolgeplanung bilden, wobei die Genauigkeit der Planung innerhalb dieses Zeitraums vom Arbeitsinhalt
der Fertigungsaufträge abhängt. In der Regel wird die Woche in Stunden aufgeteilt.

4.7.2.1 Ausgangsdaten der Reihenfolgeplanung
Die in der Feinterminierung vorliegenden Daten sind schon sehr detailliert: Die Anzahl und Art der Maschinen, die Anzahl der Fertigungsaufträge (Lose), ihr Fertigstellungstermin, die technologisch bedingte Bearbeitungsreihenfolge und die Bearbeitungszeiten (Auftragszeiten) sind bekannt.

Zur Vereinfachung der folgenden Darstellungen bezeichnen wir die Maschinen
mit Großbuchstaben (A, B, ...) und die Aufträge mit Nummern (1, 2, ...). Die gegebenen
Bearbeitungszeiten der einzelnen Aufträge auf den jeweiligen Maschinen sind in der
Bearbeitungszeitenmatrix zusammengefasst (Tabelle 4.18).

In dem betrachteten Planungsproblem sind die durchzuführenden Aufträge gegeben, die wiederum jeweils durch eine *Maschinenfolge* beschrieben sind. Diese gibt
eine durch technische Erfordernisse bedingte Reihenfolge der Maschinen an, die der
Auftrag durchlaufen muss (Arbeitsgänge). Eine Maschinenfolge kann anhand eines
Graphen oder anhand einer Matrix dargestellt werden.

---

86 Vgl. auch Abschnitt 4.2.4.

Tab. 4.18: Bearbeitungszeitenmatrix

	Maschine		
p_{nm}	A	B	C
Auftrag 1	p_{1A}	$\cdots$	p_{1C}
Auftrag 2	$\vdots$	$\ddots$	$\vdots$
Auftrag 3	p_{3A}	$\cdots$	p_{3C}

Bei der Darstellung der Maschinenfolge eines Auftrags in Form eines *Maschinenfolgegraphen* wird die Operation „Bearbeitung eines Auftrags an einer Maschine", die somit einem Arbeitsgang entspricht, durch einen Knoten dargestellt. Die (horizontal verlaufenden) Pfeile stellen die Reihenfolgebeziehungen zwischen den Arbeitsgängen eines Auftrags dar, Abbildung 4.41.

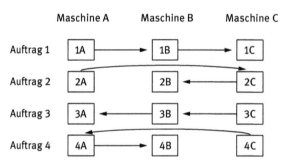

Abb. 4.41: Maschinenfolgegraph

Es bietet sich auch die Möglichkeit, diese Daten in Form der so genannten *Maschinenfolgematrix* zusammenzufassen. Ihre Elemente geben für jeden Auftrag an, an welcher Stelle der zugehörigen Maschinenfolge die einzelnen Maschinen eingeordnet sind (Tabelle 4.19).

Tab. 4.19: Maschinenfolgematrix

	Maschine		
Auftrag	A	B	C
1	1	2	3
2	1	3	2
3	3	2	1
4	2	3	1

4.7.2.2 Prämissen des Reihenfolgeproblems

Durch die bereits durchgeführten Schritte der Produktionsplanung ist das vorliegende *statisch-deterministische Reihenfolgeproblem* durch eine Reihe von Prämissen charakterisiert:

1. *Auftragsbezogene Daten:*
   - *Auftragseingang:* Der Auftragsbestand ist fest vorgegeben, d. h., alle N Aufträge liegen am Planungsbeginn vor ($\rightarrow$ statisches Problem),
   - die Bearbeitungszeiten der Aufträge (*Auftragszeiten*) sind bekannt ($\rightarrow$ deterministisches Problem) und unabhängig von der Bearbeitungsreihenfolge,
   - *Rüstzeiten* sind reihenfolgeunabhängig und bereits in den Bearbeitungszeiten enthalten,
   - *Transportzeiten* werden vernachlässigt.

2. *Maschinenbezogene Daten:*
   - die Anzahl M der Maschinen ist bekannt und die Maschinen sind stets einsatzbereit,
   - die Bearbeitung eines Auftrags an einer Maschine erfolgt ohne Unterbrechung,
   - jeder Auftrag kann gleichzeitig nur auf einer Maschine bearbeitet werden – ein Auftragssplitting ist damit nicht erlaubt,
   - eine Maschine kann nicht mehrere Aufträge gleichzeitig bearbeiten.

3. Hinsichtlich des *Bearbeitungsablaufs* werden zwei Organisationstypen der Fertigung unterschieden:
   - *Reihenfertigung (Flow Shop):* Jeder Auftrag hat dieselbe Maschinenfolge (identical routing),
   - *Werkstattfertigung (Job Shop):* Die Aufträge durchlaufen die Maschinen in unterschiedlicher Reihenfolge (different routing).

4. *Zielfunktion:*
   - Minimierung der Gesamtdurchlaufzeit,
   - Minimierung der maximalen Durchlaufzeit,
   - Minimierung der gesamten Terminüberschreitungszeit,
   - Minimierung der ablaufbedingten Gesamtleerzeit der Maschinen (Maximierung der Kapazitätsauslastung).

Diese vier Parameter bilden die Grundlage einer Klassifizierung von Reihenfolgeproblemen im Hinblick auf die Ermittlung von Lösungsalgorithmen. Man spricht hierbei von N-M-O-Z-Problemen. Dabei steht N für die Zahl der Aufträge, M für die Zahl der Maschinen, O für den Organisationstyp der Fertigung und Z für die zugrunde gelegte Zielfunktion.

4.7.2.3 Ziele der Reihenfolgeplanung

Die Ziele der Reihenfolgeplanung versuchen sich an den Zielen der übergeordneten Planungsschritte zu orientieren. In der Ablaufplanung ist das Produktionsprogramm vorgegeben. Somit ist der Umsatz eine feste Größe und lediglich die variablen Kosten können in der Ablaufplanung noch beeinflusst werden. Da in der Reihenfolgeplanung die Kostenwirkungen aber sehr schwer zu bestimmen sind, stellen die Ziele der Feinterminierung nur indirekt auf die Minimierung von Kosten ab, indem ersatzweise zeit- und kapazitätsbezogene Ziele angestrebt werden.

Tab. 4.20: Symbolverzeichnis der Reihenfolgeplanung

Symbol	Bedeutung
N	Anzahl der vorliegenden Aufträge
M	Anzahl der vorhandenen Maschinen
p_{nm}	*Bearbeitungszeit (Auftragszeit)*, d. h. die Zeit, die die Bearbeitung von Auftrag n ($n =$ 1,..., N) an der Maschine m ($m = 1,...,$ M) beansprucht.
w_{nm}	*Wartezeit*, d. h. die Zeit, die von der Ankunft des Auftrags n ($n = 1,...,$ N) vor der Maschine m ($m = 1,...,$ M) bis zum Bearbeitungsbeginn verstreicht.
l_{nm}	Ablaufbedingte *Leerzeit* der Maschine m ($m = 1,...,$ M) unmittelbar vor Bearbeitung des Auftrags n ($n = 1,...,$ N), d. h. diejenige Zeit, die Maschine m warten muss, bis sie mit der Bearbeitung von Auftrag n beginnen kann, ohne dass ein anderer Auftrag zur Bearbeitung zur Verfügung steht.
d_n	*Durchlaufzeit* des Auftrags n ($n = 1,...,$ N).
S_n	*Endtermin* oder *Fertigstellungstermin* von Auftrag n ($n = 1,...,$ N).

Anhand der in Tabelle 4.20 definierten Größen lässt sich die *Durchlaufzeit d_n des Auftrags n* ($n = 1, \ldots, N$), erklären als die Summe aus den Bearbeitungszeiten p_{nm} und Wartezeiten w_{nm} bei allen Maschinen:

$$d_n := \sum_{m=1}^{M} (p_{nm} + w_{nm}). \qquad (4.80)$$

Die in der Feinterminierung verfolgten Ziele lassen sich nun mit Hilfe obiger Begriffe formulieren.

4.7.2.3.1 Minimierung der Gesamtdurchlaufzeit

Die Gesamtdurchlaufzeit entspricht der Summe der Durchlaufzeiten aller Aufträge; dabei setzt sich die Durchlaufzeit eines Auftrags aus seiner Bearbeitungszeit auf den einzelnen Maschinen sowie den Rüst-, Transport- und Liegezeiten zusammen. Da die im Fertigungsprozess befindlichen Materialbestände gebundenes Kapital darstellen, strebt man an, die dadurch entstehenden Kapitalbindungskosten, die als Opportunitätskosten meist in Form von Zinsen auf die Herstellkosten berechnet werden, zu minimieren. Der Zeitraum, in dem das Kapital gebunden ist, wird determiniert durch die Summe der Durchlaufzeiten aller Aufträge, die *Gesamtdurchlaufzeit D*:

$$D := \sum_{n=1}^{N} d_n = \sum_{n=1}^{N} \sum_{m=1}^{M} (p_{nm} + w_{nm}). \tag{4.81}$$

Da wir aufgrund unserer Prämissen davon ausgehen, dass die Bearbeitungszeiten feste Größen sind, werden durch die Minimierung der Gesamtdurchlaufzeit die *Gesamtwartezeit W*,

$$W := \sum_{n=1}^{N} \sum_{m=1}^{M} w_{nm}, \tag{4.82}$$

und damit die Lagerzeiten aller Aufträge sowie indirekt auch die davon abhängigen Kapitalbindungskosten minimiert.

4.7.2.3.2 Minimierung der maximalen Durchlaufzeit

Die Minimierung der maximalen Durchlaufzeit der N Aufträge zielt darauf ab, das Zeitintervall zu minimieren, das benötigt wird, alle N Aufträge durchzuführen (auch *Zykluszeit*), d. h. den Auftragsbestand als Ganzes im betrachteten Produktionsbereich möglichst frühzeitig fertigzustellen. Die *maximale Durchlaufzeit* entspricht der Zeitspanne zwischen dem Eintreffen dieses Auftragsbestandes und der Fertigstellung des letzten Auftrags. Damit entspricht sie der längsten aller Auftragsdurchlaufzeiten. Daher gilt:

$$D_{\max} := \max_{n=1,\dots,N} \{d_n\} = \max_{n=1,\dots,N} \left\{ \sum_{m=1}^{M} (p_{nm} + w_{nm}) \right\}. \tag{4.83}$$

Diese Zielsetzung ist darauf ausgerichtet, den Auftragsbestand als Ganzes möglichst frühzeitig fertigzustellen. Abbildung 4.42 veranschaulicht die nicht mit der Gesamtdurchlaufzeit aller Aufträge zu verwechselnde Zykluszeit anhand eines Gantt-Diagramms.

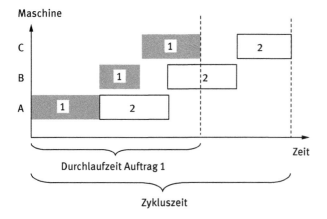

Abb. 4.42: Zykluszeit eines Auftragsbestands

Eine Lösung, die der Minimierung der maximalen Durchlaufzeit folgt, zeigt, ob vorgegebene Aufträge innerhalb des Planungszeitraums abgewickelt werden können. Es kann damit auch überprüft werden, ob eine Durchführung der Aufträge mit der vorhandenen Kapazität möglich ist.

4.7.2.3.3 Minimierung der Terminüberschreitungszeit

Die Terminüberschreitung umfasst den Zeitraum, den ein Auftrag über den vertraglich vereinbarten Liefertermin hinaus bis zu seiner Fertigstellung benötigt. Die *gesamte Terminüberschreitungszeit T* ergibt sich als Summe der Terminüberschreitungszeiten aller Aufträge:

$$T := \sum_{n=1}^{N} \max\{0, d_n - S_n\}. \tag{4.84}$$

Hier ist man bestrebt, die vorgegebenen Fertigstellungstermine einzuhalten, da bei Überschreitung mit

- Erlösentgang bzw. *lost sales* (die von der Produktionsprogrammplanung vorgegebene Auftragsmenge wird nicht vollständig produziert),
- Konventionalstrafen bzw. Verzugskosten und
- möglichem Auftragsentgang in der Zukunft

gerechnet werden muss.

4.7.2.3.4 Minimierung der Gesamtleerzeit der Maschinen

Ein weiteres häufig verfolgtes Ziel der Ablaufplanung besteht darin, die *Kapazitätsauslastung* der Maschinen zu maximieren. Damit wird gleichzeitig die von der Einplanung der Aufträge abhängige *Gesamtleerzeit L*,

$$L := \sum_{n=1}^{N} \sum_{m=1}^{M} l_{nm}, \tag{4.85}$$

aller Maschinen minimiert. Diese Zielsetzung bezieht sich vorrangig auf Leer- und Opportunitätskosten, die dann relevant sind, falls die Maschinen in den Leerzeiten ertragbringend eingesetzt werden können.

4.7.2.3.5 Zielkonflikte im Rahmen der Reihenfolgeplanung

Die oben aufgeführten Ziele der Reihenfolgeplanung lassen sich nur in den seltensten Fällen gleichzeitig verfolgen. Häufig bewirkt die Orientierung an einem Ziel, dass gegen andere Ziele verstoßen wird. Den bekanntesten Zielkonflikt in der Feinterminierung stellt das von *Gutenberg* beschriebene *Dilemma der Ablaufplanung* dar, das auf die Zusammenhänge zwischen der „Minimierung der Gesamtdurchlaufzeit" und der „Maximierung der Kapazitätsauslastung" abstellt. Grundsätzlich wird angestrebt, die Aufträge so auf die Maschinen zu verteilen, dass einerseits die Gesamtdurchlaufzeit der Aufträge gering und andererseits die Kapazitätsauslastung aller Maschinen hoch ist. Hohe Kapazitätsauslastung wird angestrebt, damit es nicht zu Opportunitätskosten aufgrund nicht genutzter Kapazitäten kommt und sich die Betriebsmittel möglichst rasch amortisieren. Niedrige Durchlaufzeiten werden angestrebt, damit es nicht zu hohen Beständen an unfertigen Erzeugnissen kommt, die zu Kapitalbindungskosten führen. Außerdem führen lange Durchlaufzeiten aus Kundensicht zumeist zu verzögerter Belieferung und damit zu unbefriedigendem Service.

Nun bedingt aber eine Minimierung der Gesamtdurchlaufzeit eine Minimierung der Gesamtwartezeit der Aufträge. Geringe Wartezeiten der Aufträge bedingen jedoch im allgemeinen eine geringe Kapazitätsauslastung der Maschinen, da gewährleistet werden muss, dass bereitstehende Aufträge unverzüglich von einer freien Maschine bearbeitet werden können. Umgekehrt hat nach denselben Überlegungen eine hohe Kapazitätsauslastung in der Regel hohe Durchlaufzeiten zur Folge. Versucht man, Zwischenlagerung von Werkstücken und Leerzeiten von Werkstätten zu minimieren, entsteht folgendes Problem: Nimmt man mehr Aufträge auf, werden Werkstätten und Maschinen zwar besser ausgelastet, jedoch erhöhen sich auch die Zwischenlagerungszeiten und damit die Durchlaufzeiten.

Beide Ziele lassen sich somit nicht gleichzeitig verfolgen: Entweder werden viele Aufträge eingelastet, so dass vor keiner Maschine der Materialfluss abreißt (hohe Durchlaufzeiten), oder es werden wenige Aufträge eingelastet, so dass diese schnell bearbeitet werden können (geringere Kapazitätsauslastung).

Weiterhin gilt, dass die Maximierung der Kapazitätsauslastung eine Überschreitung der Fertigstellungstermine bedeuten kann und somit die Minimierung der gesamten Terminüberschreitungszeit eine dazu gegenläufige Zielsetzung darstellt. Zudem gilt, dass geringe Terminüberschreitungszeiten tendenziell eine hohe Gesamtdurchlaufzeit zur Folge haben, weil Aufträge, die früh fertiggestellt werden müssen, früh eingeplant werden und sich deshalb Durchlaufzeiten von Aufträgen mit einem späteren Fertigstellungstermin verlängern.

Die Bedeutung der Zielsetzungen der Feinterminierung in der Praxis unterlag Änderungen im Zeitablauf. Während früher vornehmlich auf eine hohe Kapazitätsauslastung Wert gelegt wurde, stehen heute bestands- und terminorientierte Ziele im Vordergrund.[87]

4.7.2.4 Darstellung von Auftragsfolgen

Ziel der Feinterminierung ist die Ermittlung einer Auftragsfolge für jede Maschine, so dass eine vorgegebene Zielsetzung bestmöglich erfüllt wird. Eine *Auftragsfolge* gibt für jede Maschine die Reihenfolge an, in der die gegebenen Aufträge zu bearbeiten sind. Auch hier bieten sich die Darstellungsmöglichkeiten als Graph oder als Matrix an.

---

87 Vgl. *Wiendahl* (1997), S. 4.

Die Knoten eines *Auftragsfolgegraphen* haben dieselbe Bedeutung wie beim Maschinenfolgegraph. Die (vertikal verlaufenden) Pfeile hingegen geben für die betrachtete Auftragsfolge die Reihenfolge der Aufträge auf den jeweiligen Maschinen an (Abbildung 4.43).

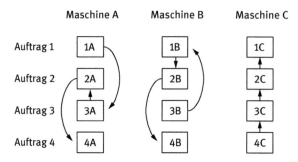

Abb. 4.43: Auftragsfolgegraph

Analog zur Bildung der Maschinenfolgematrix geben die Elemente der *Auftragsfolgematrix* für jede Maschine an, an welcher Stelle in der betrachteten Auftragsfolge jeder Auftrag eingeordnet ist (Tabelle 4.21).

Tab. 4.21: Auftragsfolgematrix

	Maschine		
Auftrag	A	B	C
1	1	2	4
2	3	3	3
3	2	1	2
4	4	4	1

Die Zusammenfassung der Auftragsfolgen aller Maschinen bildet den *Auftragsfolgeplan*.

Betrachtet man einen speziellen Auftragsfolgeplan, so erfolgt häufig eine Zusammenfassung von Maschinenfolgegraph und Auftragsfolgegraph zum Ablaufgraphen. Hierbei werden die die jeweilige Maschinenfolge symbolisierenden horizontalen Pfeile und die den Auftragsfolgeplan darstellenden vertikalen Pfeile in einem Graphen gezeichnet (Abbildung 4.44). Wie bei Netzplänen muss der Ablaufgraph zyklenfrei sein, damit das Problem in konsistenter Weise dargestellt ist.

Die in einem Ablaufgraphen zusammengefassten Maschinen- und Auftragsfolgen nennt man *Ablaufplan*. Eine sehr häufig anzutreffende Darstellungsform solcher Ablaufpläne sind die schon vorgestellten *Balken-* oder *Gantt-Diagramme*, bei denen in

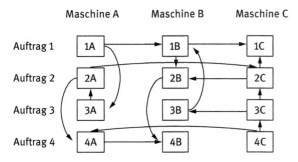

Abb. 4.44: Ablaufgraph

einem Koordinatensystem auf der Abszisse die Zeit abgetragen wird. Die Bearbeitung des Auftrags n an der Maschine m wird mit Hilfe eines Balkens eingezeichnet, dessen Länge der Bearbeitungszeit p_{nm} entspricht. Die Ordinate eines Gantt-Diagramms repräsentiert nun entweder die Maschinen oder die Aufträge. Dementsprechend können entweder Auftrags- oder Maschinenfolgen dargestellt werden, was zur Unterscheidung eines *Auftragsfolge-Gantts* und eines *Maschinenfolge-Gantts* führt:

- Beim *Maschinenfolge-Gantt* steht der Auftragsfortschritt der Aufträge im Vordergrund, weshalb er sich als Instrumentarium für die Ermittlung der Wartezeiten, der Durchlaufzeiten und der Terminüberschreitungszeiten anbietet. Hierbei werden die Aufträge auf der Ordinate abgetragen, wodurch die Maschinenfolge abgelesen werden kann.
- Der *Auftragsfolge-Gantt* stellt durch Abtragen der Maschinen auf der Ordinate auf die Darstellung der Maschinenbelegung ab (daher auch: Maschinenbelegungsgantt) und dient somit einem Überblick über die Belegungs- und Leerzeiten der Maschinen.

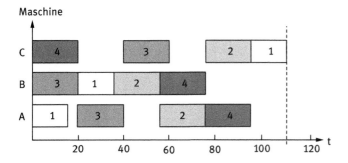

Abb. 4.45: Auftragsfolge-Gantt

Beide Gantt-Diagramme leiten sich aus dem Ablaufgraphen und der Bearbeitungszeitenmatrix ab. Im Gegensatz zum Ablaufgraphen sind in einem Gantt-Diagramm aber Maschinen- und Auftragsfolgen nicht gleichzeitig darstellbar.

4.7.2.5 Lösung ausgewählter Reihenfolgeplanungsprobleme

Die Aufgabe der Reihenfolgeplanung besteht in der Ermittlung eines optimalen Auftragsfolgeplans, wobei die Komplexität des Reihenfolgeproblems von der Anzahl der Maschinen, der Anzahl der zu berücksichtigenden Aufträge und der Organisationsform der Fertigung (*identical* oder *different routing*) abhängt. Da für jede Maschine $N!$ mögliche Kombinationen zur Einplanung der Aufträge, also $N!$ Auftragsfolgen, existieren, sind bei M Maschinen für den Fall des *different routing*

$$(N!)^M$$

mögliche Auftragsfolgepläne im Hinblick auf das gegebene Ziel zu analysieren. Für fünf Aufträge und fünf Maschinen ergeben sich $5!^5 = 2,48832 \cdot 10^{10}$ verschiedene Auftragsfolgen. Eine Vollenumeration ist bei realistischen Verhältnissen daher nicht praktikabel. Es ist zwar möglich, die Problemstellung der Reihenfolgeplanung als lineares Programm zu formulieren, da dies aber nur mit Binärvariablen umsetzbar ist, kann das Standardlösungsverfahren des Simplex-Algorithmus nicht angewendet werden. Die Struktur des Reihenfolgeproblems ermöglicht es zudem nur in wenigen Fällen, *Algorithmen* zur Ermittlung exakter Lösungen anzuwenden. Stattdessen ist man meist gezwungen, auf *Heuristiken* überzugehen. Für einfachere Situationen der ein- und zweistufigen Fertigung existieren hingegen exakte Lösungsverfahren.

4.7.2.5.1 *N / 1 / – / D*-Problem

Bei diesem Problem betrachtet man den Fall von N Aufträgen, die auf einer Maschine zu fertigen sind. Ein Verfahren, das hierbei die Gesamtdurchlaufzeit D minimiert, ist die *SPT-Regel* (*KOZ-Regel*). Sie orientiert sich an dem Auftrag mit der kürzesten Bearbeitungszeit (*Shortest Processing Time*, *Kürzeste Operations Zeit*). Die Vorgehensweise lautet:

SPT-Regel

Die Aufträge sind in der Reihenfolge nicht abnehmender Bearbeitungszeiten p_{nA} zu ordnen.

Da die Zielsetzung der Minimierung der Gesamtdurchlaufzeit der Minimierung der Gesamtwartezeit entspricht, wird durch die SPT-Regel dieses Ziel im Fall einer Maschine ebenfalls optimal erfüllt. Die relativ einfache Vorgehensweise der SPT-Regel führt dazu, dass sie auch auf Feinterminierungsprobleme mit mehreren Maschinen angewendet wird. Dabei erfolgt die Ermittlung der Auftragsfolgen für jede Maschine isoliert anhand des geschilderten Vorgehens. Die mithilfe dieses dann heuristischen Vorgehens ermittelte Lösung ist aber im allgemeinen suboptimal.

4.7.2.5.2 N / 2 / R / D_{max}-Problem

Dieses Problem ist durch die folgenden Prämissen beschrieben:
- N Aufträge sind gegeben,
- es sind zwei Maschinen A und B vorhanden,
- alle Aufträge haben dieselbe Maschinenfolge $A - B$ (Reihenfertigung, Flow Shop),
- Zielgröße: Minimiere die maximale Durchlaufzeit D_{max}.

Ein formales Verfahren, das dieses Problem in optimaler Weise löst, stellt der Algorithmus von *Johnson* (1954) dar. Er beschränkt sich auf Auftragsfolgepläne, bei denen die Auftragsfolgen für die beiden Maschinen A und B gleich sind.

Johnson-Algorithmus

1. Bestimme den Auftrag mit der kürzesten Bearbeitungszeit auf irgendeiner Maschine
2. Ist diese Bearbeitungszeit auf der Maschine A?
   (Die Bearbeitungszeit auf der anderen Maschine ist irrelevant!)
   ja: Setze den Auftrag an die erste freie Position in der Auftragsfolge.
   nein: Setze den Auftrag an die letzte freie Position in der Auftragsfolge.
3. Streiche diesen Auftrag und gehe zu 1.

Ohne auf den Beweis eingehen zu wollen[88], dass das Verfahren von *Johnson* denjenigen Auftragsfolgeplan bestimmt, der die maximale Durchlaufzeit minimiert, seien die folgenden Plausibilitätsüberlegungen angegeben. Bezeichnet man mit [i] die Nummer desjenigen Auftrags, der sich an der i-ten Stelle der Auftragsfolge befindet, so gelten für die maximale Durchlaufzeit im Fall zweier Maschinen folgende Beziehungen:

$$D_{max} \geq \sum_{n=1}^{N} p_{nA} + p_{[N]B}, \tag{4.86}$$

$$D_{max} \geq \sum_{n=1}^{N} p_{nB} + p_{[1]A}. \tag{4.87}$$

Die maximale Durchlaufzeit kann nämlich nicht kleiner sein als die Durchlaufzeit des letzten Auftrags. Diese ist nicht kleiner als die Summe der Bearbeitungszeiten aller Aufträge auf Maschine A und der Bearbeitungszeit des letzten Auftrags an Maschine B. Analoge Überlegungen führen zur Ungleichung (4.87). Nun sind die Summen der

---

[88] Zu einem anschaulichen Beweis, dass der Johnson-Algorithmus die optimale Lösung unter allen $N!^2$ Auftragsfolgeplänen ermittelt, vgl. *Thonemann* (2005), S. 435–438.

Bearbeitungszeiten auf der Maschine A und der Maschine B feste und reihenfolgeunabhängige Größen. Lediglich die jeweils zweiten Summanden auf der rechten Seite der Ungleichungen (4.86) und (4.63) sind durch die Wahl der Auftragsfolge beeinflussbar. Um diese nun so zu wählen, dass die maximale Durchlaufzeit möglichst gering wird, sind $p_{[N]B}$ und $p_{[1]A}$ möglichst klein zu wählen. Gerade darauf stellt aber der Verfahrensschritt (2) im Lösungsalgorithmus ab.

4.7.2.5.3 N / 2 / W / D-Problem

Der hier behandelte Fall der zweistufigen Fertigung unterscheidet sich von dem zuletzt behandelten dadurch, dass als Organisationstyp die Werkstattfertigung (Job Shop) zugrunde gelegt wird. Die Idee von *Jackson* (1963) besteht nun darin, das vorliegende Problem auf den entsprechenden Fall der Reihenfertigung zu reduzieren, indem man den Auftragsbestand entsprechend den prinzipiell möglichen Maschinenfolgen aufteilt. Da nur zwei Maschinen vorhanden sind, kann ein Auftrag die Maschinenfolge $A - B$ oder $B - A$ besitzen oder aber auf nur einer Maschine (A oder B) zu fertigen sein. Innerhalb der nach diesem Kriterium gebildeten Mengen von Aufträgen liegt dann Reihenfertigung vor.

Jackson-Algorithmus

1. Bilde die Mengen
   X_{AB} Aufträge mit der Maschinenfolge $A - B$,
   X_{BA} Aufträge mit der Maschinenfolge $B - A$,
   X_A Aufträge, die nur auf A bearbeitet werden,
   X_B Aufträge, die nur auf B bearbeitet werden.
2. Ordne die Aufträge in X_{AB} und X_{BA} jeweils nach dem Johnson-Algorithmus.
3. Bilde als Auftragsfolgen auf
   Maschine A: Aufträge in der Reihenfolge X_{AB}, X_A, X_{BA},
   Maschine B: Aufträge in der Reihenfolge X_{BA}, X_B, X_{AB}.

Bearbeitet man auf Maschine A zuerst alle Aufträge aus X_{AB} und auf Maschine B alle Aufträge aus X_{BA}, so treten auf beiden Maschinen keine Leerzeiten auf. Dies ändert sich auch dann nicht, wenn im Anschluss auf beiden Maschinen die entsprechenden einstufigen Aufträge eingeplant werden. Da bisher keine Leerzeiten an den Maschinen auftraten, muss die maximale Durchlaufzeit minimal sein. Da die Anordnung der Aufträge entsprechend dem Johnson-Algorithmus in den Mengen X_{AB} und X_{BA} ebenfalls optimal ist, ändert sich an der Gesamtoptimalität nichts, wenn man abschließend die geordneten Aufträge aus X_{BA} auf A und die von X_{AB} auf B ausführt.

4.7.2.5.4 Heuristiken für komplexere Reihenfolgeprobleme

Exakte Verfahren für komplexere Reihenfolgeprobleme liefern nur unter sehr restriktiven Bedingungen optimale Lösungen. In der Praxis finden daher häufig heuristische

Prioritätsregelverfahren Anwendung, um die zeitliche Reihenfolge von Aufträgen vor den einzelnen Fertigungsstufen zu bestimmen. Prioritätsregeln vergeben auf der Basis von als plausibel angesehenen Kriterien für jeden Auftrag eine Prioritätsziffer, die die Aufträge in eine Reihenfolge bringt. Begonnen wird mit dem Auftrag mit der höchsten Prioritätsziffer. Folgende Prioritätsregeln werden häufig als Reihenfolgeregel bei der Einplanung von Aufträgen im Rahmen der Reihenfolgeplanung angewendet:

- *Kürzeste-Operationszeit-(KOZ-)Regel:* Arbeitsvorgang mit kürzester Operationszeit erhält höchste Priorität (auch: Shortest Processing Time, SPT).
- *Längste-Operationszeit-(LOZ-)Regel:* Arbeitsvorgang mit längster Operationszeit erhält höchste Priorität.
- *Kürzeste-Restbearbeitungszeit-(KRB-)Regel:* Der Auftrag, dessen im Moment der Belegung noch verbleibende Restbearbeitungszeit die kürzeste ist, erhält höchste Priorität.
- *Größte-Restbearbeitungszeit-(GRB-)Regel:* Der Auftrag, dessen im Moment der Belegung noch verbleibende Restbearbeitungszeit die größte ist, erhält höchste Priorität.
- *Schlupfzeit-(SZ-)Regel:* Der Auftrag mit der geringsten Differenz zwischen Liefertermin und verbleibender Bearbeitungszeit erhält höchste Priorität.
- *First-Come-First-Serve-(FCFS-)Regel:* Der Auftrag, der zuerst an der Maschine ankommt, erhält höchste Priorität.
- *Wertregel (WT-Regel):* Der Auftrag, der den höchsten Produktendwert hat, erhält höchste Priorität.
- *Frühester-Liefertermin-(FLT-)Regel:* Der Auftrag mit frühestem Liefertermin erhält höchste Priorität.

Prioritätsregeln wirken sich unterschiedlich auf die verschiedenen Zielsetzungen im Rahmen der Reihenfolgeplanung aus. Die Ergebnisse von Simulationsstudien haben ergeben, dass z. B. die KOZ-Regel zu tendenziell niedrigen mittleren Durchlaufzeiten bei hoher Auslastung führt.[89] Einschränkend ist allerdings anzumerken, dass es keine Prioritätsregel gibt, die in jeder Planungssituation zu den besten Ergebnissen führt, d. h., die Eignung der verschiedenen Prioritätsregeln ist kontextabhängig.

4.7.3 Betriebsdatenerfassung

Das Produktionsmanagement ist zur Durchführung ihrer Steuerungs- und Regelungsfunktion auf zeitnahe Informationen über das Geschehen der Produktion angewiesen. Dies geschieht zum Zweck der Auftrags- und Kapazitätsüberwachung unmittelbar mit dem Produktionsvollzug im Rahmen der so genannten *Betriebsdatenerfassung* (BDE).

---

89 Zu entsprechenden Studien sowie weiteren Prioritätsregeln vgl. z. B. *Seelbach* (1975), S. 171–177 und *Blackstone, Phillips, Hogg* (1982).

Im Rahmen der *Auftragsüberwachung* sind auftragsbezogene Daten zu überwachen, d. h. ob sich die Aufträge entsprechend den Planwerten hinsichtlich Fertigungszeiten, -mengen und -qualität entwickeln. Hierzu ist auf Arbeitsvorgangsebene vor allem die Einhaltung geplanter Fertigstellungstermine zu kontrollieren. Bei erkennbaren Abweichungen sind Gegenmaßnahmen einzuleiten.

Im Rahmen der *Kapazitätsüberwachung* werden entsprechende maschinen- und personalbezogene Daten erfasst. Zu den *maschinenbezogenen Daten* gehören Informationen über Laufzeiten, produzierte Mengen, Stillstandszeiten, Störungen und Wartezeiten differenziert nach Ursachen. Die Informationen dienen der Instandhaltungsplanung, der Anlagenbuchhaltung sowie der Kostenrechnung. Überdies benötigt die Produktionssteuerung die Informationen, um die Verfügbarkeit von Anlagen und etwaige Engpässe zu ermitteln. Zu den *personalbezogenen Daten* gehören im Rahmen der so genannten Personalzeiterfassung z. B. Anwesenheits- bzw. Fehlzeiten. Diese können direkt zur Lohnermittlung dienen. Auch für die Erfassung von Anwesenheitszeiten, z. B. im Rahmen flexibler Arbeitszeitkonten, ist dies relevant.

Im Rahmen der *Bestandsüberwachung* werden auch materialbezogene Daten wie Zu- und Abgänge im Lagerbestand erfasst. Sie repräsentieren DV-gestützte Wareneingangs- und Materialentnahmescheine. Verarbeitet werden die materialbezogenen Daten von der mengenmäßigen Bestandsführung im Rahmen des PPS- und Lagerverwaltungssystems sowie der wertmäßigen Bestandsführung im Rahmen des betrieblichen Rechnungswesens.

Die Rückmeldung von Betriebsdaten ist in regelkreisbasierten PPS-Systemen Grundlage für das Erkennen von Störungen. Angesichts der Vielzahl aktuell zu berücksichtigender Daten stellen computergestützte Systeme zur *Betriebsdatenerfassung* (*BDE*) einen ebenso wichtigen Baustein zum *Computer Integrated Manufacturing* (*CIM*) dar wie so genannte *elektronische Leitstände* (*Fertigungsleitstand*).

Der *Fertigungsleitstand* bildet ein wichtiges Instrument für die Auftragsüberwachung, indem er die aktuelle Zuordnung von Aufträgen zu Maschinen (Auftragsfolge-Gantt) mit Hilfe einer graphischen Bildschirmoberfläche visualisiert. Ordnet man Fertigungszeiten und -mengen Aufträgen zu, so lässt sich eine Auftragsfortschrittskontrolle vornehmen. Gleichzeitig kann die Maschinenbelegung interaktiv erstellt oder bei Störungen geändert werden. Damit bildet der Leitstand ein technisches Hilfsmittel, das die Fertigungsaufträge verwaltet, die Aufträge nach erfolgter Verfügbarkeitsprüfung freigibt und ihre Ausführung überwacht, indem es den Auftragsfortschritt anzeigt. Durch die mit einem Leitstand verbundene Transparenz des Fertigungsgeschehens soll Termintreue sichergestellt werden.

Eine wesentliche Weiterentwicklung stellen so genannte *Manufacturing Execution Systeme* (MES) dar, die neben den Aufgaben der Betriebsdatenerfassung insbesondere eine Anbindung von Systemen der Produktionsplanung und -steuerung mit der physischen Produktion (so genannter shop floor) ermöglichen und Produktionsabläufe vom

Anlegen eines Auftrags über die Fertigungssteuerung bis hin zum fertigen Produkt möglichst effizient gestalten sollen.[90]

4.8 Weiterentwicklung von PPS-Systemen

4.8.1 Neuere Entwicklungen in PPS-Systemen

Während *MRP-II*-Systeme früher als isolierte Anwendungen für den Produktionsbereich konzipiert wurden, zeigte sich rasch die Notwendigkeit einer Integration aller betrieblichen Planungssysteme. Dies leitete den Entwicklungsschritt zu so genannten *Enterprise-Resource-Planning*-(ERP-)Systemen ein, die neben rechnungswesenorientierten Modulen für Finanzbuchhaltung, Controlling oder Asset Management auch komplexe Module zur operativen Produktionsplanung und -steuerung (PPS) beinhalten. Dies sollte u. a. dem Mangel entgegenwirken, dass konventionelle PPS-Systeme nicht in der Lage sind, die Kosten- und Erlöswirkungen der Planung zu quantifizieren. Stattdessen basieren die Planungen konventioneller PPS-Systeme überwiegend auf Zeit- und Mengenkriterien.

Die Weiterentwicklung der MRP-Systeme zu den heutigen PPS-Systemen war nicht die einzige Entwicklung, die seit den 1980er Jahren durch die hervorgetretenen Mängel konventioneller PPS-Systeme ausgelöst wurde. Vor allem das *Durchlaufzeitsyndrom*, als unerwünschter Aufschaukelungseffekt von Beständen und Durchlaufzeiten in konventionellen PPS-Systemen, hat die Aufmerksamkeit auf die Bestände als kritische Größe der Produktionssteuerung gerichtet. Setzt sich nämlich der Bestand aus einer großen Anzahl von Aufträgen zusammen, dann sind die Durchlaufzeiten nicht unmittelbar zu steuern, sondern lediglich mittelbar über die *Regelung der Bestände* zu beeinflussen.[91]

Zu beachten ist, dass es hierbei einen „angemessenen" Bestandswert gibt, oberhalb dessen die Leistung eines Betriebs nicht mehr ansteigt, weil alle Arbeitssysteme ausgelastet sind. Ab diesem Bestandsniveau steigt jedoch die mittlere Durchlaufzeit mit dem Bestand proportional an. Unterhalb dieses Bestandsniveaus lässt sich zwar die Durchlaufzeit weiter reduzieren, allerdings auf Kosten der Kapazitätsauslastung. Ausgangspunkt dieser Erkenntnis war die Beobachtung, dass bereits relativ geringe Absenkungen bei Werkstattbeständen überproportionale Rückgänge der Durchlaufzeit zur Folge haben können.[92]

---

90 Vgl. dazu auch Abschnitt 4.9.2.

91 Sind hingegen nur wenige große Aufträge vorhanden, ist ein auftragsunabhängiger Zusammenhang zwischen Bestand und Durchlaufzeit kaum mehr definierbar.

92 Zu empirischen Nachweisen des Zusammenhangs von Beständen und Durchlaufzeiten vgl. z. B. *Wiendahl* (1997).

Aber auch strategische Überlegungen weisen den Beständen höhere Bedeutung zu. Hohe Bestände und die damit verbundenen hohen Durchlaufzeiten machen Unternehmen unflexibel, um rasch auf kurzfristig eingehende Kundenaufträge zu reagieren, und bedeuten auf Märkten, die kurze Lieferzeiten erfordern, einen Wettbewerbsnachteil. In der Folge haben neuere Verfahren zur Produktionsplanung und -steuerung seit den 1990er Jahren vor allem der Bestandssenkung eine hohe Priorität eingeräumt und sind in der Praxis mit großem Interesse aufgenommen worden. Entsprechende Bestandssenkungen sind mittlerweile auch empirisch in einer Reihe von Branchen nachweisbar.[93]

Im folgenden sollen daher die Grundideen bestandskontrollierender PPS-Systeme am Beispiel der Input-Output-Control (IOC), der belastungsorientierten Fertigungssteuerung (BFS), des KANBAN-Systems, der Steuerung mit Fortschrittszahlen (FZ) und der Optimized Production Technology (OPT) kurz skizziert werden.

4.8.2 Input-Output-Control

Das Konzept der Input-Output-Control geht von der Auffassung über die Fertigungssteuerung aus, dass für die Bestands- und Durchlaufzeitbeherrschung vor allem der Kontrolle von Input und Output eine zentrale Bedeutung zukommt.

Die Aufträge sind mit einer bestimmten Zugangsrate zu regeln, die der Abgangsrate entsprechen muss. Diese kann wiederum durch die veränderbare Kapazität beeinflusst werden. Der im Produktionsprozess befindliche Bestand kann nun in seiner Höhe durch die Einstellung der Zugangs- und Abgangsrate gesteuert werden und bestimmt in der Folge die mittlere Durchlaufzeit („manufacturing lead time"). Abbildung 4.46 veranschaulicht diese grundlegenden Zusammenhänge mittels eines Trichtermodells.

Konkret wird die voraussichtliche Entwicklung der Bestände und damit der mittleren Durchlaufzeiten für den Planungszeitraum mit Hilfe eines Input-Output-Plans ermittelt. Der Bestand je Periode t ergibt sich, indem zum Anfangsbestand der Periode die geplanten Zugänge zum Bestand addiert und die geplanten Abgänge vom Bestand subtrahiert werden. Die erwarteten Endbestände je Periode werden in tabellarischer Form dargestellt. Wird analysiert, nach wie viel Perioden der Bestand aufgrund der in den einzelnen Perioden geplanten Leistung eines Arbeitssystems abgearbeitet werden kann, können die erwarteten Endbestände in Durchlaufzeiten umgerechnet werden. Aus dem Input-Output-Plan ist ersichtlich, ob die geplanten Auftragszugänge, die sich aus den geplanten Bestandszugängen ergeben, mit den geplanten Kapazitäten ohne Überschreitung der Soll-Bestände und der Soll-Durchlaufzeiten abgearbeitet werden

---

93 Vgl. *Obermaier* (2012), *Obermaier, Donhauser* (2009), (2012).

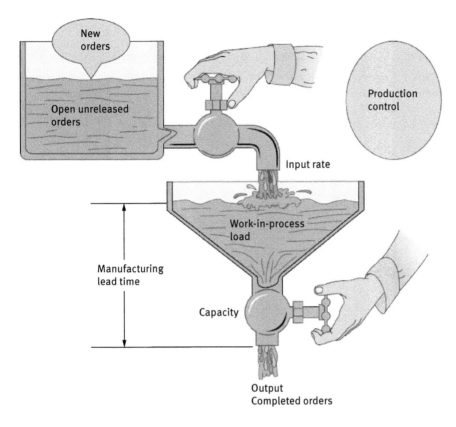

Abb. 4.46: Trichtermodell der Input-Output-Control
Abbildung aus Chase, Jacobs, Aquilano (2006)

können. Andernfalls sind die freigegebenen Aufträge oder die Kapazitäten zu verändern.

Die Input-Output-Control ist ein Planungshilfsmittel, um die Konsequenzen einer bestimmten Auftragsfreigabe bei geplanter Leistung der Arbeitssysteme sichtbar zu machen. Für das Produktionsmanagement liefert die Input-Output-Control Informationen, wann die erwarteten Bestände und Durchlaufzeiten von vorgegebenen Sollgrößen abweichen. Hinweise zu deren Vermeidung oder Überwindung werden nicht gegeben.

4.8.3 Belastungsorientierte Auftragsfreigabe

Die Grundidee des aus der Input-Output-Control bekannten Trichtermodells wurde im deutschsprachigen Raum zum Konzept der *belastungsorientierten Auftragsfreigabe (BoA)* weiterentwickelt (synonym auch *belastungsorientierte Fertigungssteuerung*).

Dabei wird jede Arbeitsstation als Trichter mit einem Zugangsstrom, einem wartenden Auftragsbestand und einem Abgangsstrom aufgefasst. Zugangs-, Abgangs- und Bestandsgrößen werden dabei in Arbeitsstunden gemessen. Beobachtet man ein Arbeitssystem über einen bestimmten Zeitraum hinweg, so lassen sich der Zu- und Abgangsverlauf in Form eines *Durchlaufdiagramms* abbilden (Abbildung 4.47).

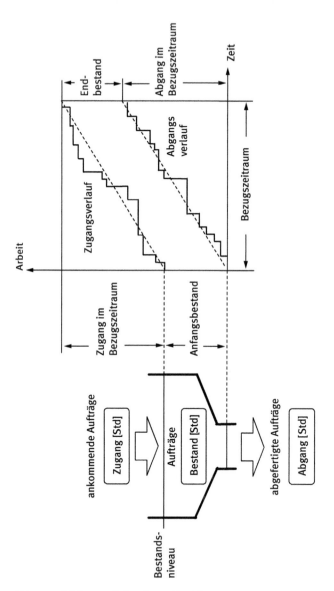

Abb. 4.47: Trichtermodell und Durchlaufdiagramm
Abbildung in Anlehnung an Wiendahl (1988)

Die Zugangskurve des Durchlaufdiagramms entsteht dadurch, dass man zunächst den Bestand an Arbeit feststellt, der sich zu Beginn des Betrachtungszeitraums in dem Arbeitssystem befindet. Von diesem Startpunkt aus trägt man die zugehende Arbeit entsprechend ihrem Umfang in Stunden und dem Zeitpunkt des Zugangs kumulativ bis zum Ende des Betrachtungszeitraums auf. Analog entsteht der Abgangsverlauf, indem man die erledigten Aufträge mit ihrem Stundenumfang entsprechend den Abgangszeitpunkten beginnend im Koordinatenursprung kumulativ aufträgt. Der Bestand eines Arbeitssystems ergibt sich aus dem vertikalen Abstand von Zu- und Abgangskurve zum Zeitpunkt t. Die Durchlaufzeit zum Zeitpunkt t entspricht der horizontalen Differenz aus Abgangs- und Zugangsverlauf bei einem bestimmten Arbeitsumfang. Bezogen auf die idealisierten Zu- und Abgangsverläufe, die durch eine Gerade zwischen Start- und Endpunkt des tatsächlichen Zu- bzw. Abgangsverlaufs ausgedrückt werden, lässt sich auch der mittlere Bestand bzw. die mittlere Durchlaufzeit eines Arbeitssystems ablesen.

Versteht man nun den gesamten Fertigungsbereich (z. B. einer Werkstatt) als ein System von Trichtern, die über Zu- und Abgangsströme miteinander verbunden sind, ergibt sich das Funktionsmodell einer belastungsorientierten Fertigungssteuerung, deren Auftrags- und Materialstrom sich im Gleichgewicht befinden müssen. Voraussetzung hierfür ist, dass die Arbeitsinhalte der einzelnen Aufträge hinreichend klein und die Kapazitäten aufeinanderfolgender Arbeitsstationen aufeinander abgestimmt sind.

Die Auftragsfreigabe beginnt damit, dass für jeden noch nicht freigegebenen Auftrag der späteste Starttermin (Differenz aus Liefertermin und Plan-Durchlaufzeit) bestimmt wird. Alle Aufträge, deren spätester Starttermin innerhalb des Planungshorizonts (so genannter Vorgriffshorizont, d. h. der Zeitraum zwischen Planungszeitpunkt und Terminschranke) liegen, gelten als dringlich. Die dringlichen Aufträge werden in der Reihenfolge ihrer Starttermine geordnet (FCFS) und in absteigender Priorität freigegeben, bis der vorgegebene Soll-Bestand (so genannte Belastungsschranke) eines Arbeitssystems überschritten wird. Um eine Überschreitung der Soll-Bestände zu vermeiden, werden für jedes Arbeitssystem mit Hilfe von Durchlaufdiagrammen der Arbeitszugang sowie der Abgang und damit der zu erwartende Bestand der Periode überwacht.[94]

4.8.4 KANBAN-Steuerung

Der Grundsatz der Steuerungsidee des in den 1970er Jahren von Toyota in Japan entwickelten KANBAN-Systems ist einfach.[95] Im Gegensatz zum konventionellen PPS-System, wo Material an nachfolgende Arbeitsgänge weitergeleitet wird (Push-Prinzip),

---

94 Für eine detaillierte Beschreibung des Planungsablaufs vgl. *Wiendahl* (1997).
95 Vgl. *Ohno* (1988).

wird der Transfer in einem KANBAN-System in umgekehrter Richtung durchgeführt (Pull-Prinzip). Der nachgelagerte Arbeitsgang entnimmt bei einem vorgelagerten nur das gerade benötigte Teil in der benötigten Menge und zum benötigten Zeitpunkt (*Just-in-Time*-Prinzip). Wenn Material gebraucht wird (z. B. weil ein Mindestbestand unterschritten wird), und nur dann, wird der Zulieferer aufgefordert, neues Material anzuliefern.

Diese Aufforderung wird durch eine KANBAN-Karte erteilt.[96] Die KANBAN-Karte stellt einen Informationsträger dar, der wie ein Auftrag Erzeuger auffordert, das bezeichnete Teil in der angegebenen Menge zu produzieren (Abbildung 4.48). Für die Fertigung gilt der Grundsatz, dass nur dann gefertigt werden darf, wenn eine KANBAN-Karte zur Fertigung vorliegt. Ebenso darf lediglich die auf der KANBAN-Karte angegebene Menge gefertigt werden. Außerdem dürfen ausschließlich einwandfreie Teile angeliefert werden. Damit wird die terminorientierte Steuerung herkömmlicher Methoden durch die bedarfsorientierte Steuerung ersetzt. Das klassische Losgrößenproblem entfällt im KANBAN-System, da die Teile in der Regel täglich aufgelegt werden. Die Losgröße der letzten Fertigungsstufe ergibt sich dann als Quotient aus dem Periodenbedarf eines Teils und der Zahl der Arbeitstage in der Planperiode.

Maximaler Bestand: 6 Kanban x 56 Sück = 336 Stück

Abb. 4.48: KANBAN-Karte

Die KANBAN-Karte wird jeweils einem bestimmten Behälter zugeordnet und dient zudem zur Identifikation der Teile in einem Transportbehälter (Teilenummer und Teilekurzbeschreibung) während des Transports oder während der Zwischenlagerung. Weitere Informationen sind Angaben über die die Teile erzeugende Quelle sowie die Teile verbrauchende Senke.

---

96 Die übliche Bezeichnung „KANBAN-Karte" ist im Grunde ein Pleonasmus, da Kanban das japanische Wort für Karte darstellt.

Eine wichtige Information stellt schließlich die Teilmenge dar, die der Behälter aufnehmen soll. Zusammen mit der Gesamtzahl an KANBAN-Behältern kann so der gesamte Bestand des betreffenden Teiles zwischen Quelle und Senke gesteuert werden. Die Zahl der KANBAN-Karten legt somit direkt den maximalen Bestand eines Arbeitssystems fest. Wird die Zahl der Behälter reduziert, sinken bei gleicher Behältergröße die auf Bearbeitung wartenden Bestände. Die Zahl der Behälter sollte dabei so dimensioniert sein, dass eine reibungslose Produktion gewährleistet ist.

Die Anzahl der für ein Arbeitssystem hinsichtlich eines Teils auszugebenden KANBAN-Karten und damit der KANBAN-Behälter K bestimmt sich gemäß:

$$K = \frac{B \cdot t_{WBZ} \cdot (1 + \alpha)}{x_K}.$$

(4.88)

Hierbei bezeichnet B den (durchschnittlichen) Periodenbedarf des betrachteten Teils (wobei in der Praxis häufig von einem Planungstag ausgegangen wird), t_{WBZ} die Wiederbeschaffungszeit des Periodenbedarfs, α einen Sicherheitsfaktor und x_K die Standardfüllmenge eines KANBAN-Behälters. Mit dem Ansatz des Sicherheitsfaktors α wird ein Sicherheitsbestand in Höhe von

$$S = B \cdot t_{WBZ} \cdot \alpha$$

(4.89)

aufgebaut, um Fehlmengen zu vermeiden, die infolge kurzfristiger Bedarfsschwankungen oder Fertigungsstörungen auftreten können. In der Praxis wird der Sicherheitsfaktor α in der Anlaufphase einer KANBAN-Steuerung zunächst großzügiger bemessen und nach sich abzeichnender Stabilität des Arbeitssystems sukzessive verringert.

Der Ablauf einer KANBAN-Steuerung lässt sich, ausgehend von einem aktuell auftretenden Bedarf, nach einem bestimmten Teil an der verbrauchenden Stelle (Senke) hinsichtlich des Material- und Informationsflusses wie folgt darstellen (Abbildung 4.49):

1. zur Beschaffung der benötigten Teile bringt der Verbraucher (Senke) den leeren Behälter ins Pufferlager,
2. Entnahme eines vollen Behälters, Entfernung der dort angebrachten KANBAN-Karte (so genannter Produktionskanban) und Ablage dieser KANBAN-Karte in die so genannte Auftragsbox des Erzeugers (Quelle),
3. Erzeuger holt KANBAN-Karte aus der Auftragsbox; dieser Produktionskanban gilt als Fertigungsauftrag für die Quelle,
4. Entnahme eines leeren Behälters aus dem Pufferlager,
5. Produktion der auf der KANBAN-Karte angegebenen Menge und Ablage im dafür vorgesehenen Behälter,
6. Anbringen der KANBAN-Karte am aufgefüllten Behälter,
7. Transport des mit der KANBAN-Karte versehenen und gefüllten Behälters in das Pufferlager.

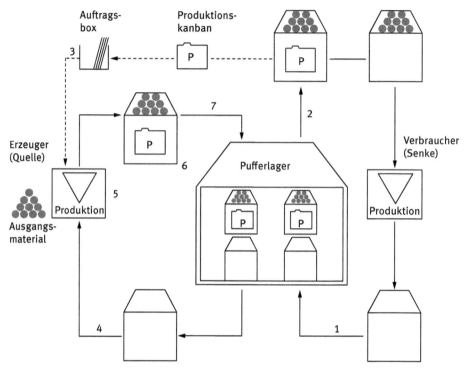

—— Materialfluss, bzw. Behältertransport   ---- Informationsfluss, bzw. Kanbantransport

Abb. 4.49: Ablauf einer KANBAN-Steuerung
Abbildung in Anlehnung an Glaser, Geiger, Rohde (1992)

Ausgehend von dem letzten, das Enderzeugnis fertigenden Arbeitssystem werden nacheinander alle beteiligten Arbeitssysteme durch Fertigungsaufträge miteinander verbunden. Ein durch eine KANBAN-Karte ausgelöster Fertigungsauftrag an die erzeugende Stelle (Quelle) führt somit seinerseits zur Fertigung benötigter Teile. In einem KANBAN-System werden daher zwei im Fertigungsprozess benachbarte Arbeitsstationen als so genannte Regelkreise zusammengefasst, die als Quelle und Senke miteinander verbunden sind, wobei eine Quelle auch Senke der vorgelagerten Stelle sein kann (Abbildung 4.50).

Im Gegensatz zu herkömmlichen PPS-Systemen wird im Rahmen einer KANBAN-Steuerung das Material nicht mittels zentraler Steuerungsinformationen von Stufe zu Stufe durch den Fertigungsprozess „gedrückt" (Push-Prinzip), sondern mittels sich selbst steuernder Regelkreise durch den Fertigungsprozess „gezogen" (Pull-Prinzip). Nur die letzte Fertigungsstufe erhält ihren Fertigungsimpuls von der zentralen Produktionssteuerung. Alle vorgelagerten Stufen bekommen ihre Fertigungsimpulse von den jeweils vorgelagerten Stufen. Unter Einhaltung der mit dem KANBAN-System verbundenen Ablaufregeln können die damit verbundenen Ziele eines störungsfreien Mate-

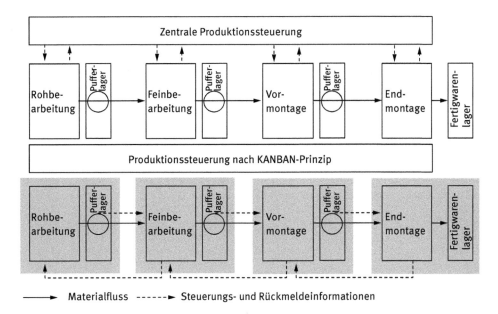

———▶ Materialfluss ------▶ Steuerungs- und Rückmeldeinformationen

Abb. 4.50: KANBAN-Steuerung im Vergleich zu zentralem PPS-System
Abbildung in Anlehnung an Wildemann (1988)

rialflusses bei relativ niedrigen Beständen und daraus sich ergebenden kurzen Durchlaufzeiten und hoher Termintreue erreicht werden.

Das mit dem KANBAN-System verbundene *Just-in-Time*-Prinzip hat über die eigentliche Produktionssteuerung hinaus große Bedeutung im Bereich der Logistik erlangt. Anstelle einer möglichst hohen Kapazitätsauslastung heißt die Zielsetzung von *Just-in-Time*: Produktion auf Abruf. Konkret bedeutet das, dass entlang einer Wertschöpfungskette nur dann Enderzeugnisse produziert werden, wenn die Erzeugnisse umgehend verkauft werden können, nur dann Komponenten hergestellt werden, wenn sie umgehend zu Enderzeugnissen montiert werden, nur dann Teile produziert werden, wenn sie umgehend zu Komponenten zusammengebaut werden, und nur dann Material bezogen wird, wenn es umgehend in den Fertigungsprozess eingeht.

4.8.5 Steuerung mit Fortschrittszahlen

Das *Fortschrittszahlenkonzept* geht von einer Zerlegung des Produktionssystems in einzelne Steuereinheiten (so genannte Kontrollblöcke) aus, die dem Materialfluss entsprechend geordnet sind.

Ausgehend von geplanten Liefermengen und Lieferzeiten für das Enderzeugnis werden auf Basis der Erzeugnisstrukturen sowie der Durchlaufzeiten kumulierte Bedarfsmengen in den einzelnen Kontrollblöcken festgelegt, die bis zu einem bestimmten Betriebskalendertag angeliefert oder produziert sein müssen. Diese kumulierten Produktionsmengen für den geplanten Zugang und den Abgang jedes einzelnen Kontrollblocks werden als Soll-Fortschrittszahlen bezeichnet und repräsentieren den geforderten Produktionsfortschritt. Durch Abtragen der Fortschrittszahlen über der Zeit (Betriebskalendertage) lässt sich ein Fortschrittszahlendiagramm erstellen. Aus den Abständen zwischen der Soll-Zugangs- und der Soll-Abgangskurve eines Blocks kann auf die entsprechenden Soll-Bestände bzw. die Soll-Durchlaufzeiten geschlossen werden. Den Soll-Zahlen können die tatsächlich in den einzelnen Blöcken gefertigten Mengen gegenübergestellt werden. Ein vertikaler bzw. horizontaler Vergleich der Soll-Abgangs- und Ist-Abgangszahlen lässt dann z. B. mengen- bzw. zeitmäßigen Vorlauf oder Rückstand erkennen (Abbildung 4.51).

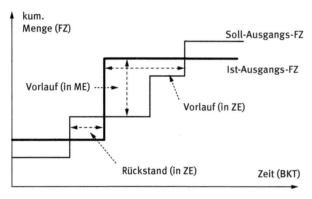

Abb. 4.51: Fortschrittszahlendiagramm
Abbildung in Anlehnung an Heinemeyer (1988)

4.8.6 Optimized Production Technology

Das Fertigungssteuerungssystem der *Optimized Production Technology* (OPT) wird in der Literatur mehr als Steuerungsphilosophie vorgestellt. Der Grund liegt darin, dass die genaue Vorgehensweise des von *E. M. Goldratt* popularisierten Konzepts nicht publiziert, sondern lediglich als kommerzielle Softwarelösung vorgestellt wurde. *Goldratt* (1988) hat nur einige Grundregeln veröffentlicht.

Das OPT-Konzept folgt im Kern Prinzipien, die allgemein als *Theory of Constraints* (TOC) bezeichnet werden. Hierbei geht es um die Identifikation von Restriktionen, die ein betriebliches System in seiner Leistungsfähigkeit einschränken können. Restriktionen können sich auf interne Ressourcen (z. B. Personal oder Betriebsmittel), auf Märkte (z. B. Absatzmöglichkeiten) oder auf weitere Rahmenbedingungen (z. B. Arbeitszeiten) beziehen. Kernaussage der TOC ist nun, dass eine Leistungsverbesserung nur durch eine Ausweitung oder Umgehung bestehender Restriktionen möglich ist.

Versteht man die TOC als kontinuierlichen Verbesserungsprozess, so lässt sich das Vorgehen in fünf Schritten zusammenfassen:

1. "Identify the primary system constraints, because no improvement is possible unless the constraint or weakest link is found."
2. "Decide how to exploit the system constraints."
3. "Subordinate everything else to that decision made in step 2."
4. "Elevate the system constraints so that a higher level of performance can be achieved."
5. "If constraints are eliminated, go back to step 1."

Bezogen auf den Bereich der Produktion lässt sich die Kernaussage des OPT-Konzepts darauf reduzieren, dass der Materialfluss und der maximale Ausstoß der Produktion durch die Engpässe (bottlenecks) bestimmt werden, weshalb die Engpässe den Ausgangspunkt der gesamten Planung bilden sollen. Diese Idee ist seit *Gutenberg* als „Ausgleichsgesetz der Planung" bekannt, wonach der jeweils schwächste Teilbereich im Gesamtsystem betrieblicher Betätigung die Planung dominiert.[97]

Eine Fertigungssteuerung auf Basis des OPT-Konzepts orientiert sich daher an folgenden Grundregeln:

1. "Do not balance capacity – balance the flow."
2. "The level of utilization of a non-bottleneck resource is determined not by its own potential but by some other constraint in the system."
3. "Utilization and activation of a resource are not the same."
4. "An hour lost at a bottleneck is an hour lost for the total system."
5. "An hour saved at a non-bottleneck is a mirage."
6. "Bottlenecks govern both throughput and inventory in the system."
7. "The transfer batch may not and many times should not be equal to the process batch."
8. "The process batch should be variable, not fixed."
9. "Schedules should be established by looking at all of the constraints simultaneously. Lead-times are the result of a schedule and cannot be predetermined."

Da die Engpässe eines Produktionssystems die kritischen Größen für den Materialfluss darstellen, sind Kapazitäten sowie Materialflüsse, die vom unkritischen ins kritische Netzwerk führen, nach dem *Drum-Buffer-Rope*-Prinzip zu gestalten und stellen so den Ausgangspunkt der Produktionssteuerung nach dem OPT-Konzept dar (Abbildung 4.52).

An der Engpassstelle wird ein Kontrollpunkt eingerichtet, der den Produktionstakt für die gesamte Fertigung vorgibt (*drum*). Um eine Engpassmaschine störungsfrei laufen lassen zu können, ist ein Pufferlager vor diesem Engpass einzurichten (*buffer*).

---

97 Vgl. *Gutenberg* (1971), S. 164.

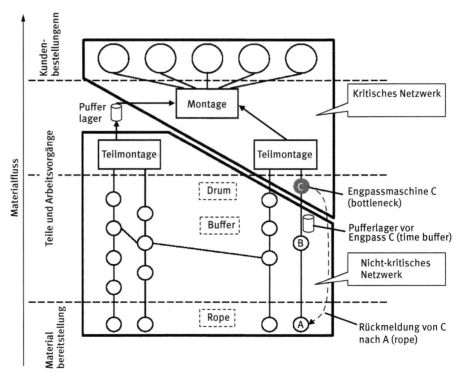

Abb. 4.52: OPT-Konzept und Drum-Buffer-Rope-Prinzip
Abbildung in Anlehnung an Goldratt (1988)

Dieser Sicherheitsbestand sorgt für die nötige Auslastungssicherheit, da der Output des Engpasses direkt den Output der gesamten Fertigung bestimmt. Darüber hinaus ist eine Rückmeldung vom Kontrollpunkt an der Engpassmaschine hin zu den dem Engpass vorgelagerten Fertigungsstufen erforderlich (*rope*). Diese Rückmeldeinformation dient dazu, der Materialquelle mitzuteilen, wie viel Material am Engpass verbraucht wird, so dass genau jene Menge bereitgestellt wird. So sollen sowohl unnötige Bestände als auch Fehlmengen vermieden werden.

Ausgangspunkt der Materialflussplanung nach dem OPT-Konzept ist ein detaillierter *Ablaufplan*. Er beschreibt, welche Vorgänge im Rahmen der Fertigung auszuführen sind und welche Verbindungen zwischen diesen Vorgängen bzw. den dazugehörigen Ressourcen bestehen. In diesem Ablaufplan werden, ausgehend vom bekannten Fertigstellungstermin der Aufträge, mittels Rückwärtsterminierung die kapazitätsmäßigen Engpässe lokalisiert. Das Kriterium zur Bestimmung eines Engpasses ist die Auslastung, d. h., ein Engpass wird durch jene Ressourcen definiert, deren Leistungsvermögen geringer als die geforderte Belastung ist. Alle Arbeitssysteme mit einer Auslastung von mindestens 100 % stellen Engpässe dar.

Entsprechend der *Theory of Constraints* ist im Anschluss zu versuchen, die Belastung an den Engpässen zu reduzieren oder deren Kapazität zu erhöhen. Sind die Möglichkeiten des Kapazitätsabgleichs erschöpft, wird das Produktionssystem in einen kritischen und in einen nichtkritischen Bereich geteilt. Der kritische Bereich umfasst die verbliebenen Engpässe sowie alle nachgelagerten Arbeitssysteme (downstream), während der nichtkritische Bereich die den Engpässen vorgelagerten Arbeitssysteme beinhaltet (upstream). Systeme vor dem Engpass sind so zu steuern, dass der Engpass immer ausgelastet ist. Auslastung und Bestände hinter dem Engpass ergeben sich zwingend aus dem Durchsatz des Engpasses.

Die Einlastung der Aufträge beginnt mit einer genauen Belegungsplanung des Engpasses. Daraus ergeben sich Planfertigstellungstermine aller Arbeitsvorgänge an diesem Engpass. Ausgehend von diesen Terminen werden die Arbeitsvorgänge des kritischen Teilnetzes einer Vorwärtsterminierung unterzogen, während der nichtkritische Teil, ausgehend vom Engpass, einer Rückwärtsterminierung unterzogen wird. Der genaue Algorithmus der Vorwärtsterminierung im kritischen Teilnetz ist Bestandteil der kommerziellen Softwarelösung des OPT-Systems und bislang nicht veröffentlicht.

4.9 Konzepte einer digital vernetzten Produktion

4.9.1 Computer Integrated Manufacturing (CIM)

Die in diesem Kapital ausführlich dargestellten (Sub-)Systeme der Produktionsplanung und -steuerung (PPS) sind mit der stufenweisen Abarbeitung primär betriebswirtschaftlicher Aufgaben im Produktionsbereich von Industriebetrieben betraut. Diese sind in der Praxis seit längerem Bestandteil EDV-basierter Lösungen zur Produktionsplanung und -steuerung.

Parallel dazu sind in Industriebetrieben regelmäßig primär technisch orientierte Aufgaben zu absolvieren. Ausgehend von der Produktentwicklung und Konstruktion ist die Arbeitsplanung durchzuführen und sind NC-Programme zu erstellen. Auch diese Aufgaben werden zumeist durch entsprechende EDV-Systeme unterstützt. Entsprechend existieren diverse „CA-Begriffe", wie z. B.: *Computer Aided Engineering* (CAE), *Computer Aided Design* (CAD), *Computer-gestützte Arbeitsplanung* (CAP), *Computer Aided Manufacturing* (CAM) und *Computer Aided Quality Ensurance* (CAQ).

Um die entsprechenden betrieblichen Abläufe zu unterstützen und zu verbessern, wurde schon früh eine integrierte Informationsverarbeitung zwischen prozessual zusammenhängenden betrieblichen Einheiten (Menschen, Organisationseinheiten, EDV-Systemen, Produktionsanlagen) gefordert, um diverse Schnittstellen- und Koordinationsprobleme isolierter „Insellösungen" zu vermeiden.

Im Bereich der Fertigung bezeichnet der Ansatz der integrierten Informationsverarbeitung in Form des *Computer Integrated Manufacturing* (CIM) entsprechende

Bemühungen. Darunter versteht man die integrierte Informationsverarbeitung aller mit der Leistungserstellung zusammenhängenden Bereiche, wobei zwischen dem primär technischen Funktionsstrang Konstruktion, Arbeitsplanung und NC-Programmierung sowie dem primär betriebswirtschaftlichen Funktionsstrang der Produktionsplanung und -steuerung (PPS) einschließlich Qualitätssicherung unterschieden wird. Können diese beiden Stränge im Stadium der Planung noch getrennt voneinander – sinnvollerweise aber unter Rückgriff auf integrierte Datenbanken (z. B. Stücklisten, Arbeitspläne, Betriebsmitteldaten) – durchlaufen werden, ist, sobald das Stadium der Planung abgeschlossen ist und die Steuerung der physischen Produktion beginnt, eine enge Verzahnung der nachfolgenden Steuerungsaufgaben erforderlich. Abbildung 4.53 veranschaulicht diese Zusammenhänge.

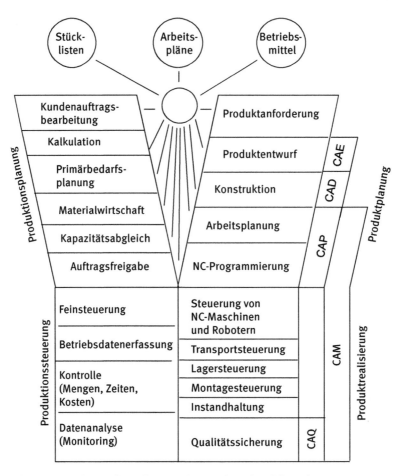

Abb. 4.53: Integrierte Informationsverarbeitung im Industriebetrieb
Abbildung in Anlehnung an Scheer (1987)

Die Realisierung dieser integrierten Informationsverarbeitung stellt besonders hohe Anforderungen an die Betriebsorganisation. Aus heutiger Sicht ist zu konstatieren, dass der theoretische Anspruch des CIM-Konzepts in der Praxis bislang nicht erreicht wurde. Unverändert finden sich überwiegend informationstechnische Insellösungen.[98]

Ein durchgängiger Datenfluss in der Fertigung scheitert zumeist an der Vielzahl und Vielfalt der beteiligten Kommunikationsschnittstellen. Im Extremfall kommuniziert jeder Akteur in einer Fertigung mit Hilfe unterschiedlicher Schnittstellen mit jedem anderen Akteur. Die Anzahl an Schnittstellen S einer dementsprechend bilateral stattfindenden Kommunikation zwischen n Akteuren, wie sie durch Insellösungen in der Fertigung auftreten, folgt logisch folgendem Zusammenhang:

$$S(n) = n(n - 1). \tag{4.90}$$

Dass die Vielzahl der so entstehenden Schnittstellen zwischen den beteiligten Akteuren Kommunikationsprobleme mit sich bringt, liegt auf der Hand. Je mehr Kommunikationen ablaufen bzw. je mehr Schnittstellen in einem Kommunikationsprozess auftreten, desto größer ist die Wahrscheinlichkeit für auftretende Probleme. Zudem ist der Aufwand für die technische Definition und Dokumentation entsprechender Schnittstellen sowie für deren Implementierung und Pflege erheblich.

Neben diesen Schnittstellenproblemen gibt es weitere Hindernisse für einen durchgängigen Datenfluss in der Fertigung. Beispielhaft sei der Bereich der Werkzeugvoreinstellung zur Veranschaulichung herausgegriffen. In vielen Betrieben ist bis dato die Weitergabe von Werkzeugvoreinstelldaten in elektronischer Form nur bedingt möglich. Die Weitergabe der Informationen zwischen den Maschinen erfolgt stattdessen in der Regel auf Papier und die generierten Werkzeugdaten müssen unter erheblichem Zeitaufwand manuell in die Maschinensteuerung der jeweiligen NC-Maschine übertragen werden. Die manuelle Erfassung der Daten zu Werkzeugbe- und -entladungen kann darüber hinaus zu Fehlern und Ungewissheiten über die tatsächliche Bestückung des Werkzeugmagazins der NC-Maschinen führen. Dies hat unmittelbar ungünstige Auswirkungen auf die Rüstzeiten der NC-Maschinen und den Bestand an vorkonfektionierten Werkzeugen sowie den hierfür erforderlichen vorzuhaltenden (und relativ teuren) Werkzeugkomponenten.

Damit bestehen Potenziale fort, mit dem Übergang zu einem vernetzten Gesamtsystem eine engere Abstimmung von betriebswirtschaftlicher und technischer Informationsverarbeitung im Fertigungssektor zu erreichen und so Produktivitätssteigerungen zu realisieren.

---

98 Vgl. dazu und zum folgenden Obermaier, Kirsch (2016)

4.9.2 Manufacturing Execution Systeme (MES)

4.9.2.1 Integrierte Informationsverarbeitung mittels MES

Gegenstand einer weitergehenden Vernetzung industrieller Infrastruktur sind die derzeit unter dem Stichwort „Industrie 4.0" diskutierten Bestrebungen. Allgemein wird unter dem Begriff „Industrie 4.0" in der Betriebswirtschaftslehre eine Form industrieller Wertschöpfung verstanden, „die durch Digitalisierung, Automatisierung sowie Vernetzung aller an der Wertschöpfung beteiligten Akteure charakterisiert ist und auf Prozesse, Produkte oder Geschäftsmodelle von Industriebetrieben einwirkt"[99].

Kern dieser Vernetzung stellen so genannte *cyber-physische Systeme* (CPS) dar, die (a) mittels Sensoren Daten erfassen, mittels eingebetteter Software aufbereiten und mittels Aktoren auf reale Vorgänge einwirken, (b) über eine Dateninfrastruktur, wie z. B. das Internet, kommunizieren und (c) über Mensch-Maschine-Schnittstellen verfügen, mithin also Maschinen und Systeme über Internettechnologie vernetzen.

Im Bereich der Fertigung sind dabei so genannte *Manufacturing Execution Systeme* (MES) der kritische Baustein zur Etablierung cyber-physischer Systeme, die als (a) interoperables, (b) echtzeitfähiges und (c) webfähiges Bindeglied zwischen dem ERP- oder dem PPS-System und der physischen Fertigung (so genannter shop floor) fungieren und so die fehlende Vernetzung aller Akteure bewirken.

Mit der informationstechnischen Vernetzung der am Fertigungsprozess beteiligten Akteure (v. a. ERP-System, PPS-System, CNC-Programmierung, Werkzeugverwaltung, Messgeräte, Werkzeuglagersystem, CNC-Maschinen, Qualitätssicherung) sollen Informationen bereitgestellt und Produktionsabläufe vom Anlegen eines Auftrags über die Fertigungssteuerung bis hin zum fertigen Produkt möglichst effizient gestaltet werden. Der Rückgriff auf aktuelle und exakte Daten soll eine schnelle Reaktion auf den Fertigungsablauf beeinflussende Bedingungen erlauben und zu verbesserten Fertigungs- und Prozessabläufen führen. Zudem kann dabei von bislang mit proprietären Datenformaten parallel arbeitenden Insellösungen zu einem interoperablen, weil vernetzten, webbasierten und damit papierlosen MES übergegangen werden.

Zur besseren Veranschaulichung der Funktionsweise und Wirkung eines MES diene ein *Praxisbeispiel*.[100] Die Maschinenfabrik Reinhausen GmbH (MR) hat mit dem so genannten MR-CM ein webbasiertes MES entwickelt und implementiert, das den Auftragsprozess arbeitsstationsübergreifend begleitet und einen durchgehenden Informationsfluss sichert. Die durch das MES unterstützten Prozesse betreffen vornehmlich die Arbeitsvorbereitung und hier konkret die Rüstprozesse der im Einsatz befindlichen CNC-Maschinen. Wesentliche Triebfeder für die Entwicklung eines MES bei der Maschinenfabrik Reinhausen waren Ineffizienzen beim Rüstprozess. Ein Problem ist dabei, dass die unterschiedlichen an einem Fertigungsprozess beteiligten Aggregate (NC-Maschinen, Voreinstellgeräte, Lagersysteme etc.) proprietäre Daten-

---

99 *Obermaier* (2016), S. 8.
100 Vgl. ausführlich *Obermaier, Hofmann, Kellner* (2010).

formate verwenden und eine aggregatübergreifende Bereitstellung der Prozessdaten regelmäßig nicht möglich ist.

Ausgehend von den beschriebenen Ineffizienzen, wurde angestrebt, mit der informationstechnischen Vernetzung der am Auftragsprozess beteiligten „Akteure" (ERP-System, PPS-System, CNC-Programmierung, Werkzeugverwaltung, Messgeräte, Werkzeuglagersystem, CNC-Maschinen, Qualitätssicherung) einen integrierten Ansatz zur bedarfsgerechten, aggregatsübergreifenden und durchgehenden Erfassung sowie Bereitstellung von Information zu verfolgen. Von mit proprietären Datenformaten parallel arbeitenden Insellösungen sollte zu einem vernetzten, webbasierten und papierlosen MES übergegangen werden.

Als „Informationsdrehscheibe" zwischen allen am Prozess der Maschinenrüstung beteiligten Akteure fungiert MR-CM einerseits als Bindeglied zwischen dem ERP-System und der physischen Fertigung (vertikale Integration), andererseits als Bindeglied zwischen den einzelnen den Fertigungsprozess ausführenden Einheiten (horizontale Integration).

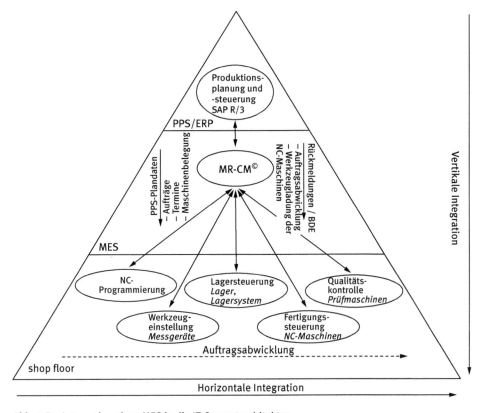

Abb. 4.54: Integration eines MES in die IT-Gesamtarchitektur
Abbildung in Anlehnung an Obermaier, Hofmann, Kellner (2010)

Im Rahmen der *vertikalen Integration* (Abbildung 4.54) übernimmt das MES die Aufgabe, als informationstechnisches Bindeglied zwischen dem PPS-System und der physischen Fertigung, d. h. den einzelnen Produktionsanlagen, die Fertigungsaufträge eine Aggregationsebene „tiefer" zu erfassen und so deren Planung und Steuerung zu unterstützen. Ein vom PPS-System ausgelöster Fertigungsauftrag wird durch das MES übernommen und auf „Shop-floor"-Ebene gesteuert, bis er abgeschlossen ist. Während das PPS-System Aufträge untereinander plant, koordiniert und terminiert (z. B. durch Vergabe von Start-/Endterminen), kommt dem MES eine Steuerungsaufgabe innerhalb der Abarbeitung der einzelnen Aufträge zu. Zudem werden sowohl Teilschritte als auch abgeschlossene Aufträge an das ERP-System zurückgemeldet. Durch diese Rückmeldung wird erreicht, dass das PPS-System seine Auftragsplanung auf „Real-time"-Daten aufbauen kann und nicht auf Grundlage geplanter Daten oder Kapazitäten rechnen muss. So wird es möglich, dass das PPS-System Aufträge unter Berücksichtigung von aktuell im Bedarfszeitpunkt erhobenen Informationen vergibt (z. B. aktueller Prozessstatus oder Bestand der Werkzeugmagazine einzelner Maschinen).

Im Rahmen der *horizontalen Integration* werden die Maschinen durch das MES informationstechnisch vernetzt. Eine wesentliche Aufgabe liegt in der Bereitstellung der nötigen Schnittstellen, um eine Kommunikation zwischen den regelmäßig mit proprietären Datenformaten arbeitenden Maschinen zu ermöglichen. Durch die direkte Weitergabe der Maschinendaten werden Medienbrüche sowie zeitintensive und potenziell fehlerhafte manuelle Eingaben vermieden.

Die informationstechnische Realisierung eines MES kann in der Logik einer Client-Server-Architektur erfolgen. Das MES stellt dabei die zentrale Informationsdrehscheibe in der Fertigung dar. Die einzelnen Akteure (Abbildung 4.55) melden ihre Anfragen dem MES, das die geforderten Informationen bei den entsprechenden Akteuren abfragt, verknüpft diese Informationen gegebenenfalls und überträgt das Ergebnis der anfragenden Stelle.

Auf diese Weise wird zudem die Anzahl der Kommunikationsschnittstellen der beteiligten Akteure einer Fertigung um ein Vielfaches reduziert, da diese nicht mehr jeweils bilateral, sondern zentral über das MES als „information hub" erfolgt. Die Anzahl der Schnittstellen S einer zentralen Kommunikation beträgt dabei nur noch:

$$S(n) = 2n. \tag{4.91}$$

Der Rückgang an Kommunikationsschnittstellen bei zentral gesteuerter gegenüber bilateraler Kommunikation hilft nicht nur, den Wartungsaufwand und die Fehleranfälligkeit der Datenübermittlung erheblich zu senken, sondern insbesondere, eine integrierte Informationsverarbeitung zu realisieren.

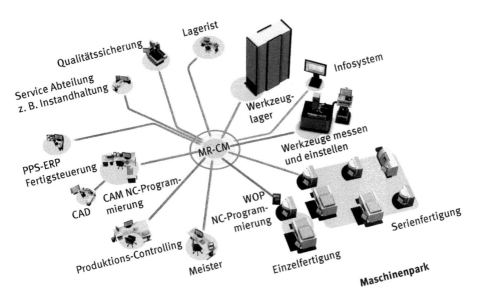

Abb. 4.55: „Informationsdrehscheibe" MR-CM©
Abbildung mit freundlicher Genehmigung der Maschinenfabrik Reinhausen GmbH

4.9.2.2 Durchführung eines Fertigungsauftrages mit MES

Im folgenden soll nun die exemplarische Durchführung eines Fertigungsauftrages verdeutlichen, wie das Manufacturing Execution System MR-CM die Akteure mit Daten versorgt und den Fertigungsprozess steuert. Betrachtet werden folgende Teilprozesse: (1) Anlegen des Fertigungsauftrages im PPS-System, (2) CNC-Programmierung, (3) Zuteilung einer CNC-Maschine, (4) Werkzeugeinstellung und -vermessung, (5) Rüstvorgang an der CNC-Maschine und Qualitätskontrolle.

4.9.2.2.1 Start eines Fertigungsauftrags durch das PPS-System

Der Prozess der Durchführung eines Fertigungsauftrages für ein bestimmtes Werkstück beginnt mit der Anlage des Auftrages im PPS-System. Dieses bestimmt unter Berücksichtigung von Auftragsprioritäten und zur Verfügung stehender Kapazitäten den Endtermin zur Fertigstellung des Auftrages. Ist der vom PPS-System errechnete Start-Zeitpunkt für den Fertigungsauftrag erreicht, werden die Informationen zunächst vom ERP-System an die NC-Programmierung übermittelt. Sodann übernimmt das MES den Auftrag und startet einen Workflow im „Shop-floor"-Bereich.

4.9.2.2.2 NC-Programmierung für den Fertigungsauftrag

Für den vom PPS-System erhaltenen Fertigungsauftrag erzeugt der CAM-Programmierer ein CNC-Programm zusammen mit der Werkzeugliste und weiteren für die CNC-

Fertigung relevanten Daten. Dadurch verkürzt sich die Programmierzeit, es entfallen die manuelle Eingabe von Werkzeugdaten sowie etwaige Werkzeugsuchzeiten sofort benötigter Werkzeuge.

4.9.2.2.3 Zuteilung des Fertigungsauftrages auf eine NC-Maschine

Löst das PPS-System einen Auftrag aus und liegt der Programmdatensatz für das zu fertigende Werkstück vor, so ist dem Fertigungsauftrag in der Regel nur eine Gruppe bau- oder funktionsgleicher NC-Maschinen zugeordnet. Die Auswahl einer konkreten Maschine obliegt dem Produktionsmeister, der das MES als Entscheidungsunterstützungssystem nutzen kann. Das MES beurteilt die Eignung der zur Verfügung stehenden Maschinen zur Bearbeitung des anstehenden Auftrages zunächst in Abhängigkeit von den Werkzeugen, die sich momentan in den Werkzeugmagazinen befinden, und gleicht diesen Bestand mit dem aus dem entsprechenden NC-Programm sich ergebenden Werkzeugbedarf ab. Ergebnis ist eine Priorisierung der NC-Maschinen nach dem Kriterium „minimaler Werkzeug-Nettobedarf". Hierdurch soll erreicht werden, dass der Auftrag an jene Maschine übergeben wird, für die die geringste Rüstzeit erforderlich wird, da sie, im Vergleich zu anderen Maschinen, schon die für die Bearbeitung benötigten Werkzeuge geladen hat.

4.9.2.2.4 Werkzeugeinstellung und -vermessung

Nachdem die zur Fertigung bestimmte Maschine ausgewählt worden ist, müssen die sich noch nicht im Werkzeugmagazin befindlichen, aber für den Auftrag benötigten Werkzeuge vorbereitet werden. Für den Zusammenbau der Werkzeugkomponenten an der Einstellstation übermittelt das MES eine Montagegraphik an das Vermessungsgerät. Gleichzeitig werden die zur Werkzeugvermessung notwendigen Datensätze generiert und an das Messgerät gesendet. Nach der Vermessung der fertigen Werkzeuge generiert das MES den so genannten Werkzeug-Ist-Datensatz. Anschließend meldet das MES die Bereitschaft der montierten und vermessenen Werkzeuge an das PPS-System.

4.9.2.2.5 Rüstvorgang an der CNC-Maschine und Qualitätskontrolle

Sowohl der Werkzeug-Ist-Datensatz als auch die Programmdatei werden nun der CNC-Maschine über das MES bereitgestellt. Durch die direkte Übertragung der Werkzeug- bzw. NC-Programmdaten an die Maschine kann die Durchlaufzeit des Fertigungsauftrags um die Zeit für die (manuelle) Eingabe dieser Daten an der Maschine verkürzt werden. Zudem trägt die direkte Übertragung der Daten zur Prozesssicherheit bei, da potenzielle Fehler bei der Eingabe der Werkzeugdaten vermieden werden. Vor der Bearbeitung des eigentlichen Werkstückes erfolgt ein Probelauf für das NC-Programm. Hierfür wird auf Basis der aktuellen Maschinenkonfiguration (Werkzeuge, NC-Programm) ein Werkstück produziert. In der Qualitätskontrolle wird anschließend sofort das Werkstück vermessen und dessen Güte bestimmt. Nach Abschluss des Fertigungsauftrages an der Maschine endet der MES-Workflow mit der Rückmeldung an das PPS-System.

4.9.2.3 Wirtschaftlichkeitseffekte von MES

Eine Studie von *Obermaier, Kirsch* (2016) liefert eine erste umfassende Analyse von Wirtschaftlichkeitseffekten vor und nach Einführung eines MES in einem Industriebetrieb. Dabei zeigt sich, dass nichtwertschöpfende Prozessschritte im Bereich der Werkzeugeinstellung um rund 40 % und Rüstzeiten um durchschnittlich 38 % reduziert werden können. Neben der zeitlichen Reduktion pro Werkzeugrüstvorgang konnte auch die erforderliche Menge zu beladender Werkzeuge gesenkt werden. Zudem konnte eine Bestandsreduktion an unmittelbar im Maschinenpark im Umlauf befindlichen Komplettwerkzeugen festgestellt werden, welche sich in einer reduzierten Kapitalbindung ausdrücken sollte. In den indirekt zur Wertschöpfung beitragenden Disziplinen der CAD/CAM-NC-Programmierung und Werkstattorientierten Programmierung (WOP) konnten die Prozesse um 13 bzw. 28 % der anfallenden Aktivitäten reduziert werden. Neben diesen quantitativen Wirkungen treten auch eine Reihe qualitativer Prozessverbesserungen auf, die sich in höherer Prozessstandardisierung, -transparenz, -sicherheit und Qualität niederschlagen.

5 Aufgaben

Aufgabe 1-1

In einem Betrieb sind für die beiden ersten Quartale des laufenden Jahres folgende Daten bekannt:

	1. Quartal	2. Quartal
Absatzpreis (GE)	20	21
Absatzmenge	10.000	8.500
Arbeitsstunden	9.000	7.750
Stundenlohn (GE)	10	10
Materialverbrauch (kg)	5.000	4.500
Materialpreis (GE) je kg	15	15,50
Sonstige Ausgaben (GE)	20.000	18.000

Beurteilen Sie für beide Quartale die Produktivität und Rentabilität. Welche Handlungsempfehlungen können im Hinblick auf das 3. Quartal aus den Kennziffern abgeleitet werden?

Aufgabe 1-2

Ein Fahrzeughersteller produziert die Pkw-Modelle A und B. Ermitteln Sie unter Berücksichtigung der nachfolgenden Daten die Arbeitsproduktivität für jedes Pkw-Modell. Diskutieren Sie die Aussagekraft der ermittelten Produktivitätskennziffern.

	Mengen	Preise
Pkw A	Absatz: 5.000	Verkaufspreis: 20.000 GE/Pkw
Pkw B	Absatz: 7.500	Verkaufspreis: 23.750 GE/Pkw
Arbeitsstd. Pkw A	25.000 Std.	Stundensatz: 30,00 GE/Std.
Arbeitsstd. Pkw B	37.500 Std.	Stundensatz: 35,00 GE/Std.

Aufgabe 2.2-1

In der Betriebsabteilung „Bohrerei 1" (B1) der Regendorfer Perforiertechnik GmbH wurde von einem entsprechenden Fachmann eine Arbeitsbewertung durchgeführt. Für den Gruppenführer dieser mit vier NC-Bohrmaschinen ausgestatteten Werkstatt wurde der folgende „Anforderungsermittlungsbogen" erstellt.

https://doi.org/10.1515/9783110467710-006

Arbeitsaufgabe:
Aufgabenbereich eines Vorarbeiters in einer Gruppe numerisch gesteuerter Maschinen.

Eingabe:
Vier zu überwachende NC-Maschinen: Ein Bohrwerk mit Streckensteuerung vier Achsen, drei Bohrwerke mit numerischer Streckensteuerung in drei Achsen.

Ausgabe:
1. Auf den vier Maschinen der Gruppe gefertigte Werkstücke nach Beschreibung;
2. veranlasste Werkzeug-Neubestellung oder Instandhaltung;
3. Transportaufträge und 4. Lohnbelege.

Anforderungsanalyse:

	Anforderungsart	Rangplatz Nr.	Gewicht
A	Ausbildung, Erfahrung, Denkfähigkeit	75	

Kenntnisse und mehrjährige Erfahrung an unterschiedlichen NC Maschinen, Kenntnisse im Lesen und Anwenden der Arbeitsunterlagen, Fähigkeiten zum Disponieren sowie zum Führen und Anweisen der Arbeitsgruppe von drei Mitarbeitern.

	Anforderungsart	Rangplatz Nr.	Gewicht
B	Handfertigkeit, Körpergewandtheit	50	

Vorwiegend Handfertigkeit beim Zusammenbauen und Voreinstellen der Bearbeitungswerkzeuge.

	Anforderungsart	Rangplatz Nr.	Gewicht
C	Verantwortung für die eigene bzw. fremde Arbeit, Sicherheit	65	

Verantwortlich für ordnungsgemäße Arbeitsdisposition, für das ordnungsgemäße Instandhalten, verantwortlich für unfallsicheres Arbeiten der Gruppenmitglieder.

	Anforderungsart	Rangplatz Nr.	Gewicht
D	Aufmerksamkeit, Denktätigkeit	65	

Aufmerksamkeit, vielfach verbunden mit Denktätigkeit, insbesondere beim termingerechten Disponieren der Arbeitsaufträge etc.

	Anforderungsart	Rangplatz Nr.	Gewicht
E	Dynamische, statische, einseitige Muskelarbeit	25	

Arbeitsverrichtung überwiegend im Gehen und Stehen, kurzzeitig im Sitzen, Belastung beim Einstellen bzw. Demontieren der Bohrköpfe und Transport im Wechsel mit Arbeiten ohne besondere Belastung.

	Anforderungsart	Rangplatz Nr.	Gewicht
F	Klima, Nässe, Schmutz, Lärm etc.	10	

Verschmutzung durch den Umgang mit Werkzeugen, Gefährdung bei den Spann- und Demontagearbeiten der Bohrköpfe.

Für die drei anderen Arbeitsplätze der Bohrerei wurden folgende Rangplätze ermittelt:

	Anforderungsart					
Arbeitsplatz	A	B	C	D	E	F
B2	65	55	60	60	30	15
B3	35	55	35	55	20	20
B4	40	45	40	50	35	25

Bezüglich der Gewichte der einzelnen Anforderungsarten wird folgende Beziehung angenommen.

	A	B	C	D	E	F
Gewichtung der Anforderungsart	25 %	10 %	15 %	15 %	20 %	15 %

1. Ordnen Sie die hier angewandten Anforderungsarten in Ihnen bekannte Anforderungsartenkataloge ein.
2. Charakterisieren Sie die hier zugrunde gelegte Bewertung der Arbeitsanforderungen. Welche Probleme sind hierbei zu lösen?
3. Ermitteln Sie die Arbeitswerte der vier Arbeitsplätze der Bohrerei.
4. Ermitteln Sie analytisch den Lohn je Stunde für die Arbeitnehmer an den vier Arbeitsplätzen der Bohrerei unter folgenden Annahmen:
   - Der tarifliche Mindestlohn von 15,00 GE darf nicht unterschritten werden.
   - Der Arbeitnehmer am höchstbewerteten Arbeitsplatz erhält 18,00 GE pro Stunde.
   - Es besteht eine lineare Beziehung zwischen Stundenlohn und Arbeitswert.

Aufgabe 2.2-2

In einer Betriebsabteilung mit vier Arbeitsplätzen wurde von einem REFA-Fachmann eine Arbeitsbewertung mit Hilfe eines analytischen Verfahrens durchgeführt. Als Ergebnis wurden für die Arbeitsplätze A, B, C, D die Arbeitswerte 3,3; 2,3; 2,1 und 2,9 ermittelt.

Zugrunde gelegt wurde folgende Tabelle, die die je Arbeitsplatz und Anforderungsart ermittelten Punkte enthält.

Anforderungsarten	Arbeitsplatz			
	A	B	C	D
Können	1	2	4	1
Belastung	5	2	0	4
Verantwortung	3	4	4	3
Umgebungseinflüsse	4	1	1	4

1. Welche Gewichtungsfaktoren wurden den einzelnen Anforderungsarten zugeordnet?
2. Ermitteln Sie analytisch den Lohn je Stunde für die Arbeitnehmer an den vier Arbeitsplätzen. Nehmen Sie dabei an, dass eine lineare Beziehung zwischen Stundenlohn und Arbeitswert besteht, dass der tarifliche Mindestlohn 13,50 GE pro Stunde beträgt und der Arbeitnehmer am höchstbewerteten Platz 15,00 GE erhält.

Aufgabe 2.2-3

In einem nach dem Prinzip der Reihenfertigung organisierten Produktionssystem besteht die Arbeitsaufgabe des Arbeiters A in der Reinigung von Pumpen. Die Zeitaufnahme ergab für die einzelnen Abschnitte des Arbeitsablaufs die in der folgenden Tabelle angegebenen Ist-Zeiten (in Minuten).

	Ablaufabschnitt	Ist-Zeit
1)	Pumpe vom Förderband nehmen und auf den Tisch legen	0,1
2)	Schrauben lösen	0,2
3)	Pumpe komplett zerlegen	0,2
4)	Gehäuseteile reinigen	0,2
5)	Zahnräder reinigen	0,4
6)	Wellen reinigen	0,3
7)	Pumpe komplett zusammensetzen	0,2
8)	Schraube einsetzen, eindrehen und festziehen	0,3
9)	Pumpe auf Förderband zurücklegen	0,1
10)	Warten auf die nächste Pumpe	0,2

Der Leistungsgrad des Arbeiters A wurde auf 130 % geschätzt. Die Anwendung des Erholzeitzuschlags auf die Tätigkeit ergibt einen Wert von 0,156 Minuten/Stück. Der Verteilzeitprozentsatz auf die Grundzeit beträgt 10 %.

1. Errechnen Sie die Vorgabezeit für die Pumpenreinigung.
2. Ermitteln Sie den Minutenfaktor bei einem tariflichen Mindestlohn von 10,50 GE und einem Akkordzuschlag von 20 %.
3. Errechnen Sie den Stundenverdienst des Arbeiters A, wenn dieser keine Verteilzeiten in Anspruch nimmt.
4. Die Betriebsleitung plant, das Zerlegen und Reinigen der Pumpen durch den Einsatz von Betriebsmitteln zu rationalisieren, die je Minute eine festgelegte Anzahl von Pumpen automatisch zerlegen, reinigen und wieder zusammensetzen. Die Aufgabe des Arbeiters besteht nach dieser Automatisierung lediglich darin, die Tätigkeit der Automaten zu überwachen. Soll der Arbeiter weiterhin im Akkord belohnt werden? Begründen Sie Ihre Meinung.

Aufgabe 2.2-4

Als Mitarbeiter in einer Personalberatungsgesellschaft sind Sie mit der Auswertung eines Fragebogens zur Ermittlung der Mitarbeiterzufriedenheit betraut. Dieser Fragebogen ist im folgenden auszugsweise dargestellt.

Mitarbeiterumfrage

Im folgenden sind verschiedene Merkmale als Statement formuliert, zu denen Sie den Grad Ihrer Zustimmung äußern sollen. Dazu steht Ihnen eine Skala mit den Ausprägungen von (1) – stimme völlig zu – bis (5) – stimme überhaupt nicht zu – zur Verfügung.

Frage	Beurteilung
Die nachfolgenden Kriterien wirken sich positiv auf meine Arbeitszufriedenheit aus.	
hohes Arbeitsentgelt	(1) (2) (3) (4) (x)
gute Beziehungen zu Vorgesetzten	(1) (2) (3) (x) (5)
hohe Arbeits-platzsicherheit	(1) (2) (x) (4) (5)
Anerkennung durch Vorgesetzte	(x) (2) (3) (4) (5)
übertragene Verantwortung	(1) (2) (x) (4) (5)
in Aussicht gestellte Beförderungen	(x) (2) (3) (4) (5)

1. Charakterisieren Sie die im Fragebogen ausgeführten Einflussfaktoren entsprechend der Ihnen bekannten Motivationstheorien. Untersuchen Sie hierbei auch, inwieweit sich die theoretischen Ergebnisse durch diese Befragung erhärten lassen.

2. Formulieren Sie (mindestens fünf) Fragen/Kriterien, um die Einflussfaktoren der Arbeitsunzufriedenheit zu ermitteln.

3. Für einen anderen Mandanten sollen Vorschläge zur Steigerung der Mitarbeitermotivation erarbeitet werden. Sie sind beauftragt, hierfür Vorschläge zur Veränderung der Arbeitsorganisation zu erarbeiten. Welche Konzepte werden Sie untersuchen?

Aufgabe 2.3-1

Die Organisation des Controllings wurde in einem Unternehmen auf folgende Weise gestaltet: Für jede Produktgruppe existiert ein Produktcontroller, der jeweils demjenigen Produktmanager disziplinarisch unterstellt ist, in dessen Bereich er arbeitet. Fachlicher Vorgesetzter für alle Produktcontroller ist dagegen der Leiter des Funktionsbereichs „Controlling".

1. Wie nennt man das Organisationskonzept, nach dem die dargestellte Struktur gestaltet ist?
2. Welches Leitungssystem liegt diesem Organisationskonzept zugrunde?
3. Erläutern Sie die Vor- und Nachteile dieses Organisationskonzepts.
4. Charakterisieren Sie die Werkstatt- und Fließfertigung und stellen Sie die jeweiligen Vor- und Nachteile gegenüber.
5. In welcher Weise verbindet die Gruppenfertigung die Vorteile der Werkstatt- und Fließfertigung?

Aufgabe 2.3-2

Drei Werkstätten ($W_1 - W_3$) sollen innerhalb eines Betriebs drei Orten ($O_1 - O_3$) zugeordnet werden, wobei als Zielfunktion die Minimierung der Transportkosten unterstellt ist.

Folgende Matrix der Entfernungen zwischen den einzelnen Orten liegt vor:

	nach		
von	O_1	O_2	O_3
O_1	0	1	2
O_2	1	0	3
O_3	3	3	0

An Transportkosten je Entfernungseinheit fallen zwischen den einzelnen Werkstätten an:

	nach		
von	W_1	W_2	W_3
W_1	0	1	3
W_2	0	0	2
W_3	2	0	0

1. Führen Sie zur Lösung dieses Layout-Problems eine vollständige Enumeration durch.
2. Erläutern Sie anhand dieses Beispiels die Notwendigkeit heuristischer Lösungsverfahren. Ermitteln Sie eine Lösung mit Hilfe eines Ihnen bekannten heuristischen Verfahrens und vergleichen Sie diese mit der Lösung aus Teilaufgabe 1.

Aufgabe 2.3-3

In einem Betrieb soll der Materialfluss innerhalb der Werkstatt „Dreherei" vor allem durch räumliche Umsetzung der Drehautomaten so beeinflusst werden, dass die Transportkosten für das Material bzw. die Werkstücke minimiert werden. Die betreffende Werkstatt besteht aus drei Maschinen (M_1, M_2, M_3), die an drei Standorten (O_1, O_2, $O_{3)}$ positioniert werden können.

Aus Untersuchungen der Vergangenheit ist bekannt, dass zwischen den Maschinen folgende Anzahl von Transportvorgängen (z. B. Überbringen von Werkstücken zur Weiterverarbeitung) stattfindet:

von	nach M_1	M_2	M_3
M_1	0	0	1
M_2	6	0	0
M_3	27	30	0

Da die Transportkosten abhängig von der Entfernung und dem jeweiligen Drehautomaten sind, rechnet man mit folgenden durchschnittlichen Werten (in GE pro Transportvorgang und pro Meter):

von	nach M_1	M_2	M_3
M_1	0	25	360
M_2	30	0	43
M_3	20	12	0

Die Matrix der Entfernungen (in Meter) zwischen den Standorten weist folgende Struktur auf:

von	nach O_1	O_2	O_3
O_1	0	10	30
O_2	10	0	30
O_3	20	30	0

1. Lösen Sie dieses Layout-Problem mit Hilfe eines heuristischen Verfahrens und geben Sie die anfallenden Kosten (in GE) für die von Ihnen ermittelte Zuordnung an. Beschreiben Sie dabei kurz das Grundprinzip des Verfahrens.

2. Die drei Maschinen sind derzeit an folgenden Standorten:

$$M_1 \rightarrow O_1,$$

$$M_2 \rightarrow O_3,$$

$$M_3 \rightarrow O_2,$$

Ermitteln Sie die Kosten (in GE) für die angegebene Zuordnung.
3. Zu welchem Vorgehen würden Sie der Betriebsleitung im Hinblick auf die Ergebnisse aus 1. und 2. raten? Gehen Sie in Ihrer Begründung auch auf die zentrale Problematik des Einsatzes heuristischer Verfahren ein.

Aufgabe 2.3-4

Student Schlau erwägt, seine bisher hobbymäßig betriebene Surfbrettfertigung unternehmerisch auszurichten. Das Produktionsprogramm soll aus drei Grundtypen bestehen, die individuell auf Kundenwunsch variiert werden. Ein spezieller Service soll die kostengünstige Übernahme von Reparaturen sein.

Bei der Wahl der Fertigungsorganisation geht Schlau davon aus, dass ihm ein Areal mit vier Hallen (H1, H2, H3 und H4) von seinem Großvater unentgeltlich zur Verfügung gestellt wird und dass von der Materialanlieferung bis zur Fertigstellung eines Brettes vier Produktionsstufen erforderlich sind:
- Shapen (Sägen) [S],
- Schleifen [C],
- Laminieren [L],
- Trocknen [T].

1. Zu welchem Typ der Fertigungsorganisation raten Sie Schlau? Wählen Sie einen Ihrer Meinung nach geeigneten aus, charakterisieren Sie diesen ausführlich und zeigen Sie dessen Vor- und Nachteile auf.
2. Student Schlau stellt, um die Organisationstypenwahl rational zu fundieren, ein Kostenkalkül für die einzelnen Typen auf. Hierbei interessieren ihn unter anderem die minimal entstehenden innerbetrieblichen Transportkosten, wenn die vier verschiedenen Produktionsstufen in je einer Halle realisiert werden. Wie kann Schlau die minimalen Transportkosten bestimmen? Beschreiben Sie ein in Frage kommendes Lösungsverfahren ausführlich und kritisch, und errechnen Sie damit die minimalen Transportkosten.
Schlau schätzt die quantitativen Beziehungen zwischen den Hallen folgendermaßen:

Distanzmatrix (ZE):

	H1	H2	H3	H4
H1	0	5	3	5
H2	1	0	6	1
H3	5	4	0	3
H4	2	3	4	0

Transportkostenmatrix $\left(\dfrac{GE}{ZE \times ME} \right)$:

	nach			
von	S	C	L	T
S	0	0.9	0.8	0.7
C	0.8	0	0.4	0.2
L	0.7	0.5	0	0.3
T	0.4	0.1	0.4	0

Transportvorgangsmatrix (Anzahl der Transportvorgänge (ME)):

	nach			
von	S	C	L	T
S	0	3	2	2
C	0	0	1	0
L	4	1	0	0
T	0	3	0	0

3. Welchen Sachverhalt hat Schlau fälschlicherweise bei seinen Überlegungen nicht berücksichtigt?

Aufgabe 3.1-1

Gegeben sind die folgenden vier Produktionsfunktionen:

1. $X = \frac{r_1}{3} = \frac{r_2}{4}$,
2. $X = 2 \cdot r_1 + 8 \cdot \sqrt{r_2}$,
3. $X = 0,5 \cdot r_1^{0,5} \cdot r_2^{0,5}$,
4. $X = \frac{r_1}{a_1} = \frac{r_2}{a_2}$; $\quad \frac{a_1}{a_2} = \frac{X}{100}$; $\quad a_2 = 4$.

Zeichnen Sie die in 1. angegebene Funktion für X = 5, 10, 20, die Funktionen 2. und 3. für X = 10, 30, 50. Charakterisieren Sie für alle vier Produktionsfunktionen.

Welches ökonomische Problem tritt auf, wenn bei Vorliegen der Funktion 3. eine gegebene Menge X produziert werden soll? Wie wird dieses Problem gelöst?

Aufgabe 3.2-1

In verschiedenen Lehrbüchern zur Produktions- und Kostentheorie wird die Kostenfunktion $K = g(x)$ über die so genannte „monetäre Produktionsfunktion" aus der (mengenmäßigen) Produktionsfunktion abgeleitet.

1. Definieren Sie den Begriff „Produktionsfunktion" so, dass er in Übereinstimmung mit dem Wirtschaftlichkeitsprinzip steht.
2. Setzen Sie sich kritisch mit der beschriebenen Vorgehensweise zur Ableitung einer Kostenfunktion aus der Produktionsfunktion auseinander.
3. Bestimmen Sie die zur Produktionsfunktion $X = r_1^2 \cdot r_2^2$ gehörende Kostenfunktion $K = K(X)$.

Aufgabe 3.2-2

In einem Betrieb wird das Produkt X unter Einsatz von zwei Produktionsfaktoren, r_1 und r_2, hergestellt. Die Faktorpreise betragen für den ersten Faktor 100 GE und für den zweiten Faktor 300 GE je Mengeneinheit. Der Zusammenhang zwischen Faktoreinsatz und Ausbringung ist durch folgende Funktion beschreibbar:

$$X = \sqrt{r_1 \cdot r_2^3}.$$

1. Um welche Art von Produktionsfunktion handelt es sich? Erläutern Sie diese.
2. Mit welchen Mengen sollen die beiden Faktoren eingesetzt werden, wenn zum einen 1.600 und zum anderen 2.500 Stück von Produkt X hergestellt werden sollen? Wie hoch sind die entsprechenden Kosten?
3. Erläutern Sie folgende Aussage: „Die kostenminimale Faktoreinsatzmengenkombination ist zugleich immer eine effiziente Kombination."

Aufgabe 3.2-3

Ein Produkt X wird aus den zwei Faktoren r_1 und r_2 hergestellt. Die Einsatzfunktion für den Faktor r_1 hat folgendes Aussehen:

$$r_1 = \left(\frac{X}{\sqrt{r_2}} \right)^2.$$

Der Preis je Faktoreinheit beträgt für den ersten Faktor acht Geldeinheiten und für den zweiten Faktor zwei Geldeinheiten.

Für die Herstellung des Produkts stehen insgesamt 128 Geldeinheiten zur Verfügung.

1. Ermitteln Sie die maximale Produktionsmenge.

Der Preis des Faktors r_1 erhöht sich. Die Steigung der Ertragsisoquante nimmt in der neuen Minimalkombination um den Betrag von 2 zu.

2. Um wie viele Geldeinheiten muss das vorgegebene Budget erhöht werden, wenn unter den neuen Bedingungen die in Teilaufgabe 1. ermittelte Produktionsmenge hergestellt werden soll?

Aufgabe 3.3-1

Gegeben sei die Produktionsfunktion:

$$X = f(r) = -\frac{1}{160} \cdot r^3 + \frac{5}{4} \cdot r^2 + 4 \cdot r.$$

1. Ermitteln Sie die Grenzertrags- und die Durchschnittsertragsfunktion.
2. Ermitteln Sie diejenigen Faktoreinsatzmengen, mit denen der maximale Ertrag, der maximale Gewinn und der maximale Durchschnittsertrag erzielt werden.
3. Stellen Sie die Produktionsfunktion graphisch dar.

Aufgabe 3.3-2

1. Von einem Produkt werden in 15 Stunden 6.000 Einheiten hergestellt, wobei zur Herstellung einer Einheit neun Stanzvorgänge notwendig sind. Ermitteln Sie die technische und ökonomische Intensität.
2. Von einem Produkt sollen 1.000 Stück hergestellt werden. Jedes Stück ist mit zwei Bohrungen versehen. Welche technische bzw. ökonomische Intensität muss gewählt werden, damit die Bohrmaschine genau fünf Minuten lang in Betrieb ist? Wie lange wird die Bohrmaschine benötigt, wenn eine ökonomische Intensität von 10 vorgegeben ist?

Aufgabe 3.3-3

Bei der „Eisen und Stahl AG" werden mit Hilfe einer Bohrmaschine jeweils drei Löcher eines bestimmten Durchmessers in bereits vorgeformte Stahlplatten gebohrt. Aufgrund empirischer Untersuchungen seitens des Bohrmaschinenherstellers wurde folgende technische Verbrauchsfunktion ermittelt:

$$r(d) = \frac{r(X)}{b} = \frac{1}{100} \cdot \left(\frac{1}{2} \cdot d^2 - 18 \cdot d + 267 \right).$$

Hierbei bezeichnet $r(X)$ die Anzahl an Einheiten des Verbrauchsfaktors Energie und b die Anzahl an technischen Leistungseinheiten. Die Intensität d kann zwischen 0 und 22 technischen Leistungseinheiten pro Stunde variiert werden.

Zur Herstellung von drei Stahlplatten mit jeweils drei Löchern des vorgegebenen Durchmessers benötigt man eine technische Leistungseinheit. Der Preis für 100 Einheiten des Verbrauchsfaktors beträgt 20 GE. Bei der „Eisen und Stahl AG" wird 40 Stunden/Woche gearbeitet.

1. Ermitteln Sie die (Mengen-)Kosten-Leistungsfunktion sowie die Zeit-Kosten-Leistungsfunktion.
2. Berechnen Sie die minimalen Stückkosten.
3. Berechnen Sie die bei optimaler Intensität maximal erreichbare Ausbringung pro Woche sowie die zugehörigen Kosten.
4. Berechnen Sie die minimalen Kosten für eine technische Leistungsabgabe von 840 bzw. 576 technischen Leistungseinheiten pro Woche.

Aufgabe 3.3-4

In der Werkstatt „Dreherei" eines Maschinenbaubetriebs verbraucht eine Drehmaschine während des Produktionsvorgangs zwei Sorten spezielles Schmieröl. Die vom Hersteller der Maschine ermittelten Verbrauchsfunktionen haben folgendes Aussehen:

$$\text{Schmierölsorte 1: } r_1(x) = x^2 - 8 \cdot x + 20,$$
$$\text{Schmierölsorte 2: } r_2(x) = 1,25 \cdot x^2 - 14 \cdot x + 40.$$

Die Preise für einen Kanister (100 Liter) betragen 300 GE für Schmierölsorte 1 und 400 GE für Schmierölsorte 2.

1. Ermitteln Sie den Tagesverbrauch von Schmierölsorte 1, wenn die Maschine acht Stunden am Tag mit optimaler Intensität läuft.
2. Wegen Problemen mit dem Lieferanten der Schmierölsorte 1 soll der Verbrauch der Sorte 1 minimiert werden. Wie hoch ist dann bei gleichbleibender Tagesproduktionsmenge der Tagesverbrauch von Schmieröltyp 1? Muss eine Anpassung der Maschine vorgenommen werden? Ändert sich der Verbrauch von Schmieröltyp 2? Begründen Sie Ihre Aussagen und ermitteln Sie gegebenenfalls die Verbrauchsänderung.

Aufgabe 3.3-5

In einem Betrieb werden an einer NC-gesteuerten Präzisionsbohrmaschine bei der Perforation von Stahlblechen zwei Spezialschmieröle, A und B, verbraucht.

Die jeweiligen Verbrauchsfunktionen (Verbrauch in Milliliter) haben in Abhängigkeit von der stundenbezogenen ökonomischen Intensität x folgendes Aussehen:

$$r_A(x) = 2x^2 - 14x + 25,$$

$$r_B(x) = 4x^2 - 36x + 90.$$

Die Faktorpreise betragen für A 40 GE pro Liter und für B 20 GE pro Liter. Die technische Intensität kann zwischen 80 und 400 technischen Leistungseinheiten pro Woche variiert werden. Für eine Outputeinheit werden 40 technische Leistungseinheiten benötigt. Die Maschine kann pro Tag maximal acht Stunden eingesetzt werden.

1. Ermitteln Sie die minimalen Stückkosten.
2. Ermitteln Sie die Gesamtkostenfunktion sowie die Funktion der Stückkosten und der Grenzkosten in Abhängigkeit von der Ausbringungsmenge pro Tag.
3. Geben Sie die Gleichung zur Ermittlung der minimalen Stückkosten an, wenn die Maschine acht Stunden in Betrieb ist und dabei fixe Kosten in Höhe von 140 GE anfallen.

Aufgabe 3.3-6

In einem Betrieb wurden für eine maschinelle Anlage die folgenden drei technischen Verbrauchsfunktionen ermittelt:

Faktor	Verbrauchsfunktion	Preis pro Faktoreinheit
1	$r_1(d) = 0,00075d^2 - 1,35d + 700$	5
2	$r_2(d) = 0,001d^2 - 1,4d + 1150$	2
3	$r_3(d) = 0,0006d^2 - 0,925d + 500$	10

Das Austauschverhältnis zwischen technischer und ökonomischer Intensität an der Maschine beträgt 100 technische Leistungseinheiten pro Mengeneinheit. Die maximale Intensität liegt bei 1.000 technischen Leistungseinheiten pro Stunde, wobei die Maschine täglich maximal zwei Schichten à acht Stunden in Betrieb ist.

1. Ermitteln Sie die (Mengen-)Kosten-Leistungsfunktion und berechnen Sie die minimalen Stückkosten.
2. Welchen Umfang (in Mengeneinheiten) darf ein neuer Auftrag maximal haben, wenn er an einem Arbeitstag (zwei Schichten) erledigt sein muss und von der optimalen Intensität nicht abgewichen werden soll? Berechnen Sie die zugehörigen Kosten.
3. Ein vorgegebener Auftrag umfasst 160 Stück. Kann dieser an einem Tag erledigt werden? Welche zusätzlichen Kosten muss das Unternehmen auf den Auftraggeber abwälzen, um im Vergleich zur Produktion bei optimaler Intensität nicht schlechtergestellt zu sein?

Aufgabe 3.3-7

Eine Spedition soll Frachtgut per LKW über eine Strecke von 120 km transportieren. Der Kraftstoffverbrauch – ausgedrückt in Liter je 100 km – ergibt sich nach der Funktion:

$$r_1(x) = \frac{1}{1250} \cdot x^2 - \frac{3}{50} \cdot x + 8.$$

Der Preis für einen Liter Kraftstoff beträgt 1,25 GE. Der Stundenlohn des Fahrers Z beträgt 20 GE.

1. Stellen Sie die Kraftstoffverbrauchsfunktion graphisch dar.
2. Ermitteln Sie die (Mengen-)Kosten-Leistungsfunktion.
3. Leiten Sie die Gleichung zur Bestimmung der optimalen Fahrgeschwindigkeit x^{opt} ab. Geben Sie alle notwendigen Rechenschritte explizit an. (Hinweis: Die Lösung der Gleichung beträgt $114,20 \left[\frac{km}{Std}\right]$.)
4. Alternativ zu Fahrer Z kann auch Fahrer A, der einen Akkordlohn von 0,20 GE je gefahrenen km erhält, eingesetzt werden. Bestimmen Sie für diesen Fall die optimale Fahrgeschwindigkeit.
5. Welchen Fahrer soll die Spedition für den Auftrag einsetzen, wenn die optimale Fahrgeschwindigkeit eingehalten werden muss, da die dem Auftrag zurechenbaren Erlöse ausschließlich entfernungsabhängig sind? (Hinweis: Sollten Sie Teilaufgabe 3. nicht gelöst haben, so rechnen Sie bitte mit einem fiktiven Wert von $37,5 \left[\frac{km}{Std}\right]$ weiter.)
6. Wie verändert sich die optimale Fahrgeschwindigkeit, wenn Fahrer A 0,25 GE je gefahrenen Kilometer erhält? Welcher Fahrer soll nun mit dem Auftrag betraut werden?
7. Hat eine Änderung des Benzinpreises einen Einfluss auf die optimale Fahrgeschwindigkeit bei Akkord- bzw. Zeitentlohnung?
8. Im Gegensatz zur bisherigen Betrachtung soll nunmehr das Frachtgut innerhalb einer bestimmten Fahrzeit t zum Zielort transportiert werden. Charakterisieren Sie das Anpassungsverhalten der Fahrer, wenn t im Intervall zwischen 45 und 210 Minuten liegt. Ermitteln Sie diejenige Fahrzeit t, ab der ein Einsatz des Fahrers Z günstiger ist als der Einsatz des Fahrers A.

Aufgabe 4.1-1

1. Diskutieren Sie die Interdependenzproblematik der Produktionsplanung und -steuerung und die daraus folgende Konsequenz für das Planungsvorgehen.
2. Ermitteln Sie das MRP-II-Stufenkonzept der Produktionsplanung und -steuerung.

Aufgabe 4.2-1

In einem Betrieb werden pro Monat fünf verschiedene Produkte mit einer Ausbringungsmenge von je 1.000 Stück bei voll ausgelasteten Produktionskapazitäten hergestellt und verkauft. Die Produktionsmindestmenge darf aus technischen Gründen je Produkt 100 Stück pro Monat auf keinen Fall unterschreiten.

Folgende Informationen über Verkaufspreise in GE pro Produkteinheit (p), variable Stückkosten (k_v) und über die Lagerbeanspruchung (a) pro Produkteinheit, gemessen in m^2/Produkteinheit, liegen vor:

Produkt	p	k_v	a
A	2.700	2.200	0,0
B	2.500	1.300	1,5
C	3.500	2.740	0,4
D	3.000	1.500	1,5
E	1.900	1.500	0,2

Die fixen Personalkosten betragen pro Monat 2.000.000 GE.

Wegen eines Umbaus des Lagers muss die zur Verfügung stehende Lagerfläche für einen Monat von 3.800 m² auf 1.900 m² reduziert werden, was zur Folge hat, dass auch die Ausbringungsmengen entsprechend verringert werden müssen.

Der Betriebsleiter schlägt vor, die Produktionsmengen proportional zur Lagerflächenveränderung zu kürzen. Von der Marketingabteilung dagegen wird vorgeschlagen, die Produkte mit den höchsten Stückdeckungsbeiträgen herzustellen.

Welches Vorgehen würden Sie vorschlagen? Vergleichen Sie den Monatsgewinn Ihres Vorschlags mit den Monatsgewinnen bei Realisierung des Vorschlags des Betriebsleiters sowie des Vorschlags der Marketingabteilung.

Aufgabe 4.2-2

Ein Unternehmen der Elektroindustrie produziert Waschmaschinen und Geschirrspülmaschinen. Dabei müssen die Produkte drei aufeinanderfolgende Produktionsstufen durchlaufen. Die monatlichen Kapazitäten, die Produktionskoeffizienten sowie die Kosten je Fertigungsstufe sind in folgender Übersicht zusammengefasst:

Produktionsstufe	Waschmaschine Std./ME	Geschirrspüler Std./ME	Kapazität Std./Monat	Kosten GE/Std.
1	5	10	2.400	20
2	8	4	2.400	30
3	2	8	1.600	40

Die sonstigen ausbringungsabhängigen Kosten sind mit 80 GE pro Waschmaschine und 120 GE pro Geschirrspüler gegeben. Die ausbringungsunabhängigen Kosten der Betriebsbereitschaft belaufen sich auf 20.000 GE. Eine Waschmaschine wird für 600 GE und ein Geschirrspülautomat für 1.060 GE verkauft.

1. Ermitteln Sie graphisch das deckungsbeitragsmaximale Produktionsprogramm.
2. Errechnen Sie den maximalen Gewinn.
3. Ist unter der Annahme freier Kapazitäten in den Produktionsstufen 1 und 3 die Aufteilung zwischen den beiden Produkten im Hinblick auf den maximalen Gesamtdeckungsbeitrag beliebig? Begründen Sie Ihre Antwort.

Aufgabe 4.2-3

Ein Unternehmen plant die Markteinführung zweier Spezialwaschmittel für stark verschmutzte (*A*) und leicht verschmutzte (*B*) Berufskleidung. Abgesehen vom Verkaufspreis unterscheiden sich die Waschmittel-Sorten allein hinsichtlich des beigemischten Bleichmittel-Anteils. Ein Kilogramm der Sorte *A* [*B*] enthält 100 [50] Gramm des Bleichmittels. Eine Marktanalyse hat ergeben, dass im Planungszeitraum von Sorte *A* [*B*] höchstens 400 [500] kg abgesetzt werden können. Der Deckungsbeitrag beträgt je Sorte 10 [GE/kg]. Von dem verwendeten Bleichmittel stehen insgesamt nur 50 kg zur Verfügung.

1. Welche Mengen müssen von *A* und *B* hergestellt werden, damit der Gesamt-Deckungsbeitrag maximiert wird? Stellen Sie das Problem formal dar und ermitteln Sie graphisch die optimale Lösung.
2. Angenommen, es besteht die Möglichkeit, bei unveränderten Kosten am Markt eine Erhöhung des Verkaufspreises von Waschmittel-Sorte *A* durchzusetzen. Um welchen vollen GE-Betrag muss der Preis je kg mindestens erhöht werden, damit genau 400 kg von Sorte *A* produziert werden? Welche Produktionsmenge ergibt sich dann für Sorte *B*? Wie hoch ist unter diesen Voraussetzungen der maximal erzielbare Gesamt-Deckungsbeitrag? Begründen Sie Ihre Antworten.
3. Welche Auswirkungen ergeben sich allgemein für die Lösung eines linearen Programms mit einem Engpass, wenn das Verhältnis der Deckungsbeiträge je Produkteinheit gleich dem Verhältnis der Produktionskoeffizienten für den Engpassfaktor ist? Begründen Sie Ihre Antwort.

Aufgabe 4.2-4

Die „Multiprodukt AG" verfügt über *M* funktionsgleiche, kostenverschiedene Universalmaschinen. In einem einstufigen Produktionsprozess können *I* verschiedene Produktarten im Ein-Schicht-Betrieb hergestellt werden. Der Vorstand bittet Sie um Rat, welche Produkte bei gegebenen Absatzpreisen in welchen Mengen hergestellt werden sollen, nachdem der Vertrieb Absatzhöchstmengen vorgegeben hat.

1. Formulieren Sie das Planungsproblem in allgemeiner Form mit Hilfe des Standardansatzes der linearen Programmierung. Erläutern Sie dabei ausführlich die verwendeten Symbole.
2. Welche betrieblichen Teilpläne werden beim Vorgehen nach Aufgabe 1. sukzessiv bzw. simultan geplant? Welche Probleme ergeben sich bei dieser Vorgehensweise? Begründen Sie Ihre Antworten ausführlich.
3. Angenommen, es handelt sich um fünf verschiedene Produktarten und vier funktionsgleiche Maschinen. Ermitteln Sie die Anzahl der Entscheidungsvariablen und der Nebenbedingungen, die maximal zu berücksichtigen sind.

Aufgabe 4.2-5

Zur Herstellung von zwei Produkten, A und B, stehen einem Unternehmen zwei Maschinen, M_1 und M_2, jeweils 40 Stunden pro Woche zur Verfügung. A und B werden in einem einstufigen Fertigungsprozess ausschließlich aus den beiden Rohstoffen R_1 und R_2 produziert. Die maschinenabhängigen Verbräuche sind in folgender Tabelle zusammengefasst:

Verbrauch von R_1 bei Produktion von Produkt i auf M_j $\left[\frac{kg}{Stück}\right]$	M_1	M_2	Verbrauch von R_2 bei Produktion von Produkt i auf M_j $\left[\frac{kg}{Stück}\right]$	M_1	M_2
Produkt A	4.5	4	Produkt A	3	2.8
Produkt B	6	5.1	Produkt B	1	1.1

Von R_1 können höchstens 1.620 kg beschafft werden, während R_2 in unbegrenzter Menge zur Verfügung steht. Die Preise für ein Kilogramm von R_1 bzw. R_2 betragen 10 bzw. 20 GE. Für eine Minute Laufzeit jeder der beiden Maschinen fallen jeweils Energiekosten in Höhe von 1 GE an. Die maschinenabhängigen Fertigungszeiten in Minuten pro Stück sind folgender Tabelle zu entnehmen:

Fertigungszeit zur Produktion von Produkt i auf M_j $\left[\frac{kg}{Stück}\right]$	M_1	M_2
Produkt A	5	4
Produkt B	10	12

Aufgrund einer Marktuntersuchung der Vertriebsabteilung ist bekannt, dass von Produkt A höchstens 200 Stück in der nächsten Woche abgesetzt werden können. Die Erlöse betragen 120 bzw. 100 GE für Produkt A bzw. B.

1. Stellen Sie das Problem zur Ermittlung der optimalen Produktionsmengen für die nächste Woche mit Hilfe des Standardsatzes der linearen Programmierung dar. Dabei ist zu berücksichtigen, dass Vorbestellungen von Produkt B für die nächste Woche in Höhe von 50 Stück auf jeden Fall zu fertigen sind. Erläutern Sie ausführlich Ihr Vorgehen sowie die verwendeten Symbole.
2. Kurz bevor mit der Produktion der beiden Produkte begonnen wird, tritt bei Maschine M_2 ein irreparabler Schaden auf, so dass sie zur Produktion nicht mehr zur Verfügung steht. Ermitteln Sie für dieses neue Problem graphisch und analytisch die optimalen Produktionsmengen und den dazugehörigen Deckungsbeitrag.

(Hinweis für die Zeichnung: Querformat, 1 cm $\stackrel{\wedge}{=}$ 20 Stück)

Aufgabe 4.2-6

Ein Unternehmen verfügt über zwei Universalmaschinen (M_1, M_2), auf denen alternativ bei gleicher Qualität drei Produkte (P_1, P_2, P_3) aus mehreren Rohstoffen (R_1, R_2, R_3, R_4) hergestellt werden können. Die folgende Tabelle gibt die entsprechenden Produktionskoeffizienten für die Maschinen bzw. Rohstoffe sowie die zugehörigen Verfügbarkeitsschranken für den Planungszeitraum an:

Produktionskoeffizienten	M_1 [Std.]	M_2 [Std.]	R_1 [kg]	R_2 [kg]	R_3 [kg]	R_4 [kg]
P_1	3	3	1	2		2
P_2	4	3	1	3		1
P_3	3	4		2	2	
Verfügbare Menge	240	210	110	280	180	140

Die Kosten für den Einsatz von Maschine M_1 (M_2) betragen 50 GE (60 GE) je Stunde. Die Rohstoff-Beschaffungspreise betragen 1.000 GE (R_1), 800 GE (R_2), 1.400 GE (R_3) bzw. 500 GE (R_4) je kg. Daneben fallen für jede hergestellte Produktionseinheit Kosten in Höhe von 250 GE (P_1), 170 GE (P_2) bzw. 150 GE (P_3) an. Je Produkteinheit ist ein Verkaufspreis von 6.900 GE (P_1), 7.100 GE (P_2) bzw. 7.650 GE (P_3) erzielbar.

1. Stellen Sie das Planungsproblem formal dar. Erläutern Sie ausführlich die verwendeten Symbole.
2. Ist das Planungsproblem graphisch lösbar? Ändert sich die Problemformulierung in 1., wenn der Planungszeitraum mehrere Perioden umfasst?
3. Welche Teilpläne des Stufenkonzepts der Produktionsplanung und -steuerung (PPS) werden beim Vorgehen nach Aufgabe 1. sukzessiv bzw. simultan geplant? Erläutern Sie die verwendeten Begriffe und begründen Sie Ihre Antworten.
4. Versuchen Sie, analytisch die optimale Lösung zu ermitteln.

Aufgabe 4.2-7

In einem metallverarbeitenden Betrieb werden zwei Produkte, A und B, in zweistufiger Fertigung hergestellt. Dabei kann zwischen zwei Sorten, Stahl S_1 und S_2, gewählt werden. Die verbrauchte Menge an Stahl ist unabhängig von der Stahlsorte, wohl aber sind die Bearbeitungszeit sowie der Preis des Stahls je Stahlsorte verschieden.

Die erste Stufe verläuft für beide Produkte gleich; auf einer älteren NC-Maschine M_1 müssen aus den Rohblechen die Formen gestanzt werden. Dieser Stanzvorgang beansprucht bei Produkt A 30 Sekunden und bei Produkt B 40 Sekunden Maschinenzeit von M_1. Maschine M_1 steht im Planungszeitraum insgesamt zehn Stunden zur Verfügung, wobei pro Stunde Laufzeit Stromkosten in Höhe von 90 GE anfallen.

Für die zweite Stufe stehen dem Betrieb moderne Geräte, nämlich zwei CNC-Maschinen, M_2 und M_3, zur Verfügung. Produkt A wird dabei auf der Maschine M_2 in die Endform gepresst, an Produkt B werden auf Maschine M_3 noch Bohrungen vorgenommen. Produkt A beansprucht dabei die Maschine M_2 zwei Minuten pro Stück, falls die Stahlsorte S_1 verwendet wurde, drei Minuten pro Stück, falls die Stahlsorte S_2 verwendet wurde. Produkt B beansprucht die Maschine M_3 1,5 Minuten pro Stück.

Die Maschinen M_2 und M_3 stehen jeweils noch zwölf Stunden zur Verfügung, dabei entstehen bei der Nutzung von Maschine M_2 Stromkosten in Höhe von 1 GE pro Minute, bei M_3 in Höhe von 2 GE.

Von Stahlsorte S_1 stehen höchstens 1.600 kg zur Verfügung, wobei der Preis 10 GE pro kg beträgt. Von Stahlsorte S_2 liegen 800 kg zum Preis von 12 GE auf Lager, zum Preis von 14 GE kann S_2 in unbegrenzter Menge beschafft werden.

Die Vertriebsabteilung hat mitgeteilt, dass im Planungszeitraum von Produkt A höchstens 600 Stück abgesetzt werden können. Für Produkt B liegt eine Bestellung über 40 Stück vor, die auf jeden Fall befriedigt werden muss, eine Obergrenze existiert nicht.

Der derzeitige Preis für die beiden Produkte liegt bei 110 GE für Produkt A und 90 GE für Produkt B.

Formulieren Sie für das Beispiel die Ermittlung des optimalen Produktionsprogrammes als LP-Problem. Gehen Sie davon aus, dass zur Herstellung einer Einheit von Produkt A 5 kg Stahl benötigt werden, zur Herstellung einer Einheit von Produkt B 7 kg. Erklären Sie ausführlich Ihr Vorgehen sowie die dabei verwendeten Symbole.

Aufgabe 4.2-8

Die Sportschuh GmbH hat in ihrem Schuhprogramm seit einiger Zeit zwei Modelle von Tennisschuhen, nämlich das Modell „Ivan" und das Modell „Steffi". Die Leitung der GmbH will nun die anstehenden Produktionsmengen für das zweite Halbjahr 2013 planen, wobei die aggregierten Plan-Absatzmengen von folgendem Umstand abhängig sind:

Gewinnt Boris B., der nationale Tennisstar, wieder ein jährlich im Juni in England ausgetragenes Tennisturnier, so schätzt man die Nachfrage nach Tennisschuhen im zweiten Halbjahr als gut ein. Gewinnt er nicht, erreicht aber mindestens das Halbfinale, so wird die Nachfrage nur mittelmäßig eingeschätzt. Falls er nicht einmal dieses Ziel schaffen sollte, dann wird wohl auch die Nachfrage nach Tennisschuhen schlecht ausfallen.

Die Wahrscheinlichkeiten für seinen Erfolg werden vom Sportexperten der Firma folgendermaßen eingeschätzt:

Platzierung	Wahrscheinlichkeit
Sieg	0,2
Kein Sieg, aber mind. Halbfinale	0,5
Nicht einmal Halbfinale	0,3

Die aggregierten Absatzmengen werden folgendermaßen eingeschätzt:

Monat	Absatzsituation gut	mittel	schlecht
Juli	48.000	44.000	38.000
August	42.000	38.000	32.000
September	40.000	36.000	30.000
Oktober	42.000	38.000	32.000
November	56.000	51.000	46.000
Dezember	60.000	55.000	50.000

1. Erstellen Sie einen aggregierten Produktionsplan für das zweite Halbjahr 2013.
2. Stellen Sie einen durchführbaren Produktions-/Lagerplan auf, wenn keine „lost sales" und keine Überstunden zugelassen sind. Die monatliche Produktionskapazität liegt bei 50.000 Stück und es sollen so wenige Lagerbestände wie möglich auftreten.
3. Erstellen Sie den Master Production Schedule (MPS) für die ersten zehn Kalenderwochen im 2. Halbjahr 2013, wobei bekannt ist, dass tendenziell 70 % der insgesamt abgesetzten Schuhe auf das Modell „Ivan" und nur 30 % auf das Modell „Steffi" entfallen. Gehen Sie außerdem davon aus, dass ein Monat aus genau vier Wochen besteht, wobei innerhalb des Monats die Nachfrage gleich hoch bleibt und, soweit möglich, in jeder Woche wegen der hohen Rüstkosten nur ein Schuhmodell hergestellt werden soll. Die Produktion muss jedoch auf alle Fälle in der ersten Woche mit dem Modell „Ivan" gestartet werden.

Aufgabe 4.3-1

In einem Maschinenbau-Unternehmen wurden in der abgelaufenen Periode für die einzelnen Verbrauchsfaktoren folgende Verbrauchsmengen festgestellt:

Faktor	Verbrauch in ME	GE/ME
R_0	20.240	0,14
R_1	7.506	0,91
R_2	35.780	0,05
R_3	21.500	1,87
R_4	80.000	0,09
R_5	2.075	1,20
R_6	4.000	2,10
R_7	12.345	0,25
R_8	38.500	0,06
R_9	19.509	1,92

1. Führen Sie eine ABC-Analyse durch. Versuchen Sie dabei, die gewählte Klasseneinteilung ökonomisch zu begründen.
2. Wie kann das Ergebnis aus 1. im Rahmen der Materialbedarfsplanung verwendet werden?
3. Nennen Sie weitere Einsatzmöglichkeiten der ABC-Analyse im Bereich des Produktions-Managements, des Einkaufs und des Verkaufs.
4. Was versteht man unter einer XYZ-Analyse, und wie kann diese mit der ABC-Analyse kombiniert werden?

Aufgabe 4.3-2

1. Beschreiben Sie die dem klassischen Losgrößenmodell zugrundeliegenden Annahmen.
2. Zeichnen Sie den Lagerbestandsverlauf (Begründung!) und verwenden Sie die Graphik, um ausführlich die Zielfunktion sowie die optimale Lösung des klassischen Losgrößenmodells abzuleiten. Erläutern Sie dabei die verwendeten Symbole.
3. Zeigen Sie formal, dass bei der optimalen Lösung die Rüstkosten im Planungszeitraum gleich den Lagerkosten im Planungszeitraum sind.
4. Skizzieren Sie in einer Zeichnung den Verlauf der Zielfunktion und ihrer Komponenten. Erläutern Sie nun anhand der Funktionsverläufe in der Graphik, dass bei der optimalen Lösung die Rüstkosten und die Lagerkosten im Planungszeitraum übereinstimmen.

5. Zeigen Sie, dass die minimalen Kosten je Zeiteinheit im Fall des klassischen Losgrößenmodells

$$K_{\min} = \sqrt{2 \cdot B \cdot k_R \cdot k_L}$$

betragen.

Aufgabe 4.3-3

In einem Unternehmen werden auf einer Anlage drei Produkte hergestellt. Folgende Daten liegen vor:

Produkt	1	2	3	Dimension
Absatzrate	1.000	1.500	1.000	ME/Monat
Produktionsrate	2.000	6.000	4.000	ME/Monat
Herstellkosten	20	10	10	GE/ME
Alternativzins	12	12	12	%/Jahr
Rüstkosten	50	150	150	GE

1. Bestimmen Sie die optimalen Losgrößen der einzelnen Produkte.
2. Prüfen Sie die in 1. ermittelten Losgrößen im Hinblick auf ihre gemeinsame Realisierbarkeit.
3. Geben Sie eine zulässige Lösung an.

Aufgabe 4.3-4

Ein Unternehmen soll im Planungszeitraum T (60 [ZE]) auf einer Maschine die Serien A und B produzieren. Für die Absatzgeschwindigkeit v_A, die Produktionsgeschwindigkeit v_P, den Lagerkostensatz k_l, die Rüstkosten k_R und die Rüstzeiten t_R seien folgende Werte gegeben:

Serie	v_A	v_P	k_l	k_R	t_R
A	20	50	0,0533	200	2
B	40	100	0,0730	350	1

1. Berechnen Sie die kostenminimalen Losgrößen der beiden Serien. Nennen Sie die Annahmen, die Ihrer Berechnung zugrunde liegen.
2. Überprüfen Sie die ermittelten Losgrößen im Hinblick auf ihre gemeinsame Realisierbarkeit.

3. Berechnen Sie für das vorliegende Beispiel die optimale Zyklenzahl und Zyklenlänge nach dem Lösungsverfahren von Magee (strenger Produktionszyklus). Erläutern Sie sowohl die grundlegende Lösungsidee als auch die Problematik dieses Ansatzes.

4. Wie hoch darf die Rüstzeit $t_{R,B}$ maximal sein, damit die in Teilaufgabe 3. ermittelte Lösung noch durchführbar ist?

5. Ermitteln Sie die Gesamtnachfrage bezüglich der Serien A und B im Planungszeitraum T. Zeichnen Sie den Auftragsfolge-Gantt auf der Basis der in Teilaufgabe 3. ermittelten Lösung. Worauf ist die entstehende Problematik zurückzuführen?

Aufgabe 4.3-5

Eine Oberammergauer Gießerei hat sich auf die Produktion von Wachsfiguren mit heimatlichen Motiven spezialisiert, die besonders bei den japanischen Besuchern reißenden Absatz finden. Zwei dieser Motive, „der Wilderer" (W) und „die Schuhplattler" (S), werden auf der gleichen Maschine gefertigt.

Der Firmeninhaber bittet Sie, die kostenminimalen Losgrößen für die beiden Produkte zu berechnen. Dabei gibt er Ihnen folgende Daten an:

Die Berechnung soll jeweils für vier Wochen (20 Arbeitstage) erfolgen. Von Produkt W kann er wöchentlich 200 Stück absetzen, von Produkt S 300 Stück. Die maximale Produktionsmenge ist für W täglich 100 Stück, für S täglich 150 Stück. Tägliche Lagerkosten entstehen in Höhe von 0,10 GE pro Stück W und 0,1235 GE pro Stück S. Die Rüstkosten betragen 120 GE für W und 80 GE für S. Die Rüstdauer wird vom Inhaber mit 0,15 Arbeitstagen für W und 0,25 Arbeitstagen für S angegeben. Der Absatzbeginn ist gleichzeitig auch Produktionsbeginn.

1. Berechnen Sie die kostenminimalen Losgrößen für jedes Produkt.

Ein Freund berichtet dem Inhaber, dass die von Ihnen berechneten Losgrößen eventuell nicht gemeinsam durchführbar sind.

2. Überprüfen Sie den Vorwurf. Was könnte der Grund für dieses Ergebnis sein?

3. Sie haben in Ihrem Studium jedoch auch das Verfahren von Magee kennengelernt, das gerade hier die vorliegende Problemstellung löst. Berechnen Sie nun die optimalen Losgrößen und die Zyklenlänge mit diesem Verfahren.

4. Wie hoch dürfte die Rüstzeit für „den Wilderer" maximal sein, dass ceteris paribus die in Teilaufgabe 3. errechnete Lösung durchführbar ist?

Aufgabe 4.3-6

In einem Unternehmen benötigt Fertigungsstelle B täglich 20 Mengeneinheiten eines von Fertigungsstelle A mit Herstellkosten von $40\,\frac{GE}{ME}$ produzierten Bauteils. Von der Geschäftsleitung wurde im Rahmen einer Voroptimierung festgelegt, dass zwischen den Fertigungsstellen nur ganze Lose transportiert werden. Die Transportdauer selbst ist vernachlässigbar gering.

Für jede „Bestellung" bei Fertigungsstelle A wird das Budget der Stelle B mit 60 GE belastet. Für das im Eingangslager der Stelle B gebundene Kapital hat die Geschäftsleitung einen Opportunitätskostensatz von 9 % p. a. (360 Tage) vorgegeben.

1. Berechnen Sie die Produktionsrate v_P unter der Annahme, dass die Herstellung jedes Loses des Bauteils in Fertigungsstelle A genau zwei Tage dauert, und ermitteln Sie die optimale „Bestellmenge".
2. Wie hoch sind die minimalen bestellmengenabhängigen Stückkosten?
3. Angenommen, der Fertigungsstelle B steht für Lagerzwecke nur eine Fläche von $2.000\,m^2$ zur Verfügung und eine Mengeneinheit des Bauteils beansprucht $5\,m^2$. Welchen Wert muss der Lagerkostensatz annehmen, damit die optimale Bestellmenge auf einen Wert „gezwungen" wird, der gerade die Lagerrestriktion einhält?

Aufgabe 4.3-7

Mit einem Kunden wurde für die nächsten vier Quartale die jeweils zum Quartalsbeginn erfolgende Lieferung der angeführten Produktmengen vereinbart:

Quartal	1	2	3	4
Liefermenge	150	10	80	100

Zu Beginn des Planungszeitraumes sind keine Lagerbestände vorhanden. Die Rüstkosten sind mit 480 GE je Auflegung gegeben; der Lagerkostensatz beträgt 2,80 GE/Stück×Quartal. Die Produktionszeit sei vernachlässigbar gering.

1. Ermitteln Sie die optimalen Losgrößen nach dem Verfahren der Gleitenden wirtschaftlichen Losgröße. Wie hoch sind die losgrößenabhängigen Gesamtkosten im Planungszeitraum?
2. Ändert sich die Losgrößenpolitik bei Anwendung der Silver-Meal-Heuristik?
3. Prüfen Sie anhand eigener Überlegungen, ob die genannten Heuristiken zur optimalen Lösung führen. Formulieren Sie die optimale Losgrößenpolitik.

Aufgabe 4.3-8

Mit einem Kunden wurde für die nächsten sechs Wochen die jeweils am Montag erfolgende Lieferung der angeführten Produktmengen vereinbart:

Woche	1	2	3	4	5	6
Liefermenge	200	160	240	240	150	280

Zu Beginn des Planungszeitraumes sind keine Lagerbestände vorhanden. Die Rüstkosten sind mit 100 GE je Auflegung gegeben; der Lagerkostensatz beträgt 0,25 GE/Stück×Woche. Die Produktionszeit sei vernachlässigbar gering.

1. Ermitteln Sie die optimalen Losgrößen nach dem Verfahren der Gleitenden wirtschaftlichen Losgröße. Wie hoch sind die losgrößenabhängigen Gesamtkosten im Planungszeitraum?
2. Ändert sich die Losgrößenpolitik bei Anwendung der Silver-Meal-Heuristik?
3. Was versteht man unter dem Vorwurf, die in 1. und 1. genannten Heuristiken seien „myopisch"? Welche Prämisse des statischen Grundmodells der Losgrößenplanung bewahrt es vor diesem Vorwurf?

Aufgabe 4.3-9

Eine Werkzeugfabrik rechnet für das dritte und vierte Quartal 2013 mit folgenden Absatzzahlen für ihr Spezialwerkzeug RKF-192:

Monat	Juli	August	September	Oktober	November	Dezember
Absatz	60	80	105	70	90	100

Pro Monat kann aus Kapazitätsgründen maximal ein Los aufgelegt werden. Falls produziert wird, entstehen Rüstkosten in Höhe von 20,00 GE pro Monat. Lagerkosten entstehen für jede gelagerte Einheit in Höhe von 2,00 GE pro Monat. Die Produktionskosten je Stück sind unabhängig von der Losgröße. Die Geschäftsleitung erwartet, dass Ende Juni 2013 keine Lagerbestände vorhanden sind.

1. Welche Annahmen müssen zutreffen, damit dieses Problem mit dem Losgrößen-Modell nach Wagner-Whitin gelöst werden kann? Führt dieses Verfahren unter den getroffenen Annahmen immer zur optimalen Lösung?
2. Berechnen Sie die optimalen Produktionsmengen für das dritte Quartal 2013 mit dem Algorithmus von Wagner-Whitin. Berücksichtigen Sie dabei auch, dass die Zahlen für das vierte Quartal bereits vorliegen. Erklären Sie die von Ihnen verwendeten Symbole.

3. Berechnen Sie die optimale Politik für das dritte Quartal mit dem Verfahren der Gleitenden wirtschaftlichen Losgröße. Welche Überlegung steckt hinter diesem Verfahren? Worauf sind eventuell auftretende Differenzen zu dem Ergebnis aus 2. zurückzuführen?

Aufgabe 4.3-10

Ein Transformatorenwerk produziert im Zwei-Schicht-Betrieb. Die Rüstkosten betragen in der Tagesschicht 8.000 GE und in der Nachtschicht 5.000 GE je Rüstvorgang. Die übrigen Produktionskosten belaufen sich auf 100.000 GE je Mengeneinheit. Die Lagerung eines Transformators für die Dauer einer Schicht kostet 1.000 GE. Lageranfangsbestände sind nicht vorhanden. Für die beiden nächsten Betriebskalendertage wird eine Nachfrage von drei Mengeneinheiten je Schicht erwartet.
1. Formulieren Sie das dynamische Losgrößen-Modell nach Wagner-Whitin. Welche charakteristischen Eigenschaften weist die optimale Lösung dieses Modells auf?
2. Ermitteln Sie die optimale Losgrößenpolitik sowie die zugehörigen Gesamt- und Lagerhaltungskosten.

Dem Werksleiter sind die mit dieser Losgrößenpolitik verbundenen Bestände zu hoch. Aus einem frisch absolvierten PPS-Seminar ist ihm in Erinnerung, dass
- Bestände Probleme verdecken würden,
- die Ziele „zero inventory" und „Losgröße 1" anzustreben seien,
- dies nur über eine Senkung der Rüstkosten erreicht werden könne.

Tatsächlich gelingt es den Betriebsingenieuren auch, die Rüstkosten in der Tagesschicht auf 1.000 GE und in der Nachtschicht auf 4.000 GE je Rüstvorgang zu senken.
3. Ermitteln Sie – bei ansonsten unveränderten Daten – die optimale Losgrößenpolitik nebst zugehörigen Gesamt- und Lagerhaltungskosten.
4. Wie beurteilen Sie den Zielerreichungsgrad?

Aufgabe 4.4-1

1. Erläutern Sie die Gliederung der Auftragszeit nach REFA.
2. Ein Pumpenhersteller hat einen Auftrag über 390 Pumpen eines bestimmten Typs angenommen. Zur Fertigstellung dieses Auftrags stehen lediglich noch 40 Stunden reine Arbeitszeit zur Verfügung. Die Pumpenteile sind bereits produziert, müssen aber in einem letzten Arbeitsablauf noch montiert werden. Die Montage wird gleichzeitig in drei Stellen vorgenommen. Die Soll-Zeiten (in Minuten) für die einzelnen Abschnitte dieses Arbeitsablaufs je Stelle sind in der folgenden Tabelle angegeben.

Ablaufabschnitt	Soll-Zeit	
1)	Teile vom Förderband nehmen und auf den Tisch legen	0,5
2)	Gehäuseteile reinigen	2,0
3)	Zahnräder reinigen	2,0
4)	Wellen reinigen	2,5
5)	Schrauben aus Behälter nehmen	0,5
6)	Pumpe komplett zusammensetzen	1,5
7)	Schrauben einsetzen, eindrehen und festziehen	1,5
8)	Funktionsprüfung	2,0
9)	Pumpe auf Förderband zurücklegen	0,5
10)	Warten auf die nächste Pumpe	2,4

Die sachliche Verteilzeit beträgt 0,5 Minuten und die persönliche Verteilzeit 1,5 Minuten. Der Erholungszuschlag wurde entsprechend der Betriebsvereinbarung auf 8 % der Grundzeit festgelegt.

Kann der gesamte Auftrag bei Normalleistung in der angegebenen Zeit ausgeliefert werden? Berücksichtigen Sie dabei die verschiedenen Möglichkeiten der Verrechnung der Erholzeit.

Die Geschäftsleitung schlägt dem Betriebsrat vor, in Zukunft den Erholungszuschlag auf die Tätigkeitszeit zu beziehen. Erläutern Sie ausführlich, ob eine solche Verfahrensänderung Auswirkungen auf die Termineinhaltung im obigen Beispiel hätte.

Aufgabe 4.4-2

Ein Projekt besteht aus elf Vorgängen (A bis K) mit folgenden technischen Restriktionen hinsichtlich der Reihenfolge:

F, G und C nach A (d. h., mit den Vorgängen F, G und C kann erst begonnen werden, wenn Vorgang A abgeschlossen ist); D und E nach B; H und K nach C, D und E; J nach F; I nach G und H. Die Durchführung der einzelnen Vorgänge erfordert jeweils folgende Zeiten:

Vorgang	A	B	C	D	E	F	G	H	I	J	K
Zeit	3	4	2	3	5	1	6	7	2	4	5

1. Zeichnen Sie den zugehörigen Netzplan und ermitteln Sie den kritischen Weg sowie die minimale Gesamtdauer des Projekts.
2. Welche Folgen hat eine Verzögerung des Vorgangs K um fünf Zeiteinheiten?
3. Berechnen und erläutern Sie die gesamte, freie und unabhängige Pufferzeit der Tätigkeit F.
4. Skizzieren Sie unter der Annahme, dass jeder Vorgang so früh wie möglich beginnt, den zeitlichen Ablauf des Projekts in einem Balken-Diagramm.

Aufgabe 4.4-3

Die folgende Tabelle beinhaltet die zur Herstellung eines Endprodukts P nötigen, zum Teil parallel ausführbaren Arbeitsgänge sowie deren Zeitdauern.

Vorgang	Beschreibung der Tätigkeit	Dauer
A	Zuschneiden des Materials M_1	5
B	Zuschneiden des Materials M_2	9
C	Herstellen des Zwischenprodukts Z_1 aus M_1	6
D	Herstellen des Zwischenprodukts Z_2 aus M_2	8
E	Herstellen des Zwischenprodukts Z_3 aus M_1 und M_2	5
F	Herstellen der Baugruppe B_1 aus Z_1 und Z_3	4
G	Herstellen der Baugruppe B_2 aus B_1 und Z_2	13
H	Herstellen und Verpacken des Endprodukts aus B_2, Z_1 und Z_3	5

1. Ermitteln Sie für jeden Vorgang seine unmittelbaren Nachfolger und stellen Sie dann diesen Herstellungsprozess mit Hilfe eines möglichst wenig Scheinaktivitäten enthaltenden Netzplans dar. Berechnen Sie, wann das Endprodukt P frühestmöglich fertiggestellt werden kann.
2. Ändert sich die kürzestmögliche Produktionszeit, wenn die Durchführung des Vorgangs E bei Realisierung 6 ZE dauert? Wenn ja, welche Maßnahmen sind denkbar, um eine Terminüberschreitung zu verhindern? Begründen Sie Ihre Antwort.

Aufgabe 4.4-4

Gegeben sei ein Projekt, das durch folgende technisch bedingte Reihenfolgebeziehungen zwischen den einzelnen Vorgängen (A–J) gekennzeichnet ist:

E und D nach A (d. h., erst wenn Vorgang A beendet ist, kann mit den Vorgängen E und D begonnen werden); E nach B; F und G nach C; H nach D; I und J nach E; I und J nach F; J nach G.

Die Durchführungszeiten der einzelnen Vorgänge sind folgender Tabelle zu entnehmen:

Vorgang	A	B	C	D	E	F	G	H	I	J
Zeit	6	9	2	10	4	13	4	8	7	3

1. Zeichnen Sie den zugehörigen CPM-Netzplan mit der geringsten Zahl von Scheinaktivitäten.
2. Ermitteln Sie das frühestmögliche Projektende und den kritischen Weg des Projekts.

3. Erläutern Sie am Beispiel des Vorgangs G die Bedeutung der freien und der unabhängigen Pufferzeit für die Durchführung des Projekts.
4. Für die Durchführung der einzelnen Vorgänge stehen drei Arbeiter zur Verfügung. Ist die minimale Gesamtdauer des Projekts einzuhalten, wenn jeder von ihnen zu jedem Zeitpunkt nur einen Vorgang durchführen kann? Begründen Sie Ihre Antwort.

Aufgabe 4.4-5

Zwischen den einzelnen Tätigkeiten (A–H) eines Projekts bestehen folgende technisch bedingte unmittelbare Nachfolgebeziehungen:

B, C und D nach A; E und H nach B; F nach C; F und G nach D; H nach B, F und G.
Die Durchführung der einzelnen Tätigkeiten erfordert jeweils folgende Zeiten:

Vorgang	A	B	C	D	E	F	G	H
Zeit	5	8	6	7	4	7	5	6

1. Zeichnen Sie das zugehörige CPM-Netz mit der geringsten Zahl von Scheinaktivitäten.
2. Ermitteln Sie den kritischen Weg und die minimale Gesamtdauer des Projekts.
3. Berechnen Sie die gesamte, freie und unabhängige Pufferzeit für den Vorgang E. Erläutern Sie die Bedeutung dieser Pufferzeiten für die Durchführung des Projekts.
4. Lässt sich die ermittelte minimale Gesamtdauer unter der Annahme einhalten, dass zwei Arbeiter zur Verfügung stehen und kein Arbeiter gleichzeitig mehr als eine Tätigkeit durchführen kann? Begründen Sie Ihre Antwort.

Aufgabe 4.4-6

Zwischen den folgenden Vorgängen A–K eines Projekts bestehen die im folgenden beschriebenen technisch bedingten Reihenfolgebeziehungen:

E und F nach A (d. h., erst wenn Vorgang A beendet ist, kann mit den Vorgängen E und F begonnen werden); D nach B; D nach C; G, H und I nach D; I nach E; G, H und I nach F; J nach G; J nach H; K nach I.

Die Durchführung der einzelnen Tätigkeiten erfordert die in der folgenden Tabelle dargestellten Zeiten:

Vorgang	A	B	C	D	E	F	G	H	I	J	K
Zeit	5	7	3	1	3	9	3	2	9	4	7

1. Zeichnen Sie den zugehörigen CPM-Netzplan. Vermeiden Sie dabei unnötige Scheinaktivitäten. Ermitteln Sie das frühestmögliche Projektende. Bestimmen Sie den kritischen Weg des Projekts.
2. Berechnen Sie die gesamte, freie und unabhängige Pufferzeit für den Vorgang E. Erläutern Sie die Bedeutung dieser Pufferzeiten für die Durchführung des Projekts.
3. Es ist davon auszugehen, dass jeder Arbeiter zu jedem Zeitpunkt nur einen Vorgang durchführen kann. Wie viele Arbeiter müssen mindestens für das Projekt herangezogen werden, damit die minimale Gesamtdauer des Projekts eingehalten werden kann? Machen Sie einen Vorschlag, welcher Arbeiter welche Vorgänge durchzuführen hat.

Aufgabe 4.4-7

Ein Projekt sei durch folgende unmittelbare Vorgängerbeziehungen und Durchführungszeiten gekennzeichnet:

Vorgänger	Vorgang	Durchführungszeit
-	A	3
-	B	4
-	C	10
A	D	3
A, B	E	4
C	F	6
D	G	3
D, E, F	H	5
C	I	3

1. Stellen Sie dieses Projekt in einem CPM-Netzplan, der möglichst wenige Scheinvorgänge enthält, dar und ermitteln Sie den kritischen Weg sowie die minimale Gesamtdauer des Projekts.
2. Berechnen und erläutern Sie die gesamte, freie und unabhängige Pufferzeit des Vorgangs E und die Bedeutung dieser Zeiten für das Projektende.
3. Skizzieren Sie, unter der Annahme, dass alle Vorgänge frühestmöglich beginnen, den zeitlichen Ablauf des Projekts in einem Balken-Diagramm.
4. Lässt sich die errechnete minimale Gesamtdauer einhalten, wenn nur zwei Arbeiter zur Verfügung stehen und kein Arbeiter gleichzeitig mehr als eine Tätigkeit durchführen kann? Begründen Sie Ihre Lösung.

Aufgabe 4.4-8

In einem Mehrprodukt-Unternehmen mit einstufiger Fertigung können drei Maschinen zur Bearbeitung von vier Aufträgen eingesetzt werden. Die Kosten je Fertigungsminute sowie die maximal verfügbaren Kapazitäten (ausgedrückt in Fertigungsminuten) sind für die einzelnen Maschinen wie folgt angegeben:

Maschine	$\left[\dfrac{GE}{Minute}\right]$	[Minuten]
1	0,30	60.000
2	0,28	75.000
3	0,34	20.000

Daneben sind noch folgende Daten gegeben:

Auftrag	Vorgegebene zu produzierende Menge	Maschine 1 $\left[\dfrac{Minuten}{ME}\right]$	Maschine 2 $\left[\dfrac{Minuten}{ME}\right]$	Maschine 3 $\left[\dfrac{Minuten}{ME}\right]$
A	20.000	7	3	4
B	15.000	3	2	3
C	5.000	4	4	3
D	12.000	3	4	3

1. Ermitteln Sie die minimalen Fertigungskosten für die vier Aufträge und erläutern Sie ausführlich Ihre Vorgehensweise.

Aufgabe 4.5-1

1. Erläutern Sie die möglichen Ausgestaltungsformen der Auftragsfreigabe.
2. Welche Bedeutung kommt der Auftragsfreigabe im MRP-II-Konzept zu?

Aufgabe 4.6-1

Die Aufträge 1, 2 und 3 sind auf zwei Maschinen, A und B, zu bearbeiten. Auftrag 1 besitzt die Maschinenfolge $B - A$, die Aufträge 2 und 3 die Maschinenfolge $A - B$. Die Bearbeitungszeiten und Fertigstellungstermine der Aufträge sind folgender Tabelle zu entnehmen:

Auftrag	Bearbeitungszeit auf Maschine		Fertigstellungstermin
	A	B	
1	3	4	7
2	2	6	10
3	4	1	13

1. Charakterisieren Sie die in der Terminplanung gebräuchlichen Zielsetzungen „Minimierung der Gesamtdurchlaufzeit", „Minimierung der maximalen Durchlaufzeit" und „Minimierung der gesamten Terminüberschreitungen".

2. Stellen Sie für die beiden Auftragsfolgen:

$$\text{Maschine A} : 2 - 1 - 3,$$

$$\text{Maschine B} : 1 - 2 - 3$$

und

$$\text{Maschine A} : 3 - 2 - 1,$$

$$\text{Maschine B} : 1 - 3 - 2$$

die entstehenden Reihenfolgepläne jeweils mittels eines Maschinenfolge-Gantts dar, berechnen Sie für die in 1. genannten Zielesetzungen die Funktionswerte und erläutern Sie die Ergebnisse.

Aufgabe 4.6-2

Die Robot-GmbH hat sich auf die Herstellung von Schweißrobotern spezialisiert. Für die Auto-AG müssen vier Aufträge auf den Maschinen A, B und C gefertigt werden. Dabei sind bereits folgende Daten bekannt:

Maschinenfolgematrix:

Auftrag	Maschine		
	A	B	C
1	1	3	2
2	2	3	1
3	3	2	1
4	3	1	2

Auftragsfolgematrix:

Auftrag	Maschine A	B	C
1	1	4	4
2	2	3	2
3	3	2	1
4	4	1	3

Bearbeitungsdauer:

Auftrag	Maschine A	B	C
1	3	4	1
2	2	4	2
3	5	1	2
4	2	3	5

1. Erstellen Sie den zugehörigen Ablaufgraphen sowie den Maschinenfolge- und den Auftragsfolge-Gantt. Welche Informationen können generell aus Maschinenfolge- und Auftragsfolge-Gantt gewonnen werden?

2. Bei der Ermittlung eines Reihenfolgeplans können verschiedene Zielsetzungen verfolgt werden. Stellen Sie die gebräuchlichen Ziele verbal und formal dar.

3. In vielen Unternehmen wird immer wieder die Minimierung der Kapitalbindungs- kosten gefordert. Wie werden diese berechnet? Welche Verbindungen existieren zwischen den Kapitalbindungskosten und den in 2. genannten Zielsetzungen?

Aufgabe 4.6-3

Eine Ölgesellschaft hat mit fünf Lieferländern Kaufverträge über die Lieferung von je einer Tankerladung Rohöl abgeschlossen. Das Öl lagert in den Beladehäfen A, B, C, D, E dieser Länder und steht zur sofortigen Abholung bereit. Der Gesellschaft steht ein Tanker zur Verfügung, der in einem Entladehafen Z liegt. Die Fahrtdauer des Tankers zu den jeweiligen Beladehäfen einschließlich der Zeit für die Beladung ergibt sich aus folgender Tabelle:

Beladehafen	A	B	C	D	E
Tage	8	4	3	10	7

Für die Rückfahrt des Tankers zum Entladehafen Z (einschließlich Löschung der La- dung) werden dieselben Zeiten benötigt. Für jeden Tag, der bis zur Abfahrt des vollen

Tankers aus dem Beladehafen vergeht, muss die Ölgesellschaft dem jeweiligen Land 1.000 GE Lagerkosten bezahlen.

1. Mit Hilfe welcher Überlegungen kann die lagerkostenminimale Fahrtroute ausgewählt werden? Geben Sie diese an.
2. Erstellen Sie graphisch einen Zeitplan für die gesamte Fahrt des Tankers und ermitteln Sie die Lagerkosten, die von der Gesellschaft an die einzelnen Lieferländer zu zahlen sind.

Aufgabe 4.6-4

Ein Unternehmen hat sechs Aufträge auf zwei Maschinen, X und Y, zu bearbeiten. Die Bearbeitungszeit p_{nm} jedes Auftrags n auf jeder Maschine m ist gegeben:

Auftrag	1	2	3	4	5	6
p_{nX}	5	4	7	3	3	1
p_{nY}	1	2	5	4	7	3

Sämtliche Aufträge sind zunächst auf Maschine X und anschließend auf Maschine Y zu bearbeiten.

1. Beschreiben Sie die im Rahmen der Reihenfolgeplanung existierenden Zielsetzungen „Minimierung der Gesamtdurchlaufzeit", „Minimierung der maximalen Durchlaufzeit", „Minimierung der Gesamtwartezeit" sowie „Minimierung der gesamten Terminüberschreitungszeit".
2. Für eine der in 1. genannten Zielsetzungen existiert ein Lösungsalgorithmus, der auf den dargestellten Sachverhalt angewendet werden kann. Beschreiben Sie die Vorgehensweise des Algorithmus und ermitteln Sie die optimale Auftragsfolge. Zeichnen Sie für den optimalen Reihenfolgeplan das zugehörige Auftragsfolge-Ganttdiagramm und geben Sie den Zielfunktionswert an.

Aufgabe 4.6-5

Zwei Aufträge, 1 und 2, sind auf zwei Maschinen zu bearbeiten. Dabei muss jeder Auftrag zuerst Maschine A durchlaufen, bevor Maschine B mit der den Fertigungsprozess abschließenden Bearbeitung beginnen kann. Die jeweiligen Bearbeitungszeiten p_{nm} und Fertigstellungstermine S_n sind folgender Tabelle zu entnehmen:

Auftrag	Bearbeitungszeit auf Maschine		Fertigstellungstermin S_n
	A	**B**	
1	4	2	8
2	2	8	16

1. Geben Sie für jede Maschine m alle denkbaren Auftragsfolgen an und berechnen Sie für jeden Auftragsfolgeplan
   - die Gesamtdurchlaufzeit D,
   - die maximale Durchlaufzeit $D_{\max}$ sowie
   - die gesamte Terminüberschreitungszeit T.

Verwenden Sie diese Ergebnisse, um die jeweils optimalen Auftragsfolgen zu ermitteln. Bestimmen Sie außerdem diejenige Auftragsfolge, die zur minimalen Gesamtwartezeit W führt.

2. Für eine der in 1. genannten Zielgrößen existiert für obiges Beispiel ein Lösungsalgorithmus. Wenden Sie das Verfahren zur Ermittlung der Lösung an und beschreiben Sie ausführlich, warum die verwendete Vorgehensweise zum Optimum führt.

Aufgabe 4.6-6

1. Ein Unternehmen hat auf zwei Maschinen, A und B, acht Aufträge zu fertigen, deren Bearbeitungszeiten auf der jeweiligen Maschine folgender Tabelle zu entnehmen sind:

Auftrag	1	2	3	4	5	6	7	8
p_{nX}	5	4	7	3	3	1	6	2
p_{nY}	1	2	5	4	7	3	9	3

Alle Aufträge sind zuerst auf der Maschine A und dann auf der Maschine B zu bearbeiten. Mit welchem Verfahren kann derjenige Auftragsfolgeplan bestimmt werden, der die maximale Durchlaufzeit minimiert? Ermitteln Sie mit diesem Verfahren den optimalen Auftragsfolgeplan, zeichnen Sie den zugehörigen Auftragsfolge-Gantt und ermitteln Sie daraus die maximale Durchlaufzeit.

2. Plausibilisieren Sie ausführlich, warum das in 1. verwendete Verfahren zur optimalen Auftragsfolge führt.

Aufgabe 4.6-7

Die Aufträge 1, 2 und 3 sind auf zwei Maschinen, A und B, zu bearbeiten. Auftrag 1 besitzt die Maschinenfolge B – A, die Aufträge 2 und 3 die Maschinenfolge A – B. Die Bearbeitungszeiten und Fertigstellungstermine der Aufträge sind folgender Tabelle zu entnehmen:

Auftrag	Bearbeitungszeit auf Maschine		Fertigstellungstermin
	A	B	
1	3	4	7
2	2	6	10
3	4	1	13

Mit welchem Verfahren kann derjenige Auftragsfolgeplan bestimmt werden, der die maximale Durchlaufzeit minimiert? Ermitteln Sie mit diesem Verfahren den optimalen Auftragsfolgeplan, zeichnen Sie den dazugehörigen Auftragsfolge-Gantt und ermitteln Sie daraus die maximale Durchlaufzeit.

6 Lösungen

Aufgabe 1-1

$$\text{Produktivität allgemein} = \frac{\text{Output}}{\text{Input}}$$

$$\text{Spezifische Produktivität} = \frac{\text{Umsatz}}{\text{Produktionskosten}}$$

$$\text{Kapitalrentabilität} = \frac{\text{Gewinn}}{\text{Kapital}}$$

$$\text{Umsatzrentabilität} = \frac{\text{Gewinn}}{\text{Umsatz}}$$

	1. Quartal	2. Quartal
Gesamtproduktivität	1,08	1,08
Arbeitsproduktivität	2,22	2,30
Rohstoffproduktivität	2,67	2,56
Kapitalrentabilität	8,11 %	8,02 %
Umsatzrentabilität	7,50 %	7,42 %

Beurteilung:

Erst im Vergleich liefert eine Kennzahl eine aussagekräftige Bewertungsmöglichkeit. Hier wurde im 1. Quartal produktiver gearbeitet bzw. rentabler gewirtschaftet und der Input effizienter verarbeitet.

Handlungsempfehlungen:

Die Produktivität kann durch Steigerung des Outputs erhöht werden, zum Beispiel mit Werbe- oder Preisaktionen oder der Abstimmung des Absatzpreises auf die Nachfrage. Eine weitere Möglichkeit besteht darin, den Input zu senken, indem sonstige Ausgaben oder Arbeitsstunden reduziert werden, etwa durch verbesserte Personalplanung oder Technisierung.

Aufgabe 1-2

Bei der Arbeitsproduktivität handelt es sich um eine Teilproduktivität, die die gesamte Ausbringungsmenge ins Verhältnis zur Einsatzmenge eines Produktionsfaktors setzt. Hier wird als Ausbringungsmenge der Umsatz eingesetzt. Bei der Einsatzmenge handelt es sich an dieser Stelle um die Zahl der erbrachten Arbeitsstunden.

$$\text{Arbeitsproduktivität} = \frac{\text{Umsatz}}{\text{Arbeitseinsatz}}$$

https://doi.org/10.1515/9783110467710-007

PKW	Allgemeine Arbeitsproduktivität (GE/Std.)	Spezifische Arbeitsproduktivität (Umsatz in GE/eingesetzte GE)
A	4.000	133,33
B	4.750	135,71

Aussagekraft:

Die isolierte Betrachtung der Teilproduktivität lässt keinen Rückschluss auf die Gesamtproduktivität zu, wenn das Einsatzverhältnis der Produktionsfaktoren veränderbar ist. Erst im Zeit- und Betriebsvergleich sind bedeutsame Erkenntnisse zu erwarten.

Bei der Herstellung von PKW B wird ein höherer Umsatz pro Arbeitsstunde bzw. pro eingesetzter Geldeinheit erwirtschaftet.

Aufgabe 2.2-1

1.

	Genfer Schema der Anforderungsarten		Zuordnung der Anforderungsarten
1.	Geistige Anforderungen (Können, Belastung)	A	(Ausbildung, Erfahrung, Denkfähigkeit)
		D	(Aufmerksamkeit, Denktätigkeit)
2.	Körperliche Anforderungen (Können, Belastung, Aufmerksamkeit)	B	(Handfertigkeit, Körpergewandtheit)
		E	(dynamische, statische, einseitige Muskelarbeit)
3.	Verantwortung (für Betriebsmittel, Erzeugnisse, Prozesse, Sicherheit)	C	(Verantwortung für die eigene bzw. fremde Arbeit, Sicherheit)
4.	Arbeitsbedingungen (z. B. Klima, Licht, Gas, Lärm)	F	(Klima, Nässe, Schmutz, Lärm etc.)

2. Es handelt sich hierbei um das *Rangreihenverfahren*, da für die Anforderungsarten Rangfolgeplätze ermittelt wurden. Bei diesem Verfahren wird für jede Anforderungsart eine Rangreihe gebildet, deren oberste und unterste Plätze jeweils von den Arbeitsplätzen belegt werden, die in dieser Anforderungsart die höchsten bzw. geringsten Anforderungen an die Arbeitsperson stellen (Problem: Zuordnung der Belastung des Arbeitsplatzes für eine bestimmte Anforderungsart). Alle anderen Arbeiten werden ihrem Schwierigkeitsgrad entsprechend eingereiht (Problem: nur ordinale Skalierung möglich).

Je nach Art der Gewichtung erhält man für jede Anforderungsart entweder direkt oder durch Multiplikation mit dem betreffenden Gewichtungsfaktor eine Wertzahl (Problem: Ermittlung der Gewichte). Die Summe der Wertzahlen ergibt den Arbeitswert, dem ein bestimmter Lohn zugeordnet ist.

3.

Arbeitsplatz	A	B	C	D	E	F	Summe
Gewicht	25 %	10 %	15 %	15 %	20 %	15 %	100 %
B1	75	50	65	65	25	10	
B2	65	55	60	60	30	15	
B3	35	55	35	55	20	20	
B4	40	45	40	50	35	25	

Arbeitsplatz	A	B	C	D	E	F	Arbeitswert
B1	18,75	5,00	9,75	9,75	5,00	1,50	49,75
B2	16,25	5,50	9,00	9,00	6,00	2,25	48,00
B3	8,75	5,50	5,25	8,25	4,00	3,00	34,75
B4	10,00	4,50	6,00	7,50	7,00	3,75	38,75

4.

Mindestlohn	15,00 GE
Höchstlohn	18,00 GE
Steigung je Arbeitswert (AW)	0,20 GE
Basislohn	8,05 GE

Arbeitsplatz	Arbeitswert	Stundenlohn
B1	49,75	18,00 GE
B2	48,00	17,65 GE
B3	34,75	15,00 GE
B4	38,75	15,80 GE

Nebenrechnung:

Steigung je AW, da eine lineare Beziehung unterstellt wird:

$$\frac{(18-15)}{(49,75-34,75)} = 0,20$$

Basislohn (bei AW= 0):

$$15 - 34,75 \cdot 0,2 = 8,05$$

Aufgabe 2.2-2

1.

Gewicht für Können: w

Gewicht für Belastung: x

Gewicht für Verantwortung: y

Gewicht für Umgebungseinflüsse: z

I : $w + 5x + 3y + 4z = 3,3$

II : $2w + 2x + 4y + z = 2,3$

III : $4w + 0x + 4y + z = 2,1$

IV : $w + 4x + 3y + 4z = 2,9$

I-IV : $x = 0,4$

III-IV : $2w - 0,8 = -0,2$

$w = 0,3$

Einsetzen in III und IV :

III : $1,2 + 0 + 4y + z = 2,1$

IV : $0,3 + 1,6 + 3y + 4z = 2,9$

III : $4y + z = 0,9$

III : $z = 0,9 - 4y$

IV : $3y + 4z = 1$

III in IV : $3y + 4 \cdot (0,9 - 4y) = 1$

$y = 0,2$

$z = 0,1$

2.

I : $L = L_a + k \cdot AW$

$13,50 = L + k \cdot 2,1$

II : $15 = L + k \cdot 3,3$

II-I : $1,5 = 1,2 \cdot k$

$k = 1,25$

$L_a = 10,875$

Lohn für A:	15, 00 GE
Lohn für B:	13, 75 GE
Lohn für C:	13, 50 GE
Lohn für D:	14, 50 GE

Aufgabe 2.2-3

1. Vorgabezeit (VZ)
   Ist-Zeit = 2,2 min
   Leistungsgrad 130 %
   Soll-Zeit = Grundzeit = x

$$130 = \frac{x \cdot 100\,\%}{2,2\,\text{min}}$$

$$x = 2,86\,\text{min}$$

Die Grundzeit beträgt 2,86 Minuten. Die Vorgabezeit setzt sich zusätzlich aus der Erholzeit (0,156 Minuten) und der Verteilzeit (10 % Verteilzeitprozentsatz auf die Grundzeit) zusammen. Somit beträgt die Vorgabezeit:
VZ = 2,86 min + 0,156 min + 0,286 min = 3,302 min

2. Berechnung des Minutenfaktors:
   Akkordrichtsatz = 10,50 GE/Stunde · 1,2 = 12,6 GE/Stunde
   Minutenfaktor = $\frac{12{,}6\,\text{GE}}{60\,\text{min}}$ = 0, 21 GE/min

3. Arbeiter A:

$$\text{Tätigkeitszeit} = 2\,\text{min}$$
$$\text{Wartezeit} = 0{,}2\,\text{min}$$

Grundzeit = Tätigkeitszeit+Wartezeit = 2,2;
Grundzeit + Erholzeit = 2,356 min/Stück, dies entspricht ~25 Stück/Stunde
Vorgabezeit · Minutenfaktor = 3,302 min/Stück ·0,21 GE/min = 0,69342 GE/Stück
25 Stück/Stunde · 0,69342 GE/Stück = 17,34 GE/Stunde

4. Nein, der Arbeiter sollte nicht weiterhin im Akkord entlohnt werden. Ein Akkordlohn bezeichnet einen leistungsbezogenen Lohn. Nach der Automatisierung verrichtet der Arbeiter jedoch immer dieselbe Leistung bei der Beaufsichtigung der Maschinen. Er selbst kann weder die Maschinen noch die produzierte Stückzahl beeinflussen. Somit erbringt der Arbeiter ein zeitmäßiges Ergebnis und sollte entsprechend einen Zeitlohn erhalten.

Aufgabe 2.2-4

1. (a) Charakterisierung nach der Zwei- Faktoren-Theorie von Herzberg:
   - Hygienefaktoren dienen lediglich der Beseitigung von Unzufriedenheit; es sind Faktoren, die die extrinsische Motivation beeinflussen,
   - zu diesen Faktoren zählen hohes Arbeitsentgelt, gute Beziehungen zu Vorgesetzten, Arbeitsplatzsicherheit,
   - Faktoren zur intrinsischen Motivation fördern aktive Zufriedenheit,
   - dazu zählen: Anerkennung durch Vorgesetzte, in Aussicht gestellte Beförderung.

   Die Befragung unterstützt diese These, da laut Befragung ein hohes Arbeitsentgelt und eine gute Beziehung zu Vorgesetzten wenig relevant/wichtig sind für eine hohe Arbeitszufriedenheit.

   Anerkennung und mögliche Beförderung werden als sehr wichtig eingestuft – auch dies stützt die Theorie.

   (b) Charakterisierung nach Maslow:
   - Bedürfnisse der Menschen in Pyramide darstellbar,
   - in aufsteigender Reihenfolge: physiologische Grundbedürfnisse, Sicherheitsbedürfnisse, soziale Bedürfnisse, Anerkennung, Status, Selbstverwirklichung,
   - höhere Bedürfnisse werden erst relevant, wenn die darunter liegende Ebene befriedigt ist,
   - je höher das Befriedigungsniveau, desto schwieriger ist es, eine Leistungsmotivation durch Bedürfnisbefriedigung zu erreichen.

   Die Theorie stimmt teilweise mit dem Fragebogen überein:
   - hohes Arbeitsentgelt kann als Sicherheitsbedürfnis gewertet werden und wird ebenso wie hohe Arbeitsplatzsicherheit im unteren bis mittleren Bereich (5-3) angeordnet,
   - „Anerkennung" und eine mögliche Beförderung werden den Ebenen „Anerkennung" und „Status" zugeschrieben; nach dem Fragebogen wurden sie auch im oberen Bereich (1) verortet,
   - gute Beziehungen zu Vorgesetzten und übertragene Verantwortung bilden Ausreißer.

   Laut Maslow: gute Beziehungen. Die sozialen Bedürfnisse müssten eigentlich über dem Sicherheitsbedürfnis stehen, werden jedoch als weniger wichtig als die Arbeitsplatzsicherheit bewertet.

   (c) Charakterisierung nach der X-Y-Theorie:
   - Theorie X: Mensch ist nur auf Sicherheit bedacht und arbeitsscheu,
   - Theorie Y: Mensch ist ehrgeizig, intrinsisch motiviert und eigenverantwortlich.

   Der Fragebogen stützt im allgemeinen die Theorie Y, da eine mögliche Beförderung und Anerkennung (intrinsische Motivatoren) mit (1) bewertet werden.

Die übertragene Verantwortung wird nur mit (3) bewertet, kann in diesem Fall als Ausreißer betrachtet werden.

2. Beispielhafte Kriterien/Fragen:
    Bewertung auf Skala von 1 (trifft völlig zu) bis 5 (trifft gar nicht zu):
    - Meine Arbeit ist sinnvoll und hat einen Wert für die Allgemeinheit.
    - An meinem Arbeitsplatz trage ich viel Verantwortung.
    - Einsatz und Leistungsbereitschaft werden an meinem Arbeitsplatz gewürdigt.
    - Bei meiner Arbeit herrscht ein positives Arbeitsklima.
    - An meinem Arbeitsplatz kann ich eigenständig Entscheidungen treffen, ohne sie mit Vorgesetzten abzuklären.

3. - Flache Hierarchien/Organisationsstruktur,
    - Anreizsysteme,
    - Job Design,
    - Partizipationsmöglichkeiten.

Aufgabe 2.3-1

1. Dieses Organisationskonzept wird *Matrixorganisation* genannt.
2. Das Leitungssystem des *Mehrliniensystems* liegt diesem Organisationskonzept zugrunde.
3.

Vorteile	Nachteile
- Potenzial neuer Ideen durch Verhandlungen, Vergleiche und Kommunikationsprozesse - Matrixorganisation als „Innovationsinstrument"	- Durch Mehrfachunterstellung können sich Konflikte bezüglich der Leitungsbefugnis ergeben - Hohe Anforderungen an Kompromissbereitschaft der beteiligten Entscheidungsträger gefordert - Gefahr der Handlungsunfähigkeit - Gefahr der Zeitverzögerung von Entscheidungen bei Diskussionen

4. Werkstattfertigung:
    Bei der Werkstattfertigung erfolgt eine räumliche Zentralisation nach den durchzuführenden Verrichtungen. Produkte steuern die einzelnen Werkstätten entsprechend ihrer technologisch bedingten Bearbeitungsreihenfolge an (manchmal einige Werkstätten mehrfach, einige gar nicht).

Vorteile	Nachteile
– Hohe Flexibilität bezüglich der Kapazitätsausnutzung	– Hoher Planungs-, Koordinations- und Steuerungsaufwand
– Hohe Flexibilität bezüglich individueller Kundenwünsche	– Besonders leistungsfähige Produktionsplanung erforderlich
– Schnelle Einführung neuer Produktvarianten	– Lange Transportwege (führen zu hohen Übergangszeiten und Transportkosten)
– Große Handlungs- und Entscheidungsspielräume	

Fließfertigung:
In dieser fertigungsorganisatorischen Form werden die zur Herstellung eines Produktes notwendigen Betriebsmittel zusammengefasst, und zwar so, dass eine Anordnung entsprechend der Abfolge der Produktionsschritte entsteht.
Die Produktionsschritte sind zeitlich genau getaktet, d. h., es liegt eine zeitliche Bindung zwischen den Arbeitsgängen vor, was den Einsatz eines Fließbandes ermöglicht. Materiell erfolgt ein ungekoppelter (asynchroner) Materialfluss mit selbstständigen Förderbändern, bei dem die Werkstücke auch unabhängig voneinander bewegt werden können.

Vorteile	Nachteile
– Weitestgehende Vermeidung von Zwischenlagern und somit Kapitalbindungskosten	– Geringe Flexibilität
– Kurze Transportwege, geringe Transportkosten	– Störanfälligkeit sehr hoch bei Ausfall einer Maschine
– (Kosten-)Vorteile durch Spezialisierung und Arbeitsteilung	– Hohe Anlagenkosten
	– Keine kundenspezifischen Varianten möglich

5. Gruppenfertigung versucht Flexibilitätsvorteile der Werkstattfertigung mit den Produktivitätsvorteilen der Fließfertigung zu verbinden. Ähnliche Produkte werden zu Produktfamilien und die zu deren Produktion notwendigen Betriebsmittel in Maschinengruppen zusammengefasst. So könnten bei der Fertigung verschiedener Tischplatten von Schreibtischen mehrere Arbeitsschritte (bspw. Zuschneiden und Lackieren) zusammengefasst werden. Eine solche Gruppierung begünstigt die Einführung von teilautonomen Arbeitsgruppen.

Aufgabe 2.3-2

1. Vollständige Enumeration:

Fall I:	Fall II:	Fall III:
$O_1 - W_1$	$O_1 - W_1$	$O_1 - W_2$
$O_2 - W_2$	$O_2 - W_3$	$O_2 - W_1$
$O_3 - W_3$	$O_3 - W_2$	$O_3 - W_3$

Fall IV:	Fall V:	Fall VI:
$O_1 - W_2$	$O_1 - W_3$	$O_1 - W_3$
$O_2 - W_3$	$O_2 - W_1$	$O_2 - W_2$
$O_3 - W_1$	$O_3 - W_2$	$O_3 - W_1$

Fall I:	Fall II:	Fall III:
$W_1 \rightarrow W_2 = 1 \cdot 1 = 1$	$W_1 \rightarrow W_2 = 1 \cdot 2 = 2$	$W_1 \rightarrow W_2 = 1 \cdot 1 = 1$
$W_1 \rightarrow W_3 = 3 \cdot 2 = 6$	$W_1 \rightarrow W_3 = 3 \cdot 1 = 3$	$W_1 \rightarrow W_3 = 3 \cdot 3 = 9$
$W_2 \rightarrow W_1 = 0 \cdot 1 = 0$	$W_2 \rightarrow W_1 = 0 \cdot 3 = 0$	$W_2 \rightarrow W_1 = 0 \cdot 1 = 0$
$W_2 \rightarrow W_3 = 2 \cdot 3 = 6$	$W_2 \rightarrow W_3 = 2 \cdot 3 = 6$	$W_2 \rightarrow W_3 = 2 \cdot 2 = 4$
$W_3 \rightarrow W_1 = 2 \cdot 3 = 6$	$W_3 \rightarrow W_1 = 2 \cdot 1 = 2$	$W_3 \rightarrow W_1 = 2 \cdot 3 = 6$
$W_3 \rightarrow W_2 = 0 \cdot 3 = 0$	$W_3 \rightarrow W_2 = 0 \cdot 3 = 0$	$W_3 \rightarrow W_2 = 0 \cdot 3 = 0$
Summe TKE=19	Summe TKE=13	Summe TKE=20

Fall IV:	Fall V:	Fall VI:
$W_1 \rightarrow W_2 = 1 \cdot 3 = 3$	$W_1 \rightarrow W_2 = 1 \cdot 3 = 3$	$W_1 \rightarrow W_2 = 1 \cdot 3 = 3$
$W_1 \rightarrow W_3 = 3 \cdot 3 = 9$	$W_1 \rightarrow W_3 = 3 \cdot 1 = 3$	$W_1 \rightarrow W_3 = 3 \cdot 3 = 9$
$W_2 \rightarrow W_1 = 0 \cdot 2 = 0$	$W_2 \rightarrow W_1 = 0 \cdot 3 = 0$	$W_2 \rightarrow W_1 = 0 \cdot 3 = 0$
$W_2 \rightarrow W_3 = 2 \cdot 1 = 2$	$W_2 \rightarrow W_3 = 2 \cdot 3 = 6$	$W_2 \rightarrow W_3 = 2 \cdot 1 = 2$
$W_3 \rightarrow W_1 = 2 \cdot 1 = 2$	$W_3 \rightarrow W_1 = 2 \cdot 1 = 2$	$W_3 \rightarrow W_1 = 2 \cdot 2 = 4$
$W_3 \rightarrow W_2 = 0 \cdot 1 = 0$	$W_3 \rightarrow W_2 = 0 \cdot 2 = 0$	$W_3 \rightarrow W_2 = 0 \cdot 1 = 0$
Summe TKE=20	Summe TKE=14	Summe TKE=18

Fall II ist die ideale Zuordnung.
- Werkstatt 1 an Ort 1,
- Werkstatt 2 an Ort 3,
- Werkstatt 3 an Ort 2.

2. Eine mathematische Formulierung dieses Problems erfolgt meist als lineares Programm mit binären Entscheidungsvariablen (0-1-Variablen). Da aufgrund der Binärvariablen keine Algorithmen zur Ermittlung einer exakten Lösung existieren, ist man gezwungen, auf Heuristiken überzugehen. Dies sind Näherungsverfahren, die im Vergleich zu exakten Verfahren mit Hilfe einer lediglich plausibel begründeten, nicht auf mathematischen Theorien beruhenden Lösungsidee gezielt zur Verringerung des Lösungsaufwandes beitragen sollen.

Bekanntes Verfahren: *Heuristik zur Layoutplanung*

Schritt 1: Addieren der Entfernungen für Orte:

O_1: 7

O_2: 8

O_3: 11

Schritt 2: Addition der Transportkosten für Werkstätten:

W_1: 6

W_2: 3

W_3: 7

Schritt 3: Zuordnung der Werkstatt mit den höchsten Kosten an den Ort mit den geringsten Wegen:

$O_1 - W_3$

$O_2 - W_1$

$O_3 - W_2$

Die heuristische Lösung entspricht nicht der besten Lösung aus Teilaufgabe 1., es handelt sich aber um die zweitbeste Lösung. Jedoch kann mit Hilfe von Iterationsverfahren die eben errechnete Lösung iterativ verbessert werden. Dabei ist in einem ersten Zyklus probeweise Werkstatt W_1 wahlweise mit Werkstatt W_2 (Vertauschung 1) oder mit Werkstatt W_3 (Vertauschung 2) zu vertauschen, wobei die bei diesen beiden Möglichkeiten jeweils anfallenden Transportkosten zu errechnen sind.

Vertauschung 1:

$O_1 - W_3$

$O_2 - W_2$

$O_3 - W_1$

Die sich analog zum oben ausgeführten Schritt 2 ergebenden Gesamttransportkosten betragen 18 GE (vorher 16 GE). Die erste Vertauschung des ersten Zyklus stellt somit keine Verbesserung dar. Vertauschung 1 ist rückgängig zu machen und Vertauschung 2 durchzuführen.

Vertauschung 2:

$O_1 - W_1$

$O_2 - W_3$

$O_3 - W_2$

Hierbei ergeben sich Gesamttransportkosten in Höhe von 13 GE, was eine Verbesserung im Vergleich zum Status quo aus Teilaufgabe 2. bedeutet. Ausgehend von dieser nun verbesserten Lösung werden in einem zweiten Zyklus probeweise die Werkstätten W_1 (Vertauschung 1) sowie W_3 (Vertauschung 2) mit der zweiten Werkstatt W_2 vertauscht.

Vertauschung 1:	Vertauschung 2:
$O_1 - W_2$	$O_1 - W_1$
$O_2 - W_3$	$O_2 - W_2$
$O_3 - W_1$	$O_3 - W_3$

Die Gesamttransportkosten der ersten Vertauschung betragen 20 GE, die der zweiten Vertauschung 19 GE. Da sich gegenüber Zyklus 1 keine Verbesserung ergibt, ist das Iterationsverfahren abzubrechen. Es verbleibt somit bei der in der zweiten Vertauschung in Zyklus 1 getätigten Zuordnung; die Gesamttransportkosten betragen 13 GE.

Aufgabe 2.3-3

1. Schritt 1: tatsächlich anfallende Transportkosten:

	M_1	M_2	M_3
M_1	0	0	360
M_2	180	0	0
M_3	540	360	0

Schritt 2: Addition der Transportkosten und Wege:

M_1	1080	O_1	70
M_2	540	O_2	80
M_3	1260	O_3	110

Schritt 3: Zuordnung:
$O_1 - M_3$
$O_2 - M_1$
$O_3 - M_2$
Anfallende Kosten:

$$30 \cdot 0 = 0$$
$$10 \cdot 360 = 3.600$$
$$20 \cdot 0 = 0$$
$$30 \cdot 180 = 5.400$$
$$10 \cdot 540 = 5.400$$
$$30 \cdot 360 = 10.800$$

Insgesamt fallen Kosten in Höhe von 25.200,00 GE an.

Grundprinzip: siehe Kapitel 2.2.6.1

2. Kosten für derzeitige Standorte:

$$30 \cdot 25 \cdot 0 = 0$$
$$10 \cdot 360 \cdot 1 = 3.600$$
$$20 \cdot 30 \cdot 6 = 3.600$$
$$30 \cdot 43 \cdot 0 = 0$$
$$10 \cdot 20 \cdot 27 = 5.400$$
$$30 \cdot 12 \cdot 30 = 10.800$$

Insgesamt fallen Kosten in Höhe von 23.400,00 GE an.

3. In Hinblick auf die Ergebnisse in Aufgabenteil 1. und 2. wäre der Betriebsleitung zu raten, die Maschinen an den derzeitigen Standorten stehen zu lassen. Auch in Hinblick darauf, dass die Problematik heuristischer Verfahren darin liegt, dass sie nur näherungsweise optimale Ergebnisse erzielen, sei für das Verweilen der Maschinen am derzeitigen Standort zu plädieren. Heuristische Verfahren sind nur vereinfachte Lösungsansätze, die jedoch nicht auf mathematischen Theoremen beruhen. Somit existieren durchaus Lösungen, die vorteilhafter sind als jene, die durch das heuristische Verfahren ermittelt wurden.

Das in Teilaufgabe 1. durchgeführte Eröffnungsverfahren kann durch Iterationsverfahren möglicherweise verbessert werden. In Zyklus 1 sind dabei die Maschinen M_2 (Vertauschung 1) und M_3 (Vertauschung 2) mit der Maschine M_1 zu vertauschen und im Anschluss die so entstandenen Kosten zu berechnen.

Vertauschung 1:	Vertauschung 2:
$O_1 - W_3$	$O_1 - W_1$
$O_2 - W_2$	$O_2 - W_2$
$O_3 - W_1$	$O_3 - W_3$

Die Kosten sind analog zu den Teilaufgaben 1. und 2. zu berechnen. Sie betragen für 1. Vertauschung 324 GE, für 2. Vertauschung 342 GE. Da diese beiden Werte im Vergleich zu den im Zuge des Eröffnungsverfahrens in Teilaufgabe 1. ermittelten Kosten keine Verbesserung darstellen, bricht das Iterationsverfahren an dieser Stelle ab. Es bleibt bei der in 1. vorgenommenen Zuordnung.

Aufgabe 2.3-4

1. Dem Studenten wäre in der vorliegenden Situation zur Werkstattlieferung zu raten. Bei der Werkstattlieferung erfolgt eine räumliche Zentralisation nach den durchzuführenden Verrichtungen. In einer solchen Form der Fertigungsorganisation steuern alle Produkte die einzelnen Werkstätten entsprechend ihrer technologisch bedingten Bearbeitungsreihenfolge an.

Vorteile	Nachteile
– Hohe Flexibilität bezüglich der Kapazitätsausnutzung	– Hoher Planungs-, Koordinations- und Steuerungsaufwand
– Hohe Flexibilität bezüglich individueller Kundenwünsche	– Besonders leistungsfähige Produktionsplanung erforderlich
– Schnelle Einführung neuer Produktvarianten	– Lange Transportwege ($\rightarrow$ hohe Übergangszeiten und Transportkosten)
– Große Handlungs- und Entscheidungsspielräume	

2. Student Schlau kann die minimalen Transportkosten mit Hilfe des *heuristischen Verfahrens zur Layoutplanung* bestimmen. Vorgehensweise siehe Kapitel 2.2.6.1. Kritischer Aspekt: Das Verfahren liefert lediglich eine plausibel begründbare, nicht auf mathematischen Theoremen beruhende Lösungsidee, jedoch keine exakte Lösung (Optimum).

   (a) Summe der Distanzen:

   H_1: 21

   H_2: 20

   H_3: 25

   H_4: 18

   (b) Transportkostenmatrix nach Anzahl der Transportvorgänge:

   $$\left[\frac{GE}{ZE \times ME} \right] \times [ME] = \left[\frac{GE}{ZE} \right]$$

	S	C	L	T
S	0	2,7	1,6	1,4
C	0	0	0,4	0
L	2,8	0,5	0	0
T	0	0,3	0	0

   (c) Summe der Kosten je Werkstatt:

   S: 8,5

   C: 3,9

   L: 5,3

T: 2,1
4. Zuordnung der Werkstätten zu den Orten:

$H_1 - C$

$H_2 - L$

$H_3 - T$

$H_4 - S$

Kosten:

S	C	L	T
$2 \cdot 0,9 \cdot 3 = 5,4$	$5 \cdot 0,4 \cdot 1 = 2,0$	$1 \cdot 0,7 \cdot 4 = 2,8$	$5 \cdot 0,1 \cdot 3 = 1,5$
$3 \cdot 0,8 \cdot 2 = 4,8$		$1 \cdot 0,5 \cdot 1 = 0,5$	
$4 \cdot 0,7 \cdot 2 = 5,6$			
$TK_{min} = 22,6$			

(d) Student Schlau hat nicht berücksichtigt, dass es sich bei dieser Berechnung nur um eine Heuristik handelt. Die Optimalität der Ausgangszuordnung ist nicht bekannt. Mit Hilfe von Iterationsverfahren können bessere Lösungen erzielt werden. Dazu sind in einem ersten Zyklus die Werkstätten C, L und T mit der Werkstatt S zu vertauschen.

Vertauschung 1 (C):

$H_1 - S$

$H_2 - L$

$H_3 - T$

$H_4 - C$

Die Transportkosten betragen 31,1 GE.

Vertauschung 2 (L):

$H_1 - C$

$H_2 - S$

$H_3 - T$

$H_4 - L$

Die Transportkosten betragen 25,6 GE.

Vertauschung 3 (T):

$H_1 - C$

$H_2 - L$

$H_3 - S$

$H_4 - T$

Die Transportkosten betragen 44 GE.

Nachdem keine der Vertauschungen eine Verbesserung im Vergleich zur Berechnung aus 2. darstellt, bricht das Iterationsverfahren ab. Es bleibt somit bei der Zuordnung aus 2..

Aufgabe 3.1-1

1.

$$X = \frac{r_1}{3} = \frac{r_2}{4}; \quad \text{für} \quad X = 20 \Rightarrow r_1 = 60; r_2 = 80$$

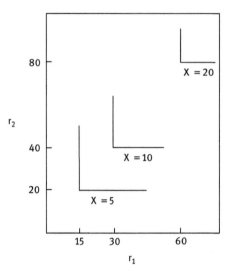

Lineare Limitationalität (Leontief-Produktionsfunktion):

Allgemein:

$$X = \frac{r_1}{\alpha_1} = \frac{r_2}{\alpha_2} \quad \text{mit} \quad \alpha_i = \text{const.} \quad \forall_i$$

Die Einsatzmenge eines Produktionsfaktors begrenzt die Outputmenge und damit auch die Menge der anderen Produktionsfaktoren. Bei Variation der Outputmenge bleiben in dem Fall linearer Limitationalität alle Produktionskoeffizienten α_i konstant.

Beispiel: Automobilproduktion (Reifen, Lenkrad)

2.

$$X = 2r_1 + 8\sqrt{r_2}; \quad \text{für} \quad X = 50 \Rightarrow r_1 = -\frac{8 \cdot \sqrt{r_2} - 50}{2}; r_2 = \left(\frac{50 - 2r_1}{8}\right)^2$$

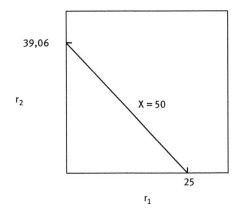

Lösung für $X = 10$ und $X = 30$ erfolgt synonym.

Totale Substitutionalität:

Der vollständige Ersatz eines Produktionsfaktors durch wenigstens einen anderen ist möglich.

Beispiel: Erdaushub mit Maschinen oder Arbeitskräften; Hochofenbetrieb mit Öl oder Gas

3.

$$X = 0,5 \cdot r_1^{0,5} \cdot r_2^{0,5} = \frac{1}{2} \cdot \sqrt{r_1 \cdot r_2}; \quad \text{für} \quad X = 50 \Rightarrow r_1 = \frac{10.000}{r_2}; r_2 = \frac{10.000}{r_1}$$

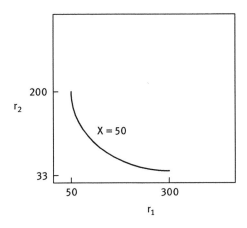

Lösung für X=10 und X=30 erfolgt synonym.

Partielle Substitutionalität:

Der Austausch von Produktionsfaktoren ist bei partieller Substitutionalität nur bedingt möglich. Auf keinen Produktionsfaktor kann vollständig verzichtet werden.

Das ökonomische Problem besteht in der Bestimmung der Minimalkostenkombination.

Sind r_1 bzw. r_2 nicht total substituierbar, folgt, dass $\frac{r_1}{r_2} \neq 0$.

Partielle Substitutionalität wird ausgedrückt über die Grenzrate der Substitution (totales Differenzial):

$$\frac{\partial r_1}{\partial r_2} = \frac{\frac{\partial x}{\partial r_1}}{\frac{\partial x}{\partial r_2}} = -\frac{\frac{1}{4} \cdot r_1^{-\frac{1}{2}} \cdot r_2^{\frac{1}{2}}}{\frac{1}{4} \cdot r_1^{\frac{1}{2}} \cdot r_2^{-\frac{1}{2}}} = -\frac{r_2}{r_1}$$

4.

$$X = \frac{r_1}{a_1} = \frac{r_2}{a_2}; \frac{a_1}{a_2} = \frac{X}{100}; a_2 = 4$$

Nicht-lineare Limitationalität:

Die Einsatzmenge eines Produktionsfaktors begrenzt die Outputmenge und damit auch die Menge der anderen Produktionsfaktoren. Bei Variation der Outputmenge bleiben im Fall nichtlinearer Limitationalität nicht alle Produktionskoeffizienten α_i konstant.

Beispiel: Maschinenleistung in Stunden und Kraftstoffverbrauch – von Intensität abhängig

Aufgabe 3.2-1

1. Üblicherweise versteht man unter einer Produktionsfunktion die funktionale Beziehung zwischen der Produktionsmenge einer Planperiode und den im Produktionsprozess eingesetzten Faktormengen. Eine Funktion im mathematischen Sinne liegt jedoch erst dann vor, wenn jeder Faktoreinsatzmengenkombination eindeutig eine Ausbringungsmenge zugeordnet werden kann. Um diese Eindeutigkeit definitorisch zu gewährleisten, bietet sich ein Rückgriff auf das Wirtschaftlichkeitsprinzip (ökonomisches Prinzip, Rationalprinzip) – entweder in seiner Ausprägung als Minimum- oder Maximumprinzip – an. Entsprechend gibt eine Produktionsfunktion die zu einer Faktormengenkombination maximal mögliche Ausbringungsmenge (Maximumprinzip) und die zu einer gegebenen Ausbringungsmenge minimal mögliche Faktoreinsatzmenge (Minimumprinzip) an.

2. Beschreibung des zu kritisierenden Verfahrens:

(Mengenmäßige) Produktionsfunktion:	$X = f(r)$
„Monetäre" Produktionsfunktion:	$X = f(r \cdot p)$
Kostenfunktion:	$K = g(X, p)$

Diese Vorgehensweise unterstellt zunächst eine falsche Vorgehensweise. Die richtige Vorgehensweise müsste lauten:

(Mengenmäßige) Produktionsfunktion: $\qquad X = f(r)$

Faktoreinsatzfunktion: $\qquad r = f^{-1}(X)$

Kostenfunktion: $\qquad K = p \cdot r = p \cdot f^{-1}(X)$

Des weiteren stellt sich das Problem der Umkehrbarkeit der Produktionsfunktion. Eine Umkehrfunktion kann nur dann gebildet werden, wenn die Produktionsfunktion selbst eine eindeutige Abbildung ist. Die Produktionsfunktion darf also keine negativen Grenzerträge aufweisen. Gerade das ist jedoch in vielen Darstellungen der Fall.

3.

$$X = r_1^2 \cdot r_2^2$$

$$\frac{\partial X}{\partial r_1} = 2 \cdot r_1 \cdot r_2^2$$

$$\frac{\partial X}{\partial r_2} = 2 \cdot r_1^2 \cdot r_2$$

$$\frac{p_1}{p_2} = \frac{2 \cdot r_1 \cdot r_2^2}{2 \cdot r_1^2 \cdot r_2} = \frac{r_2}{r_1}$$

$$\Rightarrow p_1 \cdot r_1 = p_2 \cdot r_2$$

$$K = p_1 \cdot r_1 + p_2 \cdot r_2 = 2 \cdot p_1 \cdot r_1 = 2 \cdot p_2 \cdot r_2$$

$$r_1 = \frac{K}{2 \cdot p_1}$$

$$r_2 = \frac{K}{2 \cdot p_2}$$

$$X = \left(\frac{K}{2 \cdot p_1}\right)^2 \cdot \left(\frac{K}{2 \cdot p_2}\right)^2 = \frac{K^4}{16 \cdot p_1^2 \cdot p_2^2}$$

$$K^4 = 16 \cdot p_1^2 \cdot p_2^2 \cdot X$$

$$K = K(X) = 2 \cdot \sqrt{p_1 \cdot p_2} \cdot \sqrt[4]{X}$$

Aufgabe 3.2-2

1. Es handelt sich um eine partiell substitutionale Produktionsfunktion. Zu erkennen ist dies daran, dass die beiden Produktionsfaktoren in einem multiplikativen Verhältnis zueinander stehen. Substitutional bedeutet, dass eine Verringerung der Einsatzmenge eines Produktionsfaktors durch die Erhöhung der Einsatzmenge wenigstens eines anderen Produktionsfaktors kompensiert werden kann,

ohne dass sich der Output verändert. Partiell substitutional drückt aus, dass der Austausch von Produktionsfaktoren nur innerhalb gewisser Grenzen möglich ist. Auf keinen Produktionsfaktor kann vollständig verzichtet werden.

2. Minimalkostenkombinationen:

$$X = \sqrt{r_1} \cdot r_2^3 = r_1^{\frac{1}{2}} \cdot r_2^{\frac{3}{2}}$$

$$R = p_1 \cdot r_1 + p_2 \cdot r_2$$

$$\frac{\partial X}{\partial r_1} = \frac{1}{2} r_1^{-\frac{1}{2}} \cdot r_2^{\frac{3}{2}}$$

$$\frac{\partial X}{\partial r_2} = r_1^{\frac{1}{2}} \cdot \frac{3}{2} r_2^{\frac{1}{2}}$$

$$\frac{\frac{\partial X}{\partial r_1}}{\frac{\partial X}{\partial r_2}} = \frac{\frac{1}{2} r_1^{-\frac{1}{2}} \cdot r_2^{\frac{3}{2}}}{\frac{3}{2} r_1^{\frac{1}{2}} \cdot r_2^{\frac{1}{2}}} = \frac{1}{3} \frac{r_2}{r_1}$$

$$\frac{\frac{\partial X}{\partial r_1}}{\frac{\partial X}{\partial r_2}} = \frac{p_1}{p_2}$$

$$\frac{1}{3} \cdot \frac{r_2}{r_1} = \frac{100}{300}$$

$$r_2 = r_1$$

$$X = r_1^{\frac{1}{2}} \cdot r_1^{\frac{3}{2}} = r_1^{\frac{4}{2}} = r_1^2$$

$$1.600 = r_1^2$$

$$\Rightarrow r_1 = 40; \quad r_2 = 40$$

$$R = 40 \cdot 100 + 40 \cdot 300 = 16.000$$

$$2.500 = r_1^2$$

$$\Rightarrow r_1 = 50; \quad r_2 = 50$$

$$R = 50 \cdot 100 + 50 \cdot 300 = 20.000$$

3. Die Aussage stimmt. Die Effizienz ist eine notwendige, nicht aber eine hinreichende Bedingung für die Kostenminimalität. Mithilfe der Produktionstheorie kann die optimale Alternative dann ermittelt werden, wenn nur eine einzige Alternative effizient ist. Bei Vorliegen mehrerer effizienter Alternativen sind diese zu bewerten. Die dann auszuwählende kostenminimale Alternative ist zugleich auch eine der effizienten Alternativen.

Aufgabe 3.2-3

1. Produktionsfunktion:

$$x = \sqrt{r_1 \cdot r_2}$$

Kostenfunktion (in Abhängigkeit von r):

$$128 = 8r_1 + 2r_2$$

Gesucht: x
Minimalkostenkombination:

$$\frac{\frac{\partial x}{\partial r_1}}{\frac{\partial x}{\partial r_2}} = \frac{p_1}{p_2}$$

$$\frac{\partial x}{\partial r_1} = \frac{1}{2} \cdot \frac{\sqrt{r_2}}{\sqrt{r_1}}$$

$$\frac{\partial x}{\partial r_2} = \frac{1}{2} \cdot \frac{\sqrt{r_1}}{\sqrt{r_2}}$$

$$\frac{r_2}{r_1} = \frac{p_2}{p_1} = \frac{8}{2} = 4$$

$$r_2 = 4r_1$$

Einsetzen in Kostenfunktion:

$$128 = 8r_1 + 2 \cdot (4r_1) = 16r_1$$

$$r_1 = 8; \quad r_2 = 32;$$

$$\Rightarrow x = \sqrt{8 \cdot 32} = 16$$

2. Steigung erhöht sich um 2 wegen Δp_1

$$\frac{r_2}{r_1} = \frac{p_1}{2} = 4 + 2$$

$$\Rightarrow p_1 = 12$$

$$r_2 = 6r_1; \quad r_1 = \frac{r_2}{6}$$

$$K = 12r_1 + 2r_2$$

$$r_1 = \left(\frac{x}{\sqrt{r_2}} \right)^2$$

Einsetzen von

$$r_2 = 6r_1 \quad \text{und} \quad x = 16$$

(Da gleiche Produktionsmenge wie in Teilaufgabe 1 gefordert ist):

$$r_1 = \left(\frac{16}{\sqrt{6r_1}} \right)^2$$

$$\sqrt{r_1} = \frac{16}{\sqrt{6r_1}}$$

$$\sqrt{6r_1^2} = 16$$

$$r_1^2 = \frac{16^2}{6}$$

$$r_1 = \sqrt{\frac{16^2}{6}} = \frac{8 \cdot \sqrt{6}}{3} \approx 6,53$$

Einsetzen von r_1 in $r_2 = 6r_1$:

$$r_2 = 6\frac{8 \cdot \sqrt{6}}{3} = 16\sqrt{6} \approx 39,19$$

Berechnen des neuen Budgets:

$$K = 12\frac{8 \cdot \sqrt{6}}{3} + 2 \cdot 16 \cdot \sqrt{6} = 64 \cdot \sqrt{6} \approx 156,78$$

Budgeterhöhung: $156,78 - 128 = 28,78$

Aufgabe 3.3-1

1. Grenzertragsfunktion:

$$GE = \frac{\partial X}{\partial r} = -\frac{3}{160} \cdot r^2 + \frac{10}{4} \cdot r + 4$$

Durchschnittsertragsfunktion:

$$\overline{X} = \frac{X}{r}$$

$$\overline{X} = -\frac{1}{160} \cdot r^2 + \frac{5}{4} \cdot r + 4$$

2. Maximum Ertrag:

$$X_{\max} \Rightarrow \frac{\partial X}{\partial r} = 0$$

$$\frac{\partial X}{\partial r} = -\frac{3}{160} \cdot r^2 + \frac{10}{4} \cdot r + 4 = r^2 - \frac{400}{3} \cdot r - \frac{640}{3}$$

Lösung mit p-q-Formel:

$$r_{1,2} = -\frac{p}{2} \pm \sqrt{\left(\frac{p}{2}\right)^2 - q} = \frac{400}{6} \pm \sqrt{\left(\frac{160.000}{36}\right)^2 + \frac{640}{3}}$$

$$= \frac{400}{6} \pm \sqrt{\frac{160.000}{36} + \frac{7.680}{36}} = 66,66 \pm 68,25$$

$$r_1 = 134,91; \quad (r_2 = -1,59; \text{ negative Mengen nicht einsetzbar})$$

$$X_{\max} \text{ für } r_1 = 134,91$$

Maximaler Grenzertrag:

$$\max\left(\frac{\partial X}{\partial r}\right) = \frac{\partial^2 X}{\partial X^2} = 0$$

$$\frac{\partial^2 X}{\partial X^2} = -\frac{6}{160} \cdot r + \frac{10}{4}$$

$$0 = -\frac{6}{160} \cdot r + \frac{10}{4}$$

$$\frac{6}{160} \cdot r = \frac{10}{4}$$

$$6 \cdot r = \frac{1600}{4} = 400$$

$$r = 66,67$$

$$\Rightarrow X_{\max} \text{ für } r = 66,67$$

Maximaler Durchschnittsertrag:

$$\overline{X} = \frac{X}{r}$$

$$\overline{X} = -\frac{1}{160} \cdot r^2 + \frac{5}{4} \cdot r + 4$$

$$\overline{X}_{\max} \Rightarrow \frac{\partial \overline{X}}{\partial r} = 0$$

$$\frac{\partial \overline{X}}{\partial r} = -\frac{2}{160} \cdot r + \frac{5}{4} = 0$$

$$\frac{2}{160} \cdot r = \frac{5}{4}$$

$$2 \cdot r = \frac{800}{4} \Rightarrow r = 100$$

$$\overline{X}_{\max} \text{ für } r = 100$$

3.

$$X = f(r) = -\frac{1}{160} \cdot r^3 + \frac{5}{4} \cdot r^2 + 4 \cdot r$$

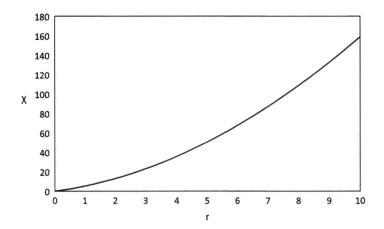

Aufgabe 3.3-2

1. Technische und ökonomische Intensität:

$$\text{Technische Intensität} = \frac{\text{Produktionseinheiten}}{\text{Zeit}}$$

$$\overline{x} = \frac{x}{t} = \frac{6.000 \, \text{Einheiten}}{15 \, \text{Stunden}} = 400 \frac{\text{Stück/Einheiten}}{\text{Stunde}}$$

$$\text{Ökonomische Intensität} = \frac{\text{Einheiten} \cdot \text{technische Leistung}}{\text{Zeit}}$$

$$d = \frac{b}{t} = \frac{6.000 \cdot 9}{15} = 3.600 \frac{\text{ME} \cdot \frac{\text{TLE}}{\text{ME}}}{\text{h}} = 3.600 \frac{\text{TLE}}{\text{h}}$$

2.

$$\text{Technische Intensität} = \frac{100 \, \text{Stück}}{\frac{1}{12} \cdot \text{h}} = 1.200 \frac{\text{Stück}}{\text{h}}$$

$$\text{Ökonomische Intensität} = \frac{2 \cdot 100}{\frac{1}{12}} = \frac{2.400}{1} = 2.400 \frac{\text{TLE}}{\text{h}}$$

$$\text{Ökonomische Intensität} = 10$$

$$\frac{2 \cdot 100}{x} \Rightarrow x = 20 \, \text{h}$$

Aufgabe 3.3-3

Gegeben: $r(d) = \frac{r(X)}{b} = \frac{1}{100} \cdot \left(\frac{1}{2} \cdot d^2 - 18 \cdot d + 267\right)$ mit $0 \le d \le 22$

$$t_{max} = 40 \quad a = \frac{1}{3} \quad p = \frac{20}{100}$$

Aus $a = \frac{d}{x}$ und $a = \frac{1}{3}$ folgt: $x = \frac{d}{a} = 3 \cdot d \quad d = a \cdot x = \frac{1}{3} \cdot x$

1. Ermittlung der ökonomischen Verbrauchsfunktion $r(x)$:

$$r(x) = r(d) \cdot a = r(a \cdot x) \cdot a \quad \left[\frac{FE}{ME}\right]$$

$$r(x) = \frac{1}{100} \cdot \left(\frac{1}{18} \cdot x^2 - 6 \cdot x + 267\right) \cdot \frac{1}{3}$$

Ermittlung der (Mengen-)Kosten-Leistungsfunktion $k(x)$:

$$k(x) = r(x) \cdot p \quad \left[\frac{GE}{ME}\right]$$

$$k(x) = \frac{1}{300} \cdot \left(\frac{1}{18} \cdot x^2 - 6 \cdot x + 267\right) \cdot \frac{2}{10}$$

Ermittlung der Zeit-Kosten-Leistungsfunktion:

$$K(x) = k(x) \cdot x \quad \left[\frac{GE}{ZE}\right]$$

$$K(x) = \frac{1}{1.500} \cdot \left(\frac{1}{18} \cdot x^3 - 6 \cdot x^2 + 267 \cdot x\right)$$

2. Minimierung der (Mengen-)Kosten-Leistungsfunktion:

$$\frac{\partial k(x)}{\partial x} = \frac{1}{1.500} \cdot \left(\frac{1}{9} \cdot x - 6\right) = 0$$

$$x^* = 54$$

$$k(x^*) = \frac{1}{1.500} \cdot \left(\frac{1}{18} \cdot 54^2 - 6 \cdot 54 + 267\right) = 0,07$$

3. Ermittlung der maximalen Ausbringung:

$$X^*_{max} = x^* \cdot t_{max} \quad [ME]$$

$$X^*_{max} = 54 \cdot 40 = 2.160$$

Ermittlung der Gesamtkosten für $X = X^*_{max}$:

$$K^{ges}(X^*_{max}) = K(x^*) \cdot t_{max} = k(x^*) \cdot x^* \cdot t_{max} \quad [GE]$$

$$K^{ges}(X^*_{max}) = 0,07 \cdot 54 \cdot 40 = 151,20 \quad [GE]$$

4. Ermittlung der minimalen Gesamtkosten für $\overline{b} = 840$:

$$\overline{b} = a \cdot \overline{X}$$

$$840 = \frac{1}{3} \cdot \overline{X}$$

$$\overline{X} = 2.520 > X^*_{max} \quad \text{(intensitätsmäßige Anpassung!)}$$

$$\overline{X} = \overline{x} \cdot t_{max}$$

$$2.520 = \overline{x} \cdot 40 \Rightarrow \overline{x} = 63$$

$$K^{ges}(\overline{X}) = K(\overline{x}) \cdot t_{max} = k(\overline{x}) \cdot \overline{x} \cdot t_{max}$$

$$K(63) = \frac{1}{1.500} \cdot \left(\frac{1}{18} \cdot 63^2 - 6 \cdot 63 + 267 \right) = 0,073$$

$$K^{ges}(2.520) = 0,073 \cdot 63 \cdot 40 = 183,96 \quad [\text{GE}]$$

Ermittlung der minimalen Gesamtkosten für $\overline{b} = 576$:

$$\overline{b} = a \cdot \overline{X}$$

$$576 = \frac{1}{3} \cdot \overline{X}$$

$$\overline{X} = 1.728 > X^*_{max} \text{(zeitliche Anpassung!)}$$

$$\overline{X} = x^* \cdot \overline{t}$$

$$1728 = 54 \cdot \overline{t}$$

$$\overline{t} = 32$$

$$K^{ges}(\overline{X}) = K(x^*) \cdot \overline{t} = k(x^*) \cdot x^* \cdot \overline{t}$$

$$K^{ges}(1728) = 0,07 \cdot 54 \cdot 32 = 120,96 \quad [\text{GE}]$$

Aufgabe 3.3-4

1. Tagesverbrauch bei optimaler Intensität
   (a) Ermittlung der optimalen Intensität
   (Mengen-)Kosten-Leistungsfunktion:

$$k(x) = r_1(x) \cdot p_1 + r_2(p_2) \quad \left[\frac{\text{FE}}{\text{ME}} \right] \cdot \left[\frac{\text{GE}}{\text{FE}} \right]$$

$$= (x^2 - 8x + 20) \cdot \frac{300}{100} + (1,25x^2 - 14x + 40) \cdot \frac{400}{100}$$

$$= 3x^3 - 24x + 60 + 5x^2 - 56x + 160$$

$$= 8x^2 - 80x + 220 \quad \left[\frac{\text{GE}}{\text{ME}} \right]$$

Optimale Intensität:

$$\frac{\partial k(x)}{\partial x} = 16x - 80 = 0$$

$$\Rightarrow x^{\text{opt}} = 5 \quad \left[\frac{\text{ME}}{\text{ZE}}\right]$$

(b) Ermittlung des Tagesverbrauchs:

$$r_1(X) = r_1(x^{\text{opt}}) \cdot x^{\text{opt}} \cdot t \quad \left[\frac{\text{FE}}{\text{ME}}\right] \cdot \left[\frac{\text{ME}}{\text{ZE}}\right][\text{ZE}] = [\text{FE}]$$

$$= (5^2 - 8 \cdot 5 + 20) \cdot 5 \cdot 8 = 200$$

2. Minimaler Verbrauch von Sorte 1 bei gleichberechtigter Tagesproduktionsmenge
   Minimierung Verbrauchsfunktion:

$$\frac{\partial r_1}{\partial x} = 2x - 8 = 0$$

$$x = 4 \quad \left[\frac{\text{ME}}{\text{ZE}}\right]$$

„Neuer" Tagesverbrauch:

$$r_1(X) = (4^2 - 8 \cdot 4 + 20) \cdot 40 = 160$$

Zeitliche Anpassung notwendig, um 40 ME am Tag herstellen zu können:

$$X = x \cdot t \Rightarrow t = 10 \quad (5 \cdot 8 = 4 \cdot 10)$$

Verbrauch von Sorte 2 bei optimaler Intensität:

$$r_2(X) = (1,25 \cdot 5^2 - 14 \cdot 5 + 40) \cdot 5 \cdot 8 = 50$$

Verbrauch von Sorte 2 bei Intensität von 4:

$$r_2(X) = (1,25 \cdot 4^2 - 14 \cdot 4 + 40) \cdot 4 \cdot 10 = 160$$

Verbrauch von Sorte 2 steigt wegen des Abweichens von der optimalen Intensität um 90 Liter an.

Aufgabe 3.3-5

1. (Mengen)-Kosten-Leistungsfunktion:

$$k(x) = (2x^2 - 14x + 25) \cdot 0,04 + (4x^2 - 36x + 90) \cdot 0,02$$
$$= 0,08x^2 - 0,56x + 1 + 0,08x^2 - 0,72x + 1,8$$
$$= 0,16x^2 - 1,28x + 2,8$$

Es gilt: $X = x \cdot t$

Optimale Intensität:

$$\frac{\partial k}{\partial x} = 0,32x - 1,28 = 0$$
$$x^{\text{opt}} = 4$$

Minimale Stückkosten:

$$k(4) = 0,24 \quad [\text{GE}]$$

2.

$$80 \le d \le 400$$
$$a = 40$$
$$x = \frac{d}{a}$$
$$2 \le x \le 10$$

Ausbringungsmenge:

$$0 \le X \le 4 \cdot 8 \quad \text{zeitliche Anpassung}$$
$$32 < X \le 10 \cdot 8 \quad \text{intensitätsmäßige Anpassung}$$

Gesamtkostenfunktion:

$$K(X) = \begin{cases} 0,24X & \text{für } 0 \le X \le 32 \\ 0,0025X^3 - 0,16X^2 + 2,8X & \text{für } 32 < X \le 80 \end{cases}$$

$$k(X) = 0,16\left(\frac{X}{8}\right)^2 - 1,28\frac{X}{8} + 2,8$$
$$= 0,0025X^2 - 0,16X + 2,8$$

Funktion der Stückkosten:

$$k(X) = \begin{cases} 0,24 & \text{für } 0 \le X \le 32 \\ 0,0025X^2 - 0,16X + 2,8X & \text{für } 32 < X \le 80 \end{cases}$$

Funktion der Grenzkosten:

$$\frac{\partial K}{\partial X} = \begin{cases} 0,24 & \text{für } 0 \le X \le 32 \\ 0,0075X^2 - 0,32X + 2,8 & \text{für } 32 < X \le 80 \end{cases}$$

3.

$$k(x) = 0,16x^2 - 1,28x + 2,8 + \frac{140}{x \cdot t}$$

$$= 0,16x^2 - 1,28x + 2,8 + \frac{140}{x \cdot 8}$$

$$\frac{\partial k}{\partial x} = 0,32x - 1,28 - \frac{17,5}{x^2} = 0$$

$$= 0,32x^3 - 1,28x^2 - 17,5 = 0$$

Aufgabe 3.3-6

1. (Mengen-)Kosten-Leistungsfunktion:
Umwandeln der technischen Verbrauchsfaktoren in ökonomische Verbrauchsfaktoren:

$r_i(x) = r_i(a \cdot x) \cdot a$ mit $a = 100$

$$r_1(x) = [0,00075 \cdot (100 \cdot x)^2 - 1,35 \cdot 100 \cdot x + 700] \cdot 100$$

$$= 750 \cdot x^2 - 13.500 \cdot x + 70.000$$

$$r_2(x) = [0,001 \cdot (100 \cdot x)^2 - 1,4 \cdot 100 \cdot x + 1150] \cdot 100$$

$$= 1.000 \cdot x^2 - 14.000 \cdot x + 115.000$$

$$r_3(x) = [0,0006 \cdot (100 \cdot x)^2 - 0,925 \cdot 100 \cdot x + 500] \cdot 100$$

$$= 600 \cdot x^2 - 9.250 \cdot x + 50.000$$

(Mengen-)Kosten-Leistungsfunktion:

$$k(x) = \sum_{i=1}^{3} r_i(x) \cdot p_i$$

$$= r_1(x) \cdot 5 + r_2(x) \cdot 2 + r_3(x) \cdot 10$$

$$= (7,5 \cdot 5 + 1.000 \cdot 2 + 600 \cdot 10) \cdot x^2 - (13.500 \cdot 5 + 14.000 \cdot 2$$

$$+ 9.250 \cdot 10) \cdot x + (70.000 \cdot 5 + 115.000 \cdot 2 + 50.000 \cdot 10)$$

$$= 11.750x^2 - 188.000x + 1.080.000$$

Minimale Stückkosten:

$$k(x) \to \text{min!}$$

$$\frac{\partial k}{\partial x} = 23.500x - 188.000 = 0$$

$$23.500x = 188.000$$

$$x = 8$$

Minimale Stückkosten bei $x = 8$:

$$k(8) = 11.750 \cdot 8^2 - 188.000 \cdot 8 + 1.080.000 = 328.000 \quad [\text{GE}]$$

2. Ein neuer Auftrag darf einen maximalen Umfang von ($t = 16h$, $x = \bar{x}$) bei Produktion an einem Tag und optimaler Intensität haben.

Produktionsmenge: $x^{opt} \cdot t^{max} = 8 \cdot 16 = 128$

Zugehörige Kosten:

$$K^{ges}(x) = k(x) \cdot x^{opt} \cdot t^{[max]}$$

$$K^{ges}(x) = k(8) \cdot 8 \cdot 16 = 328.000 \cdot 8 \cdot 16 = 41.984.000 \quad [GE]$$

Um den Auftrag bei optimaler Intensität an einem Tag à zwei Schichten produzieren zu können, darf dieser maximal einen Umfang von 128 ME haben. Bei der Produktion dieser Menge fallen Kosten i. H. v. 41.984.000 GE an.

3. Produktionsmenge:

$$x^{subopt} \cdot t^{[max]} = 160 \Rightarrow x^{subopt} = \frac{160}{16} = 10 \left[\frac{\text{Stück}}{\text{h}} \right]$$

Zugehörige Kosten:

$$K^{ges}(X) = k(X) \cdot X^{subopt} \cdot t^{max}$$
$$= k(10) \cdot 10 \cdot 16 = (11.750 \cdot 10^2 - 188.000 \cdot 10 + 1.080.000) \cdot 160$$
$$= 60.000.000 \quad [GE]$$

Kosten bei optimaler Intensität (und angepasster Laufzeit):

$$x^{opt} \cdot t = 160 \Rightarrow t = \frac{160}{8} = 20$$

$$K^{ges}(x) = k(8) \cdot 8 \cdot 20 = 328.000 \cdot 8 \cdot 20 = 52.480.000 \quad [GE]$$

Umlage auf Auftraggeber:

$$60.000.000 - 52.480.000 = 7.520.000 \quad [GE]$$

Der vorgegebene Auftrag kann an einem Tag realisiert werden, wenn mit maximaler Intensität produziert wird. Die durch die Abweichung von der optimalen Intensität anfallenden Kosten i. H. v. 7.520.000 GE müssten auf den Auftraggeber umgewälzt werden, um nicht schlechtergestellt zu sein.

Aufgabe 3.3-7

1. Graphische Darstellung:

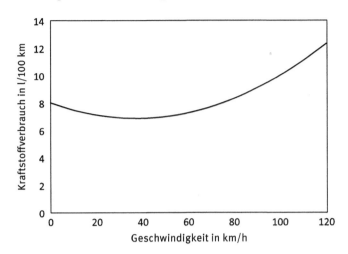

2. (Mengen-)Kosten-Leistungsfunktion:

$$k(x) = k_1(x) + k_2(x) = \frac{1}{100} \cdot r_1(x) \cdot p_1 + \frac{p_2}{x} \left[\frac{\text{GE}}{\text{km}} \right]$$

$$k(x) = \frac{1,25}{100} \cdot \left(\frac{1}{2.500} \cdot x^2 - \frac{3}{50} \cdot x + 8 \right) + \frac{20}{x}$$

3. Minimierung der (Mengen-)Kosten-Leistungsfunktion:

$$\frac{\partial k}{\partial x} = \frac{1,25}{100} \cdot \left(\frac{2}{2.500} \cdot x - \frac{3}{50} \right) - \frac{20}{x^2}$$

$$\frac{1,25}{62.500} \cdot x - \frac{3,75}{5.000} - \frac{20}{x^2} = 0$$

$$x_Z^{\text{opt}} = 114,20$$

4. (Mengen-)Kosten-Leistungsfunktion:

$$k(x) = k_1(x) + k_2(x) = \frac{1}{100} \cdot r_1(x) \cdot p_1 + p_2 \left[\frac{\text{GE}}{\text{km}} \right]$$

$$k(x) = \frac{1,25}{100} \cdot \left(\frac{1}{2500} \cdot x^2 - \frac{3}{50} \cdot x + 8 \right) + 0,20$$

$$\frac{\partial k(x)}{\partial x} = \frac{1,25}{100} \cdot \left(\frac{2}{1250} \cdot x^2 - \frac{3}{50} \right)$$

$$\frac{1,25}{62.500} \cdot x - \frac{3,75}{5.000} = 0$$

$$x_A^{\text{opt}} = 37,50$$

5. Gesamtfunktion bei Zeitlohn:

$$K_Z^{ges} = k(x_Z^{opt}) \cdot 120$$

$$K_Z^{ges} = \left[\frac{1,25}{100} \cdot \left(\frac{1}{1.250} \cdot 114,2^2 - \frac{3}{50} \cdot 114,2 + 8 \right) + \frac{20}{114,2} \right] \cdot 120$$

$$= 38,39 \quad [GE]$$

Gesamtfunktion bei Akkordlohn:

$$K_A^{ges} = k(x_A^{opt}) \cdot 120$$

$$K_A^{ges} = \left[\frac{1,25}{100} \cdot \left(\frac{1}{1.250} \cdot 37,5^2 - \frac{3}{50} \cdot 37,5 + 8 \right) + 0,2 \right] \cdot 120 = 34,31 \quad [GE]$$

Da die Gesamtkosten bei A geringer als bei Z sind, sollte der Fahrer A den LKW lenken.

6. Optimale Fahrgeschwindigkeit:

Die erste Ableitung der (Mengen-)Kosten-Leistungsfunktion bleibt gegenüber Teilaufgabe 4. unverändert. Entsprechend beträgt die optimale Fahrgeschwindigkeit 37,5 km/Std.

Gesamtkostenfunktion bei Akkordlohn:

$$K_A^{ges} = \left[\frac{1,25}{100} \cdot \left(\frac{1}{1.250} \cdot 37,5^2 - \frac{3}{50} \cdot 37,5 + 8 \right) + 0,25 \right] \cdot 120 = 34,31 \quad [GE]$$

Da die Gesamtkosten bei Z nunmehr geringer sind als bei A, sollte Fahrer Z den LKW lenken.

7. Betrachtung bei Zeitlohn:

$$\frac{\partial k_Z}{\partial x} = \frac{p_1}{100} \cdot \left(\frac{2}{1250} \cdot x - \frac{3}{50} \right) - \frac{20}{x^2} = 0$$

$$\frac{\frac{2}{1250} \cdot x^3 - \frac{3}{50} \cdot x^2}{100} - \frac{20}{p_1} = 0$$

Mit steigendem Benzinpreis p_1 sinkt die optimale Fahrgeschwindigkeit x_Z^{opt} bei Zeitlohn.

Betrachtung bei Akkordlohn:

$$\frac{p_1}{100} \cdot \left(\frac{2}{1.250} \cdot x - \frac{3}{50} \right) = 0$$

$$\frac{p_1}{12.500} \cdot x - \frac{3 \cdot p_1}{50} = 0$$

$$x_A^{opt} = 37,50$$

Der Benzinpreis hat keinen Einfluss auf die optimale Fahrgeschwindigkeit x_A^{opt} bei Akkordlohn.

8. Ermittlung der Fahrzeiten bei optimaler Fahrgeschwindigkeit:

$$t_Z^{opt} = \frac{120}{114,20} = 1,05 \quad [\text{Std.}]$$

$$t_A^{opt} = \frac{120}{37,50} = 3,20 \quad [\text{Std.}]$$

Beschreibung des Anpassungsverhältnisses:

Zeit in Std.	3,5–3,2	3,2–1,05	1,05–0,75
Fahrer A	zeitlich	intensitätsmäßig	intensitätsmäßig
Fahrer Z	zeitlich	zeitlich	intensitätsmäßig

1. Fall: $3,2 \leq t \leq 3,5$
Da in beiden Fällen eine zeitliche Anpassung vorgenommen wird, ist lediglich der Vergleich der minimalen Stückkosten notwendig.

$$k_Z(x_Z^{opt}) = 0,32 \, [\text{GE}] > k_A(x_A^{opt}) = 0,29 \, [\text{GE}]$$

Aushilfsfahrer A ist dem Fahrer Z aufgrund geringerer Kosten pro km vorzuziehen.
2. Fall: $1,05 \leq t \leq 3,2$
Da das Anpassungsverhalten vom Fahrereinsatz abhängig ist, sind die zum Stückkostenminimum $k_Z(x_Z^{opt})$ äquivalenten Kosten für den Einsatz von Fahrer A zu ermitteln.

$$k_A(x_A) \leq k_Z(x_Z^{opt}) = 0,32 \, [\text{GE}] \rightarrow k_A\left(\frac{120}{t_A}\right) \leq 0,32$$

$$\frac{1}{1.250} \cdot \frac{120^2}{t_A^2} - \frac{3}{50} \cdot \frac{120}{t_A} + 10 + 20 \leq 32$$

$$\frac{11,52}{t_A^2} - \frac{7,2}{t_A} - 2 \leq 0$$

$$2 \cdot t_A^2 + 7,2 \cdot t - 11,52 \geq 0$$

$$t_{A,1/2} \geq \frac{-7,2 \pm \sqrt{7,2^2 - 4 \cdot 2 \cdot (-11,52)}}{2 \cdot 2}$$

$$t_A \geq \frac{-7,2 + 12}{4} = 1,2$$

Für $1,25 < t \leq 3,2$ ist der Einsatz des Fahrers A besser, für $1,05 \leq t < 1,25$ ist der Einsatz des Fahrers Z günstiger.
3. Fall: $0,75 \leq t \leq 1,05$
Bei beiden Fahrern wird intensitätsmäßig angepasst, d. h. $x_A = x_Z$.

$$k_A(x) < k_Z(x)$$

$$0,20 < \frac{20}{x} = \frac{20 \cdot t}{120}$$

$$t > 1,20$$

Da die unter der Prämisse $k_A(x) < k_Z(x)$ ermittelte Fahrtzeit außerhalb des zulässigen Bereiches liegt, ist Z für $0,75 \leq t \leq 1,05$ immer kostengünstiger als A.

Aufgabe 4.1-1

1. Siehe Kapitel 4.1 und 4.2
2. In der Literatur und in der Betriebspraxis werden eine Reihe unterschiedlicher Konzepte zur Produktionsplanung und -steuerung dargestellt bzw. eingesetzt. Eines dieser Konzepte ist das MRP II (Manufacturing Resources Planning), ein in der betrieblichen Praxis weitverbreitetes Stufenkonzept.

   Betrachtet man das Problem der Produktionsplanung und -steuerung (PPS) als Entscheidungskomplex, so kann eine modellmäßige Abbildung als Totalmodell oder in Form mehrerer Partialmodelle erfolgen. Ersteres liegt vor, wenn es gelingt, den PPS-Komplex in einem einzigen (monolithischen) Modell abzubilden und in einem Verfahrensschritt die optimale Lösung zu ermitteln; ein derartiges Vorgehen wird als Simultanplanung bezeichnet. Dagegen wird der PPS-Komplex im Rahmen der Sukzessivplanung in mehreren Partialmodellen abgebildet, die schrittweise aufeinanderfolgend gelöst werden.

   Die Bezeichnung „Stufenkonzept" macht deutlich, dass es sich beim MRP II um ein sukzessives Planungsvorgehen handelt. Entsprechend symbolisieren die einzelnen Stufen in der angegebenen Abbildung die schrittweise aufeinanderfolgend zu lösenden Partialmodelle. Darüber hinaus handelt es sich um ein dezentral organisiertes PPS-Konzept, da die Reinterminierung dem Bereich der Produktionssteuerung zugeordnet ist. Das bedeutet, dass den (Werkstatt-)Meistern die detaillierte Planung des Produktionsablaufes obliegt. Obwohl in der Literatur eine Vielzahl exakter mathematischer Verfahren zu einzelnen PPS-Problemen existieren, arbeiten MRP-II-Konzepte überwiegend mit Hilfe heuristischer Lösungsverfahren.

   Aufgabe der Produktionsprogrammplanung ist die Festlegung der Absatz-, Produktions- und Lagermengen für die im Rahmen der taktischen Produktionsplanung bestimmten Produktarten bei gegebenem Planungszeitraum. Hierzu benötigt man als Parameter bzw. Koeffizienten die entsprechenden Kosten und Erlöse. Die Produktionskosten werden wesentlich durch die Zuordnung von Fertigungsaufträgen auf einzelne Maschinen determiniert, so dass die Kosten je produzierter Mengeneinheit erst nach erfolgter Aufteilungsplanung feststehen. Um die Aufteilungsplanung durchführen zu können, ist jedoch die Kenntnis des Produktionsprogramms erforderlich, d. h., die Produktionsprogramm- und Aufteilungsplanung sind interdependent und sollten daher simultan erfolgen.

   Dies ist im Rahmen der MRP-II-Konzepte jedoch nicht der Fall. Vielfach werden – vor allem bei kundenanonymer Produktion – die Nachfragemengen vergangener Perioden lediglich mit Hilfe statistischer Verfahren fortgeschrieben; bei kundenauftragsbezogener Produktion wird dagegen direkt auf die bereits vorliegenden Aufträge der laufenden Periode zurückgegriffen. Eine Abstimmung des Produktionsprogramms mit den vorhandenen Kapazitäten findet häufig nur mittels Simulation der Maschinenbelegung statt. Damit wird lediglich ein grober Überblick hinsichtlich der Durchführbarkeit des Produktionsprogramms angestrebt; eine Optimierung im Hinblick auf ein ökonomisches Ziel, wie es der Unternehmensdeckungsbeitrag darstellt, erfolgt dagegen nicht. Insofern benötigt man auch keine Stückkosten als Parameter. Konsequenterweise erfolgt die detaillierte Aufteilungsplanung deshalb auch erst im Rahmen der Feinterminierung. Als Ergebnis der Produktionsprogrammplanung erhält man den so genannten Primärbedarf, also die Mengen, die von den Endprodukten in den einzelnen Planperioden herzustellen sind.

Ausgangspunkt der Materialbedarfsplanung (engl.: Material Requirements Planning) ist der auf einzelne Perioden bezogene Primärbedarf an Endprodukten. Die im Rahmen der Produktionsprogrammplanung vorgenommene Periodeneinteilung ist für die Zwecke der Materialbedarfsplanung jedoch regelmäßig zu grob. Deshalb wird der Primärbedarf zeitlich disaggregiert; sofern beispielsweise die Planperiode der Produktionsprogrammplanung einen Monat umfasst, wird der Monatsprimärbedarf – oftmals mittels einfacher Division durch vier – auf den Primärbedarf je Woche „heruntergebrochen". Der resultierende Plan wird in der anglo-amerikanischen Literatur als „Master Production Schedule" bezeichnet. Da ein- bzw. mehrteilige Produkte regelmäßig aus mehreren Verbrauchsfaktoren bestehen, ist es Aufgabe der Materialbedarfsplanung, die konkreten Faktorbedarfe aus dem „Master Production Schedule" nach Art, Menge und Termin abzuleiten. Da es in der Regel unwirtschaftlich ist, genau die Bedarfsmenge einer Periode zu produzieren bzw. zu beschaffen, ist es Aufgabe der Losgrößenplanung, die beim MRP-II-Konzept der Materialbedarfsplanung zugeordnet ist, die periodenbezogenen Nettobedarfe eines Teils zu Fertigungslosen, die dann die innerbetrieblichen Fertigungsaufträge darstellen, zusammenzufassen. Dies zeigt, dass bei der Materialbedarfsplanung im MRP-II-Konzept die Mengenplanung im Vordergrund steht. Die terminliche Einplanung der Fertigungsaufträge erfolgt dagegen nur in grobem Umfang. Dabei werden durch bewusstes Überschätzen der Durchlaufzeiten im Rahmen der Vorlaufzeitverschiebung „Planungsspielräume" für die anschließende Terminplanung geschaffen. Kapazitätsbeschränkungen werden regelmäßig nicht berücksichtigt.

Ausgangspunkt der Grobterminierung sind die in der Materialbedarfsplanung gebildeten und terminierten Lose identischer bzw. ähnlicher Teile. Vor der Produktionsfreigabe muss überprüft werden, ob diese Lose mit den vorhandenen Kapazitäten realisiert werden können. Dazu werden im Rahmen der Durchlaufterminierung die frühest- oder spätestmöglichen Start- und Endtermine der einzelnen zu durchlaufenden Arbeitsgänge festgelegt. In der Kapazitätsplanung (engl.:

Capacity Requirements Planning) wird dann auf der Basis dieses detaillierten Zeitgerüstes der Kapazitätsbedarf mit den vorhandenen Kapazitäten „abgeglichen".
Im MRP-II-Konzept obliegt den Produktionsstellen die Durchführung der Feinterminierung. Sollen mit der Zuordnung dieses Ablaufschrittes zur Produktionssteuerung auch Entscheidungskompetenzen dezentralisiert werden, kann die Auftragsfreigabe kein Planungsinstrument und damit auch kein Partialmodell sein. Entsprechend wird die Auftragsfreigabe hier so interpretiert, dass im Anschluss an die Materialverfügbarkeitsprüfung die terminierten und kapazitierten Fertigungsaufträge zur Produktion freigegeben, d. h. die Fertigungsauftragsunterlagen von der zentralen Instanz an die (Werkstatt-)Meister weitergeleitet werden. Die Auftragsfreigabe bildet insofern den Übergang zwischen (operativer) Produktionsplanung und Produktionssteuerung. Damit ist also noch nicht im Detail bestimmt, wann und in welcher Reihenfolge die Fertigungsaufträge von den Produktionsstellen abgearbeitet werden.
Im Rahmen der Feinterminierung erfolgt die Aufteilungs- und Ablaufplanung (Reihenfolge- bzw. Maschinenbelegungsplanung). In diesem Planungsschritt wird der Fertigungsablauf – regelmäßig für mehrere Schichten bzw. für einen Betriebskalendertag – im Detail und unter konsequenter Berücksichtigung der verfügbaren Kapazitäten festgelegt. Der Aufteilungsplanung obliegen dabei die Zuordnung der Produktionsmengen auf die verfügbaren Kapazitäten sowie die Festlegung der optimalen Intensitäten der Betriebsmittel.
Im Rahmen der Auftragsüberwachung ist es die Aufgabe der (Werkstatt-)Meister, die Einhaltung geplanter Fertigungstermine auf Arbeitsgangebene zu kontrollieren und bei erkennbaren Abweichungen Korrekturmaßnahmen einzuleiten.

Aufgabe 4.2-1

Gemäß dem Vorschlag des Betriebsleiters ist die Produktionsmenge proportional zur Lagerflächenveränderung, also um die Hälfte, zu kürzen.

	X
A	500
B	500
C	500
D	500
E	500

Flächenüberprüfung: $(0,2 + 1,5 + 0,4 + 1,5 + 0,2) \cdot 500 = 1.900$

$$a = \sum_{i=1}^{n} (p_i - k_i)x_i - 12_F$$

$$= (500 + 1.200 + 760 + 1.500 + 400) \cdot 500 - 2.000.000$$

$$= 2.180.000 - 2.000.000$$

$$= 180.000$$

Der Vorschlag der Marketingabteilung hingegen sieht vor, die Produkte mit den höchsten Stückdeckungsbeiträgen herzustellen. Zu beachten ist dabei die Produktionsmindestmenge von monatlich 100 Stück je Produkt.

	c	d
A	100	500
B	100+113	1.200
C	100	760
D	100+900	1.500
E	100	400

Zunächst wird die Flächenbeanspruchung bei Produktion der Mindestmengen berechnet.

$$(0,2 + 1,5 + 0,4 + 1,5 + 0,2) \cdot 100 = 380$$

Somit verbleibt eine Restfläche in Höhe von $1.900 - 380 = 1.520$. Diese wird für die Herstellung des Produktes mit den höchsten Stückdeckungsbeiträgen, also Produkt D, verwendet.

Produktion D:

$$1,5 \cdot 900 = 1.350$$

Erneut verbleibt eine Restfläche in Höhe von $1.520 - 1.350 = 170$. Nun soll das Produkt mit den zweithöchsten Stückdeckungsbeiträgen, nämlich Produkt B, hergestellt werden.

Produktion B:

$$\frac{170}{1,5} = 113,3 = 113 \, \text{Stück}$$

$$G = (500 + 760 + 400) \cdot 100 + 213 \cdot 1.200 + 1.000 \cdot 1.500 - 2.000.000$$

$$= 166.000 + 255.600 + 1.500.000 - 2.000.000$$

$$= -78.400$$

Mögliche Lösung:
Betrachtung der relativen Deckungsbeiträge:

	x	rd
A	100+900	2.500
B	100	800
C	100+900	1.900
D	100+533	1.000
E	100+900	2.000

Erneut ist zunächst die Flächenbeanspruchung der Mindestmengen zu berechnen. Analog zu oben ergibt sich eine Beanspruchung in Höhe von 380 und folglich eine Restfläche in Höhe von 1.520. Diese wird nun durch die Herstellung der einzelnen Produkte in Anspruch genommen, wobei sich die Reihenfolge aus der Höhe der relativen Deckungsbeiträge ergibt.

Produktion A

$900 \cdot 0,2 = 180$ Restfläche 1.340

Produktion E

$900 \cdot 0,2 = 180$ Restfläche 1.160

Produktion C

$900 \cdot 0,4 = 360$ Restfläche 800

Produktion D

$$\frac{800}{1,5} = 533,3 = 533 \text{ Stück}$$

$$G = 500 \cdot 1.000 + 1.200 \cdot 100 + 760 \cdot 1.000 + 1.500 \cdot 633$$

$$+ 400 \cdot 1.000 - 2.000.000$$

$$= 2.729.500 - 2.000.000 = 7.295.000$$

Aufgabe 4.2-2

1. Variablendefinition:

   x_1 Menge an produzierten Waschmaschinen pro Monat $\left[\frac{\text{ME}}{\text{Monat}}\right]$

   x_2 Menge an produzierten Geschirrspülmaschinen pro Monat $\left[\frac{\text{ME}}{\text{Monat}}\right]$

   Ermittlung des Deckungsbeitrages:

   Deckungsbeitrag Geschirrspüler: $600 - 5 \cdot 20 - 8 \cdot 30 - 2 \cdot 40 - 80 = 100$

   Deckungsbeitrag Waschmaschine: $1.060 - 10 \cdot 20 - 4 \cdot 30 - 8 \cdot 40 - 120 = 300$

   Bestimmung der Zielfunktion:

   $DB = \quad 100x_1 \cdot 300x_2 \rightarrow \max!$

Unter den Nebenbedingungen:

(I) $\qquad 5x_1 + 10x_2 \leq 2.400 \quad [x_{1\,max} = 480, x_{2\,max} = 240]$

(II) $\qquad 8x_1 + 4x_2 \leq 2.400 \quad [x_{1\,max} = 300, x_{2\,max} = 600]$

(III) $\qquad 2x_1 + 8x_2 \leq 1.600 \quad [x_{1\,max} = 800, x_{2\,max} = 200]$

(IV) $\qquad\qquad\qquad\qquad\qquad\qquad x_1, x_2 \geq 0$

Optimale, deckungsbeitragsmaximale Produktionsmenge: $x_1 = 160; x_2 = 160$

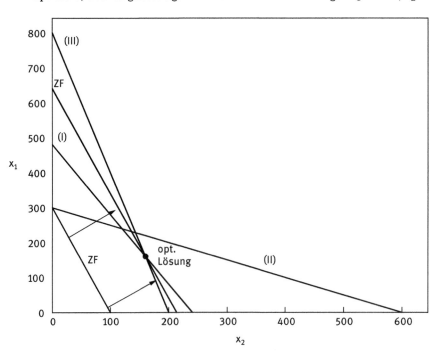

2. Gewinn = Deckungsbeiträge – Fixkosten
   Maximaler Gewinn:

$$G = 100x_1 + 300x_2 - 20.000 \rightarrow max!$$

Unter den Nebenbedingungen:

(I) $\qquad\qquad 5x_1 + 10x_2 \leq 2.400$

(II) $\qquad\qquad 8x_1 + 4x_2 \leq 2.400$

(III) $\qquad\qquad 2x_1 + 8x_2 \leq 1.600$

(IV) $\qquad\qquad\qquad x_1, x_2 \geq 0$

Der maximale Gewinn liegt somit bei $x_1 = 160$; $x_2 = 160$.

$$G = 100 \cdot 160 + 300 \cdot 160 - 20.000$$
$$= 44.000$$

3. Annahmegemäß liegt nun keine Kapazitätsbeschränkung der Produktionsstufen 1 und 3 vor. Somit müssen die vormaligen Nebenbedingungen (I) und (III) im Optimierungsproblem nicht mehr berücksichtigt werden.
    Bestimmung der Zielfunktion:

$$D = 100x_1 + 300x_2 \rightarrow \text{max!}$$

Unter den Nebenbedingungen:
(I) $8x_1 + 4x_2 \leq 2.400$
(II) $x_1, x_2 \geq 0$
Optimal wäre es nun, nur x_2 ($x_2 = 600$) zu produzieren.
Eine beliebige Aufteilung wäre lediglich möglich, wenn beide Produkte den gleichen Deckungsbeitrag und dieselbe Kapazitätsbeanspruchung hätten.

Aufgabe 4.2-3

1. Aufstellen des linearen Programms:

$$D = 10 \cdot X_A + 10 \cdot X_B \rightarrow \text{max!}$$

Unter den Nebenbedingungen:

$$(I) \qquad 0,10 \cdot X_A + 0,05 \cdot X_B \leq 50$$
$$(II) \qquad X_A \leq 400$$
$$(III) \qquad X_B \leq 500$$
$$(IV) \qquad X_A, X_B \geq 0$$

Graphische Lösung:

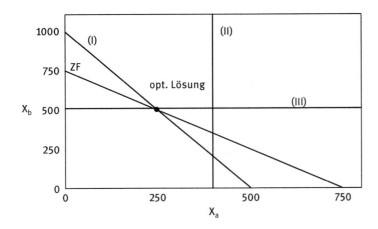

2. Gilt $rDB_A \geq rDB_B$, so wird Sorte A gegenüber Sorte B bevorzugt und bis zur Absatzhöchstgrenze produziert.

$$rDB_A = \frac{10 + \Delta p}{0,1} \geq 200$$

$$\Delta p \geq 10$$

Der Preis für ein kg der Sorte A muss sich dementsprechend um mehr als 10 GE/kg erhöhen.

Die Produktionsmenge von B erhält man aus Nebenbedingung (1):

$$0,10 \cdot 400 + 0,5 \cdot X_B = 50$$

$$X_B = 200$$

Dieses Ergebnis ist zulässig, da gegen keine andere Nebenbedingung verstoßen wird.

Die kleinste ganzzahlige Preiserhöhung ist bei $\Delta p = 11 = 11$ erreicht, so dass der Deckungsbeitrag für A 21 GE/kg beträgt. Entsprechend gilt für die Zielfunktion:

$$D = 21 \cdot 400 + 10 \cdot 200 = 10.400$$

3. Für den Zwei-Produktfall ergibt sich folgende Konsequenz:

$$\frac{DB_A}{DB_B} = \frac{a_{E,A}}{a_{E,B}}$$

$$\frac{DB_A}{a_{E,A}} = \frac{DB_B}{a_{E,B}}$$

$$rDB_A = rDB_B$$

Wenn die relativen Deckungsbeiträge aller Produkte identisch sind, dann ist es bei der Zielsetzung der Deckungsbeitragsmaximierung unerheblich, welche Absatzhöchstmengen eingehalten werden. Graphisch bedeutet dies, dass die Budgetgerade den konvexen Lösungsraum nicht an einer Ecke, sondern an einer Kante tangiert (Bereich der mehrfachen Lösung).

Aufgabe 4.2-4

1. Legende:

G Gewinn
P_h Preis pro Stück für Produktart h
k_{hm} variable Kosten je Stück h auf der Maschine m
x_{hm} mit Alternative m hergestellte Menge von h
K_F fixe Kosten
X_h Absatzhöchstmenge
t_{hm} Fertigungszeitbedarf je Stück h auf Maschine m
T_m Kapazität der Maschine m in Zeiteinheiten
h Laufindex der Produktart
m Laufindex für Maschine (Verfahrensalternative)

Planungsmodell:

Zielfunktion:
$$G = \sum_{h=1}^{H} \sum_{m=1}^{M} (P_h - k_{hm}) \cdot x_{hm} - K_F \to \text{max!}$$

Absatz:
$$\sum_{m=1}^{M} x_{hm} \leq X_h \quad \forall h = 1, \dots, H$$

Kapazität:
$$\sum_{h=1}^{H} t_{hm} \cdot x_{hm} \leq T_m \quad \forall m = 1, \dots, M$$

Nichtnegativitätsbedingung: $x_{hm}, X_h, P_h, k_{hm}, K_F, t_{hm}, T_m \geq 0$

2. Unter „Sukzessivplanung" versteht man die zeitlich nacheinander erfolgende Aufstellung betrieblicher Teilpläne („Ausgleichsgesetz der Planung"). Als „Simultanplanung" wird das gleichzeitige Aufstellen aller Teilpläne unter Berücksichtigung der Interdependenzen bezeichnet („Gesamtoptimum").

Simultan werden in 1. demnach das Produktionsprogramm (x_h) und die Maschinenbelegung (x_{hm}) geplant. Zeitlich vorgelagert und damit sukzessiv erfolgt die Absatzplanung (P_h, X_h). Daneben können auch die Losgrößen- und Reihenfolgeplanung sowie die Planung der zeitlichen Verteilung der Produktion als „voroptimiert" unterstellt werden (k_{hm}). Auch die Bereitstellungsplanung (T_m) muss bereits vorab erfolgt sein.

3. Fünf Entscheidungsvariablen: Produktion von x_1, x_2, x_3, x_4, x_5
   Elf Nebenbedingungen:
   - Absatz x_1, x_2, x_3, x_4, x_5
   - Kapazität M_1, M_2, M_3, M_4, M_5
   - Nichtnegativitätsbedingung $\forall$ x

Aufgabe 4.2-5

1. Maximierung der Zielfunktion:

$$DB = 10x_{A1} + 20x_{A2} + 10x_{B1} + 15x_{B2} \rightarrow \text{max!}$$

x_{A1} wöchentliche Produktionsmenge von Produkt A auf Maschine 1
x_{A2} wöchentliche Produktionsmenge von Produkt A auf Maschine 2
x_{B1} wöchentliche Produktionsmenge von Produkt B auf Maschine 1
x_{B2} wöchentliche Produktionsmenge von Produkt B auf Maschine 2

Unter den Nebenbedingungen:

$$\text{(1)} \qquad x_{A1} + x_{A2} \leq 200$$
$$\text{(2)} \qquad x_{B1} + x_{B2} \geq 50$$
$$\text{(3)} \qquad 4,5x_{A1} + 4x_{A2} + 6x_{B1} + 5,1x_{B2} \leq 1.620$$
$$\text{(4)} \qquad 5x_{A1} + 10x_{B1} \leq 2.400$$
$$\text{(5)} \qquad 4x_{A2} + 12x_{B2} \leq 2.400$$
$$\text{(6)} \qquad x_{A1}, x_{A2}, x_{B1}, x_{B2} \geq 0$$

2. x_A wöchentliche Produktionsmenge von Produkt A
   x_B wöchentliche Produktionsmenge von Produkt B

   Zielfunktion:

$$DB = 10x_A + 10x_B$$

Unter den Nebenbedingungen:

$$\text{(I)} \qquad x_A \leq 200$$
$$\text{(II)} \qquad x_B \geq 50$$
$$\text{(III)} \qquad 5x_A + 10x_B \leq 2.400$$
$$\text{(IV)} \qquad 4,5x_A + 6x_B \leq 1.620$$
$$\text{(V)} \qquad x_A, x_B \geq 0$$

optimale Produktionsmenge (analytisch): $x_A = 200$
                                                           $x_B = 120$

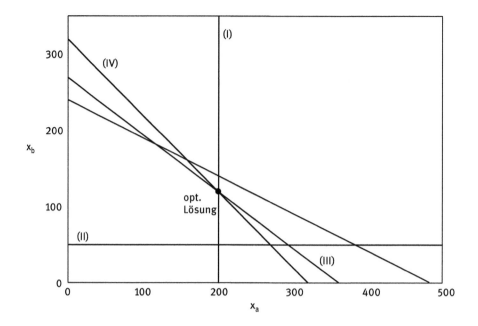

Optimale Lösung (graphisch): $\begin{aligned} x_A &= 200 \\ x_B &= 120 \end{aligned}$; $DB = 10 \cdot 200 + 10 \cdot 120 = 3.200$

Aufgabe 4.2-6

1.

$$P_1 = 6.900 - 4 \cdot 50 - 3 \cdot 60 - 1.000 - 800 \cdot 2 - 500 \cdot 2 = 2.920 \quad \left[\frac{GE}{St\ddot{u}ck}\right]$$

$$P_2 = 7.100 - 3 \cdot 50 - 3 \cdot 60 - 1.000 - 800 \cdot 3 - 500 \cdot 1 = 2.870 \quad \left[\frac{GE}{St\ddot{u}ck}\right]$$

$$P_3 = 7.650 - 4 \cdot 50 - 4 \cdot 60 - 800 \cdot 2 - 1.400 \cdot 2 = 2.810 \quad \left[\frac{GE}{St\ddot{u}ck}\right]$$

Zielfunktion:
$$DB = 2.920x_1 + 2.870x_2 + 2.810x_3 \rightarrow \text{max!}$$

Unter den Nebenbedingungen:

$$M_1 = 4x_1 + 3x_2 + 4x_3 \leq 240$$
$$M_2 = 3x_1 + 3x_2 + 4x_3 \leq 210$$
$$R_1 = x_1 + x_2 \leq 110$$
$$R_2 = 2x_1 + 3x_2 + 2x_3 \leq 280$$
$$R_3 = 2x_3 \leq 180$$
$$R_4 = 2x_1 + x_2 \leq 140$$

Nichtnegativitätsbedingung: $x_1, x_2, x_3 \geq 0$

Verwendete Symbole:

x_1, x_2, x_3	zu produzierende Menge von Produkt 1/2/3
P_1, P_2, P_3	Produkt 1/2/3
M_1, M_2	Maschine 1/2
R_1, R_2, R_3, R_4	Rohstoff 1/2/3/4

2. Nein. Eine graphische Lösung bei n >2 Entscheidungsvariablen ist nicht möglich, da hierfür ein Lösungsraum im n-dimensionalen Raum darzustellen wäre (hier: $n = 3$).

   Die Problemstellung würde sich ändern, wenn der Planungszeitraum mehrere Perioden umfasst. Zum Beispiel müsste die Lagerung von Produkten berücksichtigt werden, sofern diese lagerfähig sind. Aber auch mögliche Faktorpreisänderungen müssen in der mehrperiodigen Planung beachtet werden.

3. Betrachtet man das Problem der Produktionsplanung und -steuerung (PPS) als Entscheidungskomplex, so kann eine modellmäßige Abbildung als Totalmodell oder in Form mehrerer Partialmodelle erfolgen. Ersteres liegt vor, wenn es gelingt, den PPS-Komplex in einem einzigen (monolithischen) Modell abzubilden und in einem Verfahrensschritt die optimale Lösung zu ermitteln; ein derartiges Vorgehen wird als Simultanplanung bezeichnet. Dagegen wird der PPS-Komplex im Rahmen der Sukzessivplanung in mehreren Partialmodellen abgebildet, die schrittweise aufeinanderfolgend gelöst werden.

   In Aufgabe 1. erfolgt eine Sukzessivplanung, da alle Teilpläne unter Ermittlung der gegenseitigen Abhängigkeiten simultan berücksichtigt werden.

4. Optimale Lösung: $x_1 = 30$; $x_2 = 40$; $x_3 = 0$

Aufgabe 4.2-7

Variable: Man muss die Variablen unterscheiden nach Produkt A und B.

Stahlsorte S_1, Stahlsorte S_2 auf Lager und Stahlsorte S_2 neu beschafft.

Daraus ergeben sich die Variablen

X_{A1}	Produkt A mit Stahlsorte 1 gefertigt
X_{A2L}	Produkt A mit „Stahlsorte 2 vom Lager" gefertigt
X_{A2N}	Produkt A mit „Stahlsorte 2 neu beschafft" gefertigt
X_{B1}	Produkt B mit Stahlsorte 1 gefertigt
X_{B2L}	Produkt B mit „Stahlsorte 2 vom Lager" gefertigt
X_{B2N}	Produkt B mit „Stahlsorte 2 neu beschafft" gefertigt

Die Zielfunktion ergibt sich aus:

Maximiere:

(Preis – Stromkosten auf Stufe 1 – Stromkosten auf Stufe 2 – Stahlkosten)

· Menge des Produktes

Max!

$$(110 - 0,75 - 2 - 50) \cdot X_{A1} = 57,25 X_{A1}$$

$$(110 - 0,75 - 3 - 60) \cdot X_{A2L} = 46,25 X_{A2L}$$

$$(110 - 0,75 - 3 - 70) \cdot X_{A2N} = 36,25 X_{A2N}$$

$$(90 - 1 - 3 - 70) \cdot X_{B1} = 16 X_{B1}$$

$$(90 - 1 - 3 - 84) \cdot X_{B2L} = 2 X_{B2L}$$

$$(90 - 1 - 3 - 98) \cdot X_{B2N} = -12 X_{B2N}$$

Die Nebenbedingungen ergeben sich aus:

Kapazität der Maschine M_1:

$$\frac{1}{2}X_{A1} + \frac{1}{2}X_{A2L} + \frac{1}{2}X_{A2N} + \frac{2}{3}X_{B1} + \frac{2}{3}X_{B2L} + \frac{2}{3}X_{B2N} \le 10 \cdot 60 = 600$$

Kapazität der Maschine M_2:

$$2X_{A1} + 3X_{A2L} + 3X_{A2N} \le 12 \cdot 60 = 720$$

Kapazität der Maschine M_3:

$$1,5X_{B1} + 1,5X_{B2L} + 1,5X_{B2N} \le 12 \cdot 60 = 720$$

Verfügbare Menge an Stahlsorte S_1:

$$5X_{A1} + 7X_{B1} \le 1.600$$

Verfügbare Menge an Stahlsorte S_2L:

$$5X_{A2L} + 7X_{B2L} \le 800$$

Absatzrestriktionen:

$$X_{A1} + X_{A2L} + X_{A2N} \leq 600$$

$$X_{B1} + X_{B2L} + X_{B2N} \geq 400$$

Nichtnegativitätsbedingungen:

$$X_{A1}, X_{A2L}, X_{A2N}, X_{B1}, X_{B2L}, X_{B2N} \geq 0$$

Aufgabe 4.2-8

1.

Monat	Produktionsmenge an Tennisschuhen
Juli	43.000
August	37.000
September	35.000
Oktober	37.000
November	50.500
Dezember	54.500

2.

Monat	Produktionsmenge an Tennisschuhen	Lagerbestand an Tennisschuhen am Ende des Monats
Juli	43.000	-
August	37.000	-
September	35.000	-
Oktober	42.000	5.000
November	50.000	4.500
Dezember	50.000	-

3. MPS (eine mögliche Lösung):

Monat	Woche 1	Woche 2	Woche 3	Woche 4
Juli	I (Ivan): 10.100	I: 10.000	I: 10.000 S (Steffi): 1.400	S: 11.500
August	S: 11.100	I: 8.650	I: 8.650	I: 8.600
September	I: 12.250	S: 5.250	-	-

Aufgabe 4.3-1

1. ABC-Analyse

Faktor	Verbrauch in ME	GE/ME	Periodenverbrauch GE/Jahr	
R_0	20.240	0,14	2.833,60	7.
R_1	7.506	0,91	6.830,46	5.
R_2	35.780	0,05	1.789,00	10.
R_3	21.500	1,87	40.205,00	1.
R_4	80.000	0,09	7.200,00	4.
R_5	2.075	1,2	2.490,00	8.
R_6	4.000	2,1	8.400,00	3.
R_7	12.345	0,25	3.086,25	6.
R_8	38.500	0,06	2.310,00	9.
R_9	19.909	1,92	38.225,28	2.
Summe	241.855		113.369,59	

Faktor	Periodenverbrauch				Materialposition
	absolut	**prozentual**	**kumuliert**	**Klasse**	**kumuliert**
R_3	40.205,00	35,46 %	35,46 %	A	10 %
R_9	38.225,28	33,72 %	69,18 %	A	20 %
R_6	8.400,00	7,41 %	76,59 %	A	30 %
R_4	7.200,00	6,35 %	82,94 %	B	40 %
R_1	6.830,46	6,02 %	88,97 %	B	50 %
R_7	3.086,25	2,72 %	91,69 %	B	60 %
R_0	2.833,60	2,50 %	94,19 %	B	70 %
R_5	2.490,00	2,20 %	96,38 %	C	80 %
R_8	2.310,00	2,04 %	98,42 %	C	90 %
R_2	1.789,00	1,58 %	100,00 %	C	100 %

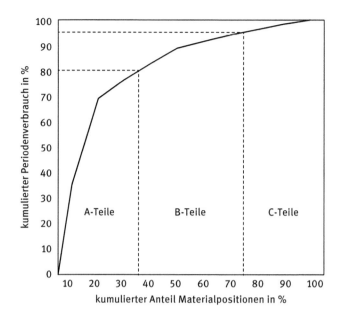

2. Aufgabe der Materialbedarfsplanung (MRP) ist es, die konkreten Faktorbedarfe nach Art, Menge und Termin abzuleiten. In diesem Rahmen können die Ergebnisse aus Teilaufgabe 1. dazu genutzt werden, zu bestimmen, mit Hilfe welchen Verfahrens die Verbrauchsfaktoren disponiert werden sollen.

3. – Kundenerfolgsrechnung,
    – Absatzsegmentrechnung,
    – Lieferanten (Rechnungsbeträge),
    – Lagerhaltung (Lagerzugriffshäufigkeit).

4. XYZ-Analyse nimmt die Klassifikation von Produkten anhand ihrer Bedarfsverläufe vor:
   (X-Teile: regelmäßiger Bedarfsverlauf.
   Y-Teile: trendförmiger oder saisonaler Bedarfsverlauf.
   Z-Teile: unregelmäßiger Bedarfsverlauf),
   Mit Hilfe der XYZ-Analyse in Kombination mit der ABC-Analyse lassen sich Dispositionsrichtlinien festlegen. (JIT; bedarfs- oder verbrauchsgesteuert; Bereinigung des Produktionsportfolios).

Aufgabe 4.3-2

1. Annahmen zur Anwendung des klassischen Losgrößenmodells:
   - Es wird nur eine lagerfähige Faktor- oder Produktart berücksichtigt, von der mehrere Einheiten in einer Auflage (Serie) produziert werden. Die Losgrößenplanung erfolgt isoliert für jede Anlage bzw. Anlagengruppe. Materialflussbedingungen zwischen den Anlagen werden nicht berücksichtigt.
   - Die Gesamtbedarfsmenge der Planperiode ist mit B Mengeneinheiten determiniert.
   - Die Planperiode (z. B. ein Jahr) umfasst ein oder mehrere gleich lange Auflage- oder Bestellintervalle, wobei davon ausgegangen wird, dass der Bedarf in gleicher Weise darüber hinaus besteht.
   - Die zu bildenden Lose sind gleich groß. Das Losgrößenproblem wiederholt sich identisch im Zeitablauf (statisches Modell).
   - Jede Losauflage oder jeder Beschaffungsvorgang verursacht losfixe Kosten.
   - Der Lagerbestand beträgt am Beginn und Ende der Planperiode null Mengeneinheiten.
   - Es bestehen keine Engpässe bei Lager- und Fertigungskapazitäten.
   - Die Produktions- bzw. Lagerzugangsgeschwindigkeit v_P ist unendlich hoch.
   - Die Absatz- bzw. Lagerabgangsgeschwindigkeit v_A ist konstant, wobei $v_P > v_A$ gilt.
   - Fehlmengen sind nicht zugelassen, d. h., jeder Bedarf muss sofort bei seinem Auftreten aus dem Lager befriedigt werden.
   - Alle Planungsparameter sind konstant und bekannt (deterministisches Modell).

2. Der konstante Absatz im Zeitverlauf führt zu einer linearen Abnahme des Bestandes, Sobald der Lagerbestand auf 0 absinkt, wird ein Beschaffungsauftrag der Menge x ausgelöst, welche wegen der unendlichen Produktionsgeschwindigkeit sofort zur Verfügung steht, und das Lager wird wieder bis auf x aufgefüllt.

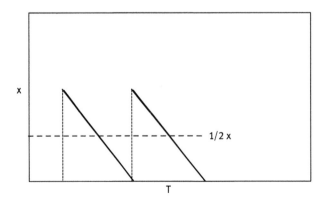

3. Aus der Graphik ergibt sich der durchschnittliche Lagerbestand zu:

$$\overline{L} = \frac{1}{2}x$$

Lagerbestandskosten:

$$K_L = \frac{1}{2}x \cdot k_L$$

Rüstkosten:

$$K_R = \frac{B}{x} \cdot k_R$$

Somit lautet die Zielfunktion:

$$K = \frac{1}{2}x \cdot k_L + \frac{B}{x} \cdot k_R$$

Für das Optimum folgt:

$$\frac{\partial K}{\partial x} = \frac{1}{2} \cdot k_L - \frac{B}{x^2} \cdot k_R \overset{!}{=} 0$$

$$\Rightarrow x^{\text{opt}} = \sqrt{\frac{2 \cdot k_R \cdot B}{k_L}}$$

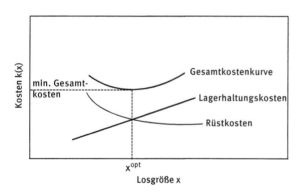

4. Funktionsverläufe:
   Rüstkosten sind degressive Kosten, Lagerkosten dagegen steigen linear mit der Losgröße. Die Gesamtkostenkurve ist die Addition aus Lagerhaltungskosten und Rüstkosten, d. h., die Lager- und Rüstkosten stimmen bei minimalen Gesamtkosten überein.

5.

$$K(x) = \frac{1}{2} \cdot x \cdot k_L + \frac{B \cdot k_R}{x}$$

$$x^{\text{opt}} = \sqrt{\frac{2 \cdot B \cdot k_R}{k_L}}$$

x^{opt} eingesetzt in $K(x)$:

$$K(x^{\text{opt}}) = \frac{1}{2} \cdot \sqrt{\frac{2 \cdot B \cdot k_R}{k_L}} \cdot k_L + \frac{B \cdot k_R}{\sqrt{\frac{2 \cdot B \cdot k_R}{k_L}}}$$

$$= \sqrt{\frac{B \cdot k_R \cdot k_L}{2}} + \sqrt{\frac{B \cdot k_R \cdot k_L}{2}} = 2 \cdot \sqrt{\frac{B \cdot k_R \cdot k_L}{2}}$$

$$= \sqrt{4 \cdot \frac{B \cdot k_R \cdot k_L}{2}} = \sqrt{2 \cdot B \cdot k_R \cdot k_L}$$

Aufgabe 4.3-3

1. Da die Aufgabenstellung einerseits keinerlei Anhaltspunkte für die Annahme einer geschlossenen Produktion enthält, andererseits aber eine endliche Produktionsgeschwindigkeit angegeben ist, kommt die Losgrößenformel für den Fall der offenen Produktion zur Anwendung:

$$x^{\text{opt}} = \sqrt{\frac{2 \cdot k_R \cdot B}{k_L \cdot (1 - \frac{v_A}{v_P})}}$$

Da der Lagerkostensatz k_L nicht gegeben ist, muss er produktindividuell erst ermittelt werden:

$$k_L = \frac{z}{12} \cdot k_H$$

$$k_{L_1} = \frac{0,12}{12} \cdot 20 = 0,01 \cdot 20 = 0,20$$

$$k_{L_2} = 0,01 \cdot 10 = 0,10$$

$$k_{L_3} = 0,01 \cdot 10 = 0,10$$

Die optimalen Losgrößen ergeben sich wie folgt:

$$x_1^{\text{opt}} = \sqrt{\frac{2 \cdot 50 \cdot 1.000}{0,20 \cdot (1 - \frac{1.000}{2.000})}} = 1.000$$

$$x_2^{\text{opt}} = \sqrt{\frac{2 \cdot 100 \cdot 1.500}{0,10 \cdot (1 - \frac{1.500}{6.000})}} = 2.000$$

$$x_3^{\text{opt}} = \sqrt{\frac{2 \cdot 150 \cdot 1.000}{0,10 \cdot (1 - \frac{1.000}{4.000})}} = 2.000$$

i	x_i^{opt}	$t_{A,i} = \frac{x_i^{opt}}{v_{A,i}}$	$t_{P,i} = \frac{x_i^{opt}}{v_{P,i}}$
1	1.000	1	$\frac{1}{2}$
2	2.000	$\frac{4}{3}$	$\frac{1}{3}$
3	2.000	$\frac{2}{2}$	$\frac{1}{2}$

2. Überprüfung der isoliert ermittelten Losgrößen auf ihre gemeinsame (Ein-Maschinen-Fall!) Realisierbarkeit:

Dauer des gesamten Produktionszyklusses:

$$\sum_{i=1}^{3} t_{P,i} = \frac{4}{3}$$

Der Produktionszyklus mit der Dauer von $\frac{4}{3}$ Monaten ist nicht durchführbar, da Produkt 1 bereits nach einem Monat ($t_{A,i} = 1$) wieder aufgelegt werden muss.

3. Eine zulässige Lösung liegt immer dann vor, wenn gilt:

$$\sum_{i=1}^{3} t_{P,i} = 1 = t_{A,i} \quad \forall\, i = 1, 2, 3$$

Aufgabe 4.3-4

1. Kostenminimale Losgröße: klassisches Losgrößenmodell bei offener Produktion:

$$x^{opt} = \sqrt{\frac{2 \cdot k_R \cdot B}{k_L \cdot \left(1 - \frac{v_A}{v_p}\right)}}$$

$$x_A^{opt} = 500$$

$$x_B^{opt} = 800$$

Zugrundeliegende Annahmen:

Es liegt eine offene Produktion vor, da $v_p \neq \infty$ und da es keine Angabe über zeitliche Restriktionen bzgl. des Absatzes eines Loses gibt. Die Produktions- und Absatzrate sind gegeben und konstant. Es handelt sich außerdem um eine einstufige Produktion und um lagerfähige Produkte. Wir gehen von einem Ein-Maschinen-Fall aus, in dem keine relevanten Engpässe vorkommen.

2. Gemeinsame Realisierbarkeit

i	x_i^{opt}	$t_{P,i} = \frac{x_i^{opt}}{v_{P,i}}$	$t_{m,i} = t_{P,i} + t_{R,i}$	$t_{A,i} = \frac{x_i^{opt}}{v_{A,i}}$
A	500	10	12	25
B	800	8	9	20
Summe			21	

Im Gegensatz zu Serie B kann Serie A realisiert werden.

Die Durchführung eines gemeinsamen Produktionszyklus benötigt 21 ZE. Serie B muss allerdings nach 20 ZE wieder aufgelegt werden. Daraus folgt, dass der Produktionszyklus in der gegebenen Form nicht durchführbar ist.

3. Lossequenzproblem (Magee):

Erklärung der Grundidee:

Mehrere Produkte werden in einem strengen Produktionszyklus hergestellt, wenn zwischen zwei aufeinanderfolgenden Auflegungen eines Produktes jedes andere Produkt genau einmal aufgelegt wird, so dass die Zahl der Auflegungen pro Zeiteinheit für alle Produkte i gleich D ist. Entsprechend werden die einzelnen Produkte in der Planperiode $D \cdot T$ mal aufgelegt. Somit gilt für eine gegebene Absatzmenge X_i der Planperiode:

$$X_i = \frac{T \cdot v_{A,i}}{D \cdot T} = \frac{v_{A,i}}{D}$$

Entsprechend ergibt sich für die Zyklenzahl:

$$D = \frac{v_{A,i}}{x_i} = \frac{\frac{x_i}{t_{A,i}}}{x_i} = \frac{1}{t_{A,i}}$$

$$\forall\, i = 1, \dots, n$$

Der strenge Produktionszyklus wird also durch Angleichung der Absatzzeiten aller Produkte i erreicht.

Formale Ableitung des Ansatzes von Magee:

$$K(x, T) = \sum_{i=1}^{I} \frac{v_{A,i} \cdot T}{x_i} \cdot k_{R;i} + \sum_{i=1}^{I} \frac{x_i}{2} \cdot \left(1 - \frac{v_{A,i}}{v_{P,i}}\right) \cdot l_i$$

$$k(D) = \sum_{i=1}^{I} \frac{v_{A,i} \cdot T}{\frac{v_{A,i}}{D}} \cdot k_{R,i} + \sum_{i=1}^{I} \frac{\frac{v_{A,i}}{D}}{2} \cdot \left(1 - \frac{v_{A,i}}{v_{P;i}}\right) \cdot l_i$$

$$k(D) = D \cdot T \cdot \sum_{i=1}^{I} k_{R,i} + \frac{1}{2} \cdot \frac{1}{D} \cdot \sum_{i=1}^{I} v_{A,i} \cdot \left(1 - \frac{v_{A,i}}{v_{P,i}}\right) \cdot l_i$$

$$\frac{\partial k}{\partial D} = \sum_{i=1}^{I} k_{R,i} - \frac{1}{2} \cdot \frac{1}{D^2} \cdot \sum_{i=1}^{I} v_{A,i} \cdot \left(1 - \frac{v_{A,i}}{v_{P,i}}\right) \cdot l_i = 0$$

$$D^{\text{opt}} = \sqrt{\frac{\sum_{i=1}^{I} l_i \cdot v_{A,i} \cdot \left(1 - \frac{v_{A,i}}{v_{P,i}}\right)}{2 \cdot \sum_{i=1}^{I} k_{R,i}}}$$

Ermittlung der optimalen Zyklenzahl/Zyklendauer:

$$D^{\text{opt}} = \sqrt{\frac{\left(0,0533 \cdot 20 \cdot \left(1 - \frac{20}{50}\right)\right) + \left(0,0730 \cdot 40 \cdot \left(1 - \frac{40}{100}\right)\right)}{2 \cdot (200 + 350)}}$$

$$D^{\text{opt}} = 0,0466281$$

$$D^{\text{opt}} \cdot T = 2,797686$$

$$\frac{1}{D^{\text{opt}}} = 21,45 \left[\frac{\text{ZE}}{\text{Zyklus}}\right]$$

Ermittlung von $t_{a,i}$, $t_{p,i}$, $t_{m,i}$:

i	x_i	$t_{A,i} = \frac{x_i^{\text{opt}}}{v_{A,i}}$	$t_{P,i} = \frac{x_i^{\text{opt}}}{v_{P,i}}$	$t_{m,i} = t_{P,i} + t_{R,i}$
A	429	21,45	8,58	10,58
B	858	21,45	8,58	9,58
Summe				20,16

Beide Serien, sowohl Serie A als auch Serie B, können realisiert werden.

Die Durchführung eines Produktionszyklus benötigt 20,16 ZE. Sorte A und B müssen jedoch erst jeweils nach 21,45 ZE wieder aufgelegt werden. Daraus folgt, dass der Produktionszyklus in der gegebenen Form durchführbar ist.

Die gefundene Lösung dürfte nur zufällig die optimale Lösung sein, da die Prämisse gleicher Auflagehäufigkeiten die Problemlösung zu stark einschränkt. Die Magee-Lösung kann allerdings als eine erste Annäherung mit einem oberen Grenzwert für die Kosten gesehen werden.

Problematische Annahmen im Konzept des strengen Produktionszyklus:
-   deterministische Größen,
-   keine Verzugskosten bei verspäteter Lieferung,
-   reihenfolgeunabhängige Rüstkosten,
-   keine explizite Berücksichtigung der Rüstzeiten.

4. Ermittlung der maximal erlaubten Rüstzeit für Produkt B:

$$\frac{1}{D^{\text{opt}}} - \sum_{i=1}^{I} t_{R,i} = \sum_{i=1}^{I} t_{P,i}$$

$$t_{R,B} = 21,45 - 2 - 8,58 - 8,58 = 2,29$$

Die Rüstzeit für Produkt B dürfte sich höchstens um 1,29 ZE erhöhen, damit der strenge Produktionszyklus noch durchführbar ist.

5. Ermittlung der Gesamtnachfrage in der Planperiode:

$$X_A = v_{A,A} \cdot T = 1.200$$

$$X_B = v_{A,B} \cdot T = 2.400$$

Aufgabe 4.3-5

1. Kostenminimale Losgröße: klassisches Losgrößenmodell bei offener Produktion:

$$x_i^{\text{opt}} = \sqrt{\frac{2 \cdot k_R \cdot B}{k_L \cdot \left(1 - \frac{v_A}{v_P}\right)}}$$

i	x_i^{opt}	Kosten
W	400	480,00
S	360	533,42
Summe		1.013,42

Annahmen:
Es liegt eine offene Produktion vor. Die Produktions- und Absatzrate sind konstant. Es handelt sich außerdem um eine einstufige Produktion und um lagerfähige Produkte. Wir gehen von einem Ein-Maschinen-Fall aus, in dem keine relevanten Engpässe vorkommen.

2. Realisierbarkeit

i	x_i^{opt}	$t_{P,i} = \frac{x_i^{\text{opt}}}{v_{P,i}}$	$t_{m,i} = t_{P,i} + t_{R,i}$	$t_{A,i} = \frac{x_i^{\text{opt}}}{v_{A,i}}$
W	400	4	4,15	10
S	390	2,6	2,85	6,5
Summe			7	

Motiv W kann realisiert werden. Motiv S dagegen kann nicht realisiert werden. Die Durchführung eines gemeinsamen Produktionszyklus benötigt 7 ZE. Serie S muss allerdings nach 6,5 ZE wieder aufgelegt werden. Deshalb ist der Zyklus so nicht durchführbar!

3. Lossequenzproblem (Magee):

$$D^{\text{opt}} = \sqrt{\frac{\sum_{i=1}^{I} v_{A,i} \cdot \left(1 - \frac{v_{A,i}}{v_{P,i}}\right) \cdot l_i}{2 \cdot \sum_{i=1}^{I} k_{R,i}}}$$

Ermittlung der optimalen Zyklenzahl/Zyklendauer:

$$D^{\text{opt}} = 0,13$$

$$D^{\text{opt}} \cdot T = 2,6$$

$$\frac{1}{D^{\text{opt}}} = 7,96 \left[\frac{\text{ZE}}{\text{Zyklus}}\right]$$

	x_i^{opt}	$t_{A,i} = \frac{x_i^{opt}}{v_{A,i}}$	$t_{P,i} = \frac{x_i^{opt}}{v_{P,i}}$	$t_{m,i} = t_{P,i} + t_{R,i}$
W	308	7,69	3,08	3,23
S	461	7,69	3,07	3,32
Summe				6,55

Sowohl Motiv A als auch Motiv B können realisiert werden.

Die tatsächliche Durchführungszeit eines Zyklus beträgt 6,55 ZE. Die Serien W und S müssen aber erst nach 7,96 ZE wieder aufgelegt werden (optimale Zykluszeit). Daraus folgt, dass der Produktionszyklus in der gegebenen Form durchführbar ist.

Problematische Annahmen im Konzept des strengen Produktionszyklus:
- deterministische Größen,
- keine Verzugskosten bei verspäteter Lieferung,
- reihenfolgeunabhängige Rüstkosten,
- keine explizite Berücksichtigung der Rüstzeiten.

4. Die Rüstzeit für „den Wilderer" dürfte insgesamt maximal 1,29 ZE betragen, d. h., sie dürfte sich höchstens um 1,14 erhöhen, um die optimale Zykluszeit nicht zu überschreiten.

$$\frac{1}{D^{opt}} - \sum_{i=1}^{n} t_{R,i} = \sum_{i=1}^{n} t_{P,i}$$

$$t_{R,B} = 7,69 - 0,25 - 3,08 - 3,07 = 1,29$$

Aufgabe 4.3-6

1. Die bestellte Menge x wird in einem Vorgang, also „geschlossen", geliefert. Entsprechend ist die Losgrößenformel für den Fall der geschlossenen Produktion anzuwenden:

$$x = \sqrt{\frac{2 \cdot k_R \cdot B}{k_L \cdot \left(1 + \frac{v_A}{v_P}\right)}}$$

Da die Intensität v_P nicht gegeben ist, muss diese zunächst ebenso errechnet werden wie der Lagerkostensatz k_L:

$$v_P = \frac{x}{t_P} = \frac{x}{2}$$

$$k_L = \frac{0,09}{360} \cdot 40 = 0,01$$

Entsprechend ergibt sich:

$$x = \sqrt{\frac{2 \cdot 60 \cdot 20}{0,01 \cdot \left(1 + \frac{20}{\frac{x}{2}}\right)}} = \sqrt{\frac{2.400}{0,01 + \frac{0,4}{x}}}$$

$$x^2 = \frac{2.400}{0,01 + \frac{0,4}{x}}$$

$$0,01 \cdot x^2 + 0,4 \cdot x - 2.400 = 0$$

$$x_{1,2} = \frac{-0,4 \pm \sqrt{0,4^2 + 4 \cdot 0,01 \cdot 2.400}}{2 \cdot 0,01} = \frac{-0,4 \pm 9,806}{0,02}$$

$$x_1^{opt} = \frac{-0,4 + 9,806}{0,02} = 470,306 \approx 470$$

$$x_2 < 0 \Rightarrow n.def.$$

2. Bei geschlossener Produktion ergeben sich die Lagerkosten wie folgt:

$$K_L = \overline{L} \cdot k_L = \tfrac{1}{2} \cdot x \cdot \left(1 + \tfrac{v_A}{v_P}\right) \cdot k_L$$

Die fixen Bestellkosten ergeben sich mit k_R.
Entsprechend betragen die bestellmengenabhängigen Stückkosten bei kostenminimaler Bestellmenge:

$$k\left(x_1^{opt}\right) = \frac{k_L + k_R}{x_1^{opt}} = \frac{1}{2} \cdot \frac{k_L}{B} \cdot \left(1 + \frac{2 \cdot B}{x_1^{opt}}\right) \cdot x_1^{opt} + \frac{k_R}{x_1^{opt}}$$

$$k(470) = 0,26$$

3. Damit die Lagerrestriktion gerade eingehalten wird, muss gelten:

$$x = \frac{2.000}{5} = 400$$

Daraus folgt:

$$400 = \sqrt{\frac{2.400}{k_L \cdot (1 + \frac{2 \cdot 20}{400})}}$$

$$160.000 = \frac{2.400}{k_L \cdot 1,1}$$

$$k_L = \frac{2.400}{1,1 \cdot 160.000} = 0,01$$

Aufgabe 4.3-7

1. Gleitende wirtschaftliche Losgröße:
   Produktionslos 1:

   $$k_{pt^*} = \frac{k_R + k_L \cdot \sum_{t=p}^{t^*} (t-p) \cdot b_t}{\sum_{t=p}^{t^*} b_t}$$

   $$k_{11} = \frac{480}{150} = 3,2 \text{ [GE]}$$

   $$k_{12} = \frac{480 + 2,8 \cdot 10 \cdot (2-1)}{160} = 3,18$$

   $$k_{13} = \frac{480 + 2,8 \cdot 10 \cdot (2-1) + 2,8 \cdot 80 \cdot (3-1)}{240} = 3,98$$

   Da $k_{12} < k_{11} < k_{13}$ ergibt sich die optimale Losgröße $x_1 = 160$ Stück.
   Produktionslos 2:

   $$k_{33} = \frac{480}{80} = 6$$

   $$k_{34} = \frac{480 + 100 \cdot 2,8}{180} = 4,22$$

   Da $k_{34} < k_{33}$ ergibt sich die optimale Losgröße $x_2 = 180$ Stück.
   Losgrößenabhängige Gesamtkosten:

   $$K = 2 \cdot k_R + 2,8 \cdot 10 + 2,8 \cdot 100 = 1.268$$

2. Anwendung Silver-Meal-Heuristik:

   $$k_{11} = \frac{480}{1} = 480$$

   $$k_{12} = \frac{480 + 10 \cdot 2,8}{2} = 254$$

   $$k_{13} = \frac{480 + 10 \cdot 2,8 + 2 \cdot 80 \cdot 2,8}{3} = 318,66$$

   Da $k_{12} < k_{13} < k_{11}$ ergibt sich die optimale Losgröße $x_1 = 160$ Stück.

   $$k_{33} = \frac{480}{1} = 480$$

   $$k_{34} = \frac{480 + 100 \cdot 2,8}{2} = 380$$

   Da $k_{34} < k_{33}$ ergibt sich die optimale Losgröße $x_2 = 180$ Stück.
   Unter Anwendung von Silver-Meal-Heuristik ändert sich die Losgrößenpolitik nicht!

3. Die Silver-Meal-Heuristik führt nicht immer zu einer optimalen Lösung. Dies ist darauf zurückzuführen, dass das Verfahren abbricht, wenn es zu einer Erhöhung

der durchschnittlichen Kosten kommt. Die Durchschnittskosten können jedoch auch wieder sinken, sofern weitere Perioden bei der Losbildung berücksichtigt werden.

Ebenso ist das Verfahren der Gleitenden wirtschaftlichen Losgröße nur ein Näherungsverfahren, welches nicht den kompletten Planungshorizont für eine optimale Losgrößenzusammensetzung berücksichtigt.

Die optimale Losgröße ist auch bei Berücksichtigung des Planungszeitraums:

$$480 + 2,8 \cdot 10 + 480 + 100 \cdot 2,8 = 1.268$$

Im Rahmen dieser Aufgabenstellung führen beide Heuristiken zur optimalen Lösung!

Aufgabe 4.3-8

1. Das erste Los hat eine Reichweite von zwei Perioden und umfasst 360 Mengeneinheiten bei losgrößenabhängigen Kosten von 140 Geldeinheiten:

$p = 1$	x_{p,t^*}	K_{p,t^*}	$\frac{K_{p,t^*}}{x_{p,t^*}}$
$t^* = 1$	200	$100 + 0,25 \cdot 200 \cdot (1 - 1) = 100$	$\frac{100}{200} = 0,50$
$t^* = 2$	360	$100 + 0,25 \cdot 160 \cdot (2 - 1) = 140$	$\frac{140}{360} = 0,39$
$t^* = 3$	600	$140 + 0,25 \cdot 240 \cdot (3 - 1) = 260$	$\frac{260}{600} = 0,43$

Das zweite Los hat ebenfalls eine Reichweite von zwei Perioden, die Losgröße beträgt jedoch 480 Mengeneinheiten bei losgrößenabhängigen Kosten von 160 Geldeinheiten:

$p = 3$	x_{p,t^*}	K_{p,t^*}	$\frac{K_{p,t^*}}{x_{p,t^*}}$
$t^* = 3$	240	$100 + 0,25 \cdot 240 \cdot (3 - 3) = 100$	$\frac{100}{240} = 0,42$
$t^* = 4$	480	$100 + 0,25 \cdot 240 \cdot (4 - 3) = 160$	$\frac{160}{480} = 0,33$
$t^* = 5$	630	$160 + 0,25 \cdot 150 \cdot (5 - 3) = 235$	$\frac{235}{630} = 0,37$

Auch das dritte Los hat eine Reichweite von zwei Perioden, die Losgröße beträgt 430 Mengeneinheiten bei losgrößenabhängigen Kosten von 170 Geldeinheiten:

$p = 5$	x_{p,t^*}	K_{p,t^*}	$\frac{K_{p,t^*}}{x_{p,t^*}}$
$t^* = 5$	150	$100 + 0,25 \cdot 150 \cdot (5 - 5) = 100$	$\frac{100}{150} = 0,67$
$t^* = 6$	430	$100 + 0,25 \cdot 280 \cdot (6 - 5) = 170$	$\frac{170}{430} = 0,40$

Die losgrößenabhängigen Gesamtkosten im Planungszeitraum ergeben sich mit $140 + 160 + 170 = 470$ GE.

2. Das erste Los hat eine Reichweite von zwei Perioden und umfasst 360 Mengeneinheiten bei losgrößenabhängigen Kosten von 140 Geldeinheiten:

$p = 1$	x_{p,t^*}	K_{p,t^*}	$\frac{K_{p,t^*}}{t^*-p+1}$
$t^* = 1$	200	$100 + 0,25 \cdot 200 \cdot (1-1) = 100$	$\frac{100}{1} = 100$
$t^* = 2$	360	$100 + 0,25 \cdot 160 \cdot (2-1) = 140$	$\frac{140}{2} = 70$
$t* = 3$	600	$140 + 0,25 \cdot 240 \cdot (3-1) = 260$	$\frac{260}{3} = 87$

Das zweite Los hat – in Abweichung vom Ergebnis des Verfahrens der Gleitenden wirtschaftlichen Losgröße – eine Reichweite von drei Perioden; die Losgröße beträgt 630 Mengeneinheiten bei losgrößenabhängigen Kosten von 235 Geldeinheiten:

$p = 3$	x_{p,t^*}	K_{p,t^*}	$\frac{K_{p,t^*}}{t^*-p+1}$
$t^* = 3$	240	$100 + 0,25 \cdot 240 \cdot (3-3) = 100$	$\frac{100}{1} = 100$
$t^* = 4$	480	$100 + 0,25 \cdot 240 \cdot (4-3) = 160$	$\frac{160}{2} = 80$
$t^* = 5$	630	$160 + 0,25 \cdot 150 \cdot (5-3) = 235$	$\frac{235}{3} = 78$
$t^* = 6$	910	$235 + 0,25 \cdot 280 \cdot (6-3) = 445$	$\frac{445}{4} = 111$

Das dritte Los hat eine Reichweite von lediglich einer Periode, die Losgröße beträgt 280 Mengeneinheiten bei losgrößenabhängigen Kosten von 100 Geldeinheiten:

$p = 6$	x_{p,t^*}	K_{p,t^*}	$\frac{K_{p,t^*}}{t^*-p+1}$
$t^* = 6$	280	$100 + 0,25 \cdot 280 \cdot (6-6) = 100$	$\frac{100}{1} = 100$

Die losgrößenabhängigen Gesamtkosten im Planungszeitaum ergeben sich mit $140 + 235 + 100 = 475$ GE.

3. Die „Kurzsichtigkeit" der beiden Verfahren resultiert daraus, dass sie kein exaktes, sondern ein lediglich heuristisches Abbruchkriterium beinhalten, d. h., sie berücksichtigen nur die Kosten bis zur letzten betrachteten Periode. Sobald also die Stoppregel beim Übergang von t* nach t*+1 einen verschlechterten Wert ausgibt, wird das Lösungsverfahren abgebrochen und x_{p,t^*} als „optimale" Lösung errechnet. Die Möglichkeit, dass sich beim Übergang von t*+1 nach t*+2 eine so große Verbesserung des Stoppwertes ergeben könnte, dass der zuvor festgestellte Nachteil dadurch überkompensiert werden würde, wird nicht beachtet. Insofern werden mit Hilfe dieser Heuristiken lediglich lokale Minima ermittelt, so dass sie die Bezeichnung „myopisch" völlig zu Recht tragen.
Das statische Grundmodell der Losgrößenplanung ist aufgrund der Annahme der Stationarität nicht myopisch.

Aufgabe 4.3-9

1. (a) Es wird nur dann ein Los aufgelegt, wenn der Lagerbestand null ist. Das schließt ein, dass ein Los immer den Bedarf ganzer, aufeinanderfolgender Perioden überspannen muss. Folglich wird im Optimum der komplette Bedarf einer Periode entweder vollständig aus dem Lagerbestand oder aus der Produktion der betreffenden Periode gedeckt.
    (b) In der optimalen Lospolitik übersteigen die Lagerkosten für den Bedarf einer Periode nie die Rüst-bzw. Bestellkosten.
    (c) Wenn in der optimalen Lospolitik für t Perioden in der letzten Periode noch ein Los aufgelegt wird, dann ist diese Periode auch in der optimalen Lospolitik für T Perioden Auflage- oder Bestellperiode.
    Ja, unter den getroffenen Annahmen führt dieses Verfahren immer zur optimalen Lösung.
2. Anwendung Wagner-Within-Algorithmus:

Monat	Lospolitik	K_t (in GE)	K_{min} (in GE)
7	(7)*	200	200
8	(7) (8)	200+200	
	(7,8)*	200+2· 80	360
9	(7,8) (9)*	360+200=560	560
	(7) (8,9)	200+200+2· 105=610	
	(7,8,9)	200+2· 80+4· 105=780	
10	(7,8) (9,10)	360+200+2· 70=700	700
	(7,8) (9) (10)	360+200+200=760	

Unter Anwendung des Algorithmus von Wagner-Within setzt sich die optimale Produktionsmenge aus 140 produzierten Stück im Juli, null produzierten Stück im August sowie 175 produzierten Stück im September zusammen.

3. Gleitende wirtschaftliche Losgröße:
    Heuristisches Verfahren im Rahmen der dynamischen Losgrößenplanung, das auf die Optimierung der Stückkosten eines Loses abzielt.
    1. Los:

t	1	2	3
$x_{p,t}$	60	140	245
$K_{p,t}$	200	360	780
$k_{p,t}$	3,33	2,57	3,18

2. Los:

t	1	2	3	4
$x_{p,t}$	-	-	105	175
$K_{p,t}$	-	-	200	340
$k_{p,t}$	-	-	1,90	1,94

Optimale Lospolitik $x_t = \{140; 0; 105\}$ für das dritte Quartal.

Auftretende Differenzen sind darauf zurückzuführen, dass mit dem Wagner-Whitin-Algorithmus die Gesamtkosten einer Periode verglichen werden (unabhängig von der Stückzahl), bei der Gleitenden wirtschaftlichen Losgröße jedoch die durchschnittlichen Stückkosten ermittelt und verglichen werden.

Aufgabe 4.3-10

1. Der Wagner-Whitin-Algorithmus ermittelt die optimale Losgrößenpolitik in einer so genannten Vorwärtsrekursion, indem für jede Periode t die Gesamtkosten in Abhängigkeit von der letzten Losauflageperiode minimiert werden.

   Dabei werden zwei mögliche Fälle unterschieden:

   (a) Bedarf der Periode t wird aus Produktion der Periode t befriedigt. Dann gilt:

   $$K_t = K_R + K_{t-1}$$

   (b) Bedarf der Periode t wird aus der Produktion der vorhergehenden Periode j befriedigt. Dann entstehen folgende Kosten:

   i. Kosten der optimalen Lospolitik der j vorausgegangenen Perioden,

   ii. Rüstkosten der Periode j,

   iii. Lagerhaltungskosten für die Perioden j+1,...,t.

   Für die Kosten der optimalen Lospolitik gilt dann:

   $$K_t = \min \begin{cases} K_R + K_{t-1} \\ \min_{0 < j < t} \left\{ K_{j-1} + K_R + K_L \sum_{i=j+t}^{t} (i-j) \times b_i \right\} \end{cases}$$

   Die optimale Lösung dieses Modells weist dabei folgende Eigenschaften auf:

   (a) In der optimalen Lospolitik übersteigen die Lagerkosten für den Bedarf einer Periode nie die Rüst- bzw. Bestellkosten.

   (b) Es wird im Optimum der komplette Bedarf einer Periode entweder vollständig aus dem Lagerbestand oder aus der Produktion der betreffenden Periode gedeckt.

   (c) Wenn in der optimalen Lospolitik für t Perioden in der letzten Periode noch ein Los aufgelegt wird, dann ist diese Periode auch in der optimalen Lospolitik für T Perioden Auflage- oder Bestellperiode.

2.

t	Lospolitik	K_t (in GE)	K_{min} (in GE)
1	(1)*	8.000	8.000
2	(1) (2)	8.000 + 5.000 = 13.000	11.000
	(1,2)*	8.000 + 3.000 = 11.000	
3	(1,2,3)	8.000 + 3.000 + 6.000 = 17.000	16.000
	(1,2) (3)	8.000 + 3.000 + 8.000 = 19.000	
	(1) (2,3)*	8.000 + 5.000 + 3.000 = 16.000	
4	(2,3,4)*	5.000 + 3.000 + 6.000 = 14.000	14.000
	(2,3) (4)	5.000 + 3.000 + 8.000 = 16.000	
	(2) (3,4)	5.000 + 8.000 + 3.000 = 16.000	

Rüstkosten (in GE)	8.000 + 5.000 = 13.000
Lagerkosten (in GE)	3.000 + 9.000 = 12.000
Produktionskosten (in GE)	120.000
Gesamtkosten (in GE)	145.000

3.

t	Lospolitik	K_t (in GE)	K_{min} (in GE)
1	(1)*	1.000	1.000
2	(1) (2)	1.000 + 1.000 = 2.000	2.000
	(1,2)*	1.000 + 3.000 = 4.000	
3	(1,2,3)	1.000 + 3.000 + 6.000 = 10.000	
	(1) (2,3)	1.000 + 4.000 + 3.000 = 8.000	
	(1,2) (3)*	1.000 + 3.000 + 1.000 = 5.000	5.000
4	(1,2) (3,4)*	1.000 + 3.000 + 1.000 + 3.000 = 8.000	8.000
	(1,2) (3) (4)	1.000 + 3.000 + 1.000 + 4.000 = 9.000	

Rüstkosten (in GE)	2.000
Lagerkosten (in GE)	6.000
Produktionskosten (in GE)	120.000
Gesamtkosten (in GE)	128.000

4. Zielerreichungsgrad:

Der Zielerreichungsgrad ist als sehr gut zu beurteilen. In beiden Schichten konnten die Rüstkosten erfolgreich gesenkt werden, in der Tagschicht sind keine Bestände mehr vorhanden und „Losgröße 1" wurde erreicht. Darüber hinaus konnten die Gesamt- und Lagerhaltungskosten reduziert werden.

Aufgabe 4.4-1

1. Die Auftragszeit ergibt sich additiv aus der Rüst- und der Ausführungszeit. Die Ausführungszeit errechnet sich aus der Zeit je Einheit (Vorgabezeit) multipliziert mit der Anzahl der Einheiten. Verteil- und Erholzeiten werden häufig nicht hinzusummiert, sondern als prozentuale Aufschläge verrechnet (siehe Abbildung 2.36).

2.

$$\text{Tätigkeitszeit} \quad t_t = 13 \ \text{min}$$
$$\text{Wartezeit} \quad t_w = 2,4 \ \text{min}$$
$$\text{Grundzeit} \quad t_g = t_t + t_w = 15,4 \ \text{min}$$
$$\text{Verteilzeit} \quad t_v = 2 \ \text{min}$$
$$\text{Erholzeit} \quad t_{er} = 0,08 \cdot t_g$$

Da die Erholzeit kleiner als die Wartezeit ist und in der Aufgabenstellung nichts über die Verrechnung der Erholzeiten ausgesagt ist, muss eine Fallunterscheidung getroffen werden.

1. Fall: Erholzeit wird mit Wartezeit verrechnet:

Vorgabezeit $t_e = t_t + t_w + t_v = 17,4$ min

Es werden in 2.400 min pro Stelle $\frac{2.400}{17,4} = 137$ (137,93) Pumpen montiert.

Bei einer gleichzeitigen Montage an drei Stellen ergibt sich ein Gesamtwert von 411 Pumpen.

Folglich kann der gesamte Auftrag innerhalb der angegebenen Zeit ausgeliefert werden.

2. Fall: Erholzeit wird nicht mit Wartezeit verrechnet:

Vorgabezeit $t_e = t_t + t_w + t_{er} + t_v = 18,63$ min

Es werden pro Stelle 128 (128,81) Pumpen montiert.

Bei einer gleichzeitigen Montage an drei Stellen ergibt sich ein Gesamtwert von 384 Pumpen.

Folglich kann der gesamte Auftrag innerhalb der angegebenen Zeit ausgeliefert werden.

Auch bei der Berechnung der Erholzeit auf der Basis der Tätigkeitszeit ist dieselbe Fallunterscheidung notwendig.

Erholzeit $t_{er} = 0,08 \cdot 13 = 1,04$ min

1. Fall: Erholzeit wird mit Wartezeit verrechnet:

Vorgabezeit $t_e = t_t + t_w + t_v = 17,4$ min

Analog kann mit 411 montierten Pumpen der Auftrag komplett ausgeliefert werden.

2. Fall: Erholzeit wird nicht mit Wartezeit verrechnet:

Vorgabezeit $t_e = t_t + t_w + t_{er} + t_v = 18,44$ min

Es werden pro Stelle 130 (130,15) Pumpen montiert.

Bei einer gleichzeitigen Montage an drei Stellen ergibt sich ein Gesamtwert von 390 Pumpen.

Folglich kann der Auftrag somit ebenfalls komplett ausgeliefert werden.

Es kann somit festgestellt werden, dass bei einer Berechnung der Erholzeit auf der Basis der Tätigkeitszeit der Auftrag in jedem Fall, also unabhängig von einer Verrechnung der Erholzeit, rechtzeitig ausgeliefert werden kann. Bei der ersten Fragestellung dagegen kann der Auftrag nur bei einer Verrechnung der Erholzeit mit der Wartezeit termingerecht ausgeliefert werden. Aus Sicht der Geschäftsleitung ist somit unter dem Aspekt der Termineinhaltung die Berechnung der Erholzeit auf der Basis der Tätigkeitszeit immer vorteilhaft.

Aufgabe 4.4-2

1.

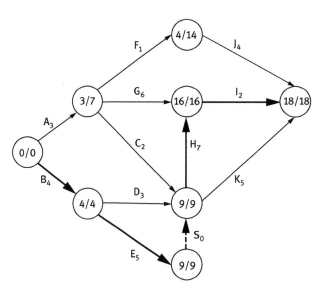

Minimale Gesamtdauer: 18 ZE

Kritischer Weg: B – E – S – H – I

2.

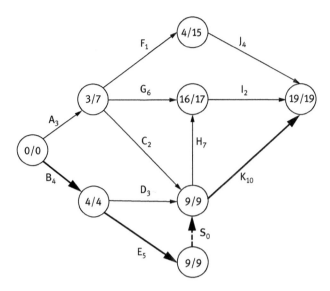

Minimale Gesamtdauer: 19 ZE

Kritischer Weg: B – E – S – K

3.

$$GP(F) = SZy - FZx - d = 14 - 3 - 1 = 10$$

$$FP(F) = FZy - FZx - d = 4 - 3 - 1 = 0$$

$$UP(F) = \max\{0; FZy - SZx - d\} = \max\{0; 4 - 7 - 1\} = 0$$

Freie Pufferzeit: gibt an, um wie viele Zeiteinheiten sich der Vorgang F gegenüber seinem frühestmöglichen Ende verzögern darf, ohne dass die frühestmöglichen Anfangstermine nachfolgender Vorgänge gefährdet werden. FP (F) = 0

Unabhängige Pufferzeit: zeigt auf, um welchen Zeitraum sich der Vorgang F verschieben lässt, wenn das Anfangsereignis zwar spätmöglichst, das Folgeereignis aber trotzdem noch frühestmöglich eintreten soll. UP (F) = 0.

Gesamtpufferzeit: gibt an, um wie viel Zeiteinheiten sich der Vorgang F gegenüber seinem spätmöglichsten Ende verschieben kann, wenn das Anfangsereignis frühestmöglich eintritt.

4.

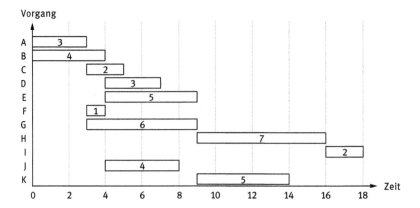

Aufgabe 4.4-3

1.

Vorgang	Nachfolger	Dauer
A	C,E	5
B	D,E	9
C	F	6
D	G	8
E	F	5
F	G	4
G	H	13
H	-	5

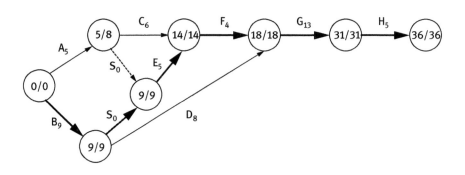

Kürzestmögliche Durchführungszeit: 36 ZE

2. Benötigt E nun 6 ZE, so liegt die kürzestmögliche Durchführungszeit bei 37 ZE. Um Terminüberschreitungen zu vermeiden, müsste früher mit der Produktion begonnen oder die Fertigung effizienter gestaltet werden.

Aufgabe 4.4-4

1.

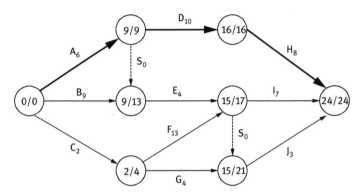

2. Frühestmögliches Projektende (minimale Gesamtdauer): 24
   Kritischer Pfad: A-D-H bzw. 1-2-5-8
3. Freie Pufferzeit: gibt an, um wie viel Zeiteinheiten sich der Vorgang G gegenüber seinem frühestmöglichen Ende verzögern darf, ohne dass die frühestmöglichen Anfangstermine nachfolgender Vorgänge gefährdet werden.

$$FP\,(G) = 9$$

Unabhängige Pufferzeit: zeigt auf, um welchen Zeitraum sich der Vorgang G verschieben lässt, wenn das Anfangsereignis zwar spätmöglichst, das Folgeereignis aber trotzdem noch frühestmöglich eintreten soll.

$$UP\,(G) = 7$$
$$FP\,(G) = FZy - FZx - d = 15 - 2 - 4 = 9$$
$$UP\,(G) = \max\{0;\ FZy - SZx - d\} = \max\{0;\ 15 - 4 - 4\} = 7$$

4. Ja, die minimale Gesamtdauer ist einhaltbar. Übernimmt ein Arbeiter die Vorgänge des kritischen Pfads, bleibt für die verbleibenden zwei Arbeiter genügend Zeit, um die restlichen Vorgänge zu übernehmen.
   Beispielsweise könnten die Vorgänge folgendermaßen verteilt werden:
   Arbeiter 1: kritischer Pfad = 24 ZE
   Arbeiter 2: $B + E + G + J = 9 + 4 + 4 + 3 = 20$ ZE
   Arbeiter 3: $C + F + I = 2 + 13 + 7 = 22$ ZE

Aufgabe 4.4-5

1.

Vorgang	Nachfolger	Dauer
A	B,C,D	5
B	E,H	8
C	F	6
D	F,G	7
E	–	4
F	H	7
G	H	5
H	–	6

CPM-Netzplan:

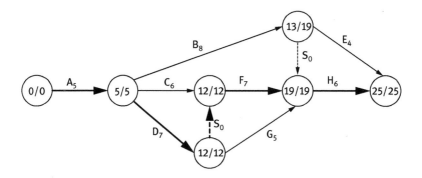

2. Kritischer Weg: A – D – S – F – H
   Minimale Gesamtdauer: 25 ZE

3.

$$GP(E) = SZy - FZx - d = 25 - 13 - 4 = 8$$

$$FP(E) = FZy - FZx - d = 25 - 13 - 4 = 8$$

$$UP(E) = \max\{0; FZy - SZx - d\} = \max\{0; 25 - 21 - 4\} = \max\{0; 0\} = 0$$

4. Ja, die minimale Gesamtdauer lässt sich einhalten. Werden die Vorgänge des kritischen Pfades von einem Arbeiter bearbeitet (25 ZE), so benötigt der andere Arbeiter für die restlichen Vorgänge B, C, E und G insgesamt lediglich 23 ZE (< 25 ZE).

Aufgabe 4.4-6

Vorgang	Nachfolger	Dauer
A	E,F	5
B	D	7
C	D	3
D	G,H,I	1
E	I	3
F	G,H,I	9
G	J	3
H	J	2
I	K	9
J	–	4
K	–	7

1. CPM-Netzplan:

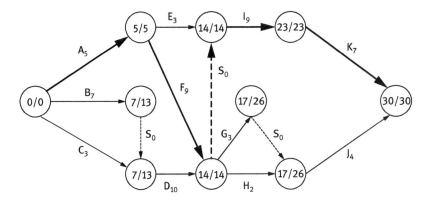

2. Pufferzeiten für Vorgang E:

$$GP(E) = SZy - FZx - d = 14 - 5 - 3 = 6$$

$$FP(E) = FZy - FZx - d = 14 - 5 - 3 = 6$$

$$UP(E) = \max\{0; FZy - SZx - d\} = \max\{0; 5 - 14 - 3\} = \max\{0; -12\} = 0$$

3. Es werden mindestens zwei Arbeiter benötigt, damit die minimale Gesamtdauer eingehalten werden kann. Dabei soll ein Arbeiter die Vorgänge des kritischen Pfades bearbeiten, der zweite Arbeiter übernimmt die verbleibenden Vorgänge. Die verbleibenden Vorgänge setzen sich aus B, C, E, D, G, H und J zusammen, entsprechen somit 23 ZE.

Aufgabe 4.4-7

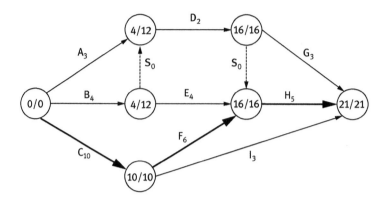

1. Minimale Gesamtdauer: 21 ZE
    Kritischer Weg: C – F – H
2.

$$GP(E) = SZy - FZx - d = 16 - 4 - 4 = 8$$

$$FP(E) = FZy - FZx - d = 16 - 4 - 4 = 8$$

$$UP(E) = \max\{0; FZy - SZx - d\} = \max\{0; 0\} = 0$$

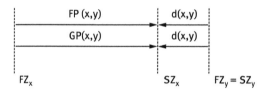

Die freie Pufferzeit ist diejenige, die bei Einhaltung der frühestmöglichen Fertigstellungstermine entsteht.

Die unabhängige Pufferzeit gibt an, um welchen Zeitraum sich der Vorgang verschieben lässt, wenn das Anfangsereignis x zwar spätmöglichst beginnt, das Folgeereignis y aber trotzdem noch frühestmöglich eintreten soll.

Die GP gibt an, um wie viele ZE sich die Bearbeitungsdauer eines Vorgangs $d(x,y)$ maximal verlängern darf, ohne den Fertigstellungstermin des gesamten Projekts zu gefährden.

3.

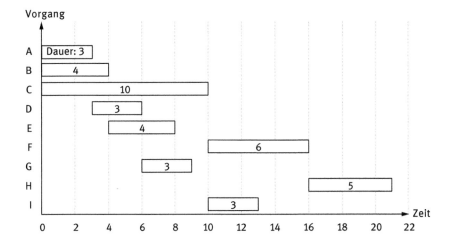

Balkendiagramm: zeitlicher Ablauf

4. Ja, die errechnete minimale Gesamtdauer lässt sich einhalten.

Während ein Arbeiter nur die Tätigkeiten durchführt, die „den kritischen Weg bilden", muss der zweite Arbeiter alle übrigen Tätigkeiten durchführen. Diese dauern insgesamt 20 ZE. Da diese Vorgänge nicht abhängig vom kritischen Weg sind, sondern nur von vorangegangenen Tätigkeiten, kann der zweite Arbeiter alle weiteren Tätigkeiten unabhängig vom ersten Arbeiter ausführen.

Die minimale Gesamtdauer von 21 ZE bleibt bestehen.

Aufgabe 4.4-8

1.

Auftrag	$M_1 \left[\frac{GE}{ME}\right]$	$M_2 \left[\frac{GE}{ME}\right]$	$M_3 \left[\frac{GE}{ME}\right]$
A	2,10	0,84	1,36
B	0,90	0,56	1,02
C	1,20	1,12	1,02
D	0,90	1,12	1,02

$$\min FK = 2,10x_{A1} + 0,84x_{A2} + 1,36x_{A3} + 0,90x_{B1} + 0,56x_{B2} + 1,02x_{B3}$$
$$+ 1,20x_{C1} + 1,12x_{C2} + 1,02x_{C3} + 0,90x_{D1} + 1,12x_{D2} + 1,02x_{D3}$$

Unter den Nebenbedingungen:

$$x_{A1} + x_{A2} + x_{A3} = 20.000$$
$$x_{B1} + x_{B2} + x_{B3} = 15.000$$
$$x_{C1} + x_{C2} + x_{C3} = 5.000$$
$$x_{D1} + x_{D2} + x_{D3} = 12.000$$
$$7x_{A1} + 3x_{B1} + 4x_{C1} + 3x_{D1} \leq 60.000$$
$$3x_{A2} + 2x_{B2} + 4x_{C2} + 4x_{D2} \leq 75.000$$
$$4x_{A3} + 3x_{B3} + 3x_{C3} + 3x_{D3} \leq 20.000$$
$$x_{A1}, x_{A2}, x_{A3}, x_{B1}, x_{B2}, x_{B3}, x_{C1}, x_{C2}, x_{C3}, x_{D1}, x_{D2}, x_{D3} \geq 0$$

Optimale Lösung:

$$x_{A1} = 0; \quad x_{A2} = 20.000; \quad x_{A3} = 0; \quad x_{B1} = 7.500; \quad x_{B2} = 7.500; \quad x_{B3} = 0$$
$$x_{C1} = 0; \quad x_{C2} = 0; \quad x_{C3} = 5.000; \quad x_{D1} = 12.000; \quad x_{D2} = 0; \quad x_{D3} = 0$$

Minimale Fertigungskosten:
43.650 GE
Verwendete Symbole:
x_{A1}: Menge von Produkt A, die auf Maschine 1 gefertigt wird
x_{A2}: Menge von Produkt A, die auf Maschine 2 gefertigt wird
(gleiches Vorgehen für alle weiteren Symbole)

Aufgabe 4.5-1

1. Bei der Auftragsfreigabe sind mehrere Ausgestaltungsformen möglich. Ist die Feinterminierung nicht den Produktionsstellen zugeordnet, so kann die Auftragsfreigabe eine Rolle als Planungsinstrument einnehmen. Dabei ist zu bestimmen, welche Fertigungsaufträge wann an die Produktionsstellen weitergeleitet werden. Die freigegebenen Aufträge sind dann in der nach Dringlichkeit angeordneten Reihenfolge zu bearbeiten. Eine Feinterminierung ist somit nicht mehr erforderlich. Weiterhin kann die Auftragsfreigabe im Rahmen des MRP-II-Konzepts als Übergang zwischen Produktionsplanung und Produktionssteuerung verstanden werden. Die notwendige Feinterminierung ist an dieser Stelle noch nicht erfolgt.

2. Im MRP-II-Konzept kommt der Auftragsfreigabe die Bedeutung des Übergangs zwischen (operativer) Produktionsplanung und Produktionssteuerung zu. Die Auftragsfreigabe kann dahingehend interpretiert werden, dass im Anschluss an die Materialverfügbarkeitsprüfung die terminierten und kapazitierten Fertigungsaufträge zur Produktion freigegeben, die Fertigungsunterlagen also von der zentralen Instanz an die (Werkstatt)Verantwortlichen weitergeleitet werden.

Aufgabe 4.6-1

1. „Minimierung der Gesamtdurchlaufzeit" bedeutet, dass Aufträge in der Reihenfolge bearbeitet werden sollen, dass die Summe der Durchlaufzeiten aller Aufträge minimal wird. Zielsetzung der „Minimierung der maximalen Durchlaufzeit" ist es, den Anfangsbestand als Ganzes möglichst frühzeitig fertigzustellen. Bei einer „Minimierung der gesamten Terminüberschreitungen" sollen Aufträge in der Reihenfolge bearbeitet werden, in der die Summe der einzelnen Terminüberschreitungen minimal wird.
2. Maschinenfolge-Gantt
   Variante 1:

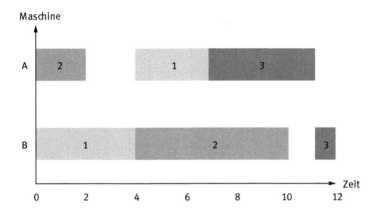

Gesamtdurchlaufzeit: $10 + 7 + 12 = 29$
Maximale Durchlaufzeit: 12
Gesamte Terminüberschreitung: $0 + 0 + 0 = 0$
Variante 2:

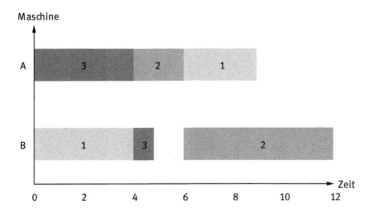

Gesamtdurchlaufzeit: $9 + 12 + 5 = 26$

Maximale Durchlaufzeit: 12

Gesamte Terminüberschreitung: $2 + 2 + 0 = 4$

Erläuterung:

Die Gesamtdurchlaufzeit ist für die zweite Auftragsfolge (AF) minimal. Wird diese Zielsetzung verfolgt, muss die zweite AF genutzt werden.

Wird die Zielsetzung der minimalen Durchlaufzeit verfolgt, so erzielen beide Auftragsfolgen das gleiche Ergebnis (12 ZE).

Um die gesamte Terminüberschreitungszeit zu minimieren, sollte man die erste Auftragsfolge nutzen, da dort die gesamte Terminüberschreitungszeit bei 0 ZE liegt, in der 2.Variante jedoch bei 4 ZE.

Aufgabe 4.6-2

1. Ablaufgraph

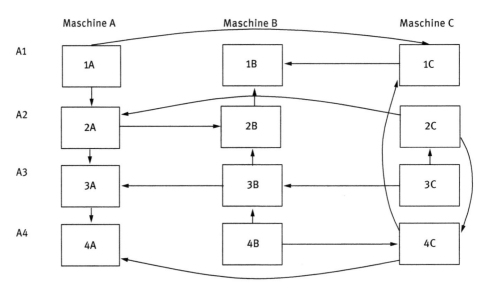

Maschinenfolge-Gantt:

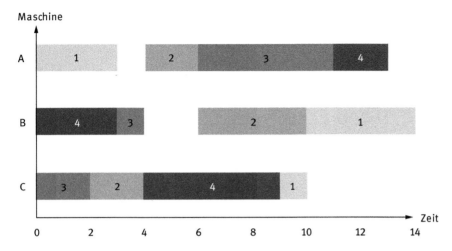

Auftragsfolge-Gantt:

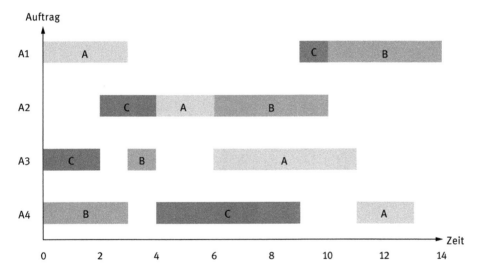

2. Ziele der Reihenfolgeplanung:
   (a) Minimierung der Gesamtdurchlaufzeit D:

   $$D = \sum_{n=1}^{N} d_n = \sum_{n=1}^{N} \sum_{m=1}^{M} (p_{nm} + w_{nm})$$

   (b) Minimierung der Gesamtlaufzeit W:

   $$W = \sum_{n=1}^{N} \sum_{m=1}^{M} w_{nm}$$

(c) Minimierung der maximalen Durchlaufzeit D_{max}:

$$D_{max} = \max_{n=1,\dots,N} [d_n] = \max_{n=1,\dots,N} \left[\sum_{m=1}^{M} (p_{nm} + w_{nm}) \right]$$

(d) Minimierung der gesamten Terminüberschreitungszeit

$$T = \sum_{n=1}^{N} \max\{0, d_n - s_n\}$$

(e) Minimierung der ablaufbedingten Gesamtleerzeit L der Maschine

$$L = \sum_{n=1}^{N} \sum_{m=1}^{M} l_{nm}$$

Aufgabe 4.6-3

1. Um die lagerkostenminimale Route zu fahren, müssen die Orte aufsteigend nach ihrer Entfernung angefahren werden. Somit minimiert sich die Tagesanzahl, für die die höchsten Lagerkosten gezahlt werden müssen.
    Lagerkostenminimale Fahrtroute: $C - B - E - A - D$

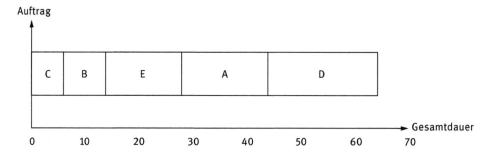

2. Lagerkosten:

$$C = 3.000 \ [GE]$$
$$B = 10.000 \ [GE]$$
$$E = 21.000 \ [GE]$$
$$A = 36.000 \ [GE]$$
$$D = 54.000 \ [GE]$$

Gesamte Lagerkosten: $124.000 \ [GE]$

Aufgabe 4.6-4

1. Siehe Kapitel 4.7.2.3 für die Ziele der Reihenfolgeplanung.
2. Johnson-Algorithmus als Lösungsalgorithmus zur Minimierung der *maximalen Durchlaufzeit* D_{max}

   Vorgehensweise:

   (a) Bestimmung des Auftrags mit kürzester Bearbeitungszeit auf irgendeiner Maschine

   (b) Ist die Bearbeitungszeit auf Maschine A? (Die Bearbeitungszeit auf der anderen Maschine ist irrelevant!)

       ja: Setze den Auftrag an die erste freie Position der Auftragsfolge.

       nein: Setze den Auftrag an die letzte freie Position der Auftragsfolge.

   (c) Streiche den Auftrag und gehe zu 1).

   Ermittlung:

   Optimale Reihenfolge: $6 - 5 - 4 - 3 - 2 - 1$

   Auftragsfolge-Gantt (Zielfunktionswert: 24 Zeiteinheiten):

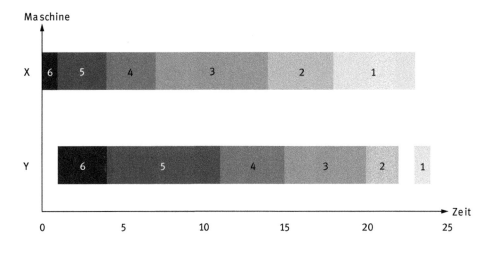

Aufgabe 4.6-5

1. Mögliche Ablauffolgen:
   Maschine A: 1 – 2 oder 2 – 1
   Maschine B: 1 – 2 oder 2 – 1
   4 Möglichkeiten:

	A	B
1)	1 – 2	1 – 2
2)	1 – 2	2 – 1
3)	2 – 1	1 – 2
4)	2 – 1	2 – 1

Möglichkeit 1):

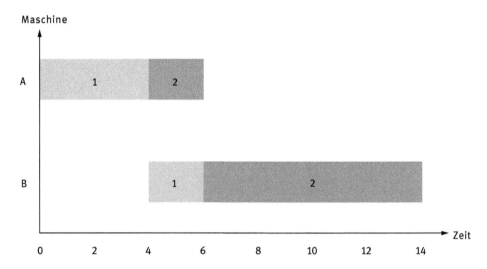

D	D_{max}	T
20	14	–

Möglichkeit 2):

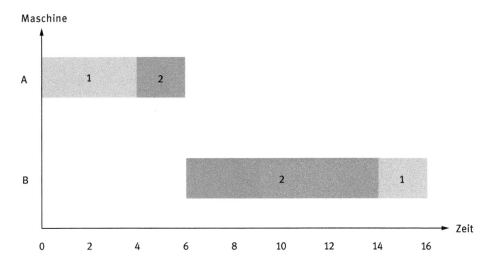

D	D$_{max}$	T
22	16	8

Möglichkeit 3):

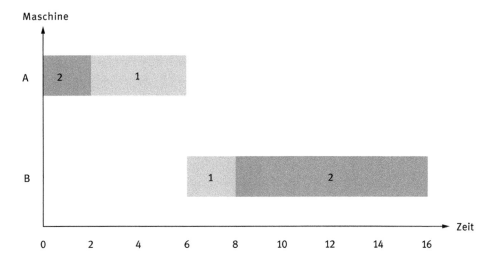

D	D$_{max}$	T
22	16	–

Möglichkeit 4):

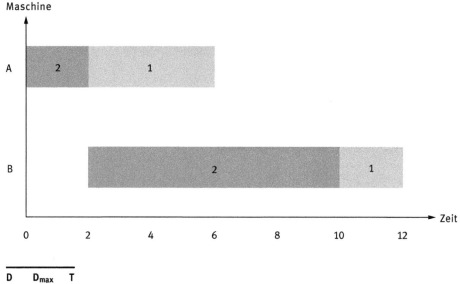

D	D_{max}	T
18	12	4

Möglichkeit 1 liefert die minimale Wartezeit ($W = 4$).
Möglichkeit 4 liefert die optimale Gesamtdurchlaufzeit.

2. Lösungsalgorithmus besteht für Optimierung von D_{max}: Johnson-Algorithmus
   Optimale Reihenfolge: 2 – 1 (auf beiden Maschinen)
   Der Johnson-Algorithmus ordnet der Menge $J_1 = \{1, 4\}$ die Aufträge zu, die Station 1 kürzer belegen als Station 2. Diese Aufträge werden als Erstes bearbeitet. Da die Aufträge Station 1 kürzer belegen als Station 2, ist sichergestellt, dass Station 2 durchgängig beschäftigt ist – von der Bearbeitung des ersten Auftrags aus Menge J_1 auf Station 2 bis zur Fertigstellung des letzten Auftrags aus Menge J_1 auf Station 2. Und da wir die Aufträge der Menge J_1 nach aufsteigender Belegungszeit von Station 1 sortieren, wird der Auftrag mit der kürzesten Belegungszeit auf Station 1 als Erstes bearbeitet. Dadurch erreichen wir, dass Station 2 frühestmöglich mit der Bearbeitung beginnt. Die Aufträge der Menge J_1 können also nicht früher fertiggestellt werden als mit diesem Vorgehen.
   Die Aufträge, die Station 1 länger belegen als Station 2, sind der Menge $J_2 = \{3, 5, 2\}$ zugeordnet. Da diese Aufträge nach absteigender Belegungszeit auf Station 2 bearbeitet werden, wird der Auftrag mit der geringsten Belegungszeit auf Station 2 als Letztes bearbeitet. Hierdurch wird sichergestellt, dass der letzte Auftrag nach Fertigstellung auf Station 1 zügig auf Station 2 fertiggestellt wird. Vor dem letzten Auftrag wird der Auftrag mit der zweitlängsten Belegungszeit auf Station 2 und davor der Auftrag mit der drittlängsten Belegungszeit auf Station 2

bearbeitet. Dadurch wird sichergestellt, dass Station 2 möglichst durchgängig belegt ist, was zu einer minimalen Fertigstellungszeit der Aufträge auf Station 2 führt.

Es macht also intuitiv Sinn, die Auftragsreihenfolge mit dem Johnson-Algorithmus zu wählen, wenn die Gesamtbearbeitungszeit generell minimiert werden soll.

Aufgabe 4.6-6

1. – Johnson-Algorithmus als Lösungsalgorithmus zur Minimierung der *maximalen Durchlaufzeit* $D_{\max}$
   – Optimaler Auftragsfolgeplan: 6 – 8 – 3 – 1 – 7 – 4 – 5 – 2

Auftrag	1	2	3	4	5	6	7	8
p_{nA}	4	2	3	5	5	1	6	2
p_{nB}	8	1	6	4	2	5	9	3

Optimale Auftragsfolge: 6 – 8 – 3 – 1 – 7 – 4 – 5 – 2
Auftragsfolge-Gantt

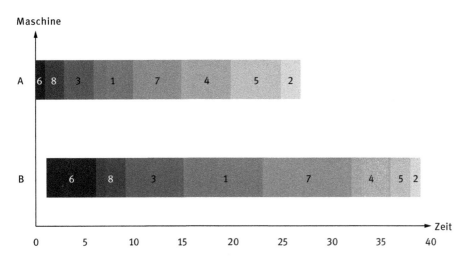

Maximale Durchlaufzeit $D_{\max}$: 39 ZE

2. Bezeichnet man mit [i] die Nummer desjenigen Auftrags, der sich an der i-ten Stelle der Auftragsfolge befindet, so gelten für die maximale Durchlaufzeit im Fall

zweier Maschinen folgende Beziehungen:

$$D_{\max} \geq \sum_{n=1}^{N} p_{nA} + p_{[N]B} \tag{6.1}$$

$$D_{\max} \geq \sum_{n=1}^{N} p_{nB} + p_{[1]A} \tag{6.2}$$

Die maximale Durchlaufzeit kann nicht kleiner sein als die Durchlaufzeit des letzten Auftrags. Diese ist nicht kleiner als die Summe der Bearbeitungszeiten aller Aufträge auf Maschine A und der Bearbeitungszeit des letzten Auftrags an Maschine B.

Analoge Überlegungen führen zur Ungleichung (6.2). Nun sind die Summen der Bearbeitungszeiten auf der Maschine A und der Maschine B feste und reihenfolgeunabhängige Größen.

Lediglich die jeweils zweiten Summanden auf der rechten Seite der Ungleichungen (6.1) und (6.2) sind durch die Wahl der Auftragsfolge beeinflussbar. Um diese nun so zu wählen, dass die maximale Durchlaufzeit möglichst gering wird, sind $p_{[N]B}$ und $p_{[1]A}$ möglichst klein zu wählen. Gerade darauf stellt aber der Verfahrensschritt (6.2) im Lösungsalgorithmus ab und erreicht somit eine optimale Lösung.

Aufgabe 4.6-7

$N/2/W/D_{\max}$-Problem
    Lösungsverfahren: Jackson-Algorithmus
1. Mengen bilden:

$$x_{AB} = \{2; 3\}$$
$$x_{BA} = \{1\}$$

2. Ordnen nach Johnson-Algorithmus:

$$x_{AB} = \{2; 3\}$$
$$x_{BA} = \{1\}$$

3. Auftragsfolge:
    Maschine A: $2 - 3 - 1$
    Maschine B: $1 - 2 - 3$

Gantt-Diagramm:

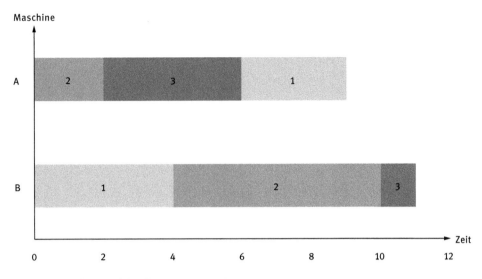

Maximale Durchlaufzeit $D_{\max}$: 11 ZE

Literaturverzeichnis

Um die Lesbarkeit dieses einführenden Lehrbuchs zu erleichtern, wurde im Text weitgehend auf Quellenverweise verzichtet. Hiervon wurde in der Regel immer dann abgewichen, wenn auf die Originalquellen vorgestellter Methoden hingewiesen wurde. Dies sollte als Anregung verstanden werden, neben Lehrbuchdarstellungen auch die Primärquellen zu studieren. Das nachfolgende Literaturverzeichnis enthält daher neben der verwendeten Literatur insbesondere auch grundlegende und empfehlenswerte weiterführende Arbeiten aus den behandelten Bereichen. Interessierte Leser seien zudem auf die Reihe *Enzyklopädie der Betriebswirtschaftslehre* hingewiesen; insbesondere auf das *Handwörterbuch der Betriebswirtschaft* (hrsg. v. W. Wittmann u. a.) und das *Handwörterbuch der Produktionswirtschaft* (hrsg. v. W. Kern u. a.). Dort finden sich zu verschiedenen Stichworten gute Überblicksdarstellungen mit weiteren Literaturhinweisen.

Literatur

Adam D. (1988): Aufbau und Eignung klassischer PPS-Systeme, in: Adam D. (Hrsg.): Fertigungssteuerung I, Grundlagen der Produktionsplanung und -steuerung, Wiesbaden, S. 5–21.

Adam D. (1990): Produktionsdurchführungsplanung, in: Jacob H. (Hrsg.): Industriebetriebslehre. Handbuch für Studium und Praxis, 4. Aufl., Wiesbaden, S. 677–683.

Adam D. (1998): Produktionsmanagement, 9. Aufl., Wiesbaden.

Andler K. (1929): Rationalisierung der Fabrikation und optimale Losgröße, München.

Backhaus K, Erichson B, Plinke W, Weiber R. (2008): Multivariate Analysemethoden – Eine anwendungsorientierte Einführung, 12. Aufl., Berlin.

Backhaus K., Plinke W. (1986): Rechtseinflüsse auf betriebswirtschaftliche Entscheidungen, Stuttgart u. a.

Bamberg G, Coenenberg AG. (2002): Betriebswirtschaftliche Entscheidungslehre, 11. Aufl., München.

Bellman R. (1957): Dynamic Programming, Princeton University Press.

Berry WL. (1972): Lot Sizig Procedures for Requirements Planning Systems: A Framework for Analysis, in: Production and Inventory Management, S. 19–34.

Blackstone JH, Phillips DT, Hogg GL. (1982): A state-of-the-art survey of dispatching rules for manufacturing job shop operations, in: International Journal of Production Research, Vol. 20, S. 27–45.

Bloech J, Bogaschewsky R, Götze U, Roland F. (2003): Einführung in die Produktion, 5. Aufl., Heidelberg.

Blohm H, Beer T, Seidenberg U, Silber H. (1987): Produktionswirtschaft, Herne, Berlin.

Blohm H, Lüder K. (1995): Investition, 8. Aufl., München.

Bohr K. (1976): Arbeitsbewertung, in: Albers W u. a. (Hrsg.): Handwörterbuch der Wirtschaftswissenschaft, Band 1, Tübingen u. a., S. 249–256.

Bohr K. (1979): Produktionsfaktorsysteme, in: Kern W. (Hrsg.): Handwörterbuch der Produktionswirtschaft, Stuttgart, Sp. 1481–1494.

Bohr K. (1982): Produktions- und Kostenfunktion – Bemerkungen zu den beiden Grundbegriffen der neoklassischen Produktions- und Kostentheorie, in: Wirtschaftswissenschaftliches Studium, 11. Jg., S. 456–462.

https://doi.org/10.1515/9783110467710-008

Bohr K. (1992): Wirtschaftlichkeit, in: Chmielewicz K, Schweitzer M. (Hrsg.): Handwörterbuch des Rechnungswesens, 3. Aufl., Stuttgart, Sp. 2181–2188.

Bohr K. (1993): Effizienz und Effektivität, in: Wittmann W u. a. (Hrsg.): Handwörterbuch der Betriebswirtschaft, 5. Aufl., Stuttgart, Sp. 855–869.

Bohr K, Eberwein R-D. (1989): Die Organisationsform Fertigungsinsel – Begriff und Vergleich mit der Werkstattfertigung, in: Wirtschaftswissenschaftliches Studium, 18. Jg., S. 218–223.

Bohr K, Saliger E. (1983): Konzeptionen betriebswirtschaftlicher Planung und ihre gegenseitigen Beziehungen, in: Zeitschrift für betriebswirtschaftliche Forschung, 35. Jg., S. 963–985.

Bohr K, Weiß M. (1994): Bestimmung der optimalen Fertigungstiefe, in: Das Wirtschaftsstudium, 23. Jg., S. 341–350.

Brown RG. (1959): Statistical Forecasting for Inventory Control, New York u. a.

Buffa ES, Armour GC, Vollman TE. (1964): Allocating Facilities with CRAFT, in: Harvard Business Manager, S. 136–157.

Busse v. Colbe W, Laßmann G. (1991): Betriebswirtschaftstheorie, Band 1: Grundlagen, Produktions- und Kostentheorie, 5. Aufl., Berlin u. a.

Caplice C, Sheffi Y. (1994): A Review and Evaluation of Logistics Metrics, in: International Journal of Logistics Management, Vol. 5, S. 11–29.

Chase RB, Jacobs FR, Aquilano NJ. (2006): Operations Management for Competitive Advantage, 11. Aufl., Boston.

Chopra S, Meindl P. (2004): Supply Chain Management: Strategy, planning, and Operations, 2. Aufl., Upper Saddle River, NJ.

Clark W. (1925): Leistungs- und Materialkontrolle nach dem Gantt-Verfahren, München, Berlin.

Coase RH. (1937): The Nature of the Firm, in: Econometrica, Vol. 4, S. 386–405.

Conway RW, Maxwell WL, Miller LW. (1967): Theory of Scheduling, Reading MA.

Corsten H. (2004): Produktionswirtschaft, 10. Aufl., München.

Dakin RJ. (1965): A tree-search algorithm for mixed integer programming problems, in: The Computer Journal, Vol. 8, S. 250–255.

Dantzig GB. (1966): Lineare Programmierung und Erweiterungen, Heidelberg.

Davis MM, Aquilano NJ, Chase RB. (2003): Fundamentals of Operations Management, 4. Aufl., Boston u. a.

Davis TC. (1950): How the DuPont Organization Appraises its Performance, in: AMA Financial Management Series, Nr. 94, New York, S. 3–7.

Deci EL, Ryan RM. (2000): The „What" and „Why" of Goal Pursuits: Human Needs and the Self-Determination of Behavior, in: Psychological Inquiry, Vol. 11, Nr. 4, S. 227–268.

DeMatteis JJ. (1968): An Economic lot-sizing technique I: The part-period algorithm, in: IBM Systems Journal, Vol. 7, S. 30–38.

Domschke W, Scholl A. (2003): Grundlagen der Betriebswirtschaftslehre: Eine Einführung aus entscheidungsorientierter Sicht, 2. Aufl., Heidelberg.

Drexl A, Fleischmann B, Günther H-O, Stadtler H, Tempelmeier H. (1994): Konzeptionelle Grundlagen kapazitätsorientierter PPS-Systeme, in: Zeitschrift für betriebswirtschaftliche Forschung, 46. Jg., S. 1022–1045.

Evans JR, Anderson DR, Sweeney DJ, Williams TA. (1990): Applied Production and Operations Management, 3. Aufl., St. Paul u. a.

Fandel G, Fistek A, Stütz S. (2009): Produktionsmanagement, Berlin, Heidelberg.

Forrester JW. (1958): Industrial Dynamics – A Major Breakthrough for Decision Makers, in: Harvard Business Review, Vol. 36, Nr. 4, S. 37–66.

Friedmann G. (1959): Grenzen der Arbeitsteilung, Frankfurt am Main.

Gantt HL. (1919): Organizing for Work, New York.

Glaser H. (1986): Computergestützte Verfahren der Materialdisposition, in: Das Wirtschaftsstudium, 15. Jg., S. 484–492.

Glaser H. (1987): Computergestützte Verfahren zur Grobterminierung von Fertigungsaufträgen, in: Das Wirtschaftsstudium, 16. Jg., S. 200–205.

Glaser H, Geiger W, Rohde V. (1992): PPS. Produktionsplanung und -steuerung. Grundlagen – Konzepte – Anwendungen, 2 Aufl., Wiesbaden.

Goldratt EM. (1988): Computerized shop floor scheduling, in: International Journal of Production Research, Vol. 26, S. 443–455.

Gomory RE. (1963): An algorithm for integer solutions to linear programs, in: Graves RL, Wolfe P. (Hrsg.): Recent Advances in Mathematical Programming, McGraw-Hill, New York, S. 269–302.

Grant RM. (1998): Contemporary Strategy Analysis, 3. Aufl., Oxford.

Grob, R. (1993): Betriebliche Leistungs-Anreizsysteme für Arbeitsgruppen, in: Corsten H, Will T. (Hrsg.): Lean Production – Schlanke Produktionsstrukturen als Erfolgsfaktor, Stuttgart u. a., S. 157–175.

Günther H-O, Tempelmeier H. (2003): Produktion und Logistik, 5. Aufl., Berlin u. a.

Gutenberg E. (1958): Einführung in die Betriebswirtschaftslehre, Wiesbaden.

Gutenberg E. (1971): Grundlagen der Betriebswirtschaftslehre, Band 1: Die Produktion, 18. Aufl., Berlin u. a.

Hackstein R, Dienstdorf B. (1973): Grundfragen der Kapazitätsplanung und Untersuchung von Verfahren zur Verwirklichung eines möglichst flexiblen Kapazitätsangebots in Betrieben mit Werkstattfertigung, in: Zeitschrift für wirtschaftliche Fertigung, 68. Jg., S. 18–25.

Hadley G. (1974): Linear Programming, 8. Aufl., Reading, Palo Alto, London.

Hahn D, Laßmann G. (1999): Produktionswirtschaft – Controlling industrieller Produktion, 3. Aufl., Heidelberg.

Hammer M, Champy J. (1993): Reengineering the Corporation – A Manifesto for Business Revolution, New York.

Hansmann K-W. (2006): Industrielles Management, 8. Aufl., München, Wien.

Harris FW. (1913): How Many Parts to Make at Once, in: Factory – The Magazine of Management, Vol. 10, S. 135–136, 152.

Haupt R, Knobloch T. (1989): Kostentheoretische Anpassungsprozesse bei zeitvariablen Faktoreinsätzen, in: Zeitschrift für Betriebswirtschaft, 59. Jg., S. 504–524.

Hax AC, Candea D. (1984): Production and Inventory Management, Englewood Cliffs.

Hax AC, Meal HC. (1975): Hierarchical Integration of Production Planning and Scheduling, in: Geisler MA. (Hrsg.): Logistics, TIMS Studies in the Management Sciences, Vol. 1, Amsterdam u. a., S. 53–69.

Hax H. (1993): Investitionstheorie, 5. Aufl., Heidelberg.

Heinemeyer W. (1988): Die Planung und Steuerung des logistischen Prozesse mit Fortschrittszahlen, in: Adam D. (Hrsg.): Fertigungssteuerung II, Systeme zur Fertigungssteuerung, Wiesbaden, S. 5–32.

Heinen E. (1983): Betriebswirtschaftliche Kostenlehre. Kostentheorie und Kostenentscheidungen, 6. Aufl., Wiesbaden.

Herzberg F. (1968): One more time: how do you motivate employees? Harvard Business Review 46(1): S. 53 - 62.

Hillier FS, Lieberman GJ. (1967): Introduction to Operations Research, San Francisco.

Hoitsch H-J, Lingnau V. (1992): Neue Ansätze der Fertigungssteuerung – Ein Vergleich, in: Das Wirtschaftsstudium, 21. Jg., S. 300–312.

Jackson JR. (1963): Jobshop-like Queueing Systems, in: Management Science, Vol. 10, Nr. 1, S. 131–142.

Johnson SM. (1954): Optimal Two- and Three-Stage Production Schedules with Setup Times Included, in: Naval Research Quarterly, Vol. 1, S. 61–68.

Kaplan RS, Norton DP. (1992): The Balanced Scorecard – Measures that Drive Performance, in: Harvard Business Review, 70. Jg., S. 71–79.

Kaplan RS, Norton DP. (2004): Strategy Maps, Boston MA.

Kelly JE, Walker MR. (1959): Critical-Path Planning and Scheduling, in: Proceedings of the 1959 Eastern Joint Computer Conference, Boston MA, S. 160–173.

Kern W. (1979): Produktionsprogramm, in: Kern W. (Hrsg.): Handwörterbuch der Produktionswirtschaft, Stuttgart, Sp. 1563–1571.

Kilger W. (1973): Optimale Produktions- und Absatzplanung, Opladen.

Kilger W. (1986): Industriebetriebslehre, Wiesbaden.

Kistner K-P. (1981): Produktions- und Kostentheorie, Würzburg, Wien.

Kistner K-P. (1993): Optimierungsmethoden, 2. Aufl., Heidelberg.

Kistner K-P, Steven M. (2001): Produktionsplanung, 3. Aufl., Heidelberg.

Kosiol E. (1962): Organisation der Unternehmung, Wiesbaden.

Kreikebaum H. (1990): Industrielle Unternehmensorganisation, in: Schweitzer M. (Hrsg.): Industriebetriebslehre, München, S. 147–218.

Kreikebaum H. (1993): Strategische Unternehmensplanung, 5. Aufl., Stuttgart u. a.

Krüger W. (1994): Organisation der Unternehmung, 3. Aufl., Stuttgart.

Küpper H-U, Helber S. (2004): Ablauforganisation in Produktion und Logistik, 3. Aufl., Stuttgart.

Kupsch PU, Marr R. (1991): Personalwirtschaft, in: Heinen E. (Hrsg.): Industriebetriebslehre – Entscheidungen im Industriebetrieb, 9. Aufl., Wiesbaden, S. 729–894.

Lee HL, Padmanabhan V, Whang S. (1997a): The Bullwhip Effect in Supply-Chains, in: Sloan Management Review, 38, Nr. 3, S. 93–102.

Lee HL, Padmanabhan V, Whang S. (1997b): Information Distortion in a Supply-Chain: The Bullwhip Effect, in: Management Science, 43, Nr. 4, S. 546–558.

Levy FK, Thompson GL, Wiest JD. (1963): Introduction to the Critical-path Method, in: Muth JF, Thompson GL, Winters PR. (Hrsg.): Industrial Scheduling, Englewood NJ, S. 331–345.

Lücke W. (1955): Investitionsrechnung auf der Grundlage von Ausgaben oder Kosten?, in: Zeitschrift für handelswissenschaftliche Forschung, 7. Jg., S. 310–324.

Magee JF. (1958): Production Planning and Inventory Control, New York.

Makridakis S, Wheelwright SC, Hyndman RJ. (1998): Forecasting – Methods and Applications, 3. Aufl., Hoboken, NJ.

March JG, Simon HA. (1958): Organizations, New York-London.

Maslow AH. (1943): A Theory of Human Motivation, Psychological Review 50, S. 370–396.

McGregor D. (1960): The human side of enterprise, New York u. a., McGraw-Hill.

Mendoza AG. (1968): An Economic lot-sizing technique II: Mathematical analysis of the part-period algorithm, in: IBM Systems Journal, Vol. 7, S. 39–46.

Mertens P. (2005): Integrierte Informationsverarbeitung 1: Operative Systeme in der Industrie, 15. Aufl., Wiesbaden.

Meyr H, Wagner M, Rohde J. (2005): Structure of Advanced Planning Systems, in: Stadtler H, Kilger C. (Hrsg.): Supply Chain Management and Advanced Planning, 3. Aufl., Berlin u. a., S. 109–115.

Naddor E. (1966): Inventory Systems, New York u. a.

Nahmias S. (2009): Production and Operation Analysis, 6. Aufl., New York.

Nordsieck F. (1934): Die Organisation des Arbeitsablaufs, in: Die Betriebswirtschaft, 27. Jg., 1934, S. 193–200, S. 236–241, S. 274–278.

Obermaier R. (2012): German inventory to sales ratios 1971–2005 – An empirical analysis of business practice, in: International Journal of Production Economics, Vol. 135, S. 964–976.

Obermaier R. (2016): Industrie 4.0 als unternehmerische Gestaltungsaufgabe: Strategische und operative Handlungsfelder für Industriebetriebe, in: Obermaier R. (Hrsg.), Industrie 4.0 als unternehmerische Gestaltungsaufgabe – Betriebswirtschaftliche, technische und rechtliche Herausforderungen, Springer Gabler Verlag, Wiesbaden, S. 3–34.

Obermaier R., Donhauser A. (2009): Disaggregate and aggregate inventory to sales ratios over time: the case of German corporations 1993–2005, in: Logistics Research, Vol. 1, S. 95–111.

Obermaier R., Donhauser A. (2012): Zero Inventory and firm performance: a management paradigm revisited, erscheint in: International Journal of Production Research (Taylor & Francis Group).

Obermaier R, Hofmann J, Kellner F. (2010): Web-basierte Fertigungssteuerung in der Praxis: Produktivitätssteigerungen mit dem Manufacturing Execution System MR-CM© , in: HMD – Praxis der Wirtschaftsinformatik, Heft 272, S. 49–59.

Obermaier R, Kirsch V. (2016): Betriebswirtschaftliche Wirkungen digital vernetzter Fertigungssysteme – Eine Analyse des Einsatzes moderner Manufacturing Execution Systeme in der verarbeitenden Industrie, in: Obermaier R. (Hrsg.), Industrie 4.0 als unternehmerische Gestaltungsaufgabe – Betriebswirtschaftliche, technische und rechtliche Herausforderungen, Springer Gabler Verlag (mit Victoria Kirsch), Wiesbaden, S. 191–217.

Ohno T. (1988): Toyota Production System – Beyond Large-Scale Production, Portland, Oregon.

Olhager J. (2003): Strategic positioning of the order penetration point , in: International Journal of Production Economics, Vol. 85, S. 319–329

Pfeiffer W, Dörrie U, Stoll E. (1977): Menschliche Arbeit in der industriellen Produktion, Göttingen.

Porter ME. (1999a): Wettbewerbsstrategie, 10. Aufl., Frankfurt am Main.

Porter ME. (1999b): Wettbewerbsvorteile, 5. Aufl., Frankfurt am Main.

Rappaport A. (1986): Creating Shareholder Value – The New Standard for Business Performance, New York.

REFA (1984): Methodenlehre des Arbeitsstudiums, Teil 2, Datenermittlung, 7. Aufl., München.

Reichwald R, Dietel B. (1991): Produktionswirtschaft, in: Heinen E. (Hrsg.): Industriebetriebslehre. Entscheidungen im Industriebetrieb, 9. Aufl., Wiesbaden, S. 395–622.

Schäfer E. (1980): Die Unternehmung, 10. Auflage, Gabler Verlag, Wiesbaden.

Scheer A-W. (1987): Computer Integrated Manufacturing: CIM – Der computergesteuerte Industriebetrieb, Berlin u. a.

Scheer A-W. (1988): Wirtschaftsinformatik: Informationssysteme im Industriebetrieb, Berlin u. a.

Scheer A-W, Thomas O. (2005): Geschäftsprozeßmodellierung mit der ereignisgesteuerten Prozeßkette, in: Das Wirtschaftsstudium, 34. Jg., S. 1069–1078.

Schmalen H. (2002): Grundlagen und Probleme der Betriebswirtschaft, 12. Aufl., Stuttgart.

Schweitzer M. (1994): Industriebetriebslehre, 2. Aufl., München.

Seelbach H. (1975): Ablaufplanung, Würzburg, Wien.

Seyffert R. (1951): Wirtschaftslehre des Handels, Westdeutscher Verlag, Köln und Opladen 1951.

Shingo S. (1985): A Revolution in Manufacturing – the SMED-System, Stamford, Conn.

Silver EA, Meal HC. (1973): A Heuristic for Selecting Lot Size Quantities fort he Case of a Deterministic Time-Varying Demand Rate and Discrete Opportunities for Replenishment, in: Production and Inventory Management, Vol. 14, S. 64–74.

Silver EA, Pyke DF, Peterson R. (1998): Inventory Management and Production Planning and Scheduling, 3. Aufl., Hoboken.

Skinner W. (1986): The Productivity Paradox, in: Harvard Business Review, 64. Jg., S. 55–59.

Stadtler H, Kilger C. (2005): Supply Chain Management and Advanced Planning: Concepts, Models, Software and Case Studies, 3. Aufl., Berlin u. a.

Steven M. (1998): Produktionstheorie, Wiesbaden.

Stommel HJ, Kunz D. (1973): Untersuchungen über Durchlaufzeiten in Betrieben der metallverarbeitenden Industrie mit Einzel- und Kleinserienfertigung, Forschungsberichte des Landes Nordrhein-Westfalen, Nr. 2355, Opladen.

Taylor BW. (2007): Introduction to Management Science, 9. Aufl., Upper Saddle River, NJ.

Taylor FW. (1911): The Principles of Scientific Management, New York.

Taylor FW. (1920): Die Betriebsleistung insbesondere der Werkstätten, Autorisierte deutsche Bearbeitung der Schrift „Shop management" von Fred.W. Taylor von A. Wallichs, 3. Aufl., Berlin.

Tempelmeier H. (2008): Material-Logistik – Modelle und Algorithmen für die Produktionsplanung und -steuerung in Advanced Planning Sytemen, 7. Aufl., Berlin u. a.

Tempelmeier H, Kuhn H. (1991): Flexible Fertigungssysteme. Entscheidungsunterstützung für Konfiguration und Betrieb, Berlin u. a.

Thonemann U. (2005): Operations Management – Konzepte, Methoden und Anwendungen, München u. a.

Vahrenkamp R. (2008): Produktionsmanagement, 6. Aufl., München.

Vazsonyi A. (1962): Die Planungsrechnung in Wirtschaft und Industrie, Wien, München.

Vollmann TE, Berry WL, Whybark DC, Jacobs FR. (2005): Manufacturing Planning and Control for Supply ChainManagement, 5. Aufl., Boston u. a.

Wagner HM, Whitin TM. (1958): Dynamic Version of the Economic Lot Size Model, in: Management Science, Vol. 5, S. 89–96.

Wiendahl HP. (1987): Belastungsorientierte Fertigungssteuerung, München, Wien.

Wiendahl HP. (1988): Die belastungsorientierte Fertigungssteuerung, in: Adam D. (Hrsg.): Fertigungssteuerung II, Systeme zur Fertigungssteuerung, Schriften zur Unternehmensführung, Band 39, Wiesbaden, S. 51–87.

Wiendahl HP. (1997): Fertigungsregelung – Logistische Beherrschung von Fertigungsabläufen auf Basis des Trichtermodells, München, Wien.

Wight OW. (1984): Manufacturing Resource Planning: MRP II – Unlocking Americas's Productivity Potential, Brattleboro, Vermont.

Wildemann H. (1988): Produktionssteuerung nach KANBAN-Prinzipien, in: Adam D. (Hrsg.): Fertigungssteuerung II, Systeme zur Fertigungssteuerung, Wiesbaden, S. 33–50.

Wildemann H. (1990): Das Just-in-Time-Konzept: Produktion und Zulieferung auf Abruf, 2. Aufl., Zürich, München.

Winters P. (1960): Forecasting Sales by Exponentially Weighted Moving Averages, in: Management Science, 6. Jg., S. 324–342.

Wright T.P. (1936): Factors affecting the cost of airplanes, in: Journal of the Aeronautical Science, S. 122–128.

Wöhe G. (2005): Einführung in die Allgemeine Betriebswirtschaftslehre, 22. Aufl., München.

Woodward J. (1958): Management and Technology, London.

Zäpfel G. (1982): Produktionswirtschaft – Operatives Produktions-Management, Berlin, New York.

Zäpfel G. (1991): Stücklisten, Verwendungsnachweise, Arbeitspläne und Produktionsfunktionen, in: Wirtschaftswissenschaftliches Studium, 20. Jg., S. 340–346.

Zäpfel G. (1996): Grundzüge des Produktions- und Logistikmanagement, Berlin, New York.

Zäpfel G. (2000a): Taktisches Produktions-Management, 2. Aufl., München, Wien.

Zäpfel, G. (2000b): Strategisches Produktions-Management, 2. Aufl., München, Wien.

Zäpfel G, Missbauer H. (1988): Traditionelle Systeme der Produktionsplanung und -steuerung in der Fertigungsindustrie, in: Wirtschaftswissenschaftliches Studium, 17. Jg., S. 73–77.

Zelewski S, Hohmann S, Hügens T. (2008): Produktionsplanungs- und -steuerungssysteme – Konzepte und exemplarische Implementierungen mithilfe von SAP R/3, München.

Zimmermann H-J. (1971): Netzplantechnik, Berlin, New York.

Stichwortverzeichnis